马克思主义理论研究
和建设工程重点教材

世界经济史

（第二版）

《世界经济史》编写组
主　编　高德步
副主编　王　珏
主要成员（以姓氏笔画为序）
巫云仙　杨乙丹　徐　铁

本版修订组
主持人　高德步
修订组成员（以姓氏笔画为序）
王　珏　巫云仙

高等教育出版社·北京

图书在版编目（CIP）数据

世界经济史 / 《世界经济史》编写组编. -- 2版. 北京 : 高等教育出版社, 2025. 9. --（马克思主义理论研究和建设工程重点教材）. -- ISBN 978-7-04-065239-0

Ⅰ. F119

中国国家版本馆CIP数据核字第2025VN4487号

世界经济史
SHIJIE JINGJISHI

责任编辑 雷 雪 谢睿芳　　封面设计 王 鹏　　版式设计 童 丹　　责任绘图 于 博
责任校对 陈 杨　　责任印制 张益豪

出版发行	高等教育出版社	网　址	http://www.hep.edu.cn
社　址	北京市西城区德外大街4号		http://www.hep.com.cn
邮政编码	100120	网上订购	http://www.hepmall.com.cn
印　刷	北京中科印刷有限公司		http://www.hepmall.com
开　本	787mm×1092mm 1/16		http://www.hepmall.cn
印　张	24	版　次	2019年1月第1版
字　数	450千字		2025年9月第2版
购书热线	010-58581118	印　次	2025年10月第2次印刷
咨询电话	400-810-0598	定　价	47.50元

物 料 号 65239-00

目　　录

第三篇 现代世界经济的形成与发展

第四篇　当代世界经济的重构

绪　论

一、经济史学的研究对象和研究方法

经济史学研究的是历史上经济发展的进程、机制、特点和规律，其重点是探究生产、分配、交换、消费过程中人与人之间发生的财产关系和财产利益关系。经济史学的研究对象可以分为三个层面：第一，经济增长，即人类社会技术进步与经济实绩提高的历史；第二，制度变迁，即人类社会经济形态和经济制度演变的历史；第三，社会进步，包括人类社会经济发展和人文发展两方面的历史。总之，经济史学研究，就是对人类经济活动的历史进行描述和阐释，探索人类社会经济发展的基本规律，并为人类社会经济活动提供参考和借鉴。

经济史学是经济学的一部分，经济学的研究方法也是经济史学的研究方法。经济学研究方法可以概括为两种，即逻辑的和历史的，但首先是历史的。正如恩格斯所说，“历史从哪里开始，思想进程也应当从哪里开始”①。从哲学意义上讲，逻辑方法也就是抽象演绎法，而历史方法本质上就是归纳法。亚当·斯密的经济学既包括逻辑方法也包括历史方法。但是从李嘉图开始，经济学家逐渐放弃了历史方法，而主要采用抽象演绎法。英国古典经济学衰落以后，德国历史学派兴起，他们重视历史方法，但忽视逻辑方法。只有马克思的研究坚持了历史与逻辑的一致性，科学地揭示了资本主义产生、发展和必然灭亡的规律。西方经济学从新古典经济学开始，高度重视数学方法的运用，将逻辑方法推向一个新的阶段。到20世纪下半期，数学甚至成了经济学的主要方法和工具。而历史方法只是在新制度经济学中得到重视和运用，但在整个经济学界影响较小。事实上，不论是逻辑方法还是历史方法，都是很有效的方法，但是都不能走极端。逻辑方法的运用不能使经济学丧失社会经济内容，必须避免价值判断的缺失。经济学要克服这些缺陷，就应该更多地采用经验的方法，具体说就是历史方法。当然，历史方法也不能走极端，不能对经济现象作简单的现象描述，同样也要避免价值判断的缺失。历史方法的作用不仅仅是“再现历史”，更重要的是揭示经济发展和历史变迁的必然规律，并给现代人一种启迪，让人们知道现在该如何行动。

经济学源于经济史。马克思指出：“人们按照自己的物质生产率建立相应的社会关系，正是这些人又按照自己的社会关系创造了相应的原理、观念和范畴。”②“所以，范畴也和它们所表现的关系一样不是永恒的。它们是历史的和暂时的产

---

① 《马克思恩格斯文集》第二卷，人民出版社2009年版，第603页。

② 《马克思恩格斯文集》第一卷，人民出版社2009年版，第603页。

物。”① 因此，恩格斯进一步指出，“政治经济学本质上是一门历史的科学。它所涉及的是历史性的即经常变化的材料”②。但经济史学不同于理论经济学，经济史是经济学的源，而不断变化和发展的经济学理论构成经济学的流。③ 正如熊彼特所说，“历史是经济学家材料的一个重要来源”，而“经济学的内容，实质上是历史长河中的一个独特的过程”④。此外，经济学理论的发展，“需要历史的例证，需要不断接触现实”⑤。科学的方法应该是从历史与现实到理论，再从理论到历史和现实，这样反复接触，反复检验。科学的历史方法和科学的逻辑方法必须同时发展，相互促进，而不能有任何一方面的偏废。所以，“‘科学的’经济学家和其他一切对经济课题进行思考、谈论与著述的人们的区别，在于掌握了技巧或技术，而这些技术可分为三类：历史、统计和‘理论’。三者合起来构成我们的所谓‘经济分析’”⑥。

经济史学研究重在求证，但不可偏废推理。所以，经济史学研究必须坚持马克思“唯物主义历史观”“辩证方法”“逻辑和历史相一致”的方法，并以马克思主义经济学理论为指导，同时吸收西方经济学和经济史学的有益成分。经济学理论对于经济史研究的作用，就在于它决定着用什么观点考察经济的历史，用什么方法理解和阐释经济的历史。诺思指出：“书写历史，就是将随时光流转的人类状况的某些方面构建成一个连贯的故事。这种构建只存在于人类的心智之中。我们不重建过去，我们只是构建一个关于过去的故事。然而，一部好的历史，其故事就必须能给出一个一致的、合乎逻辑的解释，并且还应能紧守已有的证据与理论。”⑦ 因此，“在解释经济史实之前，需要一个概念基础”⑧，而这个概念基础是由经济学提供的。

马克思和恩格斯都是伟大的经济学家，同时也是伟大的经济史学家。《德意志意识形态》《英国工人阶级状况》《家庭、私有制和国家的起源》等，都是典型的经济史著作。在《资本论》中，马克思把历史方法和逻辑方法有机地结合起来，

---

① 《马克思恩格斯文集》第十卷，人民出版社 2009 年版，第 49—50 页。

② 《马克思恩格斯文集》第九卷，人民出版社 2009 年版，第 153—154 页。

③ 吴承明：《经济学理论与经济史研究》，《中国经济史研究》1995 年第 1 期，第 1—7 页。

④ ［美］约瑟夫·熊彼特：《经济分析史》第一卷，朱泱、孙鸿敞、李宏等译，商务印书馆 1991 年版，第 29—30 页。

⑤ 《马克思恩格斯文集》第二卷，人民出版社 2009 年版，第 605 页。

⑥ ［美］约瑟夫·熊彼特：《经济分析史》第一卷，朱泱、孙鸿敞、李宏等译，商务印书馆 1991 年版，第 28—29 页。

⑦ ［美］道格拉斯·C. 诺思：《制度、制度变迁与经济绩效》，杭行译，格致出版社、上海三联书店、上海人民出版社 2008 年版，第 181 页。

⑧ ［美］道格拉斯·C. 诺思：《经济史中的结构与变迁》，陈郁、罗华平等译，上海三联书店、上海人民出版社 1994 年版，序言。

同时也实现了经济学和经济史研究的有机结合。列宁的《俄国资本主义的发展》和《帝国主义是资本主义的最高阶段》两部著作，也是运用历史唯物主义方法研究经济学和经济史的典范。1938 年，毛泽东在党的六届六中全会上指出："我们是马克思主义的历史主义者，我们不应当割断历史。"① 1941 年，毛泽东在《改造我们的学习》一文中，号召全党学习和研究中国历史，并把经济史放在各方面研究的首位。他严厉地批评党内有些同志"言必称希腊"，而"对于自己的历史一点不懂，或懂得甚少"，"特别重要的是中国共产党的历史和鸦片战争以来的中国近百年史，真正懂得的很少"。毛泽东指示全党："应先作经济史、政治史、军事史、文化史几个部门的分析的研究，然后才有可能作综合的研究。"② 可见，马克思主义经典作家都十分重视历史方法，坚持辩证唯物主义和历史唯物主义，坚持马克思主义基本原理与具体实际的结合。这是经济史学研究的根本方法。

中国共产党新一代领导人十分重视历史科学研究。2015 年 8 月，习近平在致第二十二届国际历史科学大会的贺信中指出："人事有代谢，往来成古今。历史研究是一切社会科学的基础，承担着'究天人之际，通古今之变'的使命。世界的今天是从世界的昨天发展而来的。今天世界遇到的很多事情可以在历史上找到影子，历史上发生的很多事情也可以作为今天的镜鉴。重视历史、研究历史、借鉴历史，可以给人类带来很多了解昨天、把握今天、开创明天的智慧。"2022 年 12 月，习近平在致中华人民共和国国史学会成立 30 周年的贺信中指出，要激励人们坚定历史自信、增强历史主动，更好凝聚团结奋斗的精神力量，为全面建设社会主义现代化国家、全面推进中华民族伟大复兴作出新贡献。

二、世界经济史的阶段划分和基本趋势

恩格斯指出："人们在生产和交换时所处的条件，各个国家各不相同，而在每一个国家里，各个世代又各不相同。"③ 正是由于这种不同，决定了世界经济史的主题和时空范围。世界经济史的主题，就是研究各个国家不同时代的生产和交换关系。具体包括两个方面：一方面是历时性问题，指的是按时序描述和阐释人类社会的经济发展和制度演进；另一方面是共时性问题，即包括世界所有国家和民族经济增长的实绩、经济交往以及各民族经济在历史上的冲突与融合。前一方面问题决定世界经济史的时间范围，后一方面问题决定世界经济史的空间范围。从时空结合角度看，"各个相互影响的活动范围在这个发展进程中越是扩大，各民族的原始封闭状态由于日益完善的生产方式、交往以及因交往而自然形成的不同民

① 《毛泽东选集》第二卷，人民出版社 1991 年版，第 534 页。
② 《毛泽东选集》第三卷，人民出版社 1991 年版，第 802 页。
③ 《马克思恩格斯文集》第九卷，人民出版社 2009 年版，第 153 页。

族之间的分工消灭得越是彻底，历史也就越是成为世界历史”①。人类的历史正是不断扩展其自身活动范围，从狭窄的民族历史走向广阔的世界历史的过程。

人类社会经历了两次重要的经济革命，即农业革命和工业革命。农业革命始于亚洲，也被称为新石器革命，是人类历史上的第一次经济革命。农业革命以前的世界，人类还没有形成有组织的生产，没有可以称之为“经济”的活动。因此，世界经济史研究，必然从农业革命开始。黑格尔认为，世界历史从东方即亚细亚开始，自中国、印度后，波斯帝国兴起，历史开始走上世界的联系的道路。在此基础上，黑格尔将世界史分为东方世界、希腊世界、罗马世界和日耳曼世界。而马克思则把人类历史分为三种生产方式，即亚细亚生产方式、古代生产方式、日耳曼生产方式。这里，东方世界或亚细亚生产方式，是一种刚刚进入阶级社会的不发达奴隶制经济，希腊世界、罗马世界或古代生产方式，是一种典型的奴隶制经济，而日耳曼世界或日耳曼生产方式，经过演变逐渐发展成为西欧封建经济。在向封建经济过渡的历史过程中，东方的亚细亚生产方式出现两个亚型，即封建领主制经济和封建地主制经济。封建领主制经济与日耳曼的封建生产方式相近，西亚、南亚和日本等地以这种生产方式为主导形式，拜占庭和俄罗斯也基本属于这种类型。封建地主制经济以古代中国为典型。中国以西周为代表的封建领主制经济瓦解以后，以土地私有和自由买卖为基础的地主制经济成为占主导地位的形式。这种封建地主制经济代表封建经济的发达形式。因而，古代中国创造了农业社会最发达的生产力，以及高度发达的封建制度和封建文化。但这种发达的封建制度和封建文化，也严重阻碍了资本主义的产生和发展，导致中国在工业化和现代化过程中的滞后。

工业革命是人类历史上的第二次经济革命。工业革命从 18 世纪中期开始在英国发生，经 19 世纪在欧美主要国家全面展开并最终完成。这一时期的世界经济史，对于欧美主要国家来说，是封建经济向资本主义经济过渡的历史过程，也是人类生存基础由农业向工业转移的过程，即工业化或走向现代化的过程。这一阶段的世界经济史特点是世界市场的建立和工业革命的展开。如果说各个国家、民族的封闭性曾是保持传统农业社会的主要条件，那么，世界市场的建立则彻底打破了这种封建宗法式的经济关系。一方面，在世界市场的刺激和推动下，“生产的不断变革，一切社会状况不停的动荡，永远的不安定和变动，这就是资产阶级时代不同于过去一切时代的地方。一切固定的僵化的关系以及与之相适应的素被尊崇的观念和见解都被消除了，一切新形成的关系等不到固定下来就陈旧了。一切等级

---

① 《马克思恩格斯文集》第一卷，人民出版社 2009 年版，第 540—541 页。

的和固定的东西都烟消云散了，一切神圣的东西都被亵渎了”①。代之而起的是一个全新时代即现代社会的诞生。另一方面，世界历史并不仅仅标志着一场以“技术革命”或“工业革命”为单一特征的变革，而是包含社会生活全面变革的“社会革命”。在世界历史条件下，不仅生产、消费具有世界性，而且精神、文化的发展也具有世界性，就连人的发展也成为世界历史作用的结果。这就是马克思所说的，“地域性的个人为世界历史性的、经验上普遍的个人所代替”②。“资产阶级，由于一切生产工具的迅速改进，由于交通的极其便利，把一切民族甚至最野蛮的民族都卷到文明中来了”，“它使未开化和半开化的国家从属于文明的国家，使农民的民族从属于资产阶级的民族，使东方从属于西方”。③ 这就是说，对于非西方国家来说，工业革命和工业化，也就是资本主义市场经济和工业生产方式的移植过程。这种移植有的是通过这些国家和民族主动引进实现的，有的则是通过西方列强侵略而被动实现的。这两个过程就是所谓的资本主义改良和殖民化过程。到 19 世纪末，世界大部分地区已经被纳入资本主义世界经济体系，正如列宁指出的，帝国主义已经将世界领土瓜分完毕。

20 世纪是世界经济史的一个新的阶段。1917 年列宁发表著名的《帝国主义是资本主义的最高阶段》指出，到 19 世纪末，资本主义自由竞争发展到垄断，产生了帝国主义，而帝国主义是资本主义的最高阶段。在这个阶段里，资本主义经济由于社会化大生产和垄断的发展，出现了局部的计划性，为向社会主义转变提供了生产力基础。20 世纪之所以成为一个新的历史阶段，其根本标志就是社会主义制度的出现。20 世纪苏联和中国的计划经济实验，标志着社会主义从理论到实践的转变，在世界经济史上具有极其深远的意义。同时，20 世纪资本主义出现由自由市场经济向国家干预经济的过渡。20 世纪 30 年代的大危机及其前后发生的两次世界大战，既是资本主义自由放任的市场经济体制的危机，也是资本主义世界经济秩序的危机。经过大危机和世界大战的调节，资本主义经济体制和世界经济秩序进入重建时期，并出现了进一步的繁荣。最后，发展中国家经济的迅速崛起成为 20 世纪世界经济的重要特点。资本主义殖民体系在 19 世纪末发展到顶峰，这种发展一方面标志着西方资本主义扩张的顶峰，另一方面预示着资本主义殖民体系瓦解的开始。20 世纪五六十年代，大部分殖民地国家和地区都获得了独立，并进行工业化，积极发展经济，因而出现了独特的发展中国家经济。不过，在现代化过程中，发展中国家也出现分化，一部分国家和地区通过发展进入中等发达国家行列，另一部分国家和地区则进一步陷入贫困。

---

① 《马克思恩格斯文集》第二卷，人民出版社 2009 年版，第 34—35 页。

② 《马克思恩格斯文集》第一卷，人民出版社 2009 年版，第 538 页。

③ 《马克思恩格斯文集》第二卷，人民出版社 2009 年版，第 35—36 页。

20 世纪最后 20 年到 21 世纪前 25 年，世界经济史出现新的现象。第一，全球化的利益和风险不仅为各国经济发展提供了机遇，也给各国的政治、经济、文化等方面的安全带来了巨大挑战，甚至威胁着全球的稳定。一方面科学技术的进步加深了国际分工，促进了生产国际化，扩大了世界市场的广度，加强了各国贸易往来的深度，加速了经济全球化进程。另一方面，发达国家由于掌握着全球化赖以发展的关键技术，是全球化的推动者和规则制定者，使全球化的利益分配极不均衡，全球经济充满着不确定性和风险，经贸关系的发展具有明显的政治化倾向，“筑墙设垒”“脱钩断链”及单边制裁、极限施压等逆全球化现象时常出现，并在 2016 年后加剧。尽管全球化仍是长期发展趋势，但 2016 年后，由于政治事件（如英国脱欧、特朗普两次当选）、经济因素（如中美贸易摩擦、经济民族主义）、新冠疫情和地缘政治（如俄乌冲突）等多重因素作用，出现了逆全球化趋势，全球化和国际合作面临更多挑战。第二，市场化改革是主流，但是新自由主义也不可能超越它的历史性和不同的文化体制背景。20 世纪 80 年代以后直到世纪之交，世界各主要国家出现了以市场为基本取向的制度变革潮流。计划经济国家向市场经济转轨，英国和美国等西方发达国家开始实施减少经济管制、出售国有企业和削减社会福利等的经济改革。发展中国家和地区，如拉美和印度等随后也开始了新自由主义方式的改革。但是，新自由主义为苏联和东欧国家经济体制转轨开出的药方——“休克疗法”遭到了失败；基于新自由主义精神的“华盛顿共识”不仅没能让拉美国家摆脱债务危机，还使东南亚国家又陷入严重的金融危机。尽管在 20 世纪最后 20 年里，西方国家的新自由主义实践取得了可观的成就，但是针对 2008 年国际金融危机等重大冲击，凯恩斯主义干预政策再度回归，这些都意味着新自由主义的局限性。第三，中国式现代化为人类对现代化道路的探索提供新助力。新中国成立特别是改革开放以来，中国用几十年时间走完西方发达国家几百年走过的工业化历程，创造了经济快速发展和社会长期稳定的奇迹。中国式现代化是人口规模巨大、全体人民共同富裕、物质文明和精神文明相协调、人与自然和谐共生、走和平发展道路的现代化，既基于自身国情、又借鉴各国经验，既传承历史文化、又融合现代文明，既造福中国人民、又促进世界共同发展，为人类社会现代化理论和实践创新作出新贡献。

三、人类社会的生产方式及其历史演进

从世界经济史考察，农业革命分别从西亚和东亚起源，在原始公社向阶级社会转变过程中，产生亚细亚生产方式的两个亚型，即西亚型和东亚型。亚细亚生产方式、希腊和罗马的古代生产方式、日耳曼生产方式，都是分别在各自不同的自然和历史条件下产生的，相互并没有直接的联系。但是，当不同国家和不同民

族的经济和文化交往发生以后，通过竞争与融合产生了趋同的变化。这是因为，在竞争中先进的生产方式必然战胜落后的生产方式，而代表落后生产方式的民族，也必然采纳先进民族的先进生产方式。这样，不同生产方式就趋于一致。这种竞争与趋同首先发生在西亚和希腊之间，进而发生在希腊与罗马之间。在这种竞争中，以希腊和罗马为代表的古代生产方式得到突出发展，并在地中海地区获得统治地位，成为主导形式，即典型的奴隶制经济。与此同时，西亚文明衰落了。但亚细亚生产方式并没有就此消失，而是与希腊和罗马文明融合产生变异。

但是，任何一种占统治地位的生产方式，都不可能保持固定不变，否则就必然走向衰落和灭亡。所以，任何生产方式都不能拒绝创新。这种创新的动因既可能来自内部，也可能来自外部，还可能是两方面共同作用的结果。罗马奴隶制达到极盛并开始走向衰落以后，面临着来自内部和外部的竞争。内部竞争就是元老院贵族的庄园经济发展，外部竞争主要是日耳曼生产方式的侵蚀。在这种背景下，罗马奴隶制经济演变为隶农制经济，而日耳曼生产方式则进一步在隶农制基础上发展成为封建农奴制经济。可见，封建经济是日耳曼生产方式与罗马古代生产方式融合演进的产物。事实上，融合也是一种创新。在西欧封建经济逐渐占据主导地位的同时，西亚地区则变异出拜占庭和阿拉伯-伊斯兰封建经济。而在东方，以中国为代表的东亚社会，却在亚细亚生产方式基础上独立演变为东亚型封建经济，包括西周建立的封建领主制经济和战国以后演变出来的地主制经济。在 16 世纪以前，中国封建经济没有遇到来自外部的有力挑战，而是通过自身的调节能力及与周边民族的融合来逐步完善，达到农业社会高度发达的水平。16 世纪以后，世界经济面临新的变革，使原有的占统治地位的封建经济发生变异。以西欧为代表的落后的西方，通过变革或革命，实现了从封建生产方式向资本主义生产方式的转变，通过市场化和工业化，实现了农业革命以来的又一次经济革命。

在资本主义生产方式和世界市场产生以后，世界上存在两种生产方式和两种社会制度，并存在着激烈的竞争。在这种竞争中，资本主义生产方式逐步显示出其先进性和优越性，成为主导型生产方式或核心型社会形态。西方资本主义国家以其经济、军事、文化的力量侵入落后、停滞的东方封建社会，造成了宗主国和殖民地的斗争。在资本主义侵略扩张过程中，东方各国长期与世隔绝状态被打破，停滞的封建社会受到冲击，“接踵而来的必然是解体的过程，正如小心保存在密闭棺材里的木乃伊一接触新鲜空气便必然要解体一样”①。而在以后的几个世纪里，西欧资产阶级通过对外扩张，将这种生产方式传播到全世界。到 19 世纪末 20 世纪初，世界上绝大部分地区都在资本的统治之下了，欧美的生产方式出现趋同和

① 《马克思恩格斯文集》第二卷，人民出版社 2009 年版，第 609 页。

统一。

然而，20 世纪资本主义统一世界的格局发生了变化。用列宁的话讲，就是在帝国主义统治链条中最薄弱的环节，出现了社会主义革命。这是社会生产方式的又一次革命性变革，是西方资本主义生产方式占据统治地位以后，世界经济制度出现的又一次创新和分化。一方面，以苏联为先导，东欧、中国和亚洲其他地区先后采取社会主义制度，在一定时期通过计划经济初步建立了工业化基础。另一方面，第二次世界大战以后，世界殖民体系最终瓦解了，世界上出现了一系列发展中国家。这些国家和地区采用了与西方发达国家不完全相同的经济制度，利用后发优势，通过政府推动，引进先进技术和资金，大大推进了经济发展的进程。可见，20 世纪世界经济在地理空间上发生了重大的变化，代表现代文明的工业生产已不限于西方国家，非西方国家大多走上工业化道路。

到 20 世纪 90 年代以后，由于东欧剧变、苏联解体，各个国家和地区普遍实行市场导向的改革，世界经济出现全球化浪潮，但我们也必须看到，中国通过 40 多年的改革开放，实现了经济腾飞，并一举发展成为世界第二大经济体。经过长期努力，中国特色社会主义进入了新时代。特别是党的十八大以来，我国在经济、科技、社会、生态和外交等领域取得了历史性成就，为实现中华民族伟大复兴奠定了坚实基础。这意味着近代以来久经磨难的中华民族迎来了从站起来、富起来到强起来的伟大飞跃，迎来了实现中华民族伟大复兴的光明前景；意味着科学社会主义在 21 世纪的中国焕发出强大生机活力，在世界上高高举起了中国特色社会主义伟大旗帜；意味着中国特色社会主义道路、理论、制度、文化不断发展，拓展了发展中国家走向现代化的途径，给世界上那些既希望加快发展又希望保持自身独立性的国家和民族提供了全新选择，为解决人类问题贡献了中国智慧和中国方案，创造了人类文明新形态。

2013 年，习近平在出访中亚和东盟国家时，先后提出共建丝绸之路经济带和 21 世纪海上丝绸之路，即“一带一路”倡议。“一带一路”合作从亚欧大陆延伸到非洲和拉美，150 多个国家、30 多个国际组织签署共建“一带一路”合作文件，举办 3 届“一带一路”国际合作高峰论坛，成立了 20 多个专业领域多边合作平台。同时，我国积极履行国际责任，在共建“一带一路”框架下，深化同各方发展规划和政策的对接。2017 年 1 月，习近平在联合国日内瓦总部作题为《共同构建人类命运共同体》的演讲时指出，人类正处在大发展大变革大调整时期。世界多极化、经济全球化深入发展，社会信息化、文化多样化持续推进，新一轮科技革命和产业革命正在孕育成长，各国相互联系、相互依存，全球命运与共、休戚相关，和平力量的上升远远超过战争因素的增长，和平、发展、合作、共赢的时代潮流更加强劲。同时，人类也正处在一个挑战层出不穷、风险日益增多的时代。

世界经济增长乏力，金融危机阴云不散，发展鸿沟日益突出，兵戎相见时有发生，冷战思维和强权政治阴魂不散，恐怖主义、难民危机、重大传染性疾病、气候变化等非传统安全威胁持续蔓延。为此，必须构建人类命运共同体，实现共赢共享。只有这样，才能让和平的薪火代代相传，让发展的动力源源不断，让文明的光芒熠熠生辉。然而，构建人类命运共同体是需要一代又一代人接力跑才能实现的目标。党的二十大指出，我们要拓展世界眼光，深刻洞察人类发展进步潮流，积极回应各国人民普遍关切，为解决人类面临的共同问题作出贡献，以海纳百川的宽阔胸襟借鉴吸收人类一切优秀文明成果，推动建设更加美好的世界。党的二十届三中全会指出，“中国式现代化是走和平发展道路的现代化”，并提出要“推动构建人类命运共同体，践行全人类共同价值，落实全球发展倡议、全球安全倡议、全球文明倡议，倡导平等有序的世界多极化、普惠包容的经济全球化”。

思考题

1. 什么是经济史学？经济史学与经济学的关系是怎样的？
2. 如何划分世界经济史的阶段？不同历史阶段的特征是什么？
3. 如何看待世界经济史的演进规律？
4. 中国在世界经济史中的地位是什么？

第一篇 古代世界经济

从全球经济史考察，农业革命分别从西亚和东亚起源，并产生亚细亚生产方式的两个亚型，即西亚型和东亚型。随后发展起来的是以希腊和罗马为代表的古代生产方式，成为地中海地区的主导经济形式。罗马奴隶制达到极盛并开始走向衰落以后，与日耳曼生产方式融合，演变成为西欧封建农奴制经济。而在东方，以中国为代表的东亚社会，在亚细亚生产方式基础上独立演变为东亚型封建经济。在16世纪以前，中国封建经济没有遇到来自外部的有力挑战，而是通过自身的调节能力及与周边民族的融合来逐步完善，达到农业社会高度发达的水平。

第一章　古代世界的奴隶制经济

东方是农业革命的发源地，也是世界文明的发源地。以中国和印度为代表的古代东方国家的经济政治体制，是以亚细亚生产方式为基础的专制主义和普遍奴隶制。希腊和罗马是西方古代文明的代表，其经济政治体制是典型的城邦奴隶制和高度发达的奴隶制经济。本章的重点是比较东西方古代经济的不同特点，从文明源头上理解东西方不同的历史道路。

第一节　农业革命

一、农业革命的发生

在距今大约 1.1 万年前，即公元前 9000 年左右，最后一个冰期结束，气候渐趋变暖，人类历史上发生了一个重大转折，即人类由狩猎和采集时代过渡到定居农业时代。这一转折在历史上称为农业革命或新石器革命。

农业革命最早发生于西亚的两河流域。两河是指发源于土耳其亚美尼亚高原托罗斯山脉的底格里斯河与幼发拉底河。两河流域的中下游地区，地势平坦，古希腊人称之为“美索不达米亚”，意为“河间之地”。由于春季融雪，两河定期泛滥，形成大片冲积平原，因此，这里土地肥沃，适于种植业发展。随着人类社会的发展，两河流域出现了比较发达的农业。两河流域的居民主要使用牛、驴拉着木犁耕地，最主要的农作物是大麦和椰枣。此外，还有无花果、橄榄和其他水果。① 大麦酒是人们最喜欢喝的饮料，椰枣是人们的主食之一。古代两河流域的劳动人民编写了人类历史上最早的农书——《农人历书》。该书以一个老农教育儿子的口吻写成。这位老农对儿子讲述应该如何务农，比如怎样节省灌溉用水，不要让牲畜践踏田地，驱赶食谷的飞鸟，要及时收割，等等。书中总结了灌溉技术，包括兴修沟渠、堤坝，排涝蓄水等。当时的灌溉技术已经比较发达，甚至形成了统一的灌溉网。灌溉网由国家管理，而国家的最重要职能就是维持和修缮灌溉网，以及其他公共工程的建设和维护。

尼罗河流域是农业革命的重要发源地。处于尼罗河流域的古代埃及实际上是与周围世界隔绝的大块绿洲，尼罗河是唯一的水源。尼罗河定期泛滥，不仅灌溉

---

① ［英］戈登·柴尔德：《人类创造了自身》，安家瑗、余敬东译，上海三联书店 2012 年版，第 84 页。

了土地，并且用肥沃的淤泥给土地定期施肥。但尼罗河的自然泛滥并不能给农业以足够的供水，所以，埃及人早在远古时代就建成了复杂的灌溉体系，包括沟渠、水闸，以及用于储水和泄水的水池。人们十分重视对灌溉网的改进，建造沟渠和人工水库，储存大量的水，以便在干旱时使用。埃及人按照农业生产周期把一年分为三个时期：尼罗河泛滥时期（7 月至 10 月）、播种时期（11 月至次年 2 月）和收获时期（3 月至 6 月）。主要的农作物是大麦、小麦和亚麻。早在古王国时期，人们就开始使用锄，并使用原始的犁，用公牛和驴作为耕畜。播种时，人们把种子撒到田里，再把牲口放到田里，牲口会用蹄子将种子踩进土里。打谷也用牲口，牲口在打谷场上用蹄子将谷粒踩下来。这种技术在埃及持续了很久。埃及的蔬菜种植业、果园种植业和亚麻种植业也都有一定的发展。人们还饲养家畜和家禽，甚至有了养蜂业。

中国是农业文明的重要发源地之一。中国农业文明发源地包括黄河中下游地区和长江中下游地区。近些年的考古发现表明，中国黄河流域的农业起源之早，差不多与西亚相当。古代黄河流域特别是中下游，气候温和，雨量适中，土壤肥沃，适宜于旱地作物如黍、麦等生长。在氏族社会后期，传说共工氏部落发明筑堤防水的方法，黄帝“经土设井”，鲧和禹治洪水，周族先祖弃“播时百谷”等。

到了夏代，中国的农业技术进一步完善，主要农具有木锸、石耜、石斧、石刀、骨铲、蚌镰、蚌刀等。灌溉方面掌握了一面疏导洪水、一面引水灌溉的技术。畜牧业也有所发展，到了商代，人们已经饲养牛、马、猪、羊、鸡、犬等家畜。适应农业发展需要，夏已经掌握一定的天文和历法知识。春秋时期，孔子曾主张“行夏之时”，可见夏已经有了较为完善的历法。战国时期还曾流行夏历和《夏小正》一书。长江中下游地区是中国另一个农业文明发源地。据考古材料不完全统计，迄今中国已发现史前栽培稻遗存的地点 90 多处，其中 70 多处在长江中下游。河姆渡遗址中发现不少距今 7 000 多年的稻作物堆积层，包括稻谷、稻秆、稻叶等，还发现大量的稻作生产工具骨耜等。河姆渡遗址的水稻遗存，无论在数量上还是在保存的完整程度上，都是举世罕见的。①

农业革命的一个重要影响，就是私有制的产生。农业革命提供了财产制度产生的生产力基础。史前人类把劳动与自然资源结合起来得以谋生，自然资源不论是狩猎的动物还是采集的植物，开始都是作为公共资源而被占用的。随着人口的增加和生产力的提高，资源变得越来越稀缺。为了保证资源利用的效率，人们开始分别占有和使用生产资料，从而导致私有财产的出现。私有财产的出现，刺激了人的贪婪心和占有欲，诱发了对财产的争夺。氏族部落的首长和家族长利用自

① 王震中：《中国文明起源的比较研究》（增订本），中国社会科学出版社 2013 年版，第 35 页。

己对公共财产的管理权和分配权，或利用对外交换产品的方便，把一些集体的财富攫为己有，于是出现了最早的富人。

私有制在原始社会发展的必然结果就是阶级的产生，社会分为奴隶主和奴隶、剥削者和被剥削者。在当时，一方面，因为社会有了剩余产品，从而有了可供剥削他人劳动的物质条件；另一方面，因为社会发展需要增加劳动力，以减轻生产者本身的劳动量，于是战俘不再被杀害，而是成为可供剥削的奴隶。最初的奴隶来源是战俘，后来出现因负债而把子女卖给别人当奴隶，甚至自卖为奴隶的情况，这就是债务奴隶。开始，奴隶在集体劳动中只起辅助作用，他们是集体的财产，生活待遇和主人相差不是很大。第二次社会大分工出现以后，随着劳动生产率的提高和劳动力价值的提高，奴隶在生产中的地位上升，他们被成批地赶到田野和工场去劳动，成了劳动力的重要组成部分。

奴隶制是古代世界所产生的第一个剥削形式。“随着在文明时代获得最充分发展的奴隶制的出现，就发生了社会分成剥削阶级和被剥削阶级的第一次大分裂。”① 一方面，自从社会分为两大阶级，即奴隶主和奴隶以后，社会就充满了矛盾，一个阶级要压迫另外一个阶级，就必须借助国家机器。这就产生了奴隶制国家。另一方面，在当时的生产力条件下，也只有通过奴隶制这样野蛮的压迫方式，才能将社会产品集中起来，用于供养一部分脱离社会生产的人员从事其他活动，社会才能发展。所以，恩格斯指出：“如果我们深入地研究一下这些问题，我们就不得不说——尽管听起来是多么矛盾和离奇——在当时的情况下，采用奴隶制是一个巨大的进步。”② 但必须指出的是，“生产的每一进步，同时也就是被压迫阶级即大多数人的生活状况的一个退步”③。

二、城市与工商业起源

最早的农业出现于东方，最早的城市也出现于东方。公元前5000年左右，苏美尔就有了最早的城市——埃利都。在乌鲁克文化（公元前3500—前3100年）期间，以乌尔城邦为开端，苏美尔出现了10~15个城邦。每一个城邦都统治着周围的农村地区，并以某种方式创造出商品和劳务。公元前1800年左右，巴比伦帝国兴起，巴比伦城逐渐成为帝国的都城，在很大程度上支配着整个地区的经济和政治生活。此后，巴比伦城多次遭到战火破坏又多次重建。到新巴比伦时期，尼布甲尼撒所建的巴比伦城规模空前，分为东西两部，有三重城防、九座城门。著名的空中花园就产生于这个时期的巴比伦。

---

① 《马克思恩格斯文集》第四卷，人民出版社2009年版，第195页。
② 《马克思恩格斯文集》第九卷，人民出版社2009年版，第188页。
③ 《马克思恩格斯文集》第四卷，人民出版社2009年版，第197页。

大约在 5 000 年前，古代两河流域的居民就会制作陶器。人们常用的生活用具像酒杯、油缸、炉子、灯盏等几乎全是陶制，制陶业是重要的手工业之一。人们用青铜制造了斧、锯、刀、剑等工具和武器。大约在 4 000 年前，亚美尼亚地区就炼出了铁。铁的性能比青铜好，铁矿石也容易获得，所以冶铁业迅速发展起来。公元前 7 世纪前后，两河流域实现了由青铜器到铁器的转变。古巴比伦的手工业已经十分发达，出现了独立经营的手工业者以及受雇于私人家庭和手工业作坊的手工业者。据《汉穆拉比法典》所载，古巴比伦王国时期的手工业有织布、木作、制砖、皮革、刻石、珠宝等 20~30 个门类。贸易在古巴比伦是相当发达的。巴比伦、西帕尔、尼普尔、拉尔萨等城是重要的商业中心。这些商业基本是受王室和神庙控制的，但也出现了私人合伙经营的商业。在《汉穆拉比法典》中曾列举粮食、羊毛、油脂、椰枣等产品为贸易对象。除了奴隶和农产品外，金属制品、纺织品和其他物品也是贸易对象。

古印度也出现过城邦文明，最著名的是哈拉巴文明。据考古发掘，公元前 2000 年前后，哈拉巴文明有不少城市。这一时期的国家是以一个或几个城市为中心结合周围的村社而形成的。城市国家的规模不大。其中最大的城市哈拉巴和摩亨佐·达罗，占地面积也仅 1 平方千米左右，居民约各有 35 000 人。其他的城市则更小，如卡利班甘只有 0.22 平方千米。哈拉巴的城市不分大小，都有一个共同点，即包括卫城和下城两个部分。在众多的城市遗址中，较大者只有几处，其中以哈拉巴和摩亨佐·达罗为最大，而遗址保存较好。摩亨佐·达罗的西部是建于砖砌高台上的卫城，东部是住宅与工商业所在的下城。这两部分又由一道厚实的砖墙围护起来形成一体。摩亨佐·达罗的下城设计布局相当合理，那里的大街或者东西向或者南北向，垂直相交，把下城分为许多街区。

中国在夏商时代就有关于城的记载。《吕氏春秋·君守》云“夏鲧作城”，《吴越春秋》称“鲧筑城以卫君，造郭以守民，此城郭之始也”。河南偃师的二里头城市遗址，东西长达 2.5 千米，南北达到 1.5 千米，面积约 3.75 平方千米。多数学者认为这就是夏朝后期的都城。河南偃师尸乡沟发掘出的商代早期遗址，学者认为是汤都“西亳”所在地。这座城有厚达 17~18 米的城墙，由土夯成，非常坚固；南部有一组宫殿建筑群，有正殿、附殿、庭院等；宫城的东北和西南各有一座拱卫城，城南有三座小城，也具有防卫目的。城内外都有浩大的排水系统，包括石木结构的水道和石头垒砌的水道，都是暗沟形式。商代中期迁都于殷（河南安阳），据《竹书纪年》所载，“自盘庚徙殷，至纣之灭，七百七十三年更不徙都”。通常认为安阳小屯是宫殿区，以它为中心，在东、南、西三面的总面积达 24 平方千米的范围内，分布着大量的民居、手工业作坊遗址，出土了许多生产工具、生活用品、礼乐器具和刻有卜辞的甲骨，是一个规模巨大的城市。此外，商代各地都出现了规模较大的都邑。《管子·乘马》篇指出："官成而立邑。五家而伍，十家而连，五连而暴。五暴而长，命之曰某乡。四乡命之曰都，邑制也。"都邑与城堡相比，有了更多的经济内涵，人口增加，建城的范围扩大，手工业有了较大发展，并且有了"市"的概念。

第二节　古代东方的奴隶制经济

一、印度的奴隶制经济

印度的历史从吠陀时代开始才有文献记录。其中最古老的《梨俱吠陀》，其编纂年代在公元前 12 世纪至公元前 9 世纪，其上限可推至公元前 14 世纪初，即雅利安人开始进入印度之际。早期吠陀反映了雅利安人氏族部落组织解体，并向阶级社会迈进的历史。这一时代，私有制也已逐渐产生，并开始出现了等级划分的现象。吠陀时代后期，铁器已推广使用，农业有了一定程度的发展，劳动分工大大加强，商业开始兴起，在商品交换中，人们兼用以物易物和付偿购物两种方法，甚至出现高利贷。

随着阶级矛盾的激化，以前的军事民主制机构逐渐变成了国家。军事首领罗阇成为世袭君主，依靠贵族和官吏的辅佐来统治国家。如摩揭陀王国建立了行政管理系统，主要目的是从农业村落中征税。① 最初形成的国家是以部落的某一中心城堡为基地而建立起来的，因规模较小，故称为城邦。到公元前 6 世纪，在恒河和印度河流域已有了 20 多个城邦国家，主要有犍陀罗、居楼、迦尸、居萨罗等，这样便开始了印度历史上的列国时代。

到公元前 3 世纪，孔雀王朝建立了比较完整的行政管理体制，实行中央集权统治。僧侣和武士两个高级瓦尔那②共同构成孔雀王朝的专制统治支柱。国王是最高行政代表、最高军事统帅，还亲自处理重大司法案件，国王开始被神化。国王之下，中央设有负责专门事务的文武大臣，地方则有省长总督，而且多由王族成员和国王亲信担任。国王从统治阶层选拔官员，主要包括三类：第一类是地方官吏，主管修治河渠、丈量土地、监督灌溉用水的分配，同时管理渔猎、林木、采矿等；第二类是城市官员，主管工商业、外侨外商、人口登记、市场交易、产品检查、征收城市的什一税等；第三类是军事长官，分别掌管海陆部队，以及骑兵、象兵和后勤辎重等。孔雀王朝对地方实行分省统治，但是还不严密。阿育王时期是孔雀王朝的极盛时代，但这个

---

① ［印度］迪帕克·拉尔：《印度均衡：公元前 1500—公元 2000 年的印度》（节选和修订版），赵红军主译，北京大学出版社 2008 年版，第 22 页。

② 瓦尔那是印度教经典中解释种姓制度的概念。

庞大帝国没有统一基础。孔雀王朝幅员辽阔，边远地区仍存在氏族部落制度，部落的首长仅向帝国国王称臣纳贡，而境内的赋税则由他们自行征收。

恒河流域中心地区的土地主要包括三种：王室所有并直接控制的土地、奴隶主贵族和寺庙占有地，以及农村公社占有地。王室的土地中，除部分荒地、森林、矿山外，主要为王室农庄，使用奴隶、雇工与囚徒进行劳动，还有铁匠、木匠等维修人员。这是直接供宫廷消费的奴隶制农庄，有时王室农庄还有剩余的土地出租。奴隶主贵族和寺庙所占有的土地也有不同类型：一是国王赐给各级军政官吏、婆罗门贵族和佛教僧侣的征税地；二是从王室所有地中授予各级税收官吏、主管人员的服役份地，他们无权出卖、转让或抵押，使用奴隶或雇工经营；三是由国王或奴隶主赠予婆罗门贵族或佛教僧侣的土地。在农村公社占有地中，村长由国家任命，另有税吏管理赋税、户口等事宜。水利灌溉系统、牧场和森林由全村共同使用，土地的主体部分作为份地归各家耕种，基本上成为私产。

特殊的家族公社和父权制大家族，构成印度农村基本的自给自足的经济单位。古印度的典型乡村，由50~200个家庭组成，有200~800名居民，多为从事农业的属于同一种姓的人口。乡村中有一些职业世袭的工匠，其唯一的职责是为本村的集体生活服务，并从本村农产品的收获中得到供养。这类家庭主要从事农业和手工纺织业，家畜、劳动工具和家族成员的劳动产品都被认为是整个家族的财产，而家族内的其他成员事实上处于奴隶地位。农村公社土地由实际耕种的各家族农民所有。但国王对于村社土地有最高所有权。

孔雀王朝时期，土地国有制以王有的形式出现，但并非国王个人私有，而是以国王的名义由氏族贵族所共有。从村社征收来的贡赋虽然称为国王的份额，但它既用于国王与王室的消费，又用于政府的开支，要在氏族贵族中再分配。中央政府的官吏发给俸禄，地方官员及婆罗门等僧侣则得到免税地。前者可称为食禄贵族，后者可称为食租贵族。食租贵族对某块土地或某个村社拥有收益权。食禄贵族的薪水加上公共工程的花费，要占到土地总税收的1/4左右。①

孔雀王朝通过村社来占有土地和劳动者。国家设有管理农业的官员，他们视察河道、丈量土地、管理露天渠道，注意让每个耕种者得到相等的水量，还要监督农事，管理樵夫、粗木匠和矿工，征收租税等。根据《政事论》的记述，国家对村社农民实行户籍制度，每5个或10个村庄设1名村庄管账人哥帕，他的职责是建立和管理户籍，记录每户青年人和老年人的数目，他们的经历、职业、收入和开支。村社农民没有迁移和改变职业的自由，谁也不能和其他种姓的人通婚，谁也不能改变自己

① ［印度］迪帕克·拉尔：《印度均衡：公元前1500—公元2000年的印度》（节选和修订版），赵红军主译，北京大学出版社2008年版，第22页。

的职业和手艺，不能从事其他的工作。《摩奴法典》也说，“国王可尽一切努力强制吠舍和首陀罗履行义务：因为如果这些人背离其义务，足以搅乱世界”①。

随着工商业和城市的发展，印度在公元前6世纪或更早就出现了正规的银币。最初的发行者是商人和他们的社会组织。他们不仅发行货币，还定期检查货币的质量和重量。经检查的货币被打上印记，以标明货币的成色和重量。到了孔雀王朝时期，这种货币检查工作由政府承担，货币上的印记是政府印记而不是民间组织印记了。城市中出现了行会组织。《佛本生故事》中提到18种行会。行会为了保持对商品市场和生产技术的垄断，逐渐形成行内婚姻制的社会集团。大部分手工业者行会发展成为种姓集团，被纳入首陀罗这个瓦尔那。

孔雀王朝时期，印度的城市和工商业进一步发展。孔雀王朝的都城华氏城，是一座坐落在河边上，长15千米、宽2.8千米的平行四边形繁华城市。城墙是木制的，全城设有570座箭楼、64座大门。城市的王家大道将城市区域分为一个个住宅区，国家机关集中在一个市区。另外有手工业区、商业区，还有行会和外国人居住区。孔雀王朝实行统一币制，统一度、量、衡，这些措施有利于商业发展和市场流通。②

二、中国的奴隶制经济

新石器时代晚期，中国的中原地区农业有了较快的发展。在此基础上，华夏先民在以嵩山为中心的伊、洛、汝、颍四水流域的河谷地区，建立了第一个较为完整的国家——夏。③

夏王朝就是吞并了周围的氏族和部落后建立的第一个奴隶制王朝。被吞并的各个部落，变成了夏王朝的集体奴隶，世代延续，“子孙为隶”。以后他们逐渐成为夏代社会中主要的农村居民，被称为“众”。到了商代，这种农村居民仍被称为“众”。在奴隶主的统治下，他们没有任何权利，被迫以大部分时间为奴隶主从事各种农田劳动，还必须为奴隶主承担各种劳役，有时还被征集入伍，在奴隶主贵族的带领下征伐周围的方国。但“众”是本族、本土的奴隶，多年来世世代代生存在这块土地上，成为商代社会的主要生产者，是生活在奴隶状态下的农民，即“普遍奴隶”。奴隶除来源于战俘外，也有一些平民因犯罪而沦为“罪隶”。

夏商时代，中国的手工业和商业已得到很大的发展。早在夏代中国就进入了青铜文明。《墨子·耕柱》说：“昔者夏后开使蜚廉折金于山川，而陶铸之于昆吾。”商王朝建立以后，为了适应整个社会经济的发展和统治阶级的奢侈消费，在城里普遍设立手工业作坊，驱使大批奴隶从事各种手工业生产。当时的手工业种

---

① 吕昭义：《印度古代土地所有制的演变》，《思想战线》1996年第6期，第71—78页。

② 刘欣如：《印度古代社会史》，中国社会科学出版社1990年版，第79页。

③ 李学勤主编：《夏史与夏代文明》，上海科学技术文献出版社2012年版，第189页。

类很多，分工也很细，有石器、骨器、玉器和铜器等作坊，还可以生产皮革、舟车，从事酿酒、养蚕、织帛等。其中青铜器铸造最为发达。在商代早期，商人就已经制造出精致的武器、容器和工具等。青铜武器有戈、矛、钺等，青铜容器有鼎、壶、盘、爵、尊等，青铜工具有刀、斧、锛、钻、铲等。青铜器主要供贵族使用，而广大人民主要使用陶器，制陶业已经有相当规模。

由于家长制家庭关系的影响，中国早期国家从产生时起，就走上了君主制的道路。在中国早期国家形成的过程中，家长制家庭的完整保留，使得父系家族公社内部家长的绝对权力直接演变为君主的绝对权力。商代国家组织实行“亲贵合一”原则。商族对祖宗的祭祀、崇拜是一种久远的制度，商朝建立后，这种制度逐步成为宗法制度。在这一制度下，商王是全国同姓和异姓贵族的大宗，各级贵族为小宗，各级贵族间也分大宗和小宗。商王及其亲属和显贵组成大贵族集团，商王是奴隶主贵族的总代表和大家长。商王以下的贵族家族参与国家管理，担任国家官职并世代相袭。例如，盘庚在一次对贵族集团的讲话中说，他们的祖先同商先王有“胥及逸勤”（《尚书·盘庚》）的共政关系，并保证他们世代担任国家官职。他们与商王一心，民就得顺从；他们同商王离心，民就会叛乱。到商朝晚期，王位继承和宗法关系已经结合在一起，从而赋予宗法关系以明显的政治性质。在这种家国一体的制度下，家就是国，国也是家，国家的组成、政治结构与国家活动，都以家族血缘与政治的结合为基本形式。

周族灭殷以后，将周族的氏族部落组织扩大为国家统治机构，实行大规模的宗法分封，以巩固对全国的统治。周王是周族的大族长，他分封子、侄为诸侯，周王成为天下之大宗，诸侯对周王来讲是小宗；诸侯在封国内分封子、侄为卿、大夫，诸侯成为一国之大宗，卿、大夫对诸侯来讲是小宗；卿、大夫在封邑内分封子、侄为士，卿、大夫成为封邑内的大宗，士对卿、大夫来讲是小宗。通过宗法分封形成了自天子至士的宝塔式的宗法等级关系，凭借宗法上的亲亲尊尊、尊祖敬宗、孝悌思想巩固整个贵族阶级的统治地位。周代宗法分封形态之突出，宗统君统合一的牢固，对社会生活所起的深远影响，为整个世界古代历史所罕见。

第三节　古代西方的奴隶制经济

一、希腊城邦的奴隶制经济

城邦，希腊人称之为“polis”，是一个城市及其毗邻地区构成的共同体。[①] 城

---

① ［美］萨拉·B. 波默罗伊、［美］斯坦利·M. 伯斯坦、［美］沃尔特·唐兰等：《古希腊政治、社会和文化史》（第二版），傅洁莹、龚萍、周平译，上海三联书店 2010 年版，第 99 页。

邦的中心是一个全面设防的城市，这个城市把具有希腊地形特征的某一山谷或岛屿的全体居民联合起来，即以城市为中心，联合周围的农村公社，构建一个城邦国家。公元前 8 世纪—公元前 6 世纪，希腊人进行了大规模的海外殖民运动。经过大殖民运动，希腊人在黑海、爱琴海、西地中海沿岸、南意大利、西西里岛，甚至叙利亚和埃及等地，建立了许多新的希腊城邦。一些新建的城邦，地处土地肥沃的农业区，可以为希腊本土的城市提供粮食及副产品，而希腊本土的城市成了专业性更强的工商业城市。希腊成了地中海的手工工场和贸易中心。

希腊城邦一般都是“小国寡民”，即辖地不过百里，人口不过数万。城邦的基本居民由两部分组成，即自由民和奴隶。自由民中又分为大地主和小生产者。大地主多半是氏族贵族的代表，他们以剥削奴隶为主；而小生产者也分化出比较富裕但不显贵的农民，特别是手工业者，他们也剥削奴隶。奴隶的来源主要是战俘。城邦国家通过对外掠夺战争获得大量俘虏，然后就在奴隶市场上出卖。从法律的观点看，奴隶不能被当作人，不能组成家庭，男奴隶和女奴隶的结合不算婚姻关系；奴隶的子女，包括自由民和奴隶结合所生的子女，都属于他们出生时所在的那家奴隶主，女奴隶的子女只是属于主人的“仔畜”。在早期，奴隶的普遍使用主要是在家庭中，各个等级的公民家庭中都使用奴隶，甚至最贫穷的等级也有使用奴隶的。当然，富有的等级使用的家庭奴隶数量最多。大量奴隶被用作家庭仆役，在监工的监视下劳动。

公元前 5 世纪，许多生产部门也已普遍使用奴隶劳动。农业中使用奴隶可分为三种情况：一是斯巴达式的国有奴隶，承担全部的农业劳动；二是贵族田产中使用的奴隶，在管家的带领下劳动，是农业中使用私人奴隶的集中方式，一般在 20 人左右，但不是很普遍；三是自耕农或小农使用的奴隶，是希腊农业中使用奴隶最常见的形式，数目从两三名到五六名不等。手工业中使用奴隶比农业中更为普遍。一般小作坊使用奴隶五六人至十人，大作坊使用奴隶二三十人，有的甚至多达上百人。有一类从事手工业和商业的奴隶，他们不与主人同居，而是另住别处，但要向主人缴纳一定的代役租。这些奴隶境况稍好一些，甚至可以组成家庭。境况最差的要数矿山和采石场的几十万奴隶，他们在有害健康的条件下进行劳动，而得到的仅仅是不至于饿死的少量食物。另外，还有一类国家奴隶，他们比私人奴隶有更大的独立性，甚至可以成家立业。国家奴隶主要集中在公共事业中。如雅典的警察通常是从斯基泰人出身的国家奴隶中补充的，在大型建筑工地做工的奴隶也经常是国家奴隶。到了雅典全盛时期，自由公民的总数，连妇女和儿童在内，约为 9 万人，而男女奴隶为 36.5 万人，被保护民——外地人和被释奴隶为

4.5 万人。这样，每个成年的男性公民至少有 18 个奴隶和 2 个以上的被保护民。①

使希腊城邦实现高度文明的是发达的工商业，但这种工商业的发达，仍然是建立在农业发达的基础之上的。希腊人从土地上获得三种植物性食物：谷物、果实和蔬菜。谷物主要是大麦和小麦。但对于希腊人来说，最重要的还是葡萄树、橄榄树和无花果树。由于希腊幅员较广，地理条件差异较大，并不是每个地区都适于种植同样的植物，所以，在希腊农业中存在比较合理的区域分工。一般来说，希腊本土主要生产葡萄和橄榄，并做成葡萄酒和橄榄油输出，而谷物不能满足自给则要依靠输入。希腊各城邦地产形式是多种多样的，有的是大地产，有的是中小地产。但就土地经营方式来看，主要有直接经营和间接经营两种类型。直接经营主要有三种方式：亲自耕种、由奴隶和自由劳动者耕种、由束缚在土地上的隶农耕种。间接经营方式主要是将土地出租，收取一定数量的收获物或者一定数额的租金。

雅典在公元前 6 世纪成为希腊的手工业生产中心。雅典通过征收贸易税，开发国家矿山，特别是通过奴役同盟城邦，积累了大量财富，这使雅典有能力进行一系列公共工程建设。在伯里克利时代，雅典大兴土木，显示了雅典城邦经济的高度繁荣。大规模建筑业的发展，带动了建筑材料业和其他相关产业的发展，也带动了各种手工业的发展。雅典的手工业规模都不大，但分工精细，有陶器作坊，有皮革厂、武器制造厂和乐器制造厂，不仅有专门制造车、船、马鞍、马具、鞋的人，而且有只做缰辔的马具店，还有专做男鞋或女鞋的鞋店。奴隶占有制小作坊是希腊手工业生产的基本组织单位。

在某些城市里出现集中交易的商场，一般是将各种商品堆放在帐篷内或露天的场地。所出售的商品包括农产品和手工业品，也包括奴隶和牲畜。每逢大的节日，寺庙附近成了特别的集市，许多希腊城市的卖主和顾客都集中到这里。市场上有特设的公务人员监管市场的贸易。波希战争结束后，希腊各城邦的商品生产和商品流通迅速发展起来，形成了一些前所未有的商品流转的经济中心。希腊一些手工业发达的城市，如米利都、科林斯、卡尔乞斯、埃伊纳岛，最先成为海上贸易中心。在公元前 5 世纪中期，雅典海港比雷埃夫斯是爱琴海最大的商港，成为整个地中海的贸易中心，通过比雷埃夫斯出口的有橄榄油、葡萄酒、铜、铅、银、大理石、羊毛、金属制品、陶器和其他商品。在公元前 5 世纪，比雷埃夫斯成为几乎整个地中海商品的集散地。

货币在希腊经济生活中具有重要作用。公元前 7 世纪，吕底亚发行了最早的铸

① 《马克思恩格斯文集》第四卷，人民出版社 2009 年版，第 136 页。

币。其他城邦也陆续仿效。① 但在希腊流通的货币形形色色，这就产生了货币兑换的需求。兑换商在兑换货币时，收取一定数额的酬金，有时酬金相当高。对外贸易的扩大使得希腊的货币制度更加复杂，兑换商的活动也因此更加复杂，他们必须熟悉各种货币的行情和比价，必须鉴定每一种钱币的质量。货币缴款有着非常复杂的手续，这就产生了非现金结算，并使得兑换商逐渐变成了交易的中介人，即某种接受存款并为存款人购买商品的行为付款的“银行家”。汇集于“银行”中的钱不是死钱，而是被贷出去，投放于商业企业内，兑换商因而成了高利贷者。在公元前 5 世纪—公元前 4 世纪，希腊的高利贷已很普遍。

公元前 338 年，马其顿征服了全希腊。此后，马其顿王亚历山大，经过将近十年的远征，建立了一个包括大片东方版图在内的大帝国。但在亚历山大死后，帝国迅即分裂成一些独立的国家，即以叙利亚为中心的塞琉古王国、以埃及为中心的托勒密王国、希腊、马其顿和其他国家，这些国家统称为希腊化国家。在希腊化过程中，富足的东方得到开发并空前地繁荣起来。那里的城市迅速兴起，商路广辟，进出口和转运的中心出现了，远方的有些尚未接触的国家的物产都被吸引来了，并与中亚细亚、印度、阿拉伯、非洲东岸及西欧的市场有了往来。各式各样的物品都流入这个繁荣的世界，它们能满足人们的需要，或者刺激人们的需求，并推动希腊化世界经济的进一步繁荣。

亚历山大帝国的建立，既是希腊世界发展的高峰，也是希腊世界衰落的开始。亚历山大死后，亚历山大帝国随即瓦解。希腊的东方帝国在希腊文明的影响下，迅速地繁荣起来。相反，希腊本土却衰落下去。一方面，奴隶劳动的扩大，使奴隶制经济加强了对自由民经济的竞争，不少公民失去土地变成了穷光蛋。另一方面，亚历山大把国都定在巴比伦，东方始终是希腊化世界的中心，经济中心逐渐转移到了东方。这就造成这样一个后果，即富裕的东方和贫穷的西方。

二、罗马共和国的奴隶制经济

从公元前 5 世纪开始进行的不断的侵略战争，使罗马在公元前 2 世纪中叶成为庞大的奴隶占有制国家的中心，统治着地中海的大部分地区。罗马国家把被征服国家的大多数居民变为奴隶，以补充罗马的劳动力，这样就保证了大奴隶占有制经济的发展。通过长期的对外侵略和掠夺战争，罗马奴隶的数量大大增加，奴隶成为社会经济的基础，这就使罗马经济成为典型的奴隶制经济。

公元前 111 年，罗马共和国颁布土地法，承认土地私有，大地产开始出现。罗

---

① ［英］N. G. L. 哈蒙德：《希腊史：迄至公元前 322 年》，朱龙华译，商务印书馆 2016 年版，第 195 页。

马的大地产往往大规模使用奴隶劳动，进行大规模种植活动。由于连年的对外征服战争，大量战俘流入被当作奴隶出卖。当时是海盗最盛的时代，他们的最大利益就是出卖他们在各地俘获的奴隶。另外，同一地产上的奴隶结婚所生的子女，一生下来就是奴隶。所以，奴隶人数有增无已，罗马的大地产有足够的奴隶供应。通过各种方式形成的大地产往往与小地产毗邻，甚至包围着小地产。在这种场合，为了扩大地产，大地产的所有者常想获得邻接的土地。而在购买不能成功时，就采用各种阴谋诡计，巧取豪夺。所征服地区不少都是著名的谷物产地。大规模的谷物输入使意大利的大批小农经受不住竞争。在这种情况下，大批小地产被消灭了，即使没有灭绝，也仅仅剩下零星的小块。

在罗马共和国时期，罗马农业遭到战争的严重破坏。一方面，自由小农是国家的兵源，在三次布匿战争和对其他地区的征服过程中，几乎年年征兵，在战争中损失了大量兵员，兵员即使有幸回来，也很难从事正常的农业劳动；另一方面，在战争中，谷田常常被烧掉，被攻下的城市常遭报复性毁灭等。这些都使农业生产遭到破坏，从而加剧了小农经济的破产。

由于战争的破坏和奴隶制庄园的竞争，大批小农陷于贫困、破产的境地，他们或丧失了赖以生存的土地，或陷于债务。公元前 5 世纪末为解决土地与债务问题，平民与贵族之间的斗争激烈起来。公元前 376 年，平民保民官李锡尼和绥克斯图提出三条法案，规定：平民所负债务一律停止付息，已付债息一律作为偿还本金计算，剩余部分三年还清；占有公有地的最高限额为 500 犹格（1 犹格约为 0. 25 公顷）；取消军政官，重选执政官，两名执政官中必须有一名是平民。经过十年的斗争，平民取得胜利。公元前 326 年通过的《彼提留法案》规定，禁止人身抵押，废除债务奴役。公元前 133 年，提比略 · 格拉古当选为保民官，参照《李锡尼-绥克斯图法》提出一个土地法案，规定罗马公民占有土地总数不能超过 1 000 犹格，即 250 公顷，凡超过部分一律收归国有，然后分成 30 犹格一块，分给无地或少地的农民。这次改革由于元老贵族的反对而失败。

公元前 123 年，盖约 · 格拉古当选为保民官，再次实行改革。这次改革恢复了提比略提出的土地法案，并通过了粮食法、审判法、筑路法、亚细亚行省法等。粮食法规定，城市贫民可以免费或廉价从国家领取定量粮食；筑路法实行的目的在于通过国家扩大筑路业，使失业者和手工业者得到工作和收入；审判法使骑士获得司法权；亚细亚行省法则将亚细亚行省的包税权交给骑士。但格拉古改革不可能阻止大地产的膨胀和小土地所有者的破产。

由于罗马城市的扩大，供应城市人口的工业品生产发达起来，食品工业、纤维工业、金属工业、陶器工业、制革工业、木材工业、造船工业、武器制造业等在共和国经济中都具有重要的地位。不过在这些工业中，多数还带有家庭工业的性质。在许多场合，面包还是由家庭来烤制，羊毛还是由自己来纺织，大农场也生产自己需要的生产资料和生活资料。在工业中，奴隶劳动占有重要地位，富有的罗马人开设奴隶作坊，由一个奴隶或一个被解放的人经营，有的供应主人家庭需要，有的制造货物出售。

罗马因地理位置适中，变成了意大利中部的主要市场，由于离海岸很近，自然成为贸易中心。同时，罗马人口增加，消费扩大，而其自身的生产不能满足需要，越来越多的商品要由外地供应，这就导致罗马商业的发达。随着罗马对意大利和其他广大地区的征服，特别是对海上贸易的控制，罗马进一步成为意大利和地中海贸易的中心。罗马彻底打败布匿人以后，就完全控制了海外贸易。同时，罗马经过一些年的努力，剿清了海盗，商船在海上航行更加安全了，海上贸易更加发达。另外，罗马的道路遍及意大利，所谓“条条道路通罗马”，也促进了贸易，罗马成了贸易中心。意大利的浦泰俄利是主要的商港，船主在那里设有事务所、船坞和货栈，并且有一个预售市场，进口商人在这个市场上能预售他们没有上岸的货物，或直接卖给消费者，或卖给零售商。罗马乃至整个意大利，进口都大于出口。但由于罗马通过征服而获得大量金银，所以能够实现收支平衡。

公元前 4 世纪前后，罗马开始官铸钱币。原始的铜钱重 1 罗马磅，其余铜钱则为 1 磅的倍数或分数。银币最初只是罗马人为了意大利南部的军事和商业需要而铸造的，价值达 2 个达拉克姆。公元前 269 年，罗马采用新的货币制度。这种新的货币体系包括银币、铜币和辅币，银币称第那流斯，铜币称阿斯，一个银币值 10 个铜币。铸币的出现大大方便了流通，促进了罗马商业和经济的发展。从前在进行人口调查时，是根据地产将人民分为不同的等级，由于货币经济的发展，在衡量财产标准时，将流动财富也计算进去了。

罗马的财政管理实行包税制度，即把收入包给出价最高的投标人。对于公共工程、军需物品的分配和水陆运输，以及国有领地的经营和租税的征收，政府常常使用中间人，而不是由官吏直接去办理。由于公共支出的增加，要投标包税权就需要更多的资本。由于个人财力不足以承包这些项目，他们就组成股份公司。公司的股东包括各阶级的人，有元老院元老、骑士和普通市民。由于法律禁止元老参加公开投标，所以他们往往以匿名股东身份加入公司。这些公司由一位负责的董事做代表，在罗马的管理由一位总经理负责，各行省都有副总经理，以下的人员由出纳、会计、书记员组成，而这些人多半是奴隶。

罗马从不同国家的各个城市吸引来大批商人，于是产生货币兑换的需要。罗马法律规定了罗马的主要铸币的重量和价值。罗马的货币推广到意大利全境，希腊人和东方人到罗马和意大利来时，必须先把本国铸币换成罗马铸币。由于兑换货币非常复杂，非由专职人员完成不可，这些人就成为银行家。他们除了从事货币兑换外，还做有价证券生意，如包税公司的股票买卖等。此外，他们还接受活期存款，放贷取利。

三、罗马帝国的繁荣与衰落

公元1—3世纪，由于内战的结束和对周边民族及地区征服的完成，地中海海盗大部分被剿清，罗马帝国范围内出现了前所未有的安定局面，史称“罗马和平”。由于过去的混乱状况逐步减退，人们的商业活动可以依据经济规律自行调整，而不再为政府的人为措施所影响。帝国还建立了统一的行政系统，权力集中于一人之手，各行省的人民都受到罗马法律的平等保护，地区间贸易障碍也进一步消除了。所以，帝国经济繁荣首先是贸易的繁荣，而贸易发展又促进了地中海地区分工的发展。通过战争、贸易和财政掠夺，罗马集中了整个地中海地区的财富，可以进行大规模的公共工程建设。这种建设，一方面是为了显示罗马的强大和繁荣，另一方面也是为了满足贵族们的奢侈消费需求。这种公共工程建设和贵族的奢侈消费，也是带动帝国经济发展的重要因素。所有这些变化，都成为罗马繁荣的重要原因。

帝国范围内耕作方法和栽培技术的推广和相互传播，以及农业在整个帝国范围内实现一定程度的区域分工，促进了罗马帝国农业的发展。帝国时代，罗马的工业并未脱离家庭，所以是以小手工业为主。但也出现了较大的作坊，这些大作坊大多是在大地产上组织的。此外，罗马的市营和国营手工业通常规模都很大，主要制造武器和军服等。罗马帝国时代，手工业达到很高的技术水平。可以断言，帝国时代的手工业作坊中已经实行了一定程度的劳动分工，每个工人完成一定的工序操作，作坊规模也扩大了，常常达到数十人，生产效率也因此大大提高。

罗马的手工业产品主要销往罗马国家西部各行省。在帝国以前时代，罗马的贸易特别是海上贸易主要具有中介性质，还不能与希腊商人竞争，罗马商人主要贩卖东方的产品。帝国时代，罗马控制的广大区域贸易获得空前发展。帝国贸易主要通过海路和陆路商队进行。交通路线的发展促进了对外贸易的发展，著名的罗马大道把外省同京城连接起来。但总的来说，罗马的贸易是逆差，出口商品的价值远低于进口商品的价值。输入意大利地区的主要是奴隶、粮食以及基本上来自希腊和希腊化东方各国的奢侈品。奴隶和粮食并不昂贵，但输入量很大；而奢侈品则比较昂贵，需要用贵金属支付。这导致金银外流，曾引起罗马皇帝的忧虑。

地中海周围大多数国家都有自己的货币和币制。罗马皇帝极力在帝国内推行罗马币制，但又特许东方的安提俄克、亚历山大、罗德斯等各城市继续铸造自己的货币，并与罗马货币构成简单的比例关系。由于贸易发达，交易量较大，大宗交易通常通过银行进行清算，较少使用现金，所以，罗马的金融汇兑业务发达起来。

罗马帝国城市经济十分发达。城市的规划和建设达到相当高的水平。几乎所有的帝国城市都有一套科学的排水系统，有精心设计的输水管道，有整齐的街道和广场，有繁荣的市场，以及很大的浴堂和运动场，当然还有宏伟的宗教建筑。除了市政建设外，城市政府的最重要任务是保证城市的供应，特别是粮食的供应。城市政府还负有公共教育和体育锻炼的职责，并承担宗教方面的开支。罗马城市的开支主要来源于税收，但富裕市民的慷慨捐赠也是十分重要的来源。在罗马盛世，富裕市民对公共事业大笔捐钱成为一种时尚。许多富裕市民都乐于就任为行政长官、祭司、各种社会团体的主持人或保护人，而一个重要的附带条件就是为公共事业进行捐赠。

然而，在罗马帝国高度繁荣的另一面，却潜藏着各种衰落因素。一方面，罗马的大地主大规模使用奴隶劳动，具有多种优势，使小农无法与之竞争。结果，在一个时期以后，独立小农被逼得走投无路，不得不抵押自己的部分或全部土地并迁移到别的省去，或是流落到城市中做一个无产者，结果导致农业的衰落。另一方面，随着大规模征服的完成，通过战争获取奴隶的数量大大减少，奴隶价格不断上升。而奴隶普遍没有劳动积极性，他们消极怠工、破坏工具、虐待牲畜，生产效率十分低下。此时，“奴隶制已不再有利，因此也就灭亡了”①。而奴隶制的灭亡，也就导致以奴隶劳动为主的大地产经济衰落。

公元3世纪，帝国出现了危机，具体表现为农业凋敝、城市衰落和贸易停滞，而最大的问题是物价上涨。对于帝国来说，经济衰落的直接影响就是税收减少，帝国无法应付日益庞大的支出。而“帝国越是走向没落，捐税和赋役就越是增加，官吏就越是无耻地进行掠夺和勒索”②。罗马皇帝认为，应对经济危机的最直接办法就是强制。为了避免土地荒芜和保证政府税收，罗马统治者不得不设法把耕作者束缚在土地上，因此法律限制农民的迁徙自由，令其必须留在土地上劳动并为统治者缴纳赋税。帝国后期，手工业者和商人也被固定在同业公会组织中，不许离开城市，每四年缴纳一次货币税。而城市的市议员则被固定在公职上，负责监督数额巨大的对居民征税任务的完成情况。帝国法律规定，凡逃避职责的市议员，一律处以罚金甚至处死。为了抑制物价，戴克里先在301年颁布敕令，并提供了一张用银币第那流斯作单位来标明的物价表，以及各种对于违规者的处罚方法。帝国晚期，为了保证帝国的赋税，实行地税和丁税合一的制度。于是，每个人只要耕作一块土地，就等于认定了他所耕种的土地和这块土地上的丁额。这种认定的

① 《马克思恩格斯文集》第四卷，人民出版社2009年版，第169页。
② 《马克思恩格斯文集》第四卷，人民出版社2009年版，第168页。

办法，使每个人对他的地和他的丁负责：不论在什么地方，都必须缴纳分摊在这份地丁上的税。由于他本人和土地合成了一个单位，他就因此丧失了迁徙的自由，他被固定在他的土地和他的工作上。

罗马帝国的衰落，表现在社会风气上就是奢靡之风日盛，腐败与堕落并存，人们只顾享乐，不思进取，从而导致社会生产和道德风尚的退化。奴隶主贵族经常纵酒淫乐，差不多每天晚上都沉溺于喧闹而又淫秽的酒宴之中。他们还进行疯狂的娱乐，角斗、斗兽、海战和赛马是最为罗马观众所青睐的娱乐活动。在他们的影响下，罗马的大众也纷纷效仿，热衷于纵酒享乐。许多城市开设有众多酒吧，以供大众饮宴。例如，在庞培古城人们发现了 120 个酒吧遗址。① 4 世纪时罗马有 80 多万不事劳动的无产者，成为寄生于罗马帝国的毒瘤。帝国时代，节日不断增加。屋大维时，历法上的节日只有 66 天，提比略时增加到 87 天，到 4 世纪时又进一步增加到 175 天。此外，一年之中还要举行各种庆祝活动，图拉真皇帝曾安排过一个持续 123 天的庆祝。这种全民纵欲和全民沉醉的状况，加速了罗马帝国的衰亡。

思考题

1. 农业革命的意义是什么？
2. 东方国家的奴隶制经济与西方国家的奴隶制经济有什么不同？
3. 希腊城邦奴隶制经济的基本特点是什么？
4. 罗马帝国经济繁荣和衰落的原因是什么？

► 自测习题及参考答案

请扫描二维码

① ［英］迈克尔·格兰特：《罗马史》，夏遇南、石彦陶译，国际文化出版公司 1990 年版，第 248 页。

第二章　东亚和南亚的封建经济

本章主要阐述中国封建经济的形成、发展和演变。中国封建经济较早地从封建领主制经济过渡到封建地主制经济，从而形成地主经济和小农经济共存的经济结构，而封建国家在封建经济中起着重要作用。本章还阐述了印度和日本的封建领主制经济及其特点。

第一节　封建领主制经济

一、中国的封建领主制经济

公元前1046年武王伐纣成功，建立周朝。周朝建立后，立即宣布全国土地和人民归国王所有，即所谓“溥天之下，莫非王土；率土之滨，莫非王臣”，从而为土地分封制创造了前提。周武王把全国土地以封地形式分封给姬姓家族、异姓亲属及商朝投降的贵族和边地各部落酋长，按公、侯、伯、子、男的爵位各分封给不同数量的土地和人民，这就是所谓的“封邦建国”。受封的各个诸侯，又按照周王的办法，依次去分封该封地内的下级贵族，下级贵族再分封给再下级的贵族，即诸侯分封卿，卿分封大夫，大夫分封士。分封土地时，连同土地上的人民一起分封给受封的诸侯，即所谓“授民授疆土”。

分封制与宗法制度密切相关。封建领地里领主和农民的关系，不仅是统治者与被统治者之间的关系，往往还是血缘和非血缘的亲属关系。也就是说，这种关系具有很浓厚的“亲亲”色彩。正如《逸周书·大聚》记载，武王克商后，命周公“营邑制”，“合闾立教，以威为长；合旅同亲，以敬为长”。这种亲亲色彩使农民难以脱离封建领主，而对封建领主来说也是一种约束。一方面，由于封建关系的这种亲亲色彩，使封建领主地位的确认，更少地来源于上层，更多地来源于下层，即农民对其权威的认可；而另一方面，由于井邑领主利益与农民利益具有相当程度的一致性，促使领主提供有效的服务，并尽可能地将其剥削限制在一定范围之内。这样就建立了农民与领主之间的共生共存、相互依赖、相互依附的关系。①

① 冯涛、兰虹：《中国封建领主制度的起源与演进的制度经济分析》，《福建论坛（人文社会科学版）》2001年第4期，第30—35页。

受封的诸侯在领地上建立采邑。采邑有大小之分。大邑为领主的居住地，筑城池，用兵守卫。大邑也称“国”，城中和城郊的居民称为“国人”，城郊以外的居民称为“野人”。庶民居住的村庄称小邑。为了获得农奴的无偿劳动，领主将所受封的采邑土地，分割出一部分给农奴耕种，并把他们编制在一个共耕一定公田的单位中。① 如周天子在自己的王畿之内，除自己直接保有的田地即所谓“大田”或“籍田”外，将其余的田地也当作禄田或采邑分封给直接为天子服务的各级官吏和亲属。而各级官吏和亲属又根据不同情况，除自己直接保有的田地外，将其余田地分配给周围的农奴和自由民身份的农民耕种。在王畿之外的各诸侯也以同样的方法将土地层层分给下级领主直至最底层的农奴和农民。土地分为公田和私田，庶民以无偿为领主耕种土地为代价，世代领有份地，即所谓“方里而井，井九百亩，其中为公田。八家皆私百亩，同养公田。公事毕，然后敢治私事”（《孟子·滕文公上》）。这就是所谓井田制度。而在当时的农业技术条件下，公田上的劳动主要采取集体共耕方式。

在土地分封制度下，土地上的人民成为附庸，即成为固定在土地上的依附农民，也就是农奴。与夏商时代的普遍奴隶制不同，领主制下的农奴有了明确的归属，即直接属于某个领主而不再直接属于国王，国王只是在理论上保持对所有人民的所有权。所以说，这里已经是农奴制而不是奴隶制了。井田制与农奴制是相辅相成的。这里，所有土地分为公田与私田。公田是领主的自营地，依靠农奴的无偿劳动耕作；私田是农奴的份地，农奴通过为领主无偿耕种公田而取得耕种私田的权利。所以，井田制也是农奴制经济的基础。第一，农奴有了自己的土地即份地，事实上占有了最基本的生产资料——土地。第二，农奴要在领主的土地上用固定的时间无偿劳动，他们的劳动积极性很低，但在私田上的劳动效率却较高。第三，农奴以家庭为单位从领主那里接受份地，并经营自己的份地，有了相对独立的经济利益。这样，农奴制经济的效率要大大高于奴隶制经济，农奴份地上的效率也大大高于领主自营地上的效率。

到了春秋时期，封建土地制度逐渐瓦解，封建领主制经济开始衰落。这首先是由于农民缺乏“公作”劳动积极性，所谓“公作则迟，有所匿其力也；分地则速，无所匿迟也”（《吕氏春秋·审分》）。在这种情况下，劳役地租的剥削方式必然逐渐衰落。为了解决这个问题，封建主开始实行变革。公元前594年，鲁国实行“初税亩”，即农民通过直接向封建主缴纳实物地租免除公地上的劳动义务。这样，劳役地租向实物地租转变，领主对农奴的控制逐步削弱。另外，封建土地是不能买卖的，即所谓“田里不鬻”（《礼记·王制》）。但是，封建领主之间争夺领地的

---

① 傅筑夫：《中国经济史论丛》（上），生活·读书·新知三联书店1980年版，第72页。

战争导致土地的转移，并使封君与封臣之间的关系被削弱，出现所谓“君不君，臣不臣”的现象，封建关系进一步解体。

到战国时期，封建领主制经济逐渐瓦解，代之而起的是地主制经济。关键的变革始于商鞅变法。秦国是比较落后的国家，各项改革措施的实施也比东方列国要迟。公元前408年秦简公实行“初租禾”，开始对耕地征收实物税。公元前374年，秦献公实行“为户籍相伍”，即在承认个体农民合法性的同时，按什伍组织把他们编制起来。公元前350年，商鞅“为田开阡陌封疆而赋税平”。这就是把井田制的田界打破，并按新的240步为1亩的亩制把田地交给个体农民耕种。井田制废除后，秦国实行“爰田制”，即让劳动者长期固定占有和使用耕地。与此同时，秦国实行了“名田制”，即以个人名义向政府申报自己所占有的土地，实际上是政府承认私人占有土地的合法性，同时按爵秩等级“以名占田”。这就基本实现了土地私有。

二、印度的封建领主制经济

笈多王朝时期印度开始向封建经济过渡。公元4—5世纪，国王将大片国有土地分封赏赐给婆罗门贵族、高级官吏和寺庙，从而出现永久赐地，形成贵族的私人土地占有。笈多王朝的赐地文书铭刻在铜牌上或书写在布帛上，明确规定，政府放弃土地上的行政管理权力，以及包括森林、牧场和矿藏，地上、地下的全部资源，同时政府也放弃了土地上的司法权。

公元7世纪戒日王朝建立，国王首先宣布土地为国有，然后以分配和赠送名义分封给各臣属和封国。各臣属的封地称采邑，臣属人等皆自食采邑。各封国也照此办理，把土地分给下级贵族。这样就形成三种国有土地的占有形式：一是国王直接占有，并由国家直接征收田赋的土地。田赋收入是政府财政支出和王室费用的主要来源。二是职田即禄田，是国王作为俸禄分封给高级官吏的封建食邑土地。三是福田即教田，是国王赠给婆罗门祭司、佛教高僧、印度教神庙和佛教寺院的封赐地。唐代高僧玄奘曾记述戒日王朝的地产状况：“王田之内，大分为四：一充国用祭祀粢盛；二以封建辅佐宰臣；三赏聪睿硕学高才；四树福田，给诸异道。……宰牧、辅臣、庶官、僚佐，各有分地，自食封邑。”① 最初的封地还以禄田的形式存在，随着时间的推移，逐渐成为各级封建领主的世袭领地。

13世纪初到16世纪初，在德里苏丹王国统治时期，印度存在多种土地占有形式，包括苏丹直接占有的王室领地“哈勒萨”、赐给伊斯兰阿訇和国家官吏的终身田“伊纳姆”、拨给清真寺的教田“瓦克夫”等。但是这些土地仅占全国土地的一

① 玄奘、辩机原著，季羡林等校注：《大唐西域记校注》，中华书局1985年版，第209页。

小部分，而绝大部分土地被苏丹以军功田的名义分给穆斯林军事贵族和高级官吏。这种军事贵族的封地称为“伊克塔”。领有伊克塔的人称“伊克塔达尔”。伊克塔达尔取得伊克塔后要为国家尽一定的义务，主要是随时向苏丹提供兵役和物资，其余部分则作为自己享有的俸禄。最初，伊克塔达尔对伊克塔的占有只能终其一生，无世袭占有权。伊克塔达尔死后必须将伊克塔交还给苏丹。以后，随着苏丹控制力的逐渐减弱和穆斯林军事贵族势力的成长，伊克塔的私有化倾向日益凸显。到菲鲁兹·沙·图格卢克（1351—1388 年在位）时实行改革，规定：伊克塔达尔去世，应由其子补其空缺；无子则由其婿补之。伊克塔达尔若不能继续服兵役，则在其在世时，也可由继承人补其空缺。这样一来，伊克塔就因法律承认可以继承了。而到洛迪王朝时期，占有伊克塔的封建领主不再向国库上缴田赋，进一步瓦解了德里苏丹王国的土地国有制度。

16 世纪上半叶建立的莫卧儿帝国，也是将土地收归国有，皇帝除自己占有一部分皇庄外，将土地以采邑的形式分封。在封建土地国有制原则下，主要存在两种土地占有形式，即“札吉达”和“柴明达”。封给军事贵族的采邑称“札吉达”，采邑主称“札吉达尔”，以为皇帝提供一定数目的骑兵为条件，享有收取租税权，但不能世袭。在阿克巴（1556—1605 年在位）时期，札吉达尔对札吉达的平均占有时间不超过 10 年。这时期全国最大的札吉达有 400~500 个。最大的札吉达甚至可以包括一个至几个县，采邑内的人口可以达 10 万。在贾汉尔（1605—1627 年在位）时期，札吉达占全国耕地总面积的 70%。随着莫卧儿帝国统治的衰落，札吉达变为世袭领地。封给王公和土著部落酋长的采邑称“柴明达”，采邑主称“柴明达尔”。柴明达尔可以世袭，有租税权，但必须向皇帝纳贡。另外，还有一种新式柴明达尔。他们取得柴明达的方式包括：商人、高利贷者因承包田赋而获得柴明达；田赋征收官员把征税区变为自己的柴明达；荒地垦殖者承包征税区而占有柴明达；因军功受赏而占有柴明达。①

印度封建领主制的特点是：领主一般不直接经营采邑，而是将土地分给农村公社，农村公社以缴纳田赋为条件，对所耕种的土地享有永久占有权。农村公社占有的土地按人口平均分配给村社成员耕种，有的地区定期重新分配土地。农村公社负担的田赋也按不同情况分配给村社成员，每个农村公社都是自给自足的经济单位，主要任务除了维持年复一年的生产和生活外，就是保证向封建领主缴纳贡赋。在村社中，村社居民都可以分为两类，即拥有土地所有权或永佃权的村社成员和没有土地所有权或永佃权、没有村社成员资格的无地者。村社成员只要向朝廷或封建主缴纳定额田赋，就不会丧失对土地耕种的权利。而后一类人大都是

---

① 培伦主编：《印度通史》，黑龙江人民出版社 1990 年版，第 219—221 页。

佃农、雇工，向村社内拥有土地所有权的家庭租种土地，或者当雇工、仆役，对村社内事务没有发言权。此外，村社中还有一些手工业种姓和贱民，他们依附于村社。这种依附关系在北印度称为札吉曼尼制度。利用种姓制度将低级种姓和贱民束缚在土地上，使他们处于依附的地位，受高级种姓的剥削和压迫，这是印度村社内封建生产关系的一个重要特征。

莫卧儿帝国晚期，随着商品货币关系的发展，这种封建经济开始瓦解。一方面，札吉达与柴明达的区别逐渐消失，札吉达也成为世袭封地，而封建贵族为了追求货币，将领地上的租税包给高利贷者；另一方面，公社内部也发生了变化，一部分土地已经转入商人和高利贷者手中。英国殖民者到来后，尽管仍保留并利用了这种制度，但由于资本主义生产关系的引入，这种封建关系开始逐渐消亡。

三、日本的封建领主制经济

公元 646 年，日本实行大化改新。大化改新仿效中国唐朝律令制度制定律令法典，宣布土地为国有，解放奴隶成为公民，实行“公地公民”制度。在此基础上，日本政府效仿唐朝的“均田制”，实行班田收授法，对农民计口授田。701 年的“大宝律令”规定，凡年满 6 岁的良民，男子每人授田二段（当时一段相当于 1 190 平方米），女子为男子的 2/3；奴婢授田为良民的 1/3；死后收回。每隔 6 年授田 1 次。受田农民要承担国家的租庸调义务。此外，天皇对官吏给予职田，对各类贵族给予封地，封地和职田由贵族和官吏自行出租。封地解除国税，职田的租税部分上缴国家，部分作为俸禄留用。这就是日本的律令土地制度。

大化改新以后，日本的经济逐渐恢复和发展，人口也不断增加。随着生产技术的进步，农民独立经营能力不断提高，土地越来越稀缺，促使人们开垦公田以外的荒地谋生。723 年政府颁布《三世一身法》，规定：“营开垦者，不限多少，给传三世，若逐旧沟池，给其一身。”即开垦生荒地可传三世后归公，开垦熟荒地可享用一生。743 年又颁布了《垦田永世私财法》①，宣布“自今以后，（垦田）任为私财，无论三世一身，咸悉永年莫取”。在这种政策下，豪门势家凭恃实力，竞相垦殖，并在垦地上建立起自己的庄园，从而形成独立的地产。这就使班田制遭到一定程度的破坏。

在土地国有制基础上，国家统一掌握着行政司法权。各级官吏，在其职田、功田和位田内，只有按国家的规定收取租庸调的权力，而不得对为其耕作的农民行使行政司法权。各种类型的庄园，每年均须向国家输纳年贡并承担“国役”，只有寺院和神社的庄园才可免除。国衙的检田使和征税吏有权进入庄园进行检田、

---

① 吴廷璆主编：《日本史》，南开大学出版社 1994 年版，第 75 页。

收租和征调劳力。从9世纪起，一些贵族庄园主开始借助自己的权势向国家申请免租，取得不输租的“太政官符”和“民部省符”。这类庄园称为“官省符庄”。10世纪以后，这些贵族庄园又进一步获得“不入”特权，即国衙检田使等不得进入庄园的特权。

“不输不入”庄园的发展，进一步破坏了班田制，致使农民大批失地流亡，“民烟长失农桑之地，终无处于容身，还流冗于他境”。这就更利于庄园主扩大庄园，独立对庄民行使支配权。以后，庄园贵族的特权进一步扩大，甚至不承认政府在庄园里的司法权和警察权。这样，庄园主就成为地方领主，其庄园则成为其领地。到11—12世纪，律令土地制度崩溃，那些具有独立经营条件的庄园领主取得了胜利，班田制被彻底废除，大封建领主制经济迅速发展起来。

镰仓幕府建立之前的封建领主制度，主要是通过寄进制建立的，而镰仓幕府以后的封建庄园领主职责主要是通过恩给制或分封制建立的。早期，一些开发庄园的小庄园领主，为了获得贵族的庇护并取得“不输不入”的优惠，往往把自己的庄园进献给较高级的贵族和寺社，奉之为领主，称之为“领家”，分给庄园年贡的一部分。他们自己则接受任命，保留“下司职”或“预所职”，即作为上级领主的代理人（庄官），继续管理庄园。如果领家认为自己的权势仍不足以同国司抗衡，则进一步把所领庄园寄进给中央权贵，称这一中央权贵为“本家”，而自己作为领家，“本家”则成了最高一级的领主。这样就形成一个“本家职—领家职—下司职”的等级式封建结构。

镰仓时期，将军占有关东御领和关东御分国等广大直辖领地，以恩给制形式向御家人分封领地，以确立将军和家臣的主从关系。作为主君的将军向家臣（武士）御恩（分封），其中主要是土地、守护职、地头职以及预所职、庄官职等。受封的武士称为御家人，他们对将军的御恩（分封）的回报是服役。平时统制全族为将军服役，参加执勤警卫（称京都大番役），战时率领全族武士随将军出征。这种封建等级土地所有制具有浓厚的家长制大家族所有的性质。镰仓初期，将军对天皇政府还有某种依存关系，但自1221年的承久之乱以后，将军彻底摆脱了天皇政府的限制，通过武家法的实施，把权力扩展到全国，向其直辖领地以外的地区也派出守护和地头，国司和庄官的职能随之被取代。于是，以幕府将军为首、以御家人为主要成分的武士领主的土地等级所有制便在全国确立。①

日本领主从不经营自己的土地，而是在农庄设总管即庄官代为管理。如那些寄进系庄园，上级领主本所（领家）一般都住在京城，他们除根据契约收取一定

---

① 王顺利：《论日本封建庄园领主制的特点》，《东北师大学报（哲学社会科学版）》1996年第4期，第1—5页。

数量的年贡外，并不直接支配庄园。庄官是庄园的实际支配者，他们一般都拥有行政管理、征课税役、司法审判等一系列领主权力。庄园上的农民大体可分为四个阶层：大名主、小名主（百姓名主）、作人（小百姓）、下人和所从。拥有3~5町名田的大名主多将自己的名田的大部分交给因失去名田而变成作人的佃农耕种，其他部分土地作为直营地，役使半奴半农身份的下人和所从耕种。大名主是名主中的少数，他们往往取得御家人身份，成为地头、庄官。拥有1~2町名田的小名主是名主中的大多数，他们以自家劳动为基础，同时也使用1~2名下人和所从。①

南北朝和应仁之乱以后，幕府势力被削弱，有实力的领主脱离幕府各自分立创建了大名领国制。室町幕府后期，大名依靠各自的实力，建立大名领地。大名将自己的领地变为政治、经济统一体。大名在土地问题上实行的主要政策是：大名保护领内的领主和富裕农民旧有领地并给予新的封地；将得到封地者编成家臣团，家臣必须效忠大名，参与以军事活动为主的服役；在大名直辖领地外，又通过检地（丈量土地）来确定农民年贡和家臣服役数额，以便保证大名的财政收入；家臣受到大名的严格限制，没有独立发展的空间。到江户幕府时，这种领主制经济相当发达，在国有土地名义下，全部土地皆被大小封建领主占有，形成一个天皇—幕府—藩镇—武士的层层领有关系。

第二节 中国封建地主制经济

一、封建地主经济

秦汉时代的民田、私田称为“名田”，而土地所有权称为“名有”。名有既表示对土地的占有，也表示对土地的所有，名有是官府律定以簿账登记形式承认的合法占有。“名田”之名始于商鞅变法，即“明尊卑爵秩等级，各以差次名田宅，臣妾衣服以家次”②。所谓名田，是国家根据人们所登记的载有各自爵级的户口所授予的土地。秦统一全国以后发布“使黔首自实田”③ 的律令。这就是令占有土地的地主和自耕农，按照当时实际占有的田数，向政府呈报，即可获得国家的承认。

西汉建立后不仅承认百姓所持有的秦爵和田宅，而且对跟随汉高祖刘邦征战的将士进行大规模赐爵并根据爵级授予田宅，进一步确定了土地私有制。汉吕后二年（公元前186年）颁布的《二年律令·户律》（1983年出土的张家山汉简）记载：根据二十等爵位制度，凡有爵位者可依各自等级授田，爵级越高，所授土地

① 吴廷璆主编：《日本史》，南开大学出版社1994年版，第135页。
② 《史记》卷六十八《商君列传》，中华书局1959年版，第2230页。
③ 《史记》卷六《秦始皇本纪》注引《集解》徐广曰，中华书局1959年版，第251页。

越多，差别很大。与此同时，二十等爵之外的公卒、士伍、庶人等平民，以及司寇、隐官等“贱民”也分别被授予土地。[①] 法律还规定，名田可以继承，但卿以下的各级爵位，其后代只能降等继承，降等继承所余下的土地要交还给政府。法律还规定名田可以买卖，但有一定限制，并要接受政府的监管。

汉代以后，经历改朝换代的新政府，都会通过国家权力创设土地管理制度。如西晋的占田制、北魏和隋唐的均田制，其间还有王莽推行的王田制。这些制度从本质上看，都是国家创设产权的活动。但是，这一时期国家的创设产权活动与西周时期的“封建”不同，国家不是要通过各级封臣掌握生产和经营者，而是直接向地主和农民授田，地主和农民都是国家编户，国家直接与地主和农民产生联系，结果是国家直接掌握生产和经营者。宋代以后，国家不立田制，不抑兼并。所谓不立田制就是不再以国家权力创设产权，所谓不抑兼并就是不再干预土地市场。这就使土地产权关系变动频繁，有“千年田，八百主”之说。一方面，政治变动造成统治集团的变换和社会阶层的升降，从而加快地权的变动。这里，一个重要的因素是科举，通过科举，庶民可以跻身于统治阶级，并成为大地主。统治集团内部的斗争导致一些臣僚的罪谴和地权的丧失，也导致地权转移。另一方面，由于土地是最可靠的财富形式，不论是商业资本、高利贷资本，还是手工业利润，都朝地产方向转化，地租也朝地产方向发展。与此同时，由于各种原因，原有的土地所有者可能不得不放弃对土地的所有权，即出卖自己的土地。“贫富无定势，田宅无定主，有钱则买，无钱则卖”，这样就加快了地权的转移。所以，中国古代土地制度的重要特征就是地权的频繁变动，而变动的总趋势是土地向地主集中。

土地买卖，必然导致部分农民破产并出卖其土地，而失去土地的农民不得不租种地主的土地。这就产生了租佃经营。这种租佃经营分为两个时期和两种类型：汉魏至隋代主要是佃客分种制。在这种分种制下，主人向佃客抑配，有时配给耕牛、种子，生产过程和收割分配时都由田主或知庄、典计等监督。佃客不能“起移”，即不能随意离开土地，有的则“随田佃客”。在这种制度下，农民依附于地主，是“依附农”。唐代至清代，农民对地主的依附关系逐渐松弛，地主的经营方式主要采取佃农分种制和佃农租佃制。佃农分种制主要施行于中国北部和其他地区。地主向佃农提供耕牛、种子、住所等，而佃农则提供人工和农具，根据双方所提供的生产要素，在收获时分成。这种分种制与佃客分种制的区别在于农民可以“起移”，即脱离地主及其土地，人身依附关系比较弱。佃农租佃制主要分布在江南，佃户自居己屋，自备耕牛、种子，不过是借业主土地耕种，交租之外没有

---

① 杨振红：《秦汉“名田宅制”说——从张家山汉简看战国秦汉的土地制度》，《中国史研究》2003 年第 3 期，第 49—72 页。

其他义务。这种租佃关系是由契约规定的，一般是缴纳实物定额地租。

中国历史上长期以实物地租为主，主要有两种形式，即分成制地租和定额制地租。分成制地租是秦汉时期的主要地租形式。据《汉书·食货志》所载董仲舒所言，秦代租佃制似未普及，"或耕豪民之田，见税什五"。分成制地租下，佃户永远可以得到一半收获物，多收多得，可以激励农民投入更多的劳动，经营风险由双方分担。明清时期分成制地租逐渐改为定额制地租。定额制地租的租额是按耕地的常年平均产量的一半来决定的。一旦在契约中写定，则以后不论年成好坏，佃户都必须定额缴纳，而地主也不能多收。所以，这种地租称为"硬租"或"铁板租"。在定额制地租下，如遇丰年，增收的谷物全归佃户所得；如遇荒年歉收，租额硬交不让，全部损失由佃方单独承受。在这种制度下，地主的收入是稳定的，而农民的风险增大了。施行定额租还是分成租，还与土地肥瘠、灌溉条件等有关。①

二、封建小农经济

中国封建社会土地制度变动的基本趋势是土地兼并和大地产的产生，其结果并不是土地经营规模的扩大，而仍然是以小块土地经营为主，就是说，仍然保持着小块土地经营，所以仍是小农经济。小农经济作为一种生产方式，在中国封建社会历史上存续了 2 600 多年，是中国封建经济结构的重要组成部分，是中国封建中央集权专制统治的重要基础，对中国社会、经济、历史的影响极为深远。

中国封建时代的小农，主要由以下三部分构成。

第一，自耕农。自耕农指政府通过户籍直接掌握的平民户口。他们是封建国家税收和徭役的主要征发对象，是封建中央集权统治的基础。封建国家的编户，既包括庶族地主，也包括小农，但其中主要是小农。秦汉时期实行民爵制，如汉代实行二十等爵制，将第一级公士到第八级公乘，授予下级官吏及一般庶民。这样就形成了中国历史上特有的"编户齐民"制度。这种编户齐民在身份上是独立的，在经济上也是独立的，基本上是耕种自己的土地，有时也租佃别人的土地，但并不由于租佃土地而影响自己的身份独立。所以，他们是典型的自耕农。他们的地位很不固定，可能由于经营得好，通过买进土地而上升为地主，也可能由于经营不利或天灾人祸，不得不卖掉土地而成为佃农。但他们始终是中国封建社会农民最核心、最具代表性的部分。

第二，佃农。若自耕农丧失土地，不得不租种地主的土地，他们就变成了佃

① 张雨：《赋税制度、租佃关系与中国中古经济研究》，上海古籍出版社 2015 年版，第 132、154 页。

农。佃农尽管没有自己的土地，但还有部分生产工具，有独立的家庭经济，人身是自由的，并不依附于地主。不过，在中国历史上，佃农的这种独立身份是经过一系列演变而来的。三国至唐代，租种地主土地的人主要是田客，宋代以后则以佃农为主。田客在法律上是良人，不属于贱口，但事实上对主人仍有很强的依附关系，因为田客没有独立的户籍，身份上部分属于主人，主人可以将田客转让，即所谓“随田佃客”。田客多由主人提供种子、耕牛、屋舍等，收获物与主人分成。宋代以后，租佃关系发展，租地农民以佃农为主，佃农比田客在身份上要自由得多，法律规定，佃农在收获后可与主人商量去留。到这时，才是完全意义上的租佃制，农民与地主的关系仅仅是契约关系。

第三，依附农。依附农指人身完全依附于地主、贵族的农民。中国在三国时期形成一种身份制度，即良贱制，士人和庶民属于良口，部曲和奴婢属于贱口。部曲本来是汉初军队建制的一种名称，之后演变为部伍、私兵及私属等多种含义。到 6 世纪即北周初年，部曲成为法律身份的名称。部曲人身依附于主人，“随主属贯，又别无户籍”（《唐律疏议・斗讼二》）。主人不完全占有部曲人身，掠夺或利诱他人部曲，以盗窃罪论。部曲身份世袭，束缚在土地上，有为主人服劳役的义务。但部曲可以拥有家庭和财产，仍然从事以家庭为主要单位的个体生产。这种依附农在中国历史上是不断减少的，特别是宋代以后，农民的依附身份大部分解除，只留下部分残余。

中国封建社会的小农主要是自耕农和佃农。就中国的历史状况来看，唐代以前，自耕农数量较大，所占有的土地面积总数也较大，但每在王朝晚期都出现严重的土地兼并，小农的数量大大减少，土地迅速集中，出现大地产；而在唐代以后，自耕农数量减少，地主土地所有制占据统治地位，不过是中小地主占多数。在土地集中和大地产形成的同时，租佃形式也发达起来，地主将土地集中起来，但并不采取集中的规模经营，而是将土地分成小块出租，取得地租收入。由于小农力量有限，不可能承租大片土地，加上地租很高，租地经营无论如何都不可能获利，而只能是维持生计。农民不论是自耕农还是佃农，一般都是穷人，生产资料和生活资料都比较贫乏，他们不可能购买或租用大片的土地。特别是在人多地少的基本条件下，土地价格较高，地租自然也较高，农民在经营土地之前，就必须将资金投在土地上，而租地的条件也是非常苛刻的，这就进一步降低了农民经营大块土地的可能性。所以，农民经营土地的数量少则三五亩，最多不过五六十亩。

在中国历史上的大多数时期，相对于人口来说，土地都是稀缺的要素。在这种情况下，单纯依靠土地是不能维持整个家庭生计的，所以不得不采取充分利用剩余劳动力的生产方式。男耕女织是中国小农经济的典型写照。事实上，中国的家庭手工业在小农经济中的地位并不亚于农业，这不仅是因为小农生活贫困，无法通过购买来取得农业以外的生产资料和生活资料，更是由于家庭手工业已经成为家庭收入的重要来源。在通常情况下，小块土地的产出除供一家人的口粮外，已经剩余不多，自耕农还必须缴纳赋税和承担徭役，而佃农首先要缴纳地租，所以农民常常是不得温饱的。因此，农民必须通过家庭手工业来补充土地产出的不足，通过出售手工业产品获得收入以补充口粮的不足。在口粮不足的情况下，农民可以家庭手工业产品代替粮食缴纳赋税和地租。这种农业与家庭手工业紧密结合的生产方式，阻碍商品生产，阻碍市场的形成和发展，导致自然经济的顽固性和资本主义生产关系难以成长。

从根本上说，在当时的生产力水平下，小块土地经营是一种最有效的经营方式。中国地少人多，这种基本的资源状况决定中国的农业技术从一开始就朝着节约土地和劳动集约的方向发展。例如，中国很早就放弃了休耕制，轮作制发展较早，较早发明施肥技术等，这就使中国土地利用率和土地产出大大提高。在这种情况下，只要有一小块土地，就可以养活农民全家。当然，农民家庭中仍存在劳动力过剩的状况，而过剩的劳动力又通过家庭手工业找到出路，这就形成了中国农业与小手工业结合的小农经济。

三、工商业与城市

春秋战国时期，中国的商品经济一度获得长足发展。这种发展趋势一直持续到西汉早期。虽然重农抑商政策的实行，使商品经济发展的势头受到抑制，但商品经济还是发展起来了。西汉都城长安有九市，三市在道东，六市在道西，统称东市、西市。到了唐代，长安工商业更加发达，商业活动渐渐不限于两市。两市四周的各坊、重要道路的城门附近，以及大明宫前各坊也出现了大小工商行业。市内朱雀门大街东部多贵族、官僚住宅，西部是商贾和民居以及寄寓的流动人口，还住有波斯、大食（阿拉伯帝国）等国的商人。像长安这样街衢绳直、整齐划一、气象宏伟的大都市，不仅中国前所未有，在当时的世界也属罕见。

由于商品经济发展，官府管制下的“市制”难以满足需要，因而民间自发的集市也发展起来。从唐代起，州县之市以外的定期集市被称为“草市”。五代战乱期间，许多设在城中的官市衰败，域外的草市反而发展起来，逐步演变为繁荣的商业集镇。另外，许多交通要道上的军镇也逐渐转化成商镇。此时市和镇之间已经没有质的不同，“以商况较盛者为镇，次者为市”（民国《嘉定县续志》），“贸易之所曰市，市之大者曰镇”（《康熙嘉定县志》）。唐代后期，在一些靠近交通要道、桥梁和津渡的地方，因过往行旅比较多，食宿交易比较兴旺，逐渐形成以商业活动为中心的商业集镇。这类城镇基本都是从村落发展而来的，城镇的格局基本上可以反映一种自然的发展。北宋中期，不少镇由于税收额超过县城被升格为县。这类集镇纯粹由商业和交通发展而兴起，政府的管理也最为松弛。

到宋代，工商业的积聚作用导致了城市的变革和革命。

首先，草市成长为市镇。入宋以后，关于市场设置的限令被取消了，草市合法化并且朝市镇方向发展。这种情况在江南经济繁荣的地区比较常见。有些市镇的规模和繁华程度超过了府州县治所。

其次，工商型城市的发展。五代两宋城市发展的一个显著特征，是单纯的工商型城市开始出现，并成为城市发展的主体。这些城市不是作为府州县治所，而是作为商品集散地和加工制造中心成长起来的。这类城市发展的早期，基本上没有政府管理，因而也没有政府干预，所以能够自由发展。

再次，城市管理的放开。商业活动频繁，在社会经济生活中的作用日益提高，特别是商税在政府财政收入中占据越来越大的比重，导致政府商业政策逐渐放开。具体包括坊市限制的打破、宵禁制度的放开、城关经济的繁荣等。

最后，由于城市发展，城市居民比较彻底地摆脱了农村和农业，成为一个独立而稳定的人群。为此，宋代设立与乡村户对称的“城廓户”身份，将城市的全体居民纳入，同样作为国家的编户齐民。这标志着中国历史上市民阶层的形成，也是城市发展的重要阶段。

中国的工业领域在宋代发生了重要的技术变革，主要体现为煤炭的使用和冶铁技术的突破。北宋时的河东（今山西）、河北、陕西等路的煤炭采掘业已相当发达。煤炭不仅广泛用作生活燃料，而且用于金属冶炼，这带动了中国冶铁业的巨大发展。北宋四大冶铁基地即徐州利国监、兖州莱芜监、邢州棋村冶务和磁州固镇冶务，基本都在采煤区或靠近煤田。① 可见，煤已成为冶铁业的新能源。利国监位于徐州地区。徐州地区由于煤、铁资源丰富，北宋初年设官营铁冶工场，称“邱冶务”②，庆历年间发展成利国监，“总八冶，岁赋铁三十万（斤）”③，到元丰时，已是“三十六冶”了，可见发展之迅速。煤炭用于炼铁的技术革命带来铁产量的大幅提高。唐代铁产量的最高纪录是唐宪宗元和元年（806 年），年铁课（税）为 207 万斤。④ 而宋代铁课在英宗治平年间（1064—1067 年）达到 800 多万斤⑤。这场“煤铁革命”产生了重要的影响，即铁产量的大幅度增加和更广泛的使

① 葛金芳:《宋辽夏金经济研析》，武汉出版社 1991 年版，第 178—179 页。

② 乐史撰，王文楚等点校:《太平寰宇记》卷十五《徐州》，中华书局 2007 年版，第 294—304 页。

③ 张方平撰:《乐全集》卷三十九《李宗泳墓志铭》，四库珍本初集本。

④ 《新唐书》卷五十四《食货志》，中华书局 1975 年版，第 1383 页。

⑤ 《宋史》卷一百八十五《食货下七·坑冶》载：皇祐中，岁得铁七百二十四万一千斤，至治平中，(是岁）视皇祐铁、锡增百余万。中华书局 1977 年版，第 4525 页。

用，大大提高了生产工具的使用效率，包括农具和手工业生产工具，特别是推动了手工业内部的技术革新和工场手工业的发展。宋代以后，除了冶金业外，陶瓷工业、纺织工业、造纸和印刷业，以及造船业等都获得空前的发展。

随着工商业发展，行会逐渐建立和发展起来。唐代两京有100~120个行，有的是商业行，有的是手工业行。最初出现的行可能只是一些临时的集合，进行比较松散的团体活动，以后逐渐发展成为工商业者的组织。后唐同光二年（924年），政府对“诸色牙人”“店主人”与客商交易的支付作了规定。到了宋代，行业的进一步增多，为行会制度发展奠定了基础。一方面，工商业者为了应付政府的“科索”，即官府对民间物品的无偿征调，不得不组织起来，每个人必须加入一个同业组织的行，以便共同与官府打交道；另一方面，官府为了便于对工商业者实行征调，也强制工商业者组织起来，要求工商业者不论大小，都必须“投行”，否则停止营业。在这种条件下，行会便迅速发展起来，各行各业无不成行。

明中期，农业生产力的提高促进了工商业的发展，形成四通八达的水陆商道，据李鼎《李长卿集》记载，“燕、赵、秦、晋、齐、梁、江淮之货，日夜商贩而南；蛮海、闽广、豫章、南楚、瓯越、新安之货，日夜商贩而北”。宋应星也说，“滇南车马纵贯辽阳，岭徼宦商横游蓟北”①。东则齐、鲁、闽、越，“多贾治生，不待危身取给。若岁时无丰食饮，被服不足自通”；西到巴蜀、汉中、关外，“往来交易，莫不得其所欲”②。由于工商业发展，全国崛起了许多商业发达的城市和圩镇，成为商品集散和手工业制作的中心，如现在的北京、南京、天津、武汉、芜湖、苏州、杭州、松江、广州、佛山等地。城市中形成了包括行商坐贾、作坊主等在内的比较富裕的工商业者。不仅如此，还形成了以徽商、晋商、闽商、粤商等为名号的商帮。

四、国家的经济职能

中国的社会制度和组织，具有显著的宗法色彩，如周天子既是国君又是宗主。这种君统和宗族的统一，使得封建早期方国政体及其统治方式具有浓厚的宗法家长制特点。这种宗法制度与国家制度的统一，导致中国历史上的专制和集权传统，而在经济上，则表现为发达的国家经济和政府管理传统。作为专制主义和中央集权国家，中国的封建政府必然在经济生活中发挥重要的作用。具体说，主要有以下几个方面。

第一，保护财产制度和调整土地关系。不论何种性质的国家政府，其首要职

① 宋应星著，潘吉星译注：《天工开物译注》，上海古籍出版社2008年版，序第2页。

② 张翰撰：《松窗梦语》卷四《商贾记》，上海古籍出版社1986年版，第73页。

能都是实施产权和财产保护制度。同样，中国的封建政府，也必须通过各种方式进行产权和财产保护。在以农为主的社会经济中，土地是最重要的生产资料，也是最重要的财产。中国封建土地制度的最大特点，是土地私有和可以买卖。这种制度一方面使作为最重要的生产资料的土地可以流转，从而实现更有效率的配置，提高整个农业生产效益；但另一方面，却导致整个封建经济史上起伏不断的土地兼并。而土地兼并的结果往往是大批农民失去土地，社会生产遭到破坏。因而，封建国家必须采取各种方式抑制土地兼并，包括西汉时期的限田、王莽新朝的王田、东汉初期的度田、西晋时期的占田，以及北魏和唐代的均田等，都是为了抑制土地兼并而实行的政策。到宋代，政府不再抑制土地兼并，更不再实施均田，但政府仍要通过政权的力量来确保土地制度的稳定和土地合理的流转。此时，政府主要通过法律制度来实施对土地财产的保护，包括土地市场的规范和交易公平。

第二，建设水利设施和管理农业生产。中国历朝历代都实施重农政策，对农业生产进行促进和管理。劝农是中国地方官吏的一个经常性职责，政府还设置专门的劝农官，负责管理农业生产事务，包括督促农民按时令播种收获，不误农时，组织、协调生产资料的使用，特别是协调共同利用灌溉系统，以及备荒、赈灾等事务。农业发展一直是封建集权政府考核地方官员的重要内容，并在很大程度上决定其升迁或贬谪。唐代以后，地方官员对农业的管理和监督已写入法典。《唐律》规定：“诸部内有旱涝霜雹虫蝗为害之处，主司应言而不言及妄言者，杖七十，覆检不以实者，与同罪。”① 政府还组织农业新技术的开发和推广，如著名的代田法和区田法，都是由政府推广的，对农业发展发挥了重要作用。政府历来承担着水利设施建设、管理和维护的职责，不仅专门设置治河官员，而且年年都为治河作出专门的财政预算。中国古代的重要水利设施无一不是在政府支持下建设的。据《新唐书·地理志》记载：唐初至开元年间，兴修的水利工程就达 160 多项，遍及全国各地。宋代王安石推行农田水利法，利用放淤和灌溉改造盐碱地，取得显著成效。

第三，防灾减灾和社会救济。秦汉以来的历代政府，都把修筑堤防、疏浚河道、治理河患，特别是治理黄河作为防洪减灾的重要措施。政府还建立气象、灾情和汛情监测体系。例如，汉代建有“自立春至立夏尽立秋，郡国上雨泽”制度，以后为历朝所沿袭。金代有专门的《河防令》，明朝开始建立黄河飞马报汛制度，清代的黄河速报制度更加完善。政府制定了一系列有关救济灾荒的法令、制度与政策措施，统称为荒政。荒政包括报勘灾情、赈济灾民、蠲免与缓征赋役、劝奖社会助赈，以及抚恤安辑等。特别是，在灾情发生后，政府采取移民就粟、移粟

---

① 《唐律疏议》卷十三《户婚》，中华书局 1983 年版，第 247 页。

就民和平粜等措施。隋唐开始设立社仓（后称义仓），职能是赈济、借贷（无息）和出粜。唐制，“王公已下，垦田亩纳二升。其粟麦粳稻之属，各依土地，贮之州县，以备凶年”①。自从建立仓储制度以后，平粜举措史不绝书。此外，政府为恢复生产，还将钱、粮借贷给灾民，秋后偿还，政府收取少量利息，或干脆免息。

第四，利用税收政策调节社会经济。在经济发展的不同时期，政府根据需要采取不同的赋役政策调节社会经济。一般来讲，在王朝建立之初，为了鼓励生产，总是采取轻徭薄赋的政策，而在社会经济得到一定发展以后再作适当的调节。秦汉之后，各代为适应形势需要，对赋役制度均有所改革。如唐德宗推行两税法，不再按丁征税，改为按资产和田亩征税。即根据资产定出户等，按户等征收户税，先“定税计钱”，再“折钱纳物”；按田亩数量征收地税。两税法把原来按丁征税转为按贫富征税，立法原则较为公平，在一定程度上改变了赋税集中于贫苦农民身上的不合理状况。明神宗万历九年（1581 年）实行“一条鞭法”，就是将田赋、丁赋和各种杂税合并为一，以县为单位，按地亩向土地所有者征收银两。这种办法有利于简化税制、平均税额，有利于商品经济发展。这里已经把过去按人征派的丁役部分分摊到田亩上去，也就部分实现了公平。清代实行摊丁入亩，将丁役分摊到土地上。这一举措最终结束了中国历史上人丁地亩的双重征税标准。自改革后，原来独立的丁税已不存在，丁随地起，田多丁税多，田少丁税少，无田无丁税，从而调整了国家、地主和自耕农三者之间的利益分配关系，消除了“富者田连阡陌，竟少丁差；贫民地无立锥，反多徭役”的状况。另外，摊丁入亩使农民不再被强制束缚在土地上，大量剩余劳动力可以流动，佣工、经商、从事手工业等，大大推进了工商业的发展。此外，历代政府都设立专门机关负责征收商税。西周的“司关”，唐代的“税场”，宋代的“都商税院”“都税务”“税场”，明代的“钞关”，清代的“户关”“工关”，近代的海关、常关等都是这样的机关。征税的方法大抵有两种：一是政府直接向商人征收；二是通过牙人、牙行等中介组织间接征收。

思考题

1. 印度和日本封建经济制度的特点是什么？
2. 中国历史上的封建地主经济和封建小农经济的地位是什么？
3. 中国传统社会国家的经济职能是什么？

---

① 《唐会要》卷八十八《仓及常平仓》，中华书局 1955 年版，第 1612 页。

▶ 自测习题及参考答案

请扫描二维码

第三章　西欧的封建经济

西欧封建经济，是日耳曼民族在罗马奴隶制经济崩溃基础上建立起来的一种经济制度。本章重点阐述西欧各民族的封建化过程，研究以封建土地制度为基础的封建经济形态演变，以及工商业和城市的复兴与发展。

第一节　封建经济制度的建立

一、封建经济制度的起源

西欧封建经济主要起源于日耳曼氏族公社，是与罗马奴隶制经济完全不同的经济形态。但西欧封建经济制度是在罗马的废墟上建立起来的，不可能不受罗马社会经济形态的影响。不过，日耳曼人所接触到的罗马，已经不是全盛时期的罗马，而是一个衰落的罗马；所接触到的罗马奴隶制，已经不是典型的奴隶制，而是开始封建化的奴隶制。所以说，西欧封建经济有两个源头：一个是日耳曼所有制或者说是日耳曼氏族公社所有制；另一个是衰落的或变形的罗马奴隶制。整个西欧封建制度的形成过程，就是日耳曼制度与罗马制度的融合过程，正如美国经济史学者诺思指出的，在总结这 1 000 年的结构特征时，我们可以说，这是一个日耳曼制度与罗马制度融合的时代①。

新的生产关系总是从旧的生产关系内部萌发和生长出来的。西欧封建生产关系也不例外，它是在罗马奴隶制衰落过程中逐渐出现的。日耳曼民族在向罗马帝国渗透的过程中，基本上处在氏族公社向奴隶制的转变中，没有封建经济的经验。他们是在与罗马接触的过程中，学习罗马的经营模式，结合自己的社会结构发展起封建制度的。“西欧的兴起基本上是以继承希腊—罗马文化为条件的，希腊—罗马文化被保留、继承（特别是在南欧）、改造，并最终塑造了在 6 世纪到 10 世纪间出现的许多制度安排。庄园似乎是从罗马村社直接派生出来的，有人身依附的隶农可以说是封建社会农奴的前身。奴隶制也延续到了中世纪。罗马法的传统被延续下来，而且出于规定产权结构的需要，它在现代欧洲的早期又充分地再现出来。”②

---

① ［美］道格拉斯·C. 诺思：《经济史中的结构与变迁》，陈郁、罗华平等译，上海三联书店、上海人民出版社 1994 年版，第 142 页。

② ［美］道格拉斯·C. 诺思：《经济史中的结构与变迁》，陈郁、罗华平等译，上海三联书店、上海人民出版社 1994 年版，第 141—142 页。

日耳曼制度与罗马制度的融合，是一个极为漫长的过程。尽管早在帝国兴盛时期，通过与罗马人的交往，日耳曼人就不断学习罗马的文化，但真正的融合是在日耳曼人对罗马的征服过程中发生的。日耳曼人在对罗马的征服过程中将氏族制度带入罗马，日耳曼人侵占了罗马的土地，分配了全部土地的2/3。这种分配是按照氏族制度进行的。由于征服者的人数比较少，广大的土地未被分配，这些土地一部分归全体人民所有，一部分归各个部落和氏族所有。在每个氏族内，则用抽签的方法把耕地和草地平均分给各户。不过，这样的做法在罗马各行省实施不久就取消了，单块的份地变成可以转让的私有财产即自主地；森林和牧场没有分配而留作共同使用。这种使用以及所分得的耕地的耕种方式，都是按照古代的习俗和全体成员的共同决定来调整的。

不过，在对罗马的征服和统治过程中，日耳曼的古老氏族制度逐渐发生了变化。恩格斯指出："氏族在自己的村落里定居越久，德意志人和罗马人越是逐渐融合，亲属性质的联系就越是让位于地区性质的联系；氏族消失在马尔克公社中了，但在马尔克公社内，它起源于各成员的亲属关系的痕迹往往还是很显著的。可见，至少在保存着马尔克公社的各个国家——在法国北部、英国、德国和斯堪的纳维亚，氏族制度不知不觉地变成了地区制度，因此得以和国家相适应。但是，它仍保存了它那种自然形成而为整个氏族制度所特有的民主性质；甚至在它后来被迫蜕变的时候，也还留下了氏族制度的片断，从而在被压迫者手中留下了一种武器，直到现代还有其生命力。"①

日耳曼人的到来，基本上摧毁了罗马帝国的国家机器。这主要是由于日耳曼人处在较低的政治发展水平上，没有能力继承复杂的罗马国家管理体系。但日耳曼人原有的政治结构也遇到了严峻挑战。在大征服和大迁徙与建立新国家的过程中，原来以血缘关系为基础的较为简单的部落组织，开始让位于以地域关系为基础的较复杂的国家组织。氏族中的血缘关系很快就丧失了自己的意义，这是氏族制度的机关在部落和整个民族内由于征服而蜕变的结果。日耳曼人做了罗马各行省的主人，就必须把所征服的地区加以组织。"但是，它们既不能把大量的罗马人吸收到氏族团体里来，又不能通过氏族团体去统治他们。必须设置一种代替物来代替罗马国家，以领导起初大都还继续存在的罗马地方行政机关，而这种代替物只能是另一种国家。因此，氏族制度的机关必须转化为国家机关，并且为时势所迫，这种转化还非常迅速。征服者民族的最近的代表人是军事首长。被征服地区对内对外的安全，要求增大他的权力。于是军事首长的权力转变为王权的时机来

---

① 《马克思恩格斯文集》第四卷，人民出版社2009年版，第170—171页。

到了，这一转变发生了。”①

更重要的是经济关系的变化。在罗马帝国晚期，奴隶制已经衰落并转变为隶农制。日耳曼人征服罗马，占领了罗马的土地，但既不可能用原有的氏族制度来经营罗马的土地，更不可能恢复奴隶制，这是因为奴隶制在罗马已被证实是一种腐朽没落、毫无效益的制度。事实上，日耳曼人是将罗马的隶农制与原有的氏族制度结合。所以我们看到的西欧封建制，大量保留着氏族制度的残余。美国中世纪经济史学者汤普逊指出，封建制度的根源在于：“教会和日耳曼人所采用并继续的过去罗马世袭所有权制度以及日耳曼个人忠诚的古老概念，就是最初的战争队伍的全体成员对他们首领的忠诚概念。所以，罗马贡献了财产的关系，日耳曼人贡献了人身的关系。它们的结合形成了封建制度的主要性质。这两种制度成为同一东西的正反面。”②

二、主要地区的封建化过程

（一）法兰克的封建化

形成于公元5世纪的《萨利克法典》表明，这个时期法兰克人还未实行土地私有制，马尔克公社很盛行，只有房屋和宅旁土地是私有财产。但农村公社已经出现分化，如耕地和草地已停止分配，而且可以继承。511年国王克洛维死后，法兰克王国分裂成四个独立的王国，开始了长期的封建混战，农村公社土地所有制遭到进一步破坏。大约到了7世纪，法兰克公社土地所有制开始瓦解，不仅耕地私有了，草地也已经私有了，份地可以自由转让成为自由地。

克洛维在征服罗马帝国的过程中，没收了2/3的土地，这些土地一部分分给了公社社员，一部分收归公有。他将公有土地部分分封给自己的亲兵、廷臣和主教，从而产生了大地产。法兰克人不仅完全占有了广大的罗马国有领地，而且完全占有了以往不曾分配给大大小小的区域公社和马尔克公社的大批土地以及森林地区。克洛维把这种公共财产变为王室财产，并以礼物或恩赐的方式分给他的扈从。714年，查理·马特继任宫相，对土地占有形式进行重大改革，采取采邑分封制。受封者的领地在一般情况下不能世袭，而且以服兵役为条件。877年秃头查理颁布《凯尔西敕令》，规定领主可以把自己的特权与荣誉（爵位）移交给自己的儿子或亲属。这样，采邑就成了封建领主的世袭领地。

在连年战争和公职贵族的压迫下，自由农民无法生存，不得不把自己的土地献给封建领主，然后从封建领主那里领来土地。前一个过程被称为委身制，而后

① 《马克思恩格斯文集》第四卷，人民出版社2009年版，第171页。

② ［美］汤普逊：《中世纪经济社会史》（下册），耿淡如译，商务印书馆1963年版，第325页。

一个过程被称为请地。这样，农民失去了对土地的所有权，只保留占有权和使用权，被迫将自己剩余劳动和剩余产品的一部分交给领主。以后他们又逐渐丧失人身自由，变成依附于领主的农奴。8 世纪至 9 世纪，加洛林王朝时期，农奴已按惯例交纳租税和服劳役，这些义务登记在特别的地籍册上。到 9 世纪中叶，法兰克国家的封建化已经达到这样的程度，以至于国王秃头查理在 847 年的《墨尔森法令》中明确规定："任何自由人都必须选择一个主人，或是国王，或是国王的臣属。"

在土地关系发生变革的同时，封建豁免权也得以确立。这种豁免权就是封建主在自己的领地内掌握重要的国家政治权力，包括审判权、征税权和罚款权等。豁免权加强了封建领主的政治独立性，不受中央政权的节制。政权的中心开始从宫廷转到封建领主的领地，领主获得了一些极为重要的行政司法权力，还从农民那里得到原先王权以赋役形式征得的一切贡物，包括土地税、通行税和关税等。所以，到加洛林时代，几乎所有的税款都由地方当局征收，也由地方当局使用。反过来，国家在这种情况下也基本上不提供任何公共产品。

（二）英格兰的封建化

英格兰封建化过程始于 5 世纪。到 930 年国王发布敕令，自由人必须在封建领主中认定一个主人，向主人依附，否则格杀勿论。至此，自由人大部分依附于封建领主。同时，国王给予封建领主"特恩权"，封建领主在封地内有审判、收缴讼金、收缴罚金以及征收贡赋捐税等权力。至此，英格兰的封建化过程基本完成。

1066 年，法国诺曼底公爵威廉征服英格兰。在征服过程中，威廉没收征服的土地，将其中大部分土地作为国王自领地，而将其余部分土地分封给他的亲兵和近臣，效仿大陆的方法制造了一个封建等级和封建关系。但威廉的分封及封建制与法兰克的封建制有一些区别。由于威廉是靠征服夺得王位的，因而他本人获得数量极为庞大的王室直领地。这样，国王就成了全国最大的封建领主，其他封建领主都比较小，土地比较分散。

威廉时期，大约有 170 个大封建贵族直接获得威廉的封土，他们的领地散布全国各地，彼此相隔，互不相连，有的甚至分散于 10～20 个郡。这样，英格兰贵族很难像法国贵族那样割据一方，形成地域性独立王国。这些直属封臣除了自己的直接领地外，也将土地分封给他们自己的封臣，同时从封臣那里获得骑兵兵役。这一时期，在直属封臣之下至少有 4 000 名骑士。[①] 1086 年，威廉命令全国的封建领主出席索尔兹伯里贵族大会，强制全部与会者向国王行臣服礼，宣誓"永远忠

① ［英］阿萨·勃里格斯：《英国社会史》，陈叔平、刘城、刘幼勤等译，中国人民大学出版社 1991 年版，第 65 页。

于国王”，为国家服兵役，承担各种义务。威廉既是所有王国居民的国王，又是可直接控制各级封臣的最高封君，因此，英格兰国王作为最高领主对其下面的一级级封臣有着直接支配权。

1085—1086 年，威廉派人到英格兰全境几乎每一个城市和村庄，对所有各级封臣及自由人的土地财产、收入数额进行详细的核对与查证。调查的内容包括：土地有多少，谁占有土地，地价如何，耕犁有多少，佃户有多少，牛、羊、猪有多少等。调查之细，追查之严，可谓细致入微，使下级贵族和农民怨声载道，称之为“末日审判”。根据这次调查，全英格兰人数最多的是“维兰”①，占总人口的 41%，占全部土地的 45%；其次是边境居民或茅屋农，占总人口的 32%，占土地的 5%；再次是所谓“自由民”或“索克曼”，占总人口的 14%，占土地的 20%；此外还有占人口 9% 的奴隶。② 这次调查的结果被编纂成《土地赋役调查书》，即著名的《末日审判书》。至此，英格兰王国完成了第二次封建化过程。

（三）德意志的封建化

843 年查理帝国分裂后，德意志地区由日耳曼人路易控制，为东法兰克王国。德意志的封建化过程比英、法都要慢。德意志分为诸多封建领地，其中最强大的有萨克森、法兰克尼亚、巴伐利亚和士瓦本四大公国。由部落领袖发展而来的各国公爵，将新兴封建制度与传统血缘、地域关系紧密结合为一体，具有极强的独立性。作为国王的封臣，公爵对国王负有一些义务，作为封君的国王也有义务保护公爵的权益不受损害，这种封君封臣关系就是当时的国家秩序；作为具有自身特质的地方共同体的首领，公爵的独立意识很强，也有与国王抗衡的实力。③

919 年的各大公国贵族代表会议推举萨克森公爵亨利一世为德国国王，从而开始了萨克森王朝的统治。亨利一世一方面承认公爵的自主性，另一方面依靠教会和中小封建领主，使政局逐渐有利于国王。936 年，奥托一世加冕为王。为借教会势力强化王权，他赐给教会大片领地，并把领地上的行政权与司法权一并授予主教，建立所谓“国家教会体制”，史称“奥托特权”。这样，教会与封建领主形成均势，都听命于王权。奥托一世还立下了赫赫战功，他彻底击败马扎尔人，一举解除了他们对国家东部的威胁。962 年，教皇约翰十二世为奥托一世加冕，称“神圣罗马帝国”皇帝。

到 11—12 世纪，德国的封建化仍没有达到英、法那样的程度。这种较低的封建化程度，一方面表现为自由农民数量较大，另一方面表现为王权的强大。从

---

① 维兰是指隶属于他所出生的庄园的农民。

② ［英］肯尼恩 · O. 摩根主编：《牛津英国通史》，王觉非等译，商务印书馆 1993 年版，第 171 页。

③ 侯树栋：《德意志封建王权的历史道路》，《河南大学学报（社会科学版）》2002 年第 3 期，第 10—13 页。

11世纪中叶起，德国建立了强大的王权，即萨克森公爵的王朝。该王朝不仅控制了德国的封建领主，还控制了部分意大利领土，并在查理大帝之后宣布恢复神圣罗马帝国。11世纪内皇帝和罗马教皇之间争夺主教任命权的斗争，加强了大封建领主的地位。12世纪和13世纪，成为封建主义全面发展的时代。这时，德国形成大土地占有制，大部分国王的领地已经转入军事贵族手中，公社土地已经为世俗封建领主和教会封建领主所侵吞，村社农民已经转变为农奴。

三、封建土地关系演变

封土是维系封建关系的基础。在西欧封建制的鼎盛时期，封土制与封臣制的关系在法令上得以明确。封臣对封君来说，"我变成你的封臣是因为我向你领有封土"，由于领有封土，"我负担所有这块封土上的有关义务"。所以说，如果没有封土关系，也就没有封君与封臣的关系。封君与封臣关系确定后，君臣之间就互有义务。采邑是封君封给封臣使用的财产，封臣对这块土地只有用益权而没有所有权，所有权由封君掌握。原则上讲，封君对土地有最终处分权，如果封臣不完成封建义务，封君可以收回封地。但事实上，土地一旦封出去，封君就难以收回，如果封君要收回封臣的某一块土地，就必须以自己的一块土地去交换。这种封地逐渐就变为世袭的了。

西欧的封建土地所有制是等级所有制，也就是说，土地经过封建领主之间层层封授，封建领主人身的等级和相应的权利、义务也表现在土地上，似乎土地也具有了主人的属性，形成各种等级。封臣领有封土的最重要义务是为封君服军役，一般是封臣亲自服役，自备马匹、武装和粮草，并率领自己的封臣。服役的时间一般为每年40天，如超过40天，封君要向封臣支付费用。在封君有紧急需要时，封臣有义务向封君提供金钱协助，这种款项称协助金。此外，封臣还有义务出席封君法庭，招待出巡至当地的封君。

封君对封臣也有相应义务，主要包括：维持封臣的生活供应，赐予封臣土地，让其取得经济收益；在封臣受到不正当攻击时，要出兵协助。封君可以享有封臣对他的义务，主要是服军役，如果封臣不履行该义务，封君可以实行扣押，即取走封土上的动产，待封臣履行义务后归还。如果封臣犯罪或死后无继承人，封君可以收回封土；封土的继承人必须缴纳继承金，否则封君有权先行占有土地；在封臣的继承人未成年时，封君有监护权，在监护期间，封君管理并取得封土上的收益，但要抚养被监护人。封君有权将自己在封土上的权利转让，或自己退出封建阶梯，或增加一个封建阶梯。

封土制本来是为了保证封建领主的军事力量而采用的。但是，一方面，随着征服的完成，可以分配的土地不可能无限增加，反而是越分越少，要保证封建领主反对其他封建领主的军事力量，靠封土制是不可能的；另一方面，在封土制下，封臣所供养的骑士往往是小规模的，平时并不备战，战时不能统一行动，战斗力极差。所以，封土制逐渐走向衰落。在11世纪开始的拓殖运动中，私有地产、王室地产和寺院地产都得到扩大，而原有封建地产即封建领主的地产规模，却大大缩小了。

西欧许多地方，在封建领主丧失其政治特权时，也就失去了由此产生的收益来源，如司法权。但封建土地制度的真正危机还是经济社会关系变化带来的。在大多数国家里，起初不能让渡和分割的封地逐渐变为可以让渡和分割的，而且这种分割漫无止境。例如，在意大利，封建地产可能在7~10名，甚至在100名共同所有人中分割；贫困的贵族中有不少人不得不放弃其封地，用来换取货币，如用土地抵押或用地租抵押以获得借款，这就很快导致他们财产的最终让渡；有的即使保有了地产，也只能依靠微薄的地租生活。当然，贵族也发生两极分化，实际上不少大领主也通过各种方式增加了地产。但总的来说，封建地产逐渐丧失了优势。

第二节　庄园制与农业发展

一、庄园的土地和经营

美国经济史学者汤普逊指出：“庄园制度的性质与范围，是理解中世纪时代的经济社会史的关键。中世纪的经济生活，主要是有关自然经济和土地占有的事情以及有关土地上农民所负担的义务。庄园制度……是一种政府形式，也是一种社会结构、一种经济制度。”① 庄园是封建领主凭借土地占有及超经济强制等权力形成的剥削农民的经济组织。

庄园有两种起源：一种是罗马庄宅，另一种是古代的农村公社。② 中世纪的庄园事实上是罗马制度与日耳曼制度的混合。罗马庄宅是大奴隶主占有的大农场，役使奴隶和隶农为其耕作。随着制度的变迁，隶农变为农奴，耕种自己的保有地，而奴隶逐渐解放，地位接近于农奴，为了得到一块份地，不得不无偿地为原来的主人耕种自营地。同时，随着国家的衰败，国家行政权力日益被领主获得，领主在自己的庄宅上行使行政权力。与此同时，在原有的日耳曼公社中，发生了渐进的封建化过程。由于连年内战，军役负担沉重，各种封建的强暴行为使自由民无

---

① ［美］汤普逊：《中世纪经济社会史》（下册），耿淡如译，商务印书馆1963年版，第358页。

② ［美］汤普逊：《中世纪经济社会史》（下册），耿淡如译，商务印书馆1963年版，第358—359页。

法承受，不得不接受封建领主的保护，将土地交给封建领主，而自己变成依附于领主的农奴。这样，村庄的土地也变为领主的封建领地了，而这种公社的封建化是整村整村地完成的，因而就转变成了庄园。

在庄园中，一般都有一座教堂，坐落在村庄的中心，事实上它也是庄园生活的中心。由中心向外延伸，庄园的布局呈现明显的层次：中间是领主的住宅，然后是农民的住宅和宅旁园地。从领主和农民的住宅向外延伸，则是附近的耕地。这些耕地往往以条田的形式分布于村庄的周围。耕地以外是草地，而与草地位置相近或者更远一些的是牧场；最后是森林和荒地。草地和森林为农民提供燃料，所以，有的庄园中草地是分给各个农民的，有一定界线，但是不严格。牧场是属于庄园集体的，严格讲是属于领主的。每个农民都有权利用牧场，但根据惯例，每个农户所放养的牲畜是有数量限制的。森林和荒地是庄园的外在界线，与其他村庄或庄园相接。

庄园的地产基本上可以分为两个部分：一部分是领主亲自管理或委托代表经营的部分，是领主的自营地；另一部分是分给农奴耕种的份地。领主的自营地主要是耕地，有时包括草地、果园、菜圃以及住宅建筑等，有些巨大的自营地还包括荒地和森林等。自营地的大小，每个庄园各有不同，并且随时间的变化而变化。自营地中的果园、菜圃之类可能为篱笆或栅栏所圈围，但耕地多以条田的形式与农民的份地交错分布，很少连成一片。这部分土地主要依靠农奴的无偿劳役来耕种。领主的自营地除了由农奴耕种外，还有一部分租给贱农和租户耕种，这部分自营地称为“围地”。在领主的自营地上，施行共耕制。

有的庄园，农民组成耕牛队来耕种领主的土地。农民份地是农民从领主处领有的小块土地，归农民耕种，这部分土地的所有权是领主的，农奴只有占有权和使用权。在农奴死后，土地要交还给领主，农奴的儿子要继续耕种这块土地，必须从领主那里再领取一次，而且要缴纳继承金。农民份地在各国有不同的称呼，法国称曼苏斯，英国先称海德，后来称维格特，德国称休夫。

自营地的经营收入是领主的主要生活来源，他们往往亲自或委托代理人进行经营与管理。总办或者管家，管理一个或几个领地，在他们的指挥下，由负责每一种劳务的专门经手人以及全部子民进行劳作。伦巴底的皇室领地有管家和耕种者。日耳曼的庄园上，有管理人或管家。13 世纪时地产的经营管理人已经是一个社会阶层，他们受过专门训练，有法律知识和经济知识，具有地产管理经验。他们在管理中渐渐发展出较科学和有效的一套制度和方法，表现为分工更为细致，生产安排更为合理，甚至出现了较精确的会计制度以汇总和安排领主的收支。

西欧各王国都不存在公共税，国王不依靠税收生活，而是依靠自己的领地生活。所以，国王并不提供任何公共产品和服务。而这些公共产品和服务往往是由地方领主提供的，因而，税收事实上也是落入领主手中的。

庄园的赋税多种多样，主要包括租税、捐献和劳役。租税以现款或实物缴纳，其中最重要的是农奴人头税、家庭税、土地税、田租专利税等。农奴人头税是加在农奴身上的，贱农和其他自由人不负担该税种。家庭税是对家庭征收的，农奴、贱农和自由人都要缴纳，每年征收一次到两次，主要以实物形式征收。土地税事实上是一种地租，既可以用现款缴纳，也可以用实物缴纳，这种税由贱农和自由人缴纳。土地税的变相名称有炉灶税和房屋税，不缴纳土地税者，将丧失租地。田租专利税是领主以垄断性占有的磨坊、酿酒坊、烘烤面包炉、葡萄酒压榨机、耕牛甚至水源等向农民征收的税。强迫劳动是领主要求农民强制服役的总和，如修筑公路、桥梁、堤坝，以及为领主个人提供的各种无偿服务。

除了经济特权之外，领主还享有司法权。由于国王控制能力日益衰弱，不得不将权力下移，世袭领主可以不受国王的控制，在自己的领地上行使特权。一般的低级裁判权和土地裁判权，就归庄园的领主掌握。至少领主可以组织、召集并主持法庭和宣布裁决。① 庄园法庭是领主行使司法权的司法权力机构，它负责审理发生在庄园的一应案件，尤其是民事案件。领主利用这种司法权，极大地扩充自己的经济利益。例如，英国某庄园法庭的档卷记载：有农奴未给领主的羊洗澡而被判罚金，某妇女因行为失检而被判罚金，“凡在秋收中怠工，纵容女儿擅入谷田，不在地主磨坊中磨谷，擅自改变水道，交纳劣币，工作拖拉等等，均处以罚金”②，等等。这些罚金自然要落入领主腰包，所以领主更热心于这类诉讼事务。可见，庄园不仅仅是一个经济组织，而且是一种社会组织，并且具有宗法制的性质。③

二、庄园的农民和劳动

庄园上的劳动力主要是农奴、贱农和其他半自由劳动力。8 世纪以后，奴隶阶级基本被消灭了，主要的劳动力是农奴和贱农。这两个等级的依附农有着不同的历史根源、不同的社会地位和不同的经济状况。

农奴从罗马的隶农和日耳曼的半自由人转化而来。农奴与奴隶不同，奴隶是一种动产，可以像牲口一样被买卖；但农奴是不能离开土地而被出卖的，如果出卖庄园，他可以跟着庄园一起转移到一个新的庄园领主那里去。就是说，农奴是

① ［法］马克·布洛赫：《法国农村史》，余中先、张朋浩、车耳译，商务印书馆 1991 年版，第 93 页。

② ［英］约翰·克拉潘：《简明不列颠经济史》，范定九、王祖廉译，上海译文出版社 1980 年版，第 139 页。

③ ［比］亨利·皮朗：《中世纪欧洲经济社会史》，乐文译，上海人民出版社 2001 年版，第 60 页。

土地不可分割的部分。农奴人身的不自由，派生出各种对农奴的限制和各种要求农奴承担的义务，这些限制和义务渐渐演变为农奴身份的标志，即承担这些义务、身受这些限制的人，就是农奴。一般来讲，农奴所要承担的义务主要有人头税、结婚税、继承税和任意税等。但农奴所遭受的经济剥削，从其在庄园所享有的安全保障上获得一定补偿。在那里，领主保护他们的人身和财产。

贱农的身份是由他所保有的租地性质决定的。贱农是自由人中最卑微的人和农奴中最幸运的人。在英国法律里，贱农与农奴之间的差别是：法律以 200 先令的罚金保护贱农的生命，而以 60 先令保护农奴的生命。贱农产生于封建时代早期，就是封建制度正在萌芽和演化的时期。在英国，贱农的最初出现是在诺曼征服之前、从部族制度过渡到封建制度时期；在欧洲大陆，则是在法兰克帝国解体时期。贱农的前身是自由农，他们的土地不够大，所以大封建领主不会寻求他们做附庸，他们也不足以在没有保护的条件下保持自己的独立。由于军役沉重，他们不堪重负而不得不把他们的土地交给封建领主以求保护，封建领主将他们的土地并入自己的大庄园内，而土地原来的主人就降为贱农。贱农与农奴不同，农奴是由于整个自由村庄被奴役而整批地成为农奴的，而贱农是由于在经济和社会中处于逆境而个别地变成贱农的。所以，贱农是“习惯法人”，他的动产可以继承，他的租地条款是由有法律效力的契约规定的，对他也不可以随意课税。

农奴劳动是庄园的基础。农奴领有土地的条件就是为领主自营地的生产与生活提供必需的劳动。劳役的份额由领主决定，由于农奴自身或其份地的法律地位不同，其份额也不同。尽管有习惯法的规定，但一般不被正式承认。一般是“需要时佃农就得去，领主有命令就得干”。不过，劳役的天数还是逐步确定下来了，通常是每周三天。① 这种每周三天的劳役被称为“周工”。周工中最重要的是犁田。犁田的数量在各地没有统一规定，有时领主规定农奴应犁田的亩数或者一年中必须犁田的天数，有时则把一定的工作量交给农奴们，由他们自己安排。有些地方对于土地犁耕的深度也有要求，尤其是播种之地要深耕，一般要求达到 2~3 指深。紧随犁田的是播种。播种的种子自领主的谷仓中取来或者是农奴自备。播种之后是耙田、割草等。这种每周三天的固定劳役实际上不能固定，而是经常突破，特别是在农忙季节。周工以外农奴还承担一种被称为“献工”的劳役。具体工作一般是在农忙季节帮忙，如割草、收获、剪羊毛、为羊洗澡等。② 为了获得农奴的帮助，一般情况下领主要负责农奴的伙食，或分给一些剩余物品。

---

① ［法］马克·布洛赫：《法国农村史》，余中先、张朋浩、车耳译，商务印书馆 1991 年版，第 88 页。

② ［英］约翰·克拉潘：《简明不列颠经济史》，范定九、王祖廉译，上海译文出版社 1980 年版，第 135 页。

除了劳役，领主还有许多其他的负担强加在农奴身上。比如，农奴每年要向领主缴纳一定的手工制品，如木材、桶、锅、刀、剪、桌、椅等木制品，亚麻、服装以及其他纺织品等，在一些世代以手工业收入为主的份地上，农奴甚至还要缴纳金属制品。① 农奴还要缴纳一些农畜产品给领主，如牛、羊、猪、鸡、鸭、鹅、黄油、奶酪、牛奶、鱼、谷物、面粉、面包、蔬菜、水果、蜂蜜、亚麻等。这些缴纳行为有的是经常性的，而有的是逢重要节日或在领主有喜庆之事时进行的，如圣诞节交给领主一只鸡，复活节交给领主一些鸡蛋，领主过生日缴纳礼品，等等。这些缴纳行为在早期都是以实物形式呈现，到了后来，由于商品货币经济的发展，逐渐改为以货币缴纳。

此外，农奴的负担还有一些来自领主对某些生产设施的垄断，农奴使用这些设施必须交一定的费用。例如，农奴必须在领主的磨坊里磨面，必须在领主的酿酒房里酿葡萄酒，必须在领主的面包房里烤制面包，等等。

农奴制是一种世袭制度，如果一个自由人和一个女农奴结婚，他将丧失自由，自由租户如果占有一块不自由的租地满一年零一天，他也将丧失自由。战争、犯罪等其他原因也可能使人丧失自由而沦为农奴。农奴不堪忍受领主的剥削和压迫，会采取各种方式进行反抗，最简单的反抗形式就是逃亡。为了阻止农奴逃亡，当时的法律作出了严格的关于再捕获的规定。有的农奴逃到其他庄园，作为“客农”租种一块荒地耕种。当时劳动力缺乏，领主之间为争夺劳动力，常常为这种客农提供便利。设法逃出去的农奴，只要经过一年零一天的时间以后，就可以获得自由，在那里永久定居下来。有时农奴还加入旅行到圣地去的香客队伍中，在这种借口下，到别处去寻找较好的归宿。他们有时还加入流浪的人群中，甚至成为强盗。

庄园上的劳动者除了农奴和贱农外还有其他种类的农民，他们是“半自由人”、边缘居民、小佃农和茅舍农等。他们是奴役性义务与自由权利的结合，他们一身兼有农奴和自由人的双重特征：作为农奴，他们必须负担一定的封建义务；而作为自由人却享有一些权利，如土地的继承权利。此外，西欧还存在大量的自由农民。自由农民的特点是身份自由，这是由于他领有土地的条件是自由的。随着人口的增加、垦殖活动的开展、自营地经济的相对繁荣，以及相应的封建关系的减弱，各国自由农民的数量都有不同程度的增加。

三、农业进步和农奴解放

6—9 世纪，由于常年战争的破坏，西欧各地经济凋敝，社会生产力出现严重

---

① ［法］马克·布洛赫：《法国农村史》，余中先、张朋浩、车耳译，商务印书馆 1991 年版，第 88 页。

的倒退。但随着社会的逐渐安定和经济的恢复与发展，人口逐渐增加，对封建土地形成沉重的压力，从而导致了11—14世纪的拓殖运动。最初的拓殖运动发生在11世纪前后，基本上是农民的自发行为，即农民在自己村庄和田地周围进行蚕食式开垦。到1050—1200年，西欧的拓殖运动大规模进行，开始了“大拓荒时代”①。这一时期，很多垦殖是由领主牵头出资，组织农民及其他劳动者大规模进行的，教会和寺院、国王、城市自治团体、富裕的市民，都成为重要的推动者。那些无地的农民在领主的领导下开垦土地，同时为自己建立起新的村庄；而领主则从这些新建的村庄或庄园中获得各种权利，如征收各种费用、享有禁用权等。所以，对于领主来说，这种开垦实际上是一种投资行为。为自由和财产的诱惑所吸引，成千上万的拓荒者响应君主、领主、主教、僧侣和自治团体的号召，排干沼泽、砍伐森林、开拓荒地，拓展了大片的土地。人们在新开拓出来的土地上种植作物，饲养牲畜，改进耕作方法和饲养方法，使农业生产力大大提高。可以说，这是中世纪欧洲最伟大的工程，这个工程是欧洲战乱结束以后在发展经济方面所做的最大努力和所获得的最大成果。

拓殖运动带动了农业全面发展，为西欧的社会进步提供了前提条件。正是在11—13世纪，西欧的人口有了较大幅度的增长。有学者估计，13世纪法国人口的增长率为0.39%，英国为0.46%，德国为0.48%。不断增长的人口，比较充分的粮食、原料供应，刺激了社会消费的扩大，从而为手工业、商业的发展提供了动力和市场。11—12世纪，西欧各地涌现许多乡村市场。越来越多的农户将剩余农产品拿到市场出售，同时在市场上购买一些自己所需的商品。许多封建领主也将庄园收入的剩余部分投入市场，不少封建领主还在市场上确立起某些商品（如酒、羊毛等）的专售特权。

总之，以拓殖运动为中心的农业大发展是10世纪至13世纪西欧社会的主要内容，并为西欧封建文明的存在、发展、变革奠定了坚实的物质基础。

中世纪欧洲的农业技术也是在缓慢进步的。这一时期，农业中最重要的技术进步是重犁的使用和马代替牛用于犁田，以及三圃制代替二圃制等。首先，与早期的轻型耕犁不同，重犁有犁刀、犁铧和犁壁，三者结合使土地的犁耕变得更有效率。11—12世纪乡村铁器工业的发展，村中铁匠铺子的普及，促进了这种工具的推广和普及。② 其次，除了犁的改进外，马代替牛作为耕畜的普遍使用，也具有重要意义。马在使用新的挽具的情况下，比牛的牵引力要大4~5倍。在12世纪末

---

① ［法］马克·布洛赫：《法国农村史》，余中先、张朋浩、车耳译，商务印书馆1991年版，第19页。

② ［意］卡洛·M. 奇波拉主编：《欧洲经济史》第一卷，徐璇译，商务印书馆1988年版，第155页。

的北欧平原、巴黎盆地、佛兰德和洛林等地，马耕代替了牛耕。① 最后，在12—13世纪，人口压力引起三圃制的扩大，这不仅大大提高了土地利用率，也大大增加了作物品种，特别是豆科植物的种植，扩大了蛋白质的供给，部分植物用作饲料，有利于畜牧业的发展。谷物轮种的三圃制被称为“中世纪西方最伟大的农业发明”。此外，畜牧业也取得很大进步。三圃制提高了饲料的种植和供给量，实验的兽医技术的出现降低了牲畜的死亡率，还出现了专门饲养绵羊的牧场。在低地国家饲养绵羊的农场到处可见，德意志和法兰西有上百万只绵羊，西班牙与意大利也到处是牧场和羊群；而英格兰则成为著名的绵羊和羊毛产地。英格兰和爱尔兰每年都出口大量的咸肉、火腿、腊肉和脂肪等。②

在拓殖运动中，一方面，为了吸引移民劳动力，封建领主给予新居民区和殖民区的农民较多的自由权利。这里没有领主的保有地，全部土地都作为份地分给农民耕种。尽管土地的主权依然是领主的，但农民可以通过缴纳租金换取自由使用土地的权利，尽管仍然要为领主服劳役，但赋役已大大减轻，这可以视为人身解放的开始。另一方面，随着拓殖运动的展开，边远的土地得到了耕种，这样就扩大了地区间要素禀赋的差异性，交换的利益也大大提高了，这就大大促进了商品经济的发展。而商品经济的发展，刺激了封建领主消费的多样化和对货币财富的追求。在许多场合，他们愿意出卖土地和解放农奴，借以换取劳役或固定租税。关于农奴解放的特许状写道：解放是为了所有者的利益，是为了改进他们的地产。③ 而从农民的角度来看，商品经济越是发达，农民越是进入市场，对自己劳动的价值就越是有一个实事求是的评价。因此，他们希望在自己的份地上多投入一些劳动；在相同时间里，他们在自己份地上的产出比在领主土地上的产出要多得多。所以，他们愿意以货币来代替劳役，将长期节省下来的一大笔金钱，交给迫切需要金钱的领主，来换取一张人身解放的特许状。

在这种情况下，大批农奴获得了解放。最初的农奴解放是通过个别的特许状实现的。12—13世纪开始出现集体解放，包括特许状、长期租约、法律、习惯等多种方式。④ 在法国，“农奴逐个逐个地或者至少是逐户逐户地，有时整个村庄地

---

① ［英］M. M. 波斯坦主编：《剑桥欧洲经济史》第一卷，郎丽华、黄云涛、常茂华等译，经济科学出版社2002年版，第262页。

② ［法］P. 布瓦松纳：《中世纪欧洲生活和劳动（五至十五世纪）》，潘源来译，商务印书馆1985年版，第235—237页。

③ ［法］P. 布瓦松纳：《中世纪欧洲生活和劳动（五至十五世纪）》，潘源来译，商务印书馆1985年版，第249页。

④ ［法］P. 布瓦松纳：《中世纪欧洲生活和劳动（五至十五世纪）》，潘源来译，商务印书馆1985年版，第251页。

获得自由”①。而在英格兰，农奴的解放是通过折算制实现的，即将农奴对领主所担负的封建义务，折算成固定的地租，农奴只需缴纳地租，而其他的封建义务皆可解除。从12世纪初期英格兰就开始了将劳役折算为货币的长期过程，到13世纪下半期有广泛发展，而到14世纪末，大部分地区的农奴都获得了解放。意大利的大部分地方，尤其是托斯卡纳和伦巴底、卡斯特尔、纳瓦、巴斯克各省，以及法兰西西部、低地国家和日耳曼莱茵兰，是农村居民得到公民权最早的地方。法兰西的东部和中部、两西西里王国、阿拉贡、加泰罗尼亚、尼德兰东部、德意志北部和中部的英格兰，比较缓慢地跟在后面。但是一般来说，到14世纪上半叶时，欧洲农村的大部分农奴都获得了解放。②

第三节 工商业与城市发展

一、工商业和城市的复兴

中世纪初期，欧洲的经济生活以农村为主，工商业和城市基本上处于蛰伏状态。随着战乱的结束和经济的逐渐恢复，从11世纪起，商品交换重新出现，并刺激了手工业的复兴。

这种手工业首先出现在城市及其周围，不仅向城市提供产品，而且随着商贩的活动，也为农村提供商品。最初是工匠在家庭中从事某些不需要高度专门化的手工生产，个人单干或在家庭成员的帮助下工作。随着订货的增加，有的工匠开始雇工，这样就产生了作坊。从13世纪起，工业技术有了一定的进步，在某些工业中出现了个别的机械，纺织工业和手工艺品生产达到了一定水平。

随后，在国际贸易发达的地区，如低地国家、意大利和法兰西北部，少数特殊行业出现了较为普及的工业生产，如根特、里尔、亚眠和佛罗伦萨的织布工业，威尼斯的丝织品工业，佛兰德斯的羊毛工业等。例如，意大利托斯卡纳的羊毛工业在12—13世纪垄断了英国的羊毛和来自佛兰德斯以及法国北部的半制成纺织品，并且对这些半制成纺织品进行加工和染色，最后出口到地中海市场。这些企业尽管还不是工场，但是企业内部已经有了一定分工。在这个时期，还出现了采矿业、冶金业、皮革业、造船业以及其他手工艺品的生产行业。

中世纪早期，交通工具落后，强盗时常出没，封建领主对经过领地的一切商

---

① ［法］马克·布洛赫：《法国农村史》，余中先、张朋浩、车耳译，商务印书馆1991年版，第123页。

② ［法］P. 布瓦松纳：《中世纪欧洲生活和劳动（五至十五世纪）》，潘源来译，商务印书馆1985年版，第251页。

人小贩，处以罚金，课以重税，导致商业非常落后。10 世纪以后，商业活动开始增多，范围不断扩大，在广大农村涌现出许许多多的乡村市场。随着经济的发展，交易越来越频繁，市场也日益增多，于是出现了定期的专业市场，即规定每月的某一天或某几天在某地专门进行谷物、牲畜、木材、葡萄酒等的交易。

到 12 世纪，随着商业和工业的复兴，各地集市大大增多起来。随着地区性和国际性贸易的发展，欧洲逐渐形成两大贸易区：一个是地中海贸易区，主要经营奢侈品，如香料、丝绸、瓷器、宝石、象牙、明矾等，其中香料贸易占有非常重要的地位；另一个是北海、波罗的海贸易区，它把北海和波罗的海沿岸国家联结起来。

中世纪最著名的集市是香槟集市。香槟地区物产丰富、交通便利，是诸河流的汇合地。从 9 世纪开始，这里先后出现一系列集市，轮流在特鲁瓦、拉尼、普罗旺斯、奥布河畔的巴尔四个城市举行，每个集市的时间为一个半月，其中特鲁瓦和普罗旺斯每年举行两次。所以，除了极少的中断以外，整个香槟地区可以说全年都有集市。

香槟地区位于从佛兰德斯到意大利的商路上，东方来的香料、丝绸等奢侈品以及染料等经意大利商人之手，翻过阿尔卑斯山，到香槟地区，再输往西欧各地。佛兰德斯的呢绒也通常在香槟集市上集散，运往意大利和东方。香槟伯爵和许多国家签订了条约或公约，根据这些条约或公约，往香槟地区去的商人经过他们的领地时，可减免部分通行税，即使在没有订立条约的地方，伯爵的声望也足以保护过往的商人。伯爵还采取各种措施，如发给他们通行证，保护这些商人不受封建领主的勒索和强盗的抢劫。

香槟集市上云集着世界性的人群，可以看到各个种族和各种服饰，从苏格兰到西西里，从卡斯提尔到大马士革，埃及人、叙利亚人、希腊人、英国人、西班牙人、意大利人和德意志人等，都到这里来经商。由于交易的发达，这里流通着各种货币。为了便于交换，香槟集市产生了一种“钱兑商制度”。

在中世纪初期，城市遭到毁灭性的破坏，西欧经济生活的中心转到乡村。随着经济社会的发展，特别是商业贸易的恢复和发展，到 10 世纪时，西欧的城市才开始复兴。从 11 世纪中叶到 14 世纪，城市运动变得特别普遍，欧洲大部分地区的城市都复兴起来了。

最先复兴的仍是意大利在罗马时代的城市，如威尼斯、那不勒斯、米兰、佛罗伦萨和罗马等。法国在罗马时代已经出现的一些城市，如马赛、图卢兹、波尔多和巴黎等，德国在莱茵河和多瑙河沿岸地区的城市，如科隆、奥格斯堡等，英国的伦敦和约克等，也都复兴了。从地区来说，意大利北部和法国南部是城市兴起最早的地方，9 世纪或者更早已有城市。10—11 世纪，法国北部、尼德兰、莱茵河流域以及邻近地中海和北海、波罗的海两大贸易区的城市纷纷兴起。其他地区则稍晚。

由于历史条件的不同，新兴的城市大抵可分为三种类型：一是为满足地方市场需要而生产的中小城市，其经济活动受地方市场的制约。这种城市各国都有，数量最多。二是主要生产和经营某种专业产品的城市，而且产品主要供出口，其经济活动很大程度上受国际贸易的制约。意大利的佛罗伦萨是最著名的代表，它生产的毛纺织品享誉欧洲。三是主要从事国际贸易的商业城市，其靠经营中介贸易起家，手工业占次要地位。意大利的威尼斯、热那亚和阿马尔菲，以及德国北方的汉堡和吕贝克等，都属于这一类城市。

二、行会制度的起源与演变

欧洲的行会出现于11—12世纪。行会是为了应对封建势力的侵扰，捍卫同业者的共同利益而建立的。行会成员由各个手工业作坊的作坊主组成，他们通常称匠师或师傅。行会按行业组织，有时划分极细，每一个行业都有自己的行会。例如，在佛罗伦萨，行会分为大行会和小行会。大行会有7个，包括公证人行会、进口布匹商行会、银行家和钱兑商行会、呢绒布商行会、医生和药剂师行会、丝商行会、皮货商行会。小行会包括16个，如屠夫、鞋匠、铁匠、石匠、面包工人、武器匠、木匠、锁匠等，都有自己的行会。

行会具有经济、政治和社会三种功能。作为经济组织，行会使小手工业者在自然经济条件下能够保持其地位，进行正常的再生产。例如，行会规章主要是关于生产规模、生产过程、价格、原料以及市场等方面的内容。作为政治组织，行会有时是城市管理机构的有机组成部分，有时是城市当局下面的一个自治团体。行会自身有比较完整的组织系统，有严格的纪律，不仅自我管理，而且为市政当局组织市民选举、征收税款、建立城市武装等。作为社会组织，行会具有互助合作的成分，行会内部往往建立互助基金，举办慈善事业，扶贫济困等。

行会的发展，主要有两个方面的倾向：一方面是平均主义倾向，目的是使小生产者在经营活动中机会均等；另一方面是反对自由竞争，即在本行业内各师傅之间不能自由竞争，同时行业之外造成一种垄断，限制别人的竞争。

行会规定主要包括以下几个方面的内容：

一是规定产品原料和其他辅助材料的质量和数量。一般行会不进行统一的原料购买和供应，但对原料的质量和数量要进行严格的规定，如果作坊购买了过多的原料，其他人有权分享这些原料。

二是规定作坊的规模和劳动时间。作坊所使用的学徒和帮工的数量，都不能超过规定，劳动时间不能超过一定时限，如冬季每日劳动时间为12小时，夏季每日劳动时间为15~16小时，严禁夜间工作。这是为了保证产品质量，更是为了防止生产者生产过多的产品造成生产者之间的不平衡。此外，如果某位匠师没有帮工，而另一位却有两名，那么他必须让出一名给他的同行。

三是规定生产和技术。包括：规定生产工具、技术设备和生产程序等，如织工行会规定生产者不能使用新式织机等；规定产品的质量和数量，不仅不能生产质量低劣的产品，也不能生产过量的产品，如果产品质量低劣，必须当场销毁，如果生产了过量产品，则要处以罚金。

四是规定交易规则。例如在法国，许多城市章程或行会联合规定，生产和生活资料的买卖必须在市场上进行，禁止在运输途中交易，以保证消费者和生产者具有同等的购买机会，并使买卖双方特别是卖方受到公众和官府的监督，马赛面包的买卖即是在由法官组成的委员会的监督下进行的；打击任何囤积居奇的企图，禁止任何形式的垄断；杜绝任何形式的广告宣传。

中世纪行会之所以对生产者的生产作这样的规定，是为了保证生产者的信誉，更是因为市场有限，如果有的生产者生产了更好、更多的产品，加强了竞争力，有限的市场就会导致部分生产者的产品没有销路，从而无法生存。保证每个行会成员的共同生存是行会的重要目标之一。这个目标，在中世纪自然经济占统治地位，人们的生存途径比较狭窄的条件下，的确是非常必要的。但是在市场逐渐发育和发展的情况下，继续保持这种规定和限制，就成为阻碍经济发展的因素。生产工艺保密，禁止使用新技术和操作方法，违者要受到处罚，甚至直接销毁发明并对发明人进行迫害等，这些都直接阻碍了技术的进步。

行会在成立初期是具有民主精神的，从学徒到匠师这一条路，对所有合乎资格的人开放。但是到13—14世纪，行会出现封闭倾向。例如，13世纪巴黎羊毛织工行会的章程规定：如果没有从国王那里购得手工业执照，任何人不得在巴黎做羊毛织工。如果自己没有从事手工业的本领，又不是匠师的儿子，任何羊毛织工及任何其他人，都不得在巴黎拥有作坊。有的行会章程歧视农奴，禁止其入会；有的固定会员人数，拒绝任何人加入；有的则规定学徒必须是本地人；等等。不仅行会之外的熟练工人不得入会，即使行会之内与匠师没有血缘关系的帮工、学徒也被堵塞了晋升的道路，成为永久的帮工、永久的学徒。

到14世纪，行会已经成为剥削和垄断组织。在14—15世纪的欧洲，哪里有工商业，哪里就有行会制度，特别是在工商业发达的城市，行会的势力十分强大。无论在什么地方，只要行会占了统治地位，市政府就为行会所控制，行会的成员及其家族形成一个城市贵族阶层。这个城市贵族阶层还通过与旧贵族的结合而进一步贵族化。随着行会的分化，特别是富裕商人势力的扩大，行会进一步贵族化了。一方面，富裕商人通过联姻与旧土地贵族建立了商业和社会关系，从此他们的利益趋于一致；另一方面，由于农田价格下降，许多富裕商人便在城外购买土地，进一步与土地贵族合为一体。所以，到中世纪后期，行会的活动已经成为阻碍经济发展的因素。正因为如此，行会制度的解体是近代资本主义发展的前提条件。

三、现代经营方式的起源

中世纪的生产经营组织是家庭和家庭作坊，其基础是手工劳动和自然分工。他们的生产和经营活动要受到庄园和行会的制约。中世纪盛世以后开始的产权变革，首先使农奴制经济摆脱庄园控制，可以直接为市场而生产，独立享受市场利益，独自承担市场风险，从而农民的家庭生产活动初步具有经营性质。同时，中世纪晚期行会势力也逐渐削弱，出现不受行会控制的各种商号，这些商号成为独立企业的最初形式。①

最早的企业也许是中世纪晚期意大利的商行。不过，更大量的企业还是源于手工业作坊，当它们摆脱了行会控制后才成为独立的企业。最初的企业组织可能是合伙制，以后逐渐发展到公司制。为了创建一个有别于家庭的企业，首先必须在思想上形成一个有别于家庭式经营的企业概念，其次必须设计某种方法来区别企业与家庭的事务。这不仅仅需要把整个企业的资产与私人所有的资产分开并列出清单，还有必要把企业的资产交易活动的记录与个人交易记录分开，这种记录要与企业的资产而不是个人的资产相联系。这就产生了复式记账法。在这种记账制度下，负债等于资产，负债账目包括对第三方的负债，也包括对企业主的负债，即资产净值。这就迫使商人或企业主养成一种思维习惯，要么把企业看作本企业主的债务人，要么把企业看作资产总值的所有者。这样，就使追求利润的企业真正成为一个自主的单位，企业的财产不再与家庭、贵族庄园或其他社会单位混在一起了。②

16 世纪开始的商业革命导致贸易规模的扩大，这就需要有效率的商业组织的配合。因而这一时期出现了一系列的商业组织形式的创新。

首先出现的是合伙制度。合伙制度产生于海上贸易。为了分散风险，人们在合伙组成船队的同时，把货物分散在不同的船上，反过来，每一条船上都装载着不同商人的货物。这样，即使一条船遭难，对每一个商人来说，损失也只是一小部分。还有一种情况是，合伙由两方组成：一方是坐商，主要提供资本；另一方是行商，负责将商品运到目的地，进行具体交易。这里又分为两种形式，即委托

① ［英］约翰·克拉潘：《简明不列颠经济史》，范定九、王祖廉译，上海译文出版社 1980 年版，第 209—210 页。

② ［美］内森·罗森堡、［美］L. E. 小伯泽尔：《西方致富之路》，刘赛力等译，生活·读书·新知三联书店 1989 年版，第 140—144 页。

制和协作制。委托制是坐商提供全部资本，坐商在所获收益中分得 2/3，行商分得 1/3；协作制是坐商提供 2/3 的资本，行商提供 1/3 的资本，所得利润平分。早期的合伙以一次贸易为限，该次活动结束且利润分配完以后，合伙即告解散。后来出现了长期合伙制，企业的基本资本由合伙人出，需要增加资本时，可以由原来的合伙人增资，也可以吸收别人的资金入伙，这就使合伙企业具有相对独立的生命。

然后出现的是公司组织。早期出现的公司组织形式是特许公司，之后又出现了比较规范的股份公司。特许公司由政府授予一定的对外贸易垄断权，享有一些优惠待遇。特许公司的经营方式分为两类：一类是契约公司，另一类是早期的股份公司。契约公司由一些独立经营、自担风险的商人组成，他们仍有各自独立的资本，但受公司组织的庇护和支持，条件是要在共同的经营条件所规定的范围内经商，并且服从集体的纪律。股份公司最早出现于意大利的热那亚和德意志的一些采矿业中。地理大发现后，国家将一个地区的贸易特权赋予一家公司，这需要大型的贸易公司来执行，这种大型的贸易公司不得不采用股份的方法集资，不论是否为商人都可以入股，股份公司应运而生。不过，股份公司首先出现在商业、金融业以及交通运输业，即使在工业革命期间，工业制造业也很少采用股份公司的组织形式。工业革命完成后，公司制才与工厂制结合起来，才为真正意义上的现代企业制度奠定基础。

资本主义企业制度的核心是法人制度和有限责任制度。13 世纪在欧洲一些城市中出现的股份公司，其财产是由各个股东直接支配并获取收益的。之后随着从合伙经营、家族合伙，到无限公司和两合公司的发展，企业财产逐渐脱离个人而存在，其团体性不断加强。最后出现了股份有限公司，企业主变成了公司股东、股票持有人和公司财产的受益人。公司制度从无限责任到有限责任的变化，开始只是在事实上存在，法律并没有予以认可。这是由于有限责任的确立，需要一定的条件，否则就会出现“无责任”的后果。在当时，一方面，有限责任制度被人们看成浪费和低效率的典型。亚当·斯密不赞成有限责任制度，他认为：“在钱财的处理上，股份公司的董事为他人尽力，而私人合伙公司的伙员，则纯是为自己打算。所以，要想股份公司董事们监视钱财用途，象私人合伙公司伙员那样用意周到，那是很难做到的。有如富家管事一样，他们往往设想，着意小节，殊非主人的光荣，一切小的计算，因此就抛置不顾了。这样，疏忽和浪费，常为股份公司业务经营上多少难免的弊窦。唯其如此，凡属从事国外贸易的股份公司，总是竞争不过私人的冒险者。”① 但另一方面，有限责任制度以它特有的体制优势，最

① ［英］亚当·斯密：《国民财富的性质和原因的研究》下卷，郭大力、王亚南译，商务印书馆 1974 年版，第 303 页。

终战胜其他企业组织形式，成为最主要的企业组织形式。这是由于，股份有限公司内部的管理制度不断健全，在一定程度上减少了浪费现象，提高了效率；股份有限公司在集资、永续等方面的优势越来越突出，大大超出它的负面效应。所以，股份有限公司作为企业的主要组织形式逐渐被确定下来。

思考题

1. 为什么说西欧封建制度是日耳曼制度与罗马制度的融合？
2. 西欧各地区封建化过程的特点是什么？
3. 西欧庄园经济的特点是什么？
4. 西欧城市复兴的原因和历史意义是什么？
5. 西欧的封建经济与东亚和南亚的封建经济的异同有哪些？

▶ 自测习题及参考答案

请扫描二维码

第四章　古代世界的贸易活动

古代世界的各个地区之间很早就有了贸易活动。本章主要阐述古代世界的几个重要的区域贸易、源远流长的东西方贸易，以及古代世界贸易的作用以及贸易制度。

第一节　古代世界的区域贸易

一、地中海贸易圈

在世界市场形成以前，世界贸易以区域贸易为主。这是由于古代世界的交通工具不发达，世界各个民族为各种地理屏障和距离所分割。所以，世界贸易必然首先是区域贸易，即邻近的国家和地区间的贸易。这种贸易往往形成一个区域。在古代的世界贸易中，这种区域贸易一直占主导地位，致使世界形成几个繁荣的贸易圈。

在古代世界真正称得上是国际贸易的，应该是地中海国家之间的贸易。当航海技术有了一定发展时，地中海就把沿岸的国家联系起来，形成一个环地中海贸易圈。就像中国古人误以为中国就是“天下”一样，古地中海民族则将地中海区域误以为是整个世界。所以，地中海各民族之间的贸易活动就被看作国际贸易。

古代克里特岛人可能是最早的海上贸易者，他们往来于地中海两端，一度是这一海域的主人。真正推进这一区域贸易的是腓尼基人。腓尼基人擅长贸易，他们向东来的商队大宗买进没药、香料和各种工艺品，从其他地区进口各种金属、兽皮、谷物、橄榄油和奴隶，并将自己制作的精致的家具、珠宝饰物、金属器皿和纺织品等运销外地。腓尼基人擅长航海，他们制造出一种由多排水手划桨的船，非常适于朝西方向的远航。公元前 11 世纪，他们开始与塞浦路斯进行贸易，并将该地作为自己的殖民地，以后又从那里向爱琴海扩展。到公元前 9 世纪末，他们已进入地中海西部，并在非洲西北岸、西班牙南岸、西西里岛、马耳他岛和巴利阿里群岛等地，建立起商业据点和殖民地。腓尼基人甚至还通过直布罗陀海峡，远航到英格兰海岸。从公元前 11 世纪到公元前 8 世纪后期，腓尼基人一直垄断着地中海贸易。

希腊人在建立城邦的过程中，在地中海地区进行广泛殖民，同时大力拓展贸易。他们首先在这些地区设立商业据点，然后在条件许可的地方殖民并发展农业。希腊殖民扩张运动的结果是，一方面创建了大量独立的城邦，另一方面拓展了这些地区的贸易。希腊的兴起与腓尼基人的利益发生冲突，经过激烈争夺，希腊人最终取得了地中海贸易的垄断权。希腊的主要殖民地城邦是在西西里岛和意大利南部，以至这一地区后来被称为“大希腊”。希腊的贸易首先是在各殖民地城邦之间进行，由于这些城邦资源禀赋不同，在此基础上形成了不同的技术和传统，因而相互之间的交易可以获得较大的收益。希腊人同时擅长远程贸易，特别是在希腊化时代，随着亚历山大帝国影响的扩大，地中海地区的贸易进一步繁荣，还从地中海扩大到非洲和亚洲等内陆地区。

罗马人经过三次布匿战争，取得了在地中海的统治权，并且建立了一个环地中海的贸易区域。在所谓“罗马和平”时期，罗马与各行省之间不存在严格的国界，环地中海的贸易实际上是帝国的内贸，所以在这个区域内关税甚低，贸易自由。在帝国强大的海军威慑下，商业不受海盗的侵扰，海上航行十分安全；帝国为维护贸易，精心设计了道路网，建设了有灯塔的港口等，这就使地中海贸易获得空前发展。

不仅如此，随着罗马帝国的不断扩张，贸易区域也扩大到地中海以外的区域。罗马城作为贸易中心，有近 100 万人口，消耗了大量作为赋税从西西里、非洲和埃及征收来的物品，以及大量通过贸易取得的各地的谷物、油类和其他农产品。罗马贵族的生活产生了一系列新的需求，如酒、橄榄油、武器、工艺性的金属器皿、精美的陶器和玻璃器皿等，这些产品都由罗马帝国在西欧的各行省和巴尔干供应。此外，东方的丝绸成了最受罗马贵族欢迎的物品之一。罗马的大规模建筑所需要的石材以及观赏用的动物也都来自遥远的地方，驻扎在边境各省的军队也产生了对天然产品和人工产品的大量需要，所有这一切都刺激了罗马帝国的贸易。

罗马帝国衰落以后，地中海贸易一度衰落下来，但地中海贸易的地位仍然十分重要。一方面，地中海沿岸国家的相互贸易始终很繁荣；另一方面，地中海是东西方贸易的枢纽，它把西欧各国和东方各地区联系起来。阿拉伯人兴起后，东西方贸易又迅速恢复起来，直到十字军战争结束后，地中海贸易逐渐进入繁荣时期。

13—14 世纪，地中海沿岸出现了一些十分发达的城市，君士坦丁堡已成为东西方贸易的中心。在这个时期，商品循着两条路线到达这些港口：一条是海路，经过印度洋和波斯湾；另一条是陆路，经过中亚到达黑海和亚速海沿岸。热那亚和威尼斯是这些商路的终点。东方的商品以令人难以置信的高价卖给欧洲的封建领主，而热那亚和威尼斯则依靠中介贸易而兴盛起来。特别是威尼斯，繁荣的商业活动和复杂的商业组织促使它很早就产生了交易所，并促使银行业务和商业核算的技术很早就发展起来，地中海沿岸城市产生了近代商业模式的萌芽。

二、东海和南海贸易圈

东海和南海贸易圈是古代世界的另一个贸易圈。这个贸易圈始终以中国为中心，包括日本、朝鲜、南洋和中南半岛地区，形成一个以中国东南沿海为中心向外放射的扇形贸易圈。

中日之间的交流始于秦汉，隋唐发展到极盛。当时，日本相继向中国派出遣隋使和遣唐使，除进行政治、文化交流外就是进行贸易往来。日本来华的商船主要停泊在扬州、明州、楚州诸港，其中扬州最为重要。日本从中国进口大量货物，包括丝绸、服饰、陶瓷、铁器、笔、墨、纸张等。日本向中国出口硫黄、木材、玉器、银、麻布之类。到了宋代，日本学习中国的技术，不少商品已经替代进口，个别商品反而向中国出口，如漆器和刀剑等。其他向中国出口的商品也大大增加，如黄金、沙金、硫黄、珍珠、扇子、木材等。不少日商到中国将货物卖掉，不进货只收铜钱，导致中国通货外流。明代政府实行“贡舶制度”，限制和垄断对外贸易。而日本武士阶层兴起，他们到中国沿海进行走私贸易和海盗活动，使中日贸易大受影响。到了清代，日本来华的商船减少，但中国去日本贸易的商船仍旧增加。日本“锁国”时期，进一步限制中国商船到日本，但中日贸易一直没有中断。

中国与朝鲜的贸易也可谓源远流长，至唐代发展到一个高峰。当时，朝鲜与日本一样采取了遣唐使制度，大量派留学生到中国学习文化，同时积极进行贸易，中国的文化、技术和产品大量向朝鲜出口。中国向朝鲜出口的商品除了丝绸和陶瓷外，还有书籍、服装、茶等。中国从朝鲜进口人参、熟铜、乐器、扇子等。到宋代，朝鲜引进中国技术后发展自己的制造业，不少产品反而向中国出口，如陶瓷、漆器等。到明代，中朝贸易商品结构的基本情况是，中国向朝鲜出口丝绢、瓷器、药材、书籍、茶叶、硝黄等，朝鲜向中国出口人参、麝香、牛、马、笔、墨、折扇和漆料等。

在唐代，江淮一带已成为全国丝绸的重点产区，就近水路输出极为方便，而当时的造船业发达，航海技术先进，海运成本大大低于陆路运输成本，与此同时，中国上层统治阶级对南洋各国所产香料的需求量很大，所以，出口丝绸等商品换回南洋香料的贸易非常繁盛。与此同时，印度、拜占庭帝国等来中国直接采购丝绸的海船也增加起来。这就使南海丝路进一步延长到欧洲，成为著名的海上丝绸之路。到了宋代，全国的丝绸中心已转移至南方，海外贸易进一步兴盛。据《诸蕃志》记载，当时与中国发生贸易关系的国家有 50 多个，包括南亚、东南亚、东非和远东各国。

马来半岛很早就是东西方贸易的中转站和集散地。公元 607 年，隋炀帝曾派使者前往马来半岛进行外交和贸易活动。到了元代，马来半岛的新加坡和马六甲成为东西方航线的要冲，中国商人由此开辟了到印度尼西亚的航线和进一步向西的航路。唐宋期间，中国商人从广州或泉州出发，利用东北信风，月余抵达凌牙门（今林加），进入三佛齐（今苏门答腊），向这些地区出口瓷器、锦绫、糖、铁、酒、大黄等，从这里进口香料以及来自印度转口的珍珠、乳香、象牙和珊瑚等。中国商人以铜钱购买这些进口品。菲律宾也是太平洋商路的中转站，当地的居民用黄蜡、珍珠、玳瑁、药槟榔等换取中国的瓷器、铁釜、乌铅、铁针等。

中国与中南半岛的贸易起源也很早。宋代中国与越南李氏王朝的贸易主要限于边境贸易，在永平、横山、钦州等地进行。越南出口的货物主要是香料、角、象牙、鱼、盐等产品。中国出口的主要是丝绸、瓷器、铜铁器皿、文房四宝等。另外，占城是中国与南洋、印度洋贸易的中间环节，具有重要地位。占城运到中国的货物主要是香料，而中国向占城出口的商品种类繁多，包括丝绸、瓷器、漆器、草席、扇子、铁、铅等。明朝政府给予占城最优惠的贸易待遇。此外，中国与泰国、柬埔寨、缅甸等国的贸易也都很发达。

三、波罗的海和北海贸易圈

波罗的海和北海贸易圈是中世纪才开始形成的。9 世纪北欧海盗侵入这一地区导致贸易一度停顿。但北欧蛮族也是精明的商人，他们在进行海盗掠夺的同时也进行贸易活动。到 9 世纪末期劫掠结束后，他们就成了专门的商人。① 直到 14 世纪，北欧贸易发达起来并具有重要意义。这些地区农业发达，已经能把亚麻、大麻、油类、动物油脂等大量有价值并便于运输的商品拿到市场上来。同时，德国东北部与波罗的海沿岸城市发展起来，如佛兰德斯已经成为北欧贸易区的经济中心，汉堡和不来梅等城市也在中介贸易方面发挥重要作用。

14 世纪中叶，北部地区贸易量的增长导致汉萨同盟的建立。它联合了将近 100 个北欧商业城市，主要目的是保护商业远征，在重要的地方建立商站，获取各种商业特权，统一商业法规等。汉萨同盟的商人从斯堪的纳维亚运往西欧去的商品有鲱鱼、毛皮、羊皮、树脂、柏油、造船用的木材、金属；从诺夫哥罗德运出羊毛、亚麻、大麻、树脂和蜡；从英国运出羊毛、呢绒、锡、锻铁等。汉萨同盟的商人在布鲁日把北方的商品卖给意大利商人和其他南欧商人，并从他们那里购买东方商品和法国的葡萄酒，再把这些商品运到波罗的海沿岸各国进行出售。法国香槟伯爵领地也因两大区域的贸易往来而繁荣起来，形成著名的香槟集市。

北欧贸易圈还与以基辅为中心的罗斯地区贸易关系密切。罗斯地区事实上处

① ［比］亨利·皮朗：《中世纪欧洲经济社会史》，乐文译，上海人民出版社 2001 年版，第 20—24 页。

于东西方贸易的第三条商路上。由于经过印度洋的海路和中亚—西亚的陆路都要经过近东地区，因而被拜占庭、阿拉伯以及土耳其控制。而罗斯则打破了这种控制，直接将丝绸、香料等东方商品输往西欧。他们同西欧贸易交往的基本商路有两条：一条以基辅为起点，通过摩拉维亚、捷克、波兰和德意志南部与地中海相连接；另一条以诺夫哥罗德和波洛茨克为起点，向南经黑海到地中海沿岸，或者向北沿着波罗的海经北欧到西欧。地理大发现对这个地区的影响较小，不过在新兴的世界贸易中，其地位还是大大下降了。

第二节 古代东西方贸易

一、东西方贸易的早期开拓

位于欧亚大陆东西两端的中国和欧洲地中海国家，分别是东西方文明的代表。它们之间隔着辽阔的欧亚内陆地区，也就是现在中国新疆以西的中亚地区。中西交通事实上很早就已开始。公元前 8 世纪希腊的“大移民”运动中，曾有一支殖民队伍一直向北深入整个黑海沿岸。这些古希腊人与黑海北岸的斯基泰人贸易频繁，斯基泰人除以谷物、羊毛和奴隶为交易货物外，还转销来自遥远东方的货物。当时的希腊人已经知道东方有一个产丝的国家并称其为“赛来丝”①。与此同时，东方的波斯帝国一度控制了从尼罗河流域一直到印度河流域的广大地区。为了发展商业贸易和加强军事力量，波斯帝国甚至开凿了苏伊士运河。通过这条运河，印度与地中海区域之间的海上贸易逐渐兴盛起来，希腊、腓尼基、阿拉伯和印度的水手川流不息地往返于印度、波斯湾、埃及以及地中海的许多港口之间。这条运河将亚、非、欧三大洲连接起来，并成为后来“西南海上丝绸之路”的西段，大大促进了中西方的交流。

亚历山大帝国曾势及中亚和印度，因而间接地和中国发生了交流。希腊化时代，在埃及建立的托勒密王朝十分重视海外贸易，他们派出探险队寻找新的贸易路线，并在红海沿岸建造了一连串港口，在亚历山大港建立了巨大的灯塔。在这一时期，印度和阿拉伯商人从印度诸港口起航，紧靠海岸线西行到阿拉伯半岛，再西绕半岛，抵达目的地亚丁或穆哈。在那里，他们与希腊和埃及的商人相遇。后者用自己的货物交换前者的东方货物，再将东方货物经由红海沿岸港口运往亚历山大港。托勒密王朝把希腊的历史推向巅峰，也把希腊的对外贸易范围首次扩大到东方。

东方的中国，也很早就开始探索与西方贸易的通道。早在公元前 10 世纪，西

---

① 方豪:《中西交通史》(上)，上海人民出版社 2008 年版，第 45 页。

周的周穆王就从中原出发，驱车西游到西北地区，抵达中亚的一些氏族部落，丝绸就是最高级的礼物。据《穆天子传》记载，周穆王带去的丝绸品种很多，而且都很珍贵，有帛、贝带、朱丹、锦等。其中帛为白色的绸，象征吉祥，取“化干戈为玉帛”之意；贝带为有贝饰的红色丝带，作装饰之用；朱、朱丹、珠丹可能为同一类织物，属绛色绸；锦则为有多重经线的彩丝织品。以周穆王为先导，之后的商人接踵而至。《史记·货殖列传》记载，秦时“乌氏倮畜牧，及众，斥卖，求奇绘物，间献遗戎王。戎王什倍其偿，与之畜，畜至用谷（山谷）量马牛。秦始皇帝令倮比封君，以时与列臣朝请”。秦朝的乌氏县就是今甘肃的平凉市，乌氏倮可以说是当时与西方民族进行丝绸贸易的有名的商人，当时丝绸经由甘肃、新疆向西方输出。

二、“丝绸之路”的形成

公元前 139 年和前 119 年，张骞两次出使西域，也把大量丝绸带到了西域。此后，丝路基本开通，大致是从长安（西安）出发，经宝鸡、陇县、固原、武威、张掖、酒泉、安西、敦煌，出玉门关，进入新疆分赴各国。东汉和帝永元九年（97 年），都护班超派遣甘英出使罗马。甘英到达波斯湾头欲渡海去罗马，被安息人劝阻而返，中国与罗马的直接贸易关系也没能建立起来。但是罗马的物品如夜光璧、琉璃、珊瑚、珍珠、海西布、火浣布、羊毛织品等，还是辗转传入中国。而中国以丝织品为主的商品，包括肉桂、大黄和优质铁等，也辗转到达罗马。

这条贸易通道的主线自中国西北部的长安开始，向西经河西走廊至塔里木盆地，分为两道（一条道沿盆地的北部边缘，一条道沿盆地的南部边缘）绕过盆地，然后越过帕米尔高原，穿过位于今乌兹别克斯坦的撒马尔罕和梅尔夫，再绕过里海南端位于今伊拉克境内的塞琉西亚，由此继续西进，至地中海东部沿岸地区的罗马边境。这就是著名的“丝绸之路”。

罗马帝国也从海路探索到达东方的贸易通道。当时，波斯的安息王朝处在中国与罗马之间，所以罗马帝国试图从红海地区探索通向东方的海上商路。公元 2 世纪初，罗马人到达孟加拉湾东岸，然后经由缅甸进入中国境内。据史书记载，东汉永元十二年（100 年），罗马属内的马其顿商人即到过中国。①

162—168 年，罗马皇帝马可·奥勒略·安东尼（Marcus Aurelius Antoninus，161—180 年在位）发动对萨珊波斯的战争，占领两河流域和波斯湾头，打通了从海上通往东方的道路。226 年，罗马商人秦论来到中国管辖的交趾（今越南北部），

---

① 杨共乐：《中西交往史上的一件大事——罗马商人曾于公元一百至一百〇一年间到过中国》，《光明日报》1996 年 5 月 14 日。

取道桂湘到武昌见了吴王孙权，表达罗马帝国与中国通商的愿望。《晋书·四夷传》记载，“武帝太康中，其（大秦）王遣使贡献”，此后中国史籍中没有出现罗马遣使的记载。①

西罗马帝国灭亡后，在东西方贸易中起关键作用的是东罗马帝国（即拜占庭帝国）。拜占庭处于欧亚陆路交接处，新的商道也发展起来，商人经丝路到亚美尼亚，再进入黑海和巴尔干半岛。从前亚历山大港的国际贸易地位逐渐让位于拜占庭，丝绸成了拜占庭社会生活中的珍品。但是，拜占庭要购买来自中国的生丝，就必须经过波斯。为了争夺与中国的丝绸贸易，拜占庭帝国与波斯发生多次冲突甚至战争。直到 552 年，两个曾经到过中国的僧侣将学到的养蚕抽丝技术带给了拜占庭皇帝，这才打破波斯人对丝绸贸易的垄断。②

三、“丝绸之路”的拓展和延续

阿拉伯人的兴起对东西方陆上贸易产生重要影响。7 世纪时，阿拉伯人征服了整个中东地区，随后又扩张并控制了中亚部分区域。在以后的几个世纪里，阿拉伯人一直是中国和西方之间，以及中国和印度之间贸易的障碍。直到 13 世纪蒙古人征服整个欧亚大陆时，东西方的陆上贸易才重新开通。由于蒙古帝国的兴起，实现了短暂的“蒙古和平”，陆上贸易发生了一场大变革。蒙古帝国出于游牧的历史传统，长于军事征伐并求助于商队供应。因此蒙古铁骑所到之处，打破了关卡和垒栅，贸易的壁垒也随之消除。蒙古帝国在辽阔的欧亚大陆上广设驿站，把各地连接了起来，使东西方陆上交通畅行无阻，古老的丝绸之路重新恢复了繁荣。大食、波斯、欧洲和中亚的商旅，沿着古老的商道东行来到中国，中国的商人也驱赶着骆驼商队西往中亚。

在古老的丝绸之路上，人们交换着中国、印度、波斯、蒙古高原、南俄罗斯草原、阿拉伯半岛以及地中海的货物。在这些交换中，元代中国的手工业品仍是国际贸易中的大宗交易物品，其中最重要的还是丝绸。元代高度发展的蚕丝生产和丝织技术，直接为海外贸易的繁荣提供了雄厚的物质资源。海上丝绸之路也繁盛起来，东起菲律宾及印度尼西亚各岛，西至印度的科泽科德、伊朗的霍尔木兹、伊拉克的巴士拉、也门的亚丁、沙特阿拉伯的麦加、埃及的杜米亚特，直到大西洋滨摩洛哥的丹吉尔，南面可至索马里的摩加迪沙、坦桑尼亚的基尔瓦等地，都通过丝绸之路连接起来。

11—13 世纪，十字军东征，把西欧各国卷入东西方贸易中来。十字军在东征

---

① 张绪山：《罗马帝国沿海路向东方的探索》，《史学月刊》2001 年第 1 期，第 87—92 页。

② ［美］汤普逊：《中世纪经济社会史》（上册），耿淡如译，商务印书馆 1961 年版，第 208—210 页。

过程中，将欧洲的物品带到东方，同时将大量战利品带到欧洲，从而加强了东西方的交流。战争期间，原有的旧商路得到扩展，许多道路加以整修，地中海的航线基本确定，并开始了定期航行。从东方来的商品种类繁多，例如，叙利亚的橄榄、葡萄酒、糖，太尔的玻璃器皿、金属器皿、陶器、珐琅品，锡兰的珍珠，印度的象牙，印度尼西亚的香料等。西方可供出口的商品很少，主要是谷物、羊毛、皮毛、皮革以及奴隶。贸易上的差额要通过金银来抵销，这就加速了贵金属的流通并引起人们对金银的狂热追求。

西方人向往东方贸易，除了追求东方的丝绸和贵金属外，还为东方的香料所吸引。香料向来由两条路线运往欧洲：或经由红海和埃及，到黑海或地中海东部各港口；或进抵波斯湾，再由商队将货物运到这些港口。第一条路由阿拉伯人和威尼斯人控制，阿拉伯人用船将香料运到埃及，威尼斯人再从亚历山大港将货物运往欧洲销售。第二条路由统治西亚的蒙古人（伊儿汗国）和热那亚人控制，热那亚人在港口转运站等候香料。

蒙古帝国崩溃后，陆上贸易通道再度中断，此后几乎所有的香料都要经过红海至尼罗河航线运输，这就使阿拉伯和威尼斯商人获得巨额利润。明代郑和七下西洋，选取的出航地点有 20 多处，重要航线有 42 条，访问过的亚非国家有 30 余个，航程共计 10 万余里，沟通了东起琉球、菲律宾和印度尼西亚，西至莫桑比克海峡和南非沿岸广大地区的贸易。但与此同时，奥斯曼帝国兴起并占据了拜占庭，垄断了东西方贸易，激起欧洲人对新航路的探索。

第三节 古代世界贸易制度

一、古代世界贸易的作用

古代世界贸易基本上以区域贸易为主，这主要是受生产力发展水平特别是交通工具所限。一方面投入流通的商品数量和种类不多，另一方面路途遥远、风险极大。但是，古代的国际贸易也是获利极大的商业活动。这主要是因为各国和各地区间的资源禀赋差异很大，比较利益也很大。例如，中国的丝绸经长途运往罗马，往往与黄金等价；在明代的“贡舶制度”下，日本商船来中国进行贸易，一次往往获利几十倍甚至上百倍。各国政府对国际贸易也十分重视，常常制定各种鼓励外贸的政策，在一般情况下，也采取措施维护国际商路的安全。

古代世界的国际贸易，对各国人民的生产和生活产生了重要影响。例如，中日贸易、中朝贸易，来往的商品数量较大，包括生产资料和生活资料，普通人民使用舶来品的情况也较多。古代地中海贸易，对地中海地区的经济、社会生活的影响也是巨大的。例如，古代希腊和古代罗马都是依靠地中海贸易实现经济繁荣的。作为远途贸易，特别是东西方贸易，进入贸易范围的往往是仅供上层社会消费的奢侈品。尽管在产地，这些商品可能是大众消费品，价格一般，但经过长途运输，其价格往往翻了几十倍甚至几百倍，因此，这些商品就不再是大众消费品了。在这种情况下，国际贸易的主要作用与其说是互通有无、利用各自的资源优势，不如说是促进了技术、文化方面的交流。例如，西方的农艺大量传到中国，葡萄、苜蓿、大蒜、黄瓜、菠菜等都是从西域或通过西域从西方传入中国的。中国古代的四大发明基本上都是通过商人的冒险活动传到西方的。7 世纪中叶至 8 世纪初，中国纸作为出口货物输入阿拉伯。751 年，被带到撒马尔罕的中国战俘，将造纸术传给阿拉伯人，从此撒马尔罕纸传播于阿拉伯统治下的亚洲各地。1150 年，造纸术传入西班牙，又从那里传到法国和欧洲其他国家。中国的印刷术也是经由中东再传到欧洲的。1423 年欧洲首次使用雕版印刷，1456 年用活字印刷了第一本书——《古腾堡圣经》。1125 年，欧洲人开始将指南针用于航海，利用火药发射的金属管枪大约出现于 1280 年。这些技术传到西方后，引起了重大的经济和社会变革。

13—14 世纪，世界贸易在促进资本主义萌芽的产生和发展方面起了重要的作用。从十字军贸易开始，地中海地区的贸易发生了一系列重要变化，不少近代经营方式都是从这里产生的。例如，13—14 世纪的威尼斯，对外贸易高度发达，由此产生了先进的商业组织和技术，如最早的近代银行、交易所，最早的商业核算方法，近代簿记和公债制度等。佛罗伦萨的大商号，除了从事东方商品的批发贸易外，还经营票据、贷款、存款、委托和保险等方面的业务。为了发展贸易，地中海的城市国家制定了近代商法和海商法等，这些法规成为最早的国际贸易规范。欧洲商品经济获得巨大发展，对货币需求量大大增加。但是由于贵金属生产的有限性，以及在与东方贸易中的巨额逆差，大量金银外流，这更加剧了金属货币的不足，并成为整个欧洲经济发展的严重障碍。这就导致欧洲国家对黄金等贵金属的疯狂追求，并导致新航路的探险活动，结果发生了改变世界的地理大发现。

二、中国古代的市舶制度

唐代海外贸易繁荣，广州成为阿拉伯、波斯、南洋等地区来华和中国外贸商船的出入口，商业十分繁荣。为管理对外贸易，唐玄宗开元二年（714 年），广州开始设置市舶使。这是我国古代最早的对外贸易官署，其职责为：检查出入海港的外商船舶，征收关税，收购政府专卖品等。随着唐代对外贸易的发展，扬州、明州（今宁波）、泉州也逐渐成为市舶中心。

北宋于开宝四年（971 年）设置了第一个海外贸易的一级管理机构——广州

“市舶司”。后于杭州设两浙市舶司。淳化三年（992 年）移杭州市舶司于明州定海县（今镇海）。咸平二年（999 年）九月，令杭州、明州各置市舶司。北宋中期以后，于泉州和密州（今山东诸城）的板桥镇（今胶州）设置市舶司。1113 年又在秀州的华亭县（今上海松江）设置二级机构“市舶务”。另外，临安、明州、温州、江阴等地也都设置了市舶务。当时广州、泉州两处市舶司的对外贸易规模最大，两港主要通往东南亚、南亚、西亚、东北非。秀州、明州、杭州和板桥镇主要通向东北亚的日本和朝鲜半岛等地。市舶司的主要职责包括以下几个方面：

第一，保护和招徕蕃商。为增加国库收入，政府大力鼓励对外贸易，通过市舶司对外商利益加以保护，规定外商利益受到侵犯时可以越级上诉。同时，政府要求市舶司尽力招徕外商，并对那些能招引外商的官吏实行奖赏。

第二，管理出海华商。凡中国商船出海，必须事先向市舶机构申请，经批准后由市舶司发给出国贸易凭证，商船回航市舶司按贩进物品的数量、种类进行抽解。

第三，管制外货。对入口的蕃舶和出口的商船均进行严格检查；买、卖、保管及运输货物，规定香料、药材及宝货为禁榷，禁止人民私自买卖。凡有外舶到港，必由市舶司收购，并由市舶机构进行抽分，即为税收。

第四，检查蕃舶和实行缉私。蕃舶进入中国领海后，由巡检司护送抵达港口。所有蕃舶入港，当地官府即派兵监管，称为“编栏”，然后由市舶司及地方官检查，称为“阅实”，目的是防止奸人混入以及走私漏税。蕃舶回航出港，必须经市舶司或地方官亲自察看，检查船上有无铜器、战马、盐、铁、书籍等违禁品，以防止蕃商偷运货物。

第五，管理蕃坊。宋代大量蕃商侨居中国。神宗熙宁时期，广州城外蕃汉杂居达数万家。到徽宗时期，在市舶所属地区，划出空地，供蕃商居住，称“蕃巷”或“蕃坊”。蕃坊置蕃长一人，选举外商中有威望的人担任，并授予相应的官衔。蕃长的职责是管理蕃坊内部事务，并招徕外商。宋朝市舶发展很快，通过市舶司征收的税款，是其财政收入的一项重要来源。

元、明两代沿袭唐宋的市舶制度。1293 年，元政府以宋市舶则例为基础，制定《整治市舶司勾当》，即《市舶法则》22 条，对舶货进口抽解和舶税、有关上船出海和返航手续、违禁物品的查处等作了详细的规定。明代初期，在实行海禁的同时实行“朝贡贸易”政策。明政府规定“非入贡即不许其互市”，就是说，将“朝贡贸易”视为唯一合法的对外贸易方式。明王朝对“朝贡贸易”采取“厚往薄来”的原则，这一方面引来“万国来朝”的局面，另一方面却增加了中国的负担以致难以为继。为此，明政府不得不对外国朝贡的次数加以限制。为管理“朝贡贸易”，明政府在广州、泉州、宁波设立三个市舶司，并规定宁波通日本、泉州通琉球、广州通占城。由于倭寇侵扰，明政府于洪武七年（1374年）将这三个市舶司关闭，永乐元年（1403年）又恢复设置。到了明朝末期，进出口商品经营的职能由广东十三行代替，市舶司制度基本完结。

清朝初期，为了断绝东南沿海郑成功等抗清武装的物资供应，清廷实行海禁，外国商船只准驶泊澳门一地。后虽开放海禁，但由于英国等殖民者在沿海进行非法活动，清廷又于乾隆二十二年（1757年）下令封闭其他海港，只准广州一处通商，由清政府特许的十三行商人统一经办外商来华贸易事宜，作为洋商对华贸易的中介。同时，清政府制定了许多条规和章程，对广州外商贸易严加限制。

三、欧洲海商法和领事制度起源

古代中世纪欧洲对贸易制度的贡献主要是海商法。早在公元前3世纪左右，地中海的罗得岛就产生了第一部海商法，即《罗得海法》。到罗马共和国时期，罗马的外事裁判官法院的法规和判例，成为地中海沿岸各地区商人公认的国际商法准则。罗马法中没有特殊的商法，但是罗马法本身就是规范商品经济的法律，并且是适用于西欧“文明世界”的法律，具有国际意义。其中对于银钱业者、陆上运输人、海上运输人及各地商栈都有专门的法律规定，还有对船主缔结海上借贷契约的授权、海险投货、共同承担海损等海商法规范。①

中世纪有不少阻碍海上贸易的习惯和法律。例如通行的“船难法”规定，所有从遇难船上漂流来的货物或已搁浅船只上的货物，全部或部分地归海岸所有人所有。由于这项惯例的存在，常常出现地方领主人为破坏航道的情况，造成船难事故增加。随着海上贸易的发展，公元8世纪罗得岛人编纂了《罗得海商法》，成为这一地区共同适用的海商法。公元9世纪，拜占庭帝国编撰了《巴西尔法典》，对许多海事问题作了规定。1170年，拜占庭帝国制定《船难保护法》，规定任何借执行船难法危害热那亚商人者，依法严惩并强制归还所劫财产。英国法律也规定，如果领港员与领主勾结导致船难，领港员就地绞死，领主以盗匪罪论处。1287年，汉萨同盟作出过决议，规定难船财产应归还原主，同盟的会员城市若违反规定，受逐出商业同盟的处罚。

中世纪中期以后，以地中海、北海、波罗的海沿岸城市为主的海上贸易逐渐发展起来。而随着海上商业活动的开展，海上贸易关系也逐渐复杂化，商船主之间、城市港口之间不断发生贸易纠纷。为保障彼此的权益，协调关系，各方必须共同认定和遵守已形成的海事传统习惯和规则。这样，以海事传统习惯和规则为

---

① 由嵘主编:《外国法制史》，北京大学出版社1992年版，第125—126页。

基础的海商法得以逐渐成熟和完善。

首先，古代地中海的海事规则和传统习惯，被意大利各城市法院继承、借鉴并加以应用，成为审理有关海上运输和海上贸易纠纷的依据。此后，这些规则与习惯为法兰西、西班牙、荷兰、德意志、英格兰以及其他国家所认可，成为欧洲各国普遍适用的共同海法。海商法的内容包括：船舶制度、船上管理制度、港口章程、船货装载制度、船难保护制度，以及共同海损制度等。这些制度对海上贸易和海上运输中出现的问题，进行了系统的规范。如共同海损制度规定，在船只航行中，如发生风暴等紧急情况，为挽救船只和所运货物，无论随船货主是否同意，船长都有权决定将部分货物抛至海中以减轻船只载重。事后，保住财产的各货主，必须按比例偿付受损货主的损失。这些规定大大减少了海上运输过程中产生的纠纷，有利于国际贸易的发展。

其次，中世纪海商法不仅有着继承、发展古代海事法律文化成果的传统，而且具有国际性法律规范的性质。它在相当长的时期内，是适用于全欧洲海商贸易的法规，最初以判例形式为主，继而发展为成文的海商法。在地中海沿岸各港口，一般都适用 15 世纪晚期出现在巴塞罗那的《海事法汇编》，或称《海事判例集》。在英吉利海峡、北海和波罗的海沿岸各港口，一般适用《奥列隆法典》和《维斯比法典》或汉萨同盟各城市的法律。英格兰的城市和各港口，主要适用《海事法黑皮书》和《海事指南》。中世纪末期，随着西欧各国君主专制政体的确立，海商法也同内陆商法一样从国际化法律转而成为国内化法律，处于主权国家的管辖之下。

随着国际贸易的发展，产生了领事制度。中世纪商人在异国时，往往受到各种歧视和不公正对待。他们不了解当地的商业习惯，缺乏当地的社会关系，常常遇到当地商人蒙骗、压价和赖账等，甚至遭到地方当局的罚款和驱逐。这就需要对国外经商者的合法权益进行保护。最早的领事馆是商人自己建立的，领事也不是由国王任命，而是由自治城市任命。1423—1500 年，佛罗伦萨派任的领事遍及亚历山大、那不勒斯、君士坦丁堡、塞浦路斯、黑海各港口，以及印度、波斯和中国。每个领事机构都有司法官员、包办伙食的商人、译员、检查员、书记员和士兵等。领事都不得经商，其薪俸来自他所在港口进出口商品的税收。15 世纪王权兴起后，自治城市的领事消失了，以后的领事由君主任命。①

① ［美］詹姆斯·W. 汤普逊：《中世纪晚期欧洲经济社会史》，徐家玲等译，商务印书馆 1992 年版，第 620—621 页。

思考题

1. 古代世界的区域贸易圈主要有哪些？各有什么特点？
2. 简述东西方贸易的历史发展进程。
3. 古代世界贸易的作用是什么？
4. 比较古代中国和欧洲的商业贸易制度。

▶ 自测习题及参考答案

请扫描二维码

第二篇 近代世界经济的形成

16 世纪以后，世界经济面临新的变革，原有的占统治地位的封建经济衰落和瓦解。以西欧为代表的西方，通过变革或革命，实现了从封建生产方式向资本主义生产方式的转变，并实现了市场化和工业化。而在以后的几个世纪里，西欧国家通过殖民主义扩张，将这种生产方式传播到全世界。

第五章　资本主义的起源

14 世纪、15 世纪意大利出现了资本主义萌芽，随后西欧社会发生了一系列革命性的变化：商业革命、农业革命、工场手工业兴盛，近代金融制度也初步建立起来。在这些革命性的变化过程中形成了世界市场，为西欧资本主义工业的兴起准备了人力、技术、资本和制度条件，也使西欧走上了与亚洲不同的发展道路。

第一节　资本主义萌芽

一、资本主义萌芽的形态

资本主义萌芽是在封建主义生产方式的母体内产生的。尽管中世纪早期西欧的自然经济占统治地位，但随着经济的发展，商品经济还是潜移默化地发育起来。11 世纪以后，商品交换活动受到拓殖运动的大力推动，地区分工也扩大起来。中世纪中期，城市的恢复进一步刺激了商品经济的发展。到中世纪后期，货币在欧洲经济生活中的地位和作用进一步扩大，商业信用逐步建立。更值得注意的是，随着商品货币经济的发展，封建关系也商品化甚至货币化了。这种变化首先表现为劳役地租向实物地租和货币地租转变，随后封建领主为国王承担的骑士役也货币化了。这样，相互承担义务的封建依附关系就转变为商品货币关系。这种封建关系向商品货币关系的转变，是资本主义萌芽的最基本条件。到 1300 年，货币经济已大体上取代了以前的自然经济。①

中世纪晚期资本主义萌芽产生的前提条件是人身解放。在商品货币经济发展的情况下，封建领主为了获得更多的货币以满足奢侈消费需求，往往出卖自己土地上的各种封建权力，而农奴为了自身经济利益，也乐于以货币赎买的形式获得解放。农奴还常常逃亡以摆脱种种封建义务。新兴的市民阶级为发展资本主义经济，同封建统治者进行了激烈的斗争。1289 年，佛罗伦萨政府正式宣布取消农奴制，不再承认封建领主对农民的各项特权，而城内毛织等行业的发展也迫切需要大量劳力，从而吸引大批农民进城加入手工业工人的队伍。

封建财产制度的特点是共有或共同体所有，即同一份财产，不仅国王拥有产权，封臣也拥有产权，不仅领主拥有产权，农奴也拥有产权。所以，在中世纪，

---

① ［美］詹姆斯·W. 汤普逊：《中世纪晚期欧洲经济社会史》，徐家玲等译，商务印书馆 1992 年版，第 8 页。

没有任何一个阶级拥有独立的财产，没有任何一个人对一份财产拥有完全的产权。11 世纪以后长达数百年的拓殖运动创造了大量“非封建地产”。同时，土地逐渐稀缺和技术进步，使土地上的产出增加，土地的价值大大提高了，这就“导致人们为形成排他性的所有制和可转让性的权力而努力”①。在英格兰，这一过程的具体形式就是圈地运动。最初圈占的是公有地和牧场，将其变为私人地产。以后，不仅公有地甚至连农民的份地也被圈占了。马克思指出：“掠夺教会地产，欺骗性地出让国有土地，盗窃公有地，用剥夺方法、用残暴的恐怖手段把封建财产和克兰财产转化为现代私有财产——这就是原始积累的各种田园诗式的方法。”②

随着商品和货币经济的发展，市场制度也不断创新。商品交易所、货币交易所、博览会等形式纷纷出现。更重要的是，由于各阶级人身的解放和产权的独立，在商品经济中，各个生产经营者之间、各个生产经营者与消费者之间的经济联系和经济往来，逐步摆脱了中世纪那种最典型的非经济强制，而是通过自由、平等和自愿的方式进行。这是资本主义发展最重要的前提条件。

二、意大利的资本主义萌芽

马克思在《资本论》中指出：“虽然在 14 和 15 世纪，在地中海沿岸的某些城市已经稀疏地出现了资本主义生产的最初萌芽，但是资本主义时代是从 16 世纪才开始的。”③ 恩格斯说意大利是“现代世界的曙光在那里升起”④ 的地方。因为“现代经济学意义上的‘资本’这个名词才出现，而采用这个名词的是历史上的第一个资本家民族，即 15 世纪和 16 世纪的意大利人”⑤。

资本主义关系最早在地中海沿岸的意大利萌芽，这与意大利的历史和地理因素有很大关系。古罗马的城市虽然在蛮族入侵时遭到严重破坏，但城市文明仍然对这一地区产生着影响。这里的城市较其他地区发展更早、更快。在中世纪，意大利在名义上附属于神圣罗马帝国，但是帝国皇帝对这一地区没有实际控制权。正是在这种统治者缺位的情况下，一批城市在中世纪晚期发展起来。14—16 世纪，佛罗伦萨、米兰和威尼斯都是当时水陆交通枢纽和贸易的集散地，工商业极为发达，也是文艺复兴运动的发源地。

佛罗伦萨是资本主义经济萌芽比较典型的城市。13 世纪、14 世纪的佛罗伦萨

① ［美］道格拉斯·C. 诺思：《经济史中的结构与变迁》，陈郁、罗华平等译，上海三联书店、上海人民出版社 1994 年版，第 151 页。

② 《马克思恩格斯文集》第五卷，人民出版社 2009 年版，第 842 页。

③ 《马克思恩格斯文集》第五卷，人民出版社 2009 年版，第 823 页。

④ 《马克思恩格斯文集》第七卷，人民出版社 2009 年版，第 24 页。

⑤ 《马克思恩格斯文集》第九卷，人民出版社 2009 年版，第 218 页。

已有近10万人口，是一个工商业城市，毛织业、银行和商业贸易最为发达。在商品货币关系的冲击下，到13世纪后期，这里的封建关系进一步瓦解，分成制地租成为农村中的主要剥削形式，农民可自由迁入城市。与此同时，通过工商业经营，佛罗伦萨城内出现了握有大量金钱的资本家和市民。通过信贷、汇款等资本主义的金融业务，佛罗伦萨银行业握有当时数额最大的现金资本。而这些资金相当一部分被用于投资，特别是投资于当时利润最大的毛织业。

当银行家们开始投资于毛织业时，该产业还是一种简单的家庭工业。这种企业制度不能适应巨大的市场和越来越激烈的竞争，因此，他们制定了一套改良的工场体系。大部分工作仍在家里进行，商家向工人分发原料，加工完成以后再收集起来，统一做进一步的加工或直接销售。有的商家则建立了固定的中心工场。在工场中，受雇的工人在工头的监督下劳动。行会还作出各种规定对工人进行管理。工场主为加深对工人的盘剥，还规定了名目繁多的罚款制度：染工如果把鲜红色呢绒染成深红或紫色要受罚，梳毛工如果工作后未及时整理羊毛要受罚，洗毛工弄脏羊毛要受罚，织工产品上有瑕疵要受罚，精纺工产品不合格也要受罚。一部分工人（如织工）由于经济拮据求借高利贷，结果除了劳动的双手外，丧失了一切。因此，1378年梳毛工起义提出的要求之一就是延期还债。可见，随着毛织业的发展和生产制度的演进，产生了一个靠劳动和工资生活的阶级，这就是工人阶级。

佛罗伦萨早期的雇佣工人不仅在经济上受剥削，而且在政治上受压迫。他们被禁止建立自己的任何组织，从而完全被排斥在共和国的政权之外。为了争取自身解放，早期工人阶级自形成之始就掀起了反抗斗争。1343年佛罗伦萨爆发了历史上第一次大规模的雇佣工人起义，斯蒂芬尼编年史记载，近4 000名“梳毛工人和贫困的小人物”参加了起义；1344年染匠柯拉查领导雇佣工人举行起义；1345年在梳毛工楚托的号召下，掀起了罢工运动，使“全市沸腾起来”。工人们波澜起伏的反抗斗争终于酿成了1378年梳毛工起义。

三、尼德兰的资本主义萌芽

尼德兰是中欧北海沿岸由莱茵河、默兹河和斯凯尔德河带来的泥沙冲积而成的低地，这里群集着一些世俗和教会的诸侯领地。在尼德兰的商业活动中，海外贸易，尤其是中介贸易，明显居于主导地位。从1200年起，布鲁日与伊普尔、图鲁和墨西拿一起，组成佛兰德斯交易会网。因此，城市的地位大大提高，工业生产异常活跃，城市居民激增。布鲁日至少开辟了4条直通北海和波罗的海沿岸地区的商路，1309年建立了著名的布鲁日交易所，从事比交易会更高级的商业活动。1336年，汉萨同盟在布鲁日建立了一个商业代理处，汉萨同盟的船只从德国、俄国和瑞典等国运来建筑木材、小麦、熏鱼、金属和毛皮等货物。佛兰德斯议会为外国商人提供了重要的便利条件，降低进口税，限制船难权，调整海上捕拿法，使批发贸易完全自由，这样就吸引了大批外国商人到布鲁日来。条顿骑士团也在布鲁日设有固定的银行。城内有许多伦巴第人，许多汇票可以支付给那里的意大利银行家。

14 世纪中期，安特卫普成为佛兰德斯地区的经济中心。这里没有行会制度的困扰，也没有各种不合理的传统，各国的商业组织纷纷来到这里，设立代理处、开办银行，经营各种贸易。从 15 世纪起就有外国商人来到安特卫普，到 16 世纪繁盛时期，外国商人越来越多。1407 年，英国人在安特卫普建立了自己的公司，1460 年，该市又为他们设立了英国交易所。当葡萄牙在安特卫普发展起香料贸易时，德意志的各大商业公司纷纷派遣常务经理人作为代表。① 结果，在安特卫普的外国商人越来越多，活动也越来越活跃，安特卫普的海上贸易和陆路贸易多数控制在这些外国商人的手里。

佛兰德斯是呢绒业最发达的地区。10—11 世纪时已形成了一批以呢绒织造业为主要产业的城市，如根特、伊普尔和杜埃等。佛兰德斯生产的呢绒种类繁多、质地优良、色泽美丽，在欧洲无与伦比。每一个城市的产品都可通过每匹呢绒的长度及附在呢绒上的铅印加以识别。在伊普雷，每年使用的这种铅印标记有将近 80 万个。佛兰德斯毛织业的原料，一部分靠香槟集市购进，但大量的还是靠英格兰供应。由于佛兰德斯毛织业的繁荣，英格兰养羊业得到大发展。佛兰德斯的呢绒不仅销售到全欧洲，而且在东方的集市上也可见到。威斯敏斯特的马修曾经说："佛兰德（斯）人用英格兰羊毛织成的呢绒温暖着世界上的所有民族。"② 因此，佛兰德斯成为欧洲最早的"世界工场"。

在城市中，富裕的商人和工业家构成政治和社会的贵族团体，或称为商人贵族，他们控制了市政府。从经济方面来看，他们是雇主或资产阶级，组成了行会或商业公会。而在这些大商人的另一面，是广大的手工业者和工匠。他们的原料依靠这些大商人供应，而他们的产品也必须由这些大商人运销到各地，因此他们受到两方面的盘剥。与此同时，还有大批依靠富裕雇主的以工资为生的无产者。14 世纪中叶，根特的织工有 4 000 多名、漂工 1 200 名，考虑到该城的人口不超过

---

① ［德］汉斯·豪斯赫尔：《近代经济史——从十四世纪末至十九世纪下半叶》，王庆余、吴衡康、王成稼译，商务印书馆 1987 年版，第 93 页。

② ［美］詹姆斯·W. 汤普逊：《中世纪晚期欧洲经济社会史》，徐家玲等译，商务印书馆 1992 年版，第 84 页。

5 万人，可见工人的比例是很大的。[①] 他们工作时间长，劳动条件差，收入不稳定，且常常遭到失业的厄运。由于害怕工人骚动，城市规章禁止 7 名以上的工人聚会，禁止他们携带武器。在一些城市中，贵族可以殴打工人而免于受罚，而侮辱贵族的行为则要被处以苛重的罚金。因此，城市里的阶级矛盾非常激烈。

在中世纪晚期，意大利和尼德兰地区是资本主义萌芽出现最早的地区，也是经济最发达的地区。资本主义萌芽的出现和经济的发达，与意大利各城市政府和尼德兰各领地的领主实施鼓励工商业自由的政策有关。然而，这两个地区最后都衰落了。它们的衰落当然与世界贸易航路转移和欧洲政治格局变化有关，但更重要的还是受当地政府所采取的政策影响。

中世纪的西班牙也是商品经济发展较早的地区之一。巴塞罗那的手工业和商业都曾达到较高水平。14 世纪，加泰罗尼亚的银行就使用了汇票。西班牙政府的管制传统源远流长。1240 年，巴塞罗那产生了第一个银行管理的立法。1258 年，市议会支持国王颁布了第一个巴塞罗那海洋法。这在欧洲历史上都是领先的。不过，这些管制措施，有的是有利于工商业发展的，有的则限制了工商业发展。例如，1240 年的银行立法把银行利息限制为 18%；1258 年的海洋法，是在代表工商业者利益的 200 多个市议会成员的主张下通过的，对巴塞罗那寻求海外市场和倾销剩余产品起到了推动作用。[②] 在 15 世纪、16 世纪之交，西班牙的工商业已发展到相当水平，并产生了一个虽不能说十分强大但人数不少的市民阶级，正是这些人而不是西班牙的君主，促成了对美洲的发现。据统计，哥伦布第一次探险的费用计 200 万马拉维迪，除由路易斯・桑坦海尔提供了 140 万马拉维迪国家贷款外，其余都是由哥伦布和他的朋友及商人提供的。[③]

但是，西班牙的工商业繁荣并没有使之进入资本主义阶段，而是很快就衰落了。除了某些客观原因外，其重要原因就是西班牙缺乏有效的产权设置。牧主协会可谓是典型事例。由于羊毛加工业是西班牙的主要产业，因而是国家税收的主要来源。1273 年，西班牙从事养羊业的封建领主建立了牧主协会，称为“麦斯塔”。该组织获得王权的保护，并制定了一系列保护养羊业和毛织业的政策。在王权的保护下，牧主为了获得牧场，养成了培育低矮林木的习惯。1517 年，牧主协会拥有游牧羊 186 万只。每年 9 月，大规模羊群在牧羊犬的驱赶下，从高地

---

① ［比］亨利・皮朗：《中世纪欧洲经济社会史》，乐文译，上海人民出版社 2001 年版，第 178 页。

② ［美］詹姆斯・W. 汤普逊：《中世纪晚期欧洲经济社会史》，徐家玲等译，商务印书馆 1992 年版，第 477 页。

③ ［德］保罗・维尔纳・朗格：《哥伦布传》，张连瀛、李树柏译，新华出版社 1986 年版，第 53、56 页。

南下来到平原，来年 4 月又北归寻找牧草。而羊群所经之地，庄稼遭到严重的破坏。①

与意大利和尼德兰地区相比，英国资本主义萌芽出现较晚，甚至比西班牙还要晚。这是由于英国被孤立在海岛上，不仅远离东西方贸易通道，而且长期处于欧洲经济发展的边缘，商品经济发展较晚。11 世纪诺曼征服战争以后，英国与欧洲大陆的联系大大增加，商品经济和贸易开始发展起来。特别是佛兰德斯的毛织业发展，对英国羊毛产生了大量需求。这种需求成为英国圈地运动的最初动因，从而从外部瓦解了英国的封建土地制度，并开始了土地私有化的进程。所以，中世纪晚期英国的农业是欧洲效率最高的农业。

在以后的制度变迁过程中，英国议会通过大量法令，保护私有财产不受侵犯。而产权制度的建立，使以后英国工商业的发展得到了法律制度的保障。例如，1215 年的《大宪章》第一次以成文法形式界定了国王的封建权利、权力和利益，确立了未经纳税人同意不征税的原则，限制了国王非法勒索臣民财产的行为，宣告了臣民武装反抗国王侵犯私有财产的权利。事实上，13 世纪以后，英国的政治经济体制就是沿着《大宪章》的路径，即产权保护的路径发展的。所以，英国资本主义萌芽及其发展，是从产权保护开始的，这与其他国家从贸易开始有所不同。正是这个特点，决定了英国资本主义萌芽的产生并不是昙花一现，而是继续发展，并最终导致了工业革命。

第二节　资本原始积累

一、新航路开辟与商业革命

15 世纪末 16 世纪初，伊比利亚半岛上的葡萄牙、卡斯提尔和阿拉贡主导了一系列到达东方和美洲的航行，开辟了东西方交通的新航路，在世界各地发现了大片前所未知的土地。到 16 世纪末，欧洲人对世界陆地面积的了解，比 14 世纪时增加了 5 倍。

地理大发现的动机混合了宗教、商业利益和地缘政治等多种因素：一是葡萄牙试图在撒哈拉及以南非洲地区传播基督教，对抗伊斯兰教，并寻找东方的基督徒（祭司王约翰）；二是开辟直达几内亚黄金原产地的海上路线和垄断非洲的奴隶贸易；三是获取东方香料，摆脱马木留克人和奥斯曼人在陆路上对香料贸易的垄

① ［美］詹姆斯 · W. 汤普逊：《中世纪晚期欧洲经济社会史》，徐家玲等译，商务印书馆 1992 年版，第 473 页。

断，同时改变意大利城邦垄断地中海贸易的僵局。

13—14 世纪“地圆学说”的发展为探寻新航路奠定了理论基础。在 14 世纪欧洲的航海活动中，人们普遍使用了中国发明的罗盘，还增加了观象仪、风向仪和经过改良的绞盘、铁锚和锚链等其他器械。同时，在西班牙和葡萄牙等国，相继出现经过改良的多桅轻便帆船。造船事业的发展和航海技术的提高，克服了远航的技术困难，为航海探险准备了技术条件。

地理大发现意味着世界市场和贸易规模的急剧扩大，为人类经济活动提供了更加广阔的舞台。对利润的追求成为商业活动的原动力，商业出现革命性的变化。其中突出的表现是“消费革命”。一方面，大量新的廉价的商品进入市场，商品经济的规模空前地扩大了；另一方面，这种大规模的商品已经突破了中世纪贸易的狭小范围，进入大众消费领域。

地理大发现后，欧洲特别是西欧控制了美洲大量的土地和矿产等资源，为以后东西方的分流创造了条件。例如，18 世纪中期，英国的经济发展受到严重的资源约束。如果没有得自美洲的生态暴利，英国的工业革命是不可能完成的。同时，英国与世界其他地区的经济联系，形成强大的外部需求力量，刺激了英国在技术、制度等方面的创新。①

地理大发现后的商业扩张，导致商业组织的创新。这一时期商业组织形式的创新主要有两种方式：一是将意大利早先发明的商业技巧推而广之，如合伙制的推广；二是出现了商业组织的真正创新，如特许公司，由政府授予一定的对外贸易垄断权，享有其他一些优惠待遇，如公司拥有自治权，有的甚至拥有军事力量和自行铸币的权力，代替国家行使部分主权。

1564 年建立的英国的商人冒险家公司、1579 年成立的东方公司，以及著名的利凡特公司都是特许公司。1550 年，英国第一批股份公司成立，专门经营对俄国和几内亚的贸易。最著名的英国东印度公司在 1600 年得到英王的特许，每年可以运出价值 3 万英镑的白银、黄金和外国货币，垄断英国与印度、中国及亚洲其他国家的贸易。在荷兰，股份公司有 1602 年成立的荷兰东印度公司、1621 年成立的荷兰西印度公司。法国科尔贝时代也创立了一些股份公司。股份公司这一组织形式后来成为各种经营规模较大的企业的组织形式。

新航路开辟后，特别是 1501 年葡萄牙人把第一批香料运到安特卫普之后，完全依赖优越地理位置进行转运贸易的意大利诸城邦开始受到竞争和挑战。西欧国家不仅可以向南经过非洲西海岸到达东方，也可以向西越过南美洲前往亚洲。这

① 参见［美］彭慕兰：《大分流：欧洲、中国及现代世界经济的发展》，史建云译，江苏人民出版社 2003 年版。兰德斯、莫基尔、艾伦等也有相关论述。

些新航线连同另一条驶往北美的航线，都是从欧洲大陆西海岸或英国出发的。这样，欧洲与外界的联系，也就由地中海转移到大西洋。地中海变成了交通闭塞的内陆海，意大利也失去了原有的重要地位，经济逐渐衰落。与意大利商业联系较为紧密又临近地中海区域的德意志南部诸城市也遭到了同样的打击。而大西洋沿岸国家的经济地位大为提高。其中，葡萄牙的里斯本、西班牙的塞维利亚、尼德兰的安特卫普和英国的伦敦等重要港口尤为突出。世界的贸易中心随着新航线的开辟从地中海转移到了大西洋，相应地，继意大利诸城邦后，16 世纪中期的安特卫普、17 世纪的阿姆斯特丹相继成为欧洲的经济中心。

二、圈地运动与农业革命

“圈地”一词是针对敞地而来的。敞地由一个庄园分散成的数百条形状狭长的条田所构成，条田之间仅用小径或草垄分隔，收获后则无明显界限，也没有永久性的围垣，在休耕时作为牧场，供公共使用。1235 年亨利一世颁布了麦尔顿圈地法，规定允许领主圈占土地，这标志着英国圈地的正式开始。当时，领主圈地是为了使耕地连成一片，使分散的经营成为集中统一的经营，以便从事农业技术的改良，或者扩大牧场，或者建立私人的动物园、猎场、体育竞技场等。直至 14 世纪，在各郡圈地的领主还很少，圈地规模不大，并不具有资本主义的性质，也没有造成深刻的社会影响，以后又曾一度处于停滞状态。

自 15 世纪末以来，尤其是进入 16 世纪后，人口有了较快的增长，给土地造成了巨大的压力。而旧有的敞地制经营方式比较落后，由于重视共同合作，虽收割时各自收割自己条田的产品，但在播种时间、作物种类等方面都必须相同，从而限制了人们的经营自由和生产力的提高。这种旧的耕作制度越来越不能满足人口日益增长的需求，所以圈地势在必行。地理大发现后，受到羊毛价格上涨和养羊业的影响，以及受到工业和城市发展对农产品需求扩大的刺激，圈地又重新迅速兴起，遍及英格兰各郡。这是消灭封建土地所有制的一场农业革命，被称为“圈地运动”。不过，18 世纪以前，圈占土地是一种“暴力行为”，受到农民的激烈反抗，同时都铎王朝在 16 世纪 50—60 年代颁布了一系列反对圈地的法令。这一时期的圈地只造成了圈地者对土地的实际占有，直到都铎王朝转变立场，圈地成为“合法圈地”以后，圈地者才真正拥有了对土地的合法权利。

英国资产阶级革命后，封建王权被推翻，新贵族和新兴资产阶级掌握了政权，议会获得畅行无阻的立法权。由于地主议员在议会中占据压倒性的优势，因而议会相当于一个巨大的地主委员会，成为土地资本家的工具，资产阶级化的地主依靠国会的立法完成了圈地运动的进程。一方面，他们将在革命中没收的国王和保皇党人的土地按 20 年地租收入的价格大块出售，使这一时期圈地运动规模宏大；

另一方面，他们迫切需要界定占很大比例的份地的私有产权，议会圈地的时代开始了。事实上，早在1607—1608年，英国议会就通过法令对赫里福德郡的马尔登和布登汉姆进行圈地。后来，英国议会不断颁布新法令。这些法令规定，申请圈地者在得到占有本地区4/5土地的当事人同意后，就能向国王提出圈地申请。一般只凭一两个大地主的意志就可以向议会申请圈地。随着圈地运动的进行，公有地和世袭的份地都变成了私有土地。到19世纪中叶，英国土地私有制基本确立。

圈地运动和土地私有制的确立，为农业资本主义经营创造了条件。英国农业中，资本主义生产最初表现为富裕农民和中小领主用资本主义方式经营农场。一些富裕起来的佃册持有农和契约租地农，通过租赁领主的土地、购买破产农民的土地租佃权，把土地集中起来，使用雇佣劳动者进行生产，每年向领主缴纳固定的货币地租。15世纪末，在英国西南部、中部和东部农村出现用资本主义方式经营的土地贵族，他们逐渐分成了两个部分：一部分是大领主，他们往往把土地全部出租，自己成为住在城市的坐食地租者；另一部分是中小领主，他们往往将自己的领地变成带有资本主义性质的农场。租入土地经营的租地农场主分为两类：一类是租佃农场主，他们雇佣农业工人，按照契约规定，向土地所有者支付地租。这些农场主就是马克思在《资本论》中所说的“真正的租地农场主”，“他靠使用雇佣工人来增殖自己的资本，并把剩余产品的一部分以货币或实物的形式作为地租交给地主”。① 这些租地农场主大部分是原来封建庄园中的管家。另一类是个体农民，他们一般以家庭为单位，不雇佣工人，既是经营者，又是劳动者，向土地所有者缴纳地租。

16世纪价格革命中农产品的价格上涨最快，而实际工资下降，支付固定货币地租的租佃农场主，靠赚取地主和雇佣工人的利益而致富。到16世纪末，英国出现了租种200英亩、300英亩、500英亩或更多土地的大农场主，他们雇佣大量工人进行资本主义生产。1640年英国发生经济危机，随后爆发革命，战争使赋税大幅度增加。1680—1720年，农产品价格在发生剧烈波动之后下跌，导致农民的实际收入减少。所以，越来越多的土地所有者迫于竞争将农田交给租地农场主经营。而从事租地经营的个体农民，不但受到土地所有者的剥削，而且受到大农场主的排挤，从而纷纷破产。到18世纪下半期，英国农村中土地所有者很少自己经营，个体农民也在减少，大片土地被长期租给大农场主经营，大租佃制经营在英国农村中已经居于统治地位。

1600—1800年，英国的农业在技术和生产能力方面出现了重大的进步，农业生产规模从16世纪初到18世纪30年代几乎翻了一番，农业工人的生产力持续上

---

①《马克思恩格斯文集》第五卷，人民出版社2009年版，第852页。

升，逐渐超过比利时，成为欧洲最高水平。同期，意大利和西班牙农业工人的生产力出现较大幅度下降。①

三、金融革命与资本市场

16—18 世纪欧洲支付工具和支付体系有了重大发展。16 世纪中期以后，背书汇票在安特卫普十分流行，可转让支票在意大利也很普遍。这两种支付工具使银行之间的支付体系得以建立。这时期还建立了世界贸易的结算体系。1660—1710 年，阿姆斯特丹汇兑银行依靠荷兰世界贸易中心的地位，成为世界上第一个多边支付体系的中心。1721 年，该行共有 2 918 个账户，价值共达 28 886 000 弗罗林。② 阿姆斯特丹的汇票是万能的通行券，几乎在世界各地都能承兑。18 世纪英格兰银行逐渐取代阿姆斯特丹汇兑银行在国际结算中的地位。

16 世纪利率开始大幅度下降，被称为"利率革命"。1545—1551 年，英国议会允许的最高借贷利率可达 10%，1571 年解除了对高利贷的禁忌。荷兰国会在 1685 年下令，取消对银行家及其雇员以及家属参加圣餐礼的种种限制。人们对借贷的看法发生了根本性的转变。此外，贷款供给的不断增加促使这一行业竞争加剧，最终导致利率的全面下调。尼德兰和安特卫普的公共贷款利率从 1500 年的 25%降至 1550 年的 9%；在荷兰，17 世纪 60 年代可以借到利率低于 4%的贷款；英国的利率也由 1500 年的 10%降至 1624 年的 8%，1714 年之后又降至 5%；最引人注目的是 16 世纪 20 年代之后的意大利热那亚共和国，人们可以获得利率为 1.5%的贷款。③ 利率革命的意义不仅在于利率的降低，而且在于建立了利率由资金供求决定的市场机制，打破了封建的或行政的束缚，是近代金融制度建立的关键一步。

17 世纪中叶，正式的股票交易市场出现在阿姆斯特丹交易所庭院的 46 根柱子周围。17 世纪 30 年代，伦敦的证券和股票交易逐渐发展起来，伦敦的科恩希尔通往伦巴第街的狭窄小胡同被称为"交易所胡同"，其间众多的咖啡馆成了进行股票交易的场所。在 17 世纪后期，大多数英国公司的股票价格都大幅震荡。

英国和荷兰的公司大都选择发行公司债券作为筹资手段。1709 年之后，英国东印度公司正式发行的债券价值在 300 万英镑以上，而该公司的名义股票资本只有

---

① [英] 罗伯特·艾伦：《近代英国工业革命揭秘：放眼全球的深度透视》，毛立坤译，浙江大学出版社 2012 年版，第 88—90 页。

② [意] 卡洛·M. 奇波拉主编：《欧洲经济史》第二卷，贝昱、张菁译，商务印书馆 1988 年版，第473 页。

③ [意] 卡洛·M. 奇波拉主编：《欧洲经济史》第二卷，贝昱、张菁译，商务印书馆 1988 年版，第462 页。

大约 325 万英镑。大约 1710 年之后，伦敦新出现的保险公司就购买公司债券作为流动的现金准备。16 世纪欧洲大陆各国政府都出售政府债券——年金①。1694 年，英国政府决定通过彩票来筹集资金，紧接着以 8%的利率发行了 120 万英镑的公债，并将认购者组成了一个被称为“英格兰银行”的股份公司。英格兰银行成为政府在债券市场上大规模借款的工具。

南海泡沫危机是早期资本市场最严重的危机。南海泡沫危机的祸首是南海公司，这是一家与英国政府、王室和贵族有着密切联系的特许公司，于 1711 年得到国会特许而创建。它对外声称要开发以南美洲为中心，包括南太平洋广大地区的西属殖民地，并宣称在这一地区有诸多开发项目和广阔的开发前景。而事实上，公司的建立与政府的国债危机有关。在西班牙王位继承战争中，英国政府发行了 9 471 324英镑的公债，财政上压力沉重，南海公司企图通过发行公司股票以换取公债，使公债持有人变成公司股东，借以整理国债。这就是 1720 年被国王批准并实施的“南海计划”。

南海公司换取公债的消息一经传开，原为每股 126 英镑的股票涨到 500 英镑，后竟狂涨到 2 000 英镑。这时出现全民炒股的狂潮，导致各种股票价格的上涨和创办公司的热潮，出现相当数量子虚乌有的泡沫公司。1720 年，英国政府颁布了《泡沫法案》，命令这些公司解散，致使股市狂落，投资者损失惨重。英国议会和英格兰银行通过惩治、承担债务等措施平复危机，伦敦股市直到 18 世纪 30 年代才恢复正常。

第三节　西欧工场手工业的发展

一、重商主义的演变

重商主义是资本主义兴起时期占统治地位的经济思想。强调国家对经济，特别是对对外贸易和手工业的干预，甚至是控制。重商主义在其发展过程中经历了两个历史阶段：15 世纪至 16 世纪中叶为早期重商主义；16 世纪下半期至 17 世纪为晚期重商主义。无论早期还是晚期重商主义，都把金属货币，特别是金银看作财富的唯一形态。早期重商主义主张采取行政手段，禁止货币输出，在对外贸易中主张多卖少买或不买。晚期重商主义则更强调在对外贸易中保持顺差地位。

根据早期重商主义的主张，西班牙、葡萄牙和英国规定了严格的刑罚，禁止货币输出国外。英王爱德华四世于 1478 年把输出金银定为大罪。西班牙和葡萄牙

① 年金的投资者将一笔款项一次性借给政府后，可在规定时间内获得利息。

直接控制贵金属的贸易。同时规定外国商人必须将出售货物所得的全部货币用于购买当地的商品。此外，国家加强对对外贸易的管理，一般将某个地区的贸易垄断权卖给特定的公司。英国曾规定本国和外国商人只能在指定的市场上进行交易。英国出口商运到规定的外国市场上的货物是羊毛、皮革、锡、铁皮等商品，从外国换得的必须是各种必需品。

晚期重商主义者为了保证出超，实行关税保护和鼓励本国工场手工业发展的政策。法国在柯尔培尔担任财政大臣期间（1663—1685 年）执行了一套完整的重商主义政策。最初，柯尔培尔采取防御性措施，实行关税保护政策，试图阻止来自英国和荷兰的进口。后来，他采取进攻策略鼓励生产。在他当政的 20 多年间，建立了许多皇家手工工场，生产地毯和装饰品的安比林和萨望果皇家手工工场曾经名噪一时。柯尔培尔还将专卖权、财政特权和津贴等优惠给予了军火、冶炼和奢侈品工业。在他督促下建立的 400 多种制造业，基本实现了柯尔培尔将手工工场变成国王后备军的理想。① 普鲁士政府在腓特烈大帝时鼓励建立纺织、玻璃、化工和金属制造等行业的工场，政府亲自在西里西亚开办煤矿和冶铁厂。俄国女沙皇叶卡捷琳娜建立了许多使用农奴劳动的工场，有的完全由国家经营，有的与私人合办。

在推行重商主义政策时，各国有不同的侧重点。西班牙和葡萄牙最重视控制金银的贸易。英国重视对外扩张，政府颁布了一系列航海法令，进行了多次商业战争。法国则注重工场手工业的发展。法国的手工工场多为法国政府直接出资创办。

二、工场手工业的发展

1500 年左右，欧洲发达的工业地区集中在佛兰德斯、意大利北部和德意志南部。这三个地区的制造业曾向欧洲各地输送了最好的毛织品、丝织品、亚麻品，以及精致的玻璃器皿、陶瓷、日用金属制品、武器盔甲、皮革制品和书写纸等。英国未经漂白的布匹、诺曼底历史悠久的亚麻纺织品，以及荷兰制造的船舶和加工包装的鱼，也都因大量参与国际贸易而闻名遐迩。16 世纪以后，像商业和农业发展一样，工业的地理分布也发生了变化。17 世纪末，荷兰和英国成为最具有工业发展优势的国家。

荷兰不仅在商业贸易上占据了霸主的地位，工业上也取得了不俗的成绩。造船业是荷兰古老而又最具竞争力的行业。荷兰的造船业不仅满足本国发展的需要，

---

① ［法］米歇尔·博德：《资本主义史 1500—1980》，吴艾美、杨慧玫、陈来胜译，东方出版社 1986 年版，第 36—38 页。

还承接西班牙、英国、法国和意大利的订货。造船业带动了其他相关行业，如木材加工业、小冶金业、船帆与绳索制造业、船锚浇铸业的发展。荷兰毛纺织业的发展也十分引人注目。莱顿成为欧洲绝无仅有的最大的毛纺织中心。哈勒姆在亚麻纺织业中也居于首要地位，不仅漂白本城及周围乡村地区生产的亚麻布，还漂白从德国、西属低地国家以及法国北方送来的亚麻布。后来荷兰的纺织业遭到英国产品竞争后，转而生产、制造精美品和奢侈品。另外，荷兰还发展了一些新兴行业，像印刷业、陶瓷业、精密仪器制造业及地图绘制业等，它的陶瓷业与印刷业很快就赢得了国际声誉。

不过，荷兰的工场手工业的发展水平还是不及英国，约翰·U. 纳夫把 1540—1640 年英国工场手工业的发展称为“小工业革命”①。从 16 世纪开始，英国原有的工业部门迅速扩张。许多部门如毛纺织、采矿、冶炼、造船等传统部门，早在中世纪早期就已有所发展。但由于行会的限制、社会需要呆滞而始终处于停滞状态，发展极其缓慢。16—17 世纪市场规模的扩大，分料到户制、集中的工场手工业的发展，使这些部门获得了新的机会，如 16 世纪的毛纺织业（较早的一类原生型工业②）。由于黑死病出现后英国人口复苏慢于欧洲大部分地区，致使大量耕地被辟为牧场，培育出了更长的羊毛，提高了羊毛产量。再加上海外需求扩张和英国上调了羊毛出口税，这些因素促使英国从发展呢绒工业（所需羊毛较短）转型为发展毛纺织业。

此外，英国在用煤炭取代木材方面取得突出进展。根据约翰·U. 纳夫的统计，1551—1560 年英国主要矿区的煤产量约为 21 万吨，1681—1690 年已达 298 万吨，增长了 13 倍。③ 在传统部门迅速扩张的同时，英国从欧洲大陆引入了大量新部门。1495 年英国出现了第一个造纸工场。英国的造纸业虽然一直限于生产低质纸张，但它的产量自都铎王朝初期以来一直稳步上升。另一个新部门是玻璃制造业。它的产品品种繁多，有窗户、饮器、医药器皿、眼镜等。英国从 16 世纪后期开始大量生产玻璃制品，但是质量长期不能与意大利、洛林和波希米亚这些地区的产品竞争。16 世纪起，大陆的宗教纷争迫使法国玻璃匠移居不列颠，促进了不

① John U. Nef, “A Comparison of Industrial Growth in France and England From 1540 to 1640,” *Journal of Political Economy*, vol. 44, no. 3, 1936, pp. 289–317.

② Bowden (1962), Kerridge (1972), Ramsay (1982) 把这一时期的毛纺织业称为原生型工业。Peter Bowden, *The Wool Trade in Tudor and Stuart England*, London: Macmillan, 1962; Eric Kerridge, “Wool Growing and Wool Textiles in Medieval and Early Modern Times,” in J. Geraint Jenkins, ed., *The Wool Textile Industry in Great British*, London: Routledge & Kegan Paul, 1972; G. D. Ramsay, *The English Woolen Industry, 1500–1750*, London: Macmillan, 1982.

③ ［美］R. K. 默顿：《十七世纪英国的科学、技术与社会》，范岱年、吴忠、蒋效东译，四川人民出版社 1986 年版，第 213 页。

列颠玻璃业的发展。从 17 世纪早期起，煤炭代替木材成为燃料，这为高铅玻璃的出现及玻璃大量生产准备了条件，17 世纪末英国成为世界上最先进的玻璃生产中心。① 而且英国制造的一种被称为燧石玻璃的新产品因为其透明度很高而畅销国外市场。此外，这个时期发展起来的新兴工业还有明矾、硝石、肥皂等制造业。

法国的工场手工业在这段时期也获得了长足的发展。法国丝绸在当时的欧洲已位居首位。法国在亚麻布市场上夺取了一大部分先前由佛兰德斯制造商控制的西属美洲市场。法国的玻璃制品，尤其是大镜子，已开始取代威尼斯的玻璃制品。造纸业和印刷业方面，法国是当时最大的两三个纸张和书籍供应者之一。诺曼底与多佛尔的铁工业、朗格多克的毛纺织业以及布列塔尼的造船业也取得了发展。

英国、荷兰和法国手工业的兴起，加速了老工业地区的衰退。16 世纪以后，英国、荷兰的纺织业使里尔、佛罗伦萨和威尼斯这些原先的毛纺织业中心出现了衰落的现象；荷兰的造船业挤垮了意大利的造船业；佛兰德斯著名的铸炮厂也倒闭了；米兰和威尼斯的丝织工败给了里昂与图尔的丝织工。这些国家和地区的工业被荷兰和英国远远地抛在后面。西班牙则过度依赖美洲的白银和殖民地贸易的丰厚利润。从 16 世纪后期起，西班牙不仅丧失了国外市场，而且丧失了国内市场，它已成为法国、荷兰与英国商品的一个重要倾销地。荷兰的船舶、英国的精纺毛织品和玻璃器皿，以及法国与意大利的丝绸逐渐取代了西班牙产品。而用于换取这些舶来品的则是西班牙所能提供的一些初级产品，如原毛、橄榄油和铁。

旧的工业国家在自然资源和一些手工艺方面仍然占有优势。17 世纪西属低地国家的挂毯制造业还很兴旺，纽伦堡仍然是制造玩具、时钟与珠宝的中心。意大利造纸业对产品质量非常重视，因此其在不断扩大的市场中仍占有很大份额。意大利的丝织工生产的图案精致、刺绣华丽的织物仍在世界上享有盛誉。佛兰德斯的亚麻纺织品因做工精美而大量流入英国。波希米亚和奥格斯堡的亚麻纺织业和印花棉布工业，在“三十年战争”后随着民族国家的兴起而复兴。

三、工场手工业的性质和特点

16—17 世纪工场手工业的发展，从技术上看，并没有出现后来工业革命时那种革命性的变化。1700 年左右，尽管有一些技术革新，如炼铁部门的大风箱、落锤、捣矿机、滚轧机、碾铁机，纺织业的手摇织袜机、丝带织机，以及威尼斯和整个波河流域的动力丝织机等，但整个工业的技术水平仍旧与中世纪后期并没有本质区别。漂洗机、造纸机、机械风箱、跳动锤之类的动力机械的使用范围十分有限，织布、打铁、玻璃制造以及造船这样的工作仍旧要靠体力来完成。这一时

---

① 袁指挥:《玻璃技术的演化及其传播》,《光明日报》2017 年 12 月 25 日。

期经济上巨大收益的取得不是由于技术革命性的突破，而是由于原有技术的扩大使用和完善。

这一时期工场手工业发展的另一个特点是它的普及性。这一时期工场手工业与中世纪早期传统的手工业不同，它的技术不是一种特殊的手艺，不需要特殊的传授就可以掌握，而且当时的生产工具都比较简单，开办费用低，具有普遍发展的可能性和大量吸收剩余劳动力的潜力。

16—17 世纪的工场手工业主要散布在农村。工场手工业在城市中规模有限，其产品的定价、人员的招募、生产的规模、生产的工艺和程序都由行会行规严格规定。农村虽然远离销售与转运产品的市场中心，而且生产经常被农忙的需要打断，但是农村可以支付较低的工资、税收低，而且农村没有城市行规的束缚。分布在农村的分料到户制和集中的工场手工业，在实行粗放经营和节省人工的畜牧业占优势的英格兰乡村获得了更大的发展。它一方面吸纳了农村中的剩余劳动力，同时不至于使粮食产量下降；另一方面将市场引入农村经济，改变了农村的传统面貌。

这一时期工场手工业的发展很大程度上是为了满足日益扩大的国际和国内市场需求，其规模和产量都比较大，而且 17 世纪至 18 世纪，英国和低地国家毛纺织业的生产力一直很高，与中欧地区乡村工业是农民因为农业凋敝而不得不从事的补贴生计的副业不同。①

工场手工业为工业革命培养了企业家和近代产业工人。工业革命时期的企业家们有相当一部分来自工场主，特别是来自小工场主。他们根据市场变化，抓住技术革新带来的机会，采用新机器、新生产方式，逐渐将小工场发展成大企业。从手工工场中还涌现出大批发明家，他们主要是通过实践积累知识，完成了工业革命的大部分革新，而这些发明家只不过是大批技术工人的一部分。

原始工业化理论（Proto-industrialization）的创始人门德尔斯②将 18 世纪佛兰德斯地区的工场手工业发展定义为原始工业化阶段。随后，门德尔斯及其他一些支持原始工业化理论的学者进一步将欧洲很多地区 15—19 世纪的工场手工业发展都定义为原始工业化阶段。原始工业化被认为是工业化进程的第一阶段，推动经济向工业革命方向发展。但是，并不是所有经历了原始工业化的地区都顺利进入了现代工业化。从原始工业化到现代工业化不存在不可避免的或自动转化的因素。影响两个阶段的工业化的因素和机制并不一样。

---

① ［英］罗伯特·艾伦：《近代英国工业革命揭秘：放眼全球的深度透视》，毛立坤译，浙江大学出版社 2012 年版，第 181—182 页。

② Franklin F. Mendels, “Proto-industrialization: the First Phase of the Industrialization Process,” *The Journal of Economic History*, vol. 32, no. 1, 1972, pp. 241-261.

第四节 世界市场的形成

一、世界贸易区域的变化

16 世纪到 17 世纪初，葡萄牙和西班牙分别在印度洋和太平洋贸易中建立贸易站，葡萄牙占有果阿（印度西岸）、霍尔木兹、马六甲和中国澳门，西班牙占有马尼拉。随后荷兰、英格兰、法国、丹麦和挪威等国都在这一区域展开争夺。荷兰人的贸易势力在 17 世纪达到高峰，他们扩张到了整个亚洲海域，从日本经由中国台湾到达东南亚，建立了一连串的贸易站。16 世纪，葡萄牙人、印度人、印度尼西亚人和中国人都在印度洋贸易中发挥重要作用。17 世纪后荷兰崛起，控制了肉豆蔻、丁香和桂皮产地的市场，改变了葡萄牙只利用海军控制贸易路线的特点，开创了欧洲人支配亚洲市场的时代。

对于欧洲国家来说，欧亚贸易的特征是进口大于出口。16 世纪，香料特别是胡椒是最重要的进口货。17 世纪晚期，欧亚贸易开始缓慢地由胡椒等香料转向其他奢侈品，如印度的纺织品，中国、孟加拉国和波斯的丝绸，中国的手工艺品（真漆、瓷器等）、茶叶等。18 世纪欧亚贸易重要的变化是砂糖、咖啡、茶叶以及各种香料由原来的奢侈品成为大众商品。欧洲向亚洲出口的商品主要是武器、弹药和金银。

跨太平洋贸易是西属美洲殖民地通过马尼拉与中国进行的贸易，也被称为“马尼拉大帆船贸易”。贸易商用中国丝绸、瓷器或者东南亚香料，换取从波托西（现玻利维亚西南部）和墨西哥开采的白银。中国贸易商从厦门和广州将生丝、纺织品和服饰等带到马尼拉，换成白银。中国的这些商品用马尼拉大帆船再运到新大陆。马尼拉大帆船贸易一直延续到 1815 年。

欧洲与美洲的贸易则更偏重出口，对新大陆的殖民拓殖是发生贸易的主要原因。欧洲向美洲出口的商品种类繁多，包括马匹、家具、各种工具、酒类和其他消费品。17 世纪下半叶至 18 世纪，迅速发展的北美殖民地对各类制成品的需求直接刺激了英国工场手工业的发展。美洲最初向世界提供新植物，然后是黄金和白银。其他大宗的货物还有巴西的木材、糖、烟叶、棉花，纽芬兰的鱼和北美的皮革。

在大西洋贸易圈中欧洲、美洲和非洲形成劳动分工。欧洲人用布匹、金属产品、武器和其他工业品在西非换取奴隶，把奴隶运送过大西洋，卖到西印度群岛和美洲大陆的种植园。种植园生产白糖、烟草、棉花、大米和其他农业产品，这些产品运到欧洲进行加工。同时，美洲的许多殖民地，被迫专门从事商品农业，依赖欧洲的工业品。次级的三角体系也产生了，涉及欧洲在北美洲北部的殖民地。北美殖民地向南部群岛的种植园供应食品（特别是粮食、肉和鱼），向欧洲供应皮毛、木材和鱼，同时消费欧洲的工业品。新英格兰的一些商人把酒运到西非换取奴隶，把奴隶卖给西印度群岛的甘蔗种植园，然后把糖浆运回新英格兰酿制成酒。这些分工带动了航运、金融服务等的发展，著名的大西洋三角贸易发展成非洲—欧亚贸易和世界经济分工的一个重要部分。

二、商业利润和市场开拓

存在超额利润的商品，基本都是奢侈品。1 千克胡椒在产地印度值 1~2 克白银，在亚历山大港的价格达 10~14 克白银，在威尼斯达 14~18 克白银，在欧洲各消费国则达 20~30 克白银。① 虽然存在超额利润的贸易在整个贸易中所占的份额很小，但是有超额利润的贸易的经济影响不容低估。在地理大发现以前，欧洲约消费 10 000 公担胡椒和 10 000 公担其他香料，这要用 65 000 千克白银换取，这些白银约等于 30 万吨黑麦，能养活 150 万人。②

早期商业殖民活动的利润率超过了 200%，高利润率的主要原因是殖民地区的“买主独家垄断”。香料中胡椒种植地带相对广泛，分布在马拉巴尔海岸到苏门答腊和爪哇一带，主要通过卡特尔的形式进行垄断。肉豆蔻和丁香则是垄断其产地。肉豆蔻树只能生长在班达海的 5 个小岛上。丁香的种植主要分布在特尔纳特岛、蒂多雷岛、安汶岛和赛兰岛（这两个岛是摩鹿加群岛的组成部分）。荷兰通过荷兰东印度公司的武装力量控制了这些产地，荷兰东印度公司从 1602 年建立到 1650 年，所支付的股息总额是该公司原始投资的 8 倍，其中一位一直持有荷兰东印度公司股票的股东的年回报率高达 27%。③ 垄断使远洋贸易的商品最后掌握在少数人手中，这些商品有中国或波斯的丝，印度或苏门答腊的胡椒，锡兰的桂皮，马鲁古群岛的八角茴香，安的列斯群岛的蔗糖、烟草和咖啡，基多地区或巴西内地的黄金，新大陆的白银。当然，垄断还表现为一些技术上的因素，如航海技术、香料保鲜技术等。

跨太平洋贸易中的利润也比较丰厚。1571—1593 年西班牙对贸易的管理相对自由，1593—1702 年西班牙实行许可证制度，规定在马尼拉总装载货物的价值和

---

① ［法］费尔南·布罗代尔：《15 至 18 世纪的物质文明、经济与资本主义》第二卷，顾良译，生活·读书·新知三联书店 1993 年版，第 435 页。

② ［法］费尔南·布罗代尔：《15 至 18 世纪的物质文明、经济与资本主义》第二卷，顾良译，生活·读书·新知三联书店 1993 年版，第 434—435 页。

③ ［美］罗纳德·芬德利、［美］凯文·奥罗克：《强权与富足》，华建光译，中信出版社 2012 年版，第 204 页。

在阿卡普尔科（墨西哥港口城市）的售价分别不超过 25 万比索和 50 万比索（后分别提高到 30 万和 60 万比索）。减去税费、海盗和暴风雨造成的损失后，马尼拉贸易官方估计的利润率为 80%多，也有人认为利润率在 100%~300%。① 后来随着欧洲对中国丝绸需求的下降，贸易利润也在减少。

高回报还出现在一些新市场上。葡萄牙人从中国澳门和日本的贸易中获利颇丰。每年至少有一艘吨位为 1 600 吨或 2 000 吨的大帆船，装载着印度布料等制成品从果阿出发驶向马六甲，卖掉后买进香料、檀香和其他东南亚商品运到中国澳门，换成中国丝绸驶向日本，换取白银后再返回中国澳门。最后，葡萄牙人再次在马六甲买进香料，运回果阿，换成其他船只后绕过好望角将香料运到欧洲。葡萄牙人负责组织航线和货物，承担“管理责任”，船只的建造在印度，船员大多是亚洲人和非洲人，商品则全部产于亚洲。一次航行的获利足够让许可证持有人享用终身。1681 年之后，英国和荷兰装备精良的舰船逐渐取代了葡萄牙的地位。

三、白银的全球流动

西班牙人在美洲发现贵金属矿后，驱使当地的印第安人开采，之后又从非洲贩入黑奴进行开采。美洲白银的总产量在 16 世纪为 1.7 万吨，17 世纪为 3.4 万吨，18 世纪为 5.1 万吨。1500—1575 年，美洲白银总产量的约 85%被运到欧洲，1576—1775 年运到欧洲的比例则为 70%~80%。② 大部分美洲白银先是流向了欧洲，其次是留在美洲，而吸收美洲白银排名第三位的是以印度和中国为首的南亚和东亚。

外流的美洲白银有两大运输路线：一是越过大西洋到达欧洲，占到美洲白银产量的 70%以上；二是越过太平洋到达南亚和东亚，这部分只占美洲白银产量的 10%左右。在 17 世纪前期和 18 世纪前期，西欧、中国和印度都是白银流入比较多的地区。中国和印度有三条白银流入渠道：一是日本；二是绕过好望角的亚欧贸易路线；三是从美洲产地横跨太平洋直接运到中国和印度。17 世纪前期东亚和南亚的白银主要来源于日本和太平洋路线，通过亚欧贸易获得的白银很少，但是 18 世纪前期经由欧洲绕过好望角到达南亚和东亚的白银占到白银流入的 75.8%~91.4%。③

白银流入造成了价格上涨，大量廉价金银的涌入，使欧洲在 16 世纪经历了持

① ［美］罗纳德·芬德利、［美］凯文·奥罗克：《强权与富足》，华建光译，中信出版社 2012 年版，第 193—194 页。

② ［美］罗纳德·芬德利、［美］凯文·奥罗克：《强权与富足》，华建光译，中信出版社 2012 年版，第 237 页。

③ ［美］罗纳德·芬德利、［美］凯文·奥罗克：《强权与富足》，华建光译，中信出版社 2012 年版，第 243 页。

续不断的、规模空前的通货膨胀。价格绝对水平的提高和工资落后于其他价格的巨大差距，使这次价格上涨被称为“价格革命”。在英国，地租是所有价格中增长最迅速的，农产品价格的上涨快于工业品价格的上涨，实际工资水平却在缓慢下降。英国价格革命的这种特点大体上也存在于整个西欧。

如果说白银流入对欧洲来说是外生冲击，那么中国明代和莫卧儿帝国时期大量白银流入则是由于内生需求增加造成的。内生需求增加一方面是因为地理大发现后新物种种植带来的人口增加，推动了经济扩张和对货币需求的增加；另一方面是由于白银货币化，白银作为交易媒介的需求量增加，白银在中国还作为税收支付手段。白银流入中国还因为当时中国白银和黄金的兑换比值为 5∶1，欧洲则为 12∶1。① 所以，白银的流入促进了中国和印度经济的货币化和商业化进程。

白银全球流动还对洲际贸易产生了重要影响。白银不断流向银价相对更高的东方，推动了 16 世纪后期亚洲和欧洲之间的陆上贸易路线的复兴，刺激了信奉重商主义的欧洲国家授权设立贸易公司，这对印度产生了深远的政治影响。美洲白银不仅影响了东西方贸易路线上的国家和地区，也使奥斯曼帝国的价格水平上升，促进了奥斯曼帝国和波斯帝国的商业活动。当然，白银对于新大陆的影响更大，它改变了美洲与欧洲、美洲与非洲之间的贸易形式。可以说，开采白银是奴隶贸易的罪魁祸首。

总之，新大陆白银的发现产生了重要影响，既刺激了白银流入国物价水平的上升，又促进了货币化和商业化的进程；不仅增加了国家内部的贸易，还增加了国家之间的贸易；不仅增加了各大洲内部的贸易活动，还增加了洲际贸易并改变了洲际贸易形式；不仅产生了经济影响，还产生了政治影响。白银成为世界经济的核心动力。

四、世界市场的中心、边缘和半边缘②

地理大发现后的 300 年间，欧洲商人奔走于世界各大洲，把欧洲原有的区域性市场同亚洲、美洲、非洲、大洋洲的许多国家和地区的地方性市场联结起来，贸易扩大到全球范围。大西洋、太平洋贸易圈的形成以及各个区域市场之间的贸易联系，将世界联系在一起，形成了以贸易为主要内容的世界市场。在贸易拓展的背景下，由于各个地区生产率和自然禀赋不同，不同地区在贸易中处于不同的地位，出现了国际分工的萌芽，形成了以西欧为中心的世界市场。

伊曼纽尔·沃勒斯坦认为各个国家和地区在世界市场中扮演不同的角色，贸

① ［美］罗纳德·芬德利、［美］凯文·奥罗克：《强权与富足》，华建光译，中信出版社 2012 年版，第 239 页。

② “中心、边缘和半边缘”借鉴了布罗代尔、沃勒斯坦等人的提法。

易地位的差异也将世界市场分为中心区、边缘区和半边缘区。中心区利用边缘区提供的原材料（包括用于铸币和制作饰物的贵金属）和廉价劳动力，生产加工制品向边缘区销售牟利，并控制着世界金融和贸易市场的运转。边缘区向中心区除了提供原材料、初级产品和廉价劳动力，还提供销售市场。半边缘区介于两者之间：对中心区部分地充当边缘区角色，对边缘区部分地充当中心区角色。三种区域共同组成完整的世界市场。三种区域所扮演的角色是由劳动分工决定的，并在此基础上发展出不同的阶级结构，使用不同的劳动控制方式，从世界市场的运转中获利也不平等。

16 世纪末，在国际分工出现萌芽的基础上，世界市场的中心区、边缘区和半边缘区基本形成。16 世纪末，世界市场的中心区处于西北欧，它们是荷兰和泽兰、伦敦、东英格兰、法国北部和西部；边缘区已经扩及美洲、亚洲等地；半边缘区也主要是在欧洲。17 世纪，中心区是英国和联合省，缓慢发展的地区是法国、斯堪的纳维亚、德意志、波希米亚以及除了波兰以外的东欧和中欧的其他国家，停滞或倒退的有西班牙、葡萄牙、意大利以及波兰。

马克思明确地指出世界市场形成和生产方式之间的关系。他说，现代意义上的世界市场起步于 15 世纪末 16 世纪初，形成于 17 世纪中期，它是在资本主义市场经济逐渐取代传统的自然经济的过程中形成的。世界市场的产生和发展是和资本主义生产方式紧密相连的。“世界市场本身形成这个生产方式的基础。另一方面，这个生产方式所固有的以越来越大的规模进行生产的必要性，促使世界市场不断扩大”①，所以“对外贸易和世界市场既是资本主义生产的前提，又是它的结果”②。

尽管这个时期的世界市场与机器大工业后形成的世界市场相比，还没有建立在国际分工的基础上，贸易仍属于互通有无的性质，交换商品还未成为再生产过程的必要环节，在市场上处于支配地位的是商业资本，而不是工业资本，但是 15 世纪末各种大发现造成新的世界市场形成，“世界贸易和世界市场在 16 世纪揭开了资本的现代生活史”③。

① 《马克思恩格斯文集》第七卷，人民出版社 2009 年版，第 371 页。
② 《马克思恩格斯全集》第三十五卷，人民出版社 2013 年版，第 226 页。
③ 《马克思恩格斯文集》第五卷，人民出版社 2009 年版，第 171 页。

第五节 大 分 流[①]

一、用历史人均 GDP 衡量的大分流

麦迪森（Maddison）团队用比较分析方法和支出法估算了历史人均 GDP，同时根据最低生存水平进行了一系列推算。估算结果显示，西欧的人均 GDP 超越中国的时间不晚于 1500 年。[②] 这个估算结果支持了传统观点，即中世纪时西欧已经超越中国和印度等东方国家了。这种估算方法过于简单粗略，统计技术有缺陷，学术界对此一直有争议。

布劳德伯利（Broadberry）团队采用相对可靠的生产法估算了历史人均 GDP。相关数据显示：公元 1000 年左右（北宋时期），中国人均 GDP 处于历史高位。虽然缺乏西欧国家对应年份的数据，但从西欧国家发展趋势来看，这一时期的中国比西欧国家富裕，有可能是世界上最富裕的国家。在接下来 300 年左右的时间里，意大利的城邦国家的经济持续增长，而中国经历了 20%左右的下降或者停滞。到 1300 年，意大利的人均 GDP 比中国有估算数据的最高值还要高 40%左右。据此，意大利很可能在公元 1300 年前已经超过中国，成为世界上最富裕的国家。到公元 1400—1450 年，西欧的意大利、荷兰和英国都超过了中国，尽管中国在这一时期重回了历史较高点。考虑到中国各区域的发展差异，中国与欧洲最发达国家的经济差距真正出现在 18 世纪。也就是说，直到 1700 年，长三角大致与尼德兰相当，略优于英国；到 18 世纪，英国和尼德兰很快超过长三角，其原因并不是它们增长提速，而是中国 18 世纪巨大的人口增长，拉低了人均水平。[③]

二、用工资衡量的大分流

工资数据以城市为估算对象，避免了全国人均 GDP 估算中存在的疆域、人口、货币金属含量等概念的含混与不明。近年来的研究基于不同的数据来源和计算方

---

① 2000 年彭慕兰的《大分流：欧洲、中国及现代世界经济的发展》一书引发了关于“大分流”（Great Divergence）的讨论。大分流是关于东西方经济的相似与差异、优势与局限的广泛讨论，是近 20 年来最受关注、成果最为丰硕的研究领域之一。本节内容仅仅包含用历史人均 GDP、工资和技能溢价三个指标衡量东西方经济发展水平和生活水平差异的相关问题。

② ［英］安格斯·麦迪森：《世界经济千年史》，伍晓鹰、许宪春、叶燕斐等译，北京大学出版社 2003 年版，第 40 页。

③ Stephen Broadberry，Hanhui Guan，and David Daokui Li，“China，Europe，and the Great Divergence：A Study in Historical National Accounting，980-1850，” *The Journal of Economic History*，vol. 78，no. 4，2018，pp. 955-1000.

法，证明了工业革命前伦敦和阿姆斯特丹的实物工资和货币工资水平都超越了中国的先进地区。①②③

对比英格兰南部和中国江南地区的谷物工资可知：18 世纪前，欧洲富裕地区和中国富裕地区的谷物工资差别不大。但是，随着明朝末期与清朝中期稻米价格的上涨，18 世纪中国谷物工资急剧下降，而同期英国谷物工资还在增长，这拉大了中国江南地区与英格兰南部的差距。可以肯定的是，工业革命前英格兰南部的谷物工资已经超越了中国江南地区。

从白银工资来看，早在 16 世纪英格兰南部地区就已经把中国江南地区远远抛在了后面。明朝末期到清朝中期，中国江南地区的白银工资只有英国的 15%。中国北京和广东的劳动者每天挣 1~2 克银，不到欧洲中部和东部的一半，与欧洲西北部发达地区白银工资相比差距很大。这期间，不是中国的白银工资没有增长，而是英国的增长速度比中国快得多。

18 世纪之前，中国江南地区的谷物工资与欧洲西北部发达地区的谷物工资相差不大，但从衡量贸易商品与服务购买力的白银工资看，中国江南地区比欧洲西北部低很多。欧洲西北部发达地区的高白银工资不仅仅是货币现象，而且反映了贸易部门的高生产率。工业革命前的 17 世纪和 18 世纪，阿姆斯特丹、安特卫普和伦敦的白银工资相近，这些地区的高工资可能是通过积极参与洲际贸易实现的。为此，可以将白银工资与谷物工资之间的差距作为衡量发展水平的指标。④

除谷物工资外，一篮子商品衡量的实物工资（一篮子商品工资）也表明东西方的分流出现在工业革命之前。一篮子商品工资数据考虑了东西方饮食习惯和生产习惯的差别，分别列出了维持基本生活需要的欧洲一篮子商品和亚洲一篮子商品。再利用消费篮子里商品的价格时间序列，确定 1 个成年男性的最低名义消费成

---

① Robert C. Allen, "The Great Divergence in European Wages and Prices from the Middle Ages to the First World War," *Explorations in Economic History*, vol. 38, no. 4, 2001, pp. 411-447; Robert C. Allen, et al., "Wages, Prices, and Living Standards in China, 1738-1925: in Comparison with Europe, Japan, and India," *The Economic History Review*, vol. 64, no. S1, 2011, pp. 8-38.

② Stephen Broadberry and Bishnupriya Gupta, "The Early Modern Great Divergence: Wages, Prices and Economic Development in Europe and Asia, 1500 - 1800," *The Economic History Review*, vol. 59, no. 1, 2006, pp. 2-31.

③ Bozhong Li and Jan Luiten Van Zanden, "Before the Great Divergence? Comparing the Yangzi Delta and the Netherlands at the Beginning of the Nineteenth Century," *Journal of Economic History*, vol. 72, no. 4, 2010, pp. 956-989.

④ Stephen Broadberry and Bishnupriya Gupta, "The Early Modern Great Divergence: Wages, Prices and Economic Development in Europe and Asia, 1500 - 1800," *The Economic History Review*, vol. 59, no. 1, 2006, pp. 2-31.

本。亚洲和欧洲的消费篮子里的商品和数量是不同的，但提供的卡路里是维持生存的基本量：每天 1 940 卡路里。消费篮子中北京的碳水化合物是高粱，米兰的是玉米粥，欧洲西北部发达地区的是燕麦。蛋白质有豆类、少量肉类或鱼，还有黄油或者油。非食用物品包括布料和燃料，还包括占消费成本 5%的房租。结果表明工业革命前英格兰和低地国家的一篮子商品工资已经超过了北京，而当时北京的工资并不比发达的江南地区低，所以，欧洲最先进地区超越中国最先进地区的时间应该在工业革命前。①

表示实际工资指数的福利比也能说明英国和荷兰超越中国发生在工业革命前。福利比是全职工作收入与家庭最低消费成本的比率，表示一个全职工作的人在基本消费水平下养活一个家庭的程度。全职工作收入指的是一个工人如果全职工作一年可以获得的年收入，全年工作日为 250 天。一个家庭以 4 口人计算，即男人、女人和两个幼儿（相当于 3 个成年男性）。这样家庭最低名义消费就是 1 个成年男性的最低消费成本乘以 3。福利比的数据显示，工业革命前，北京、佛罗伦萨和维也纳类似，而欧洲先进地区伦敦和阿姆斯特丹遥遥领先。②

三、用技能溢价衡量的大分流

技能溢价（skill premium）是技术工人和非技术工人工资差额除以非技术工人的工资。理论上说，技能溢价是斯密所描述的普通工人获得技术的成本技能溢价，受培训制度和教育制度长期效率的影响。具体包括以下三个影响因素：首先，培训费用、获得特定技能所需的年数（这些年中未实现的工资收入）和支付的费用；其次，未来高收入的贴现利息；最后，获得高收入的机会和预期享受技能溢价的年数。技能溢价通常用来测度制度的效率。技能溢价越低，证明人力资本培养制度越有效，工人可以低成本接受培训，从而刺激长期人力资本投资，形成高水平人力资本，推动经济增长。所以，技能溢价越低，经济增长越好。

技能溢价通常用建筑工人中木匠和泥瓦匠的工资与非技术工人工资的差额除以非技术工人的工资来衡量学徒制和行会等制度的效率和师徒之间的信任程度。1300—1914 年建筑工人的技能溢价显示，14 世纪上半叶西欧技能溢价相对较高，技术工人工资是非技术工人工资的 100%~150%。14 世纪头 10 年，英国技术工人和非技术工人的工资差距扩大，14 世纪 30 年代（1315—1322 年大饥荒之后）有所下降。黑死病之后技能溢价一直下降，15 世纪中叶达到 50%~60%的水平，这

---

① Robert C. Allen, *The British Industrial Revolution in Global Perspective*, Cambridge: Cambridge University Press, 2009, p. 360.

② Robert C. Allen, *The British Industrial Revolution in Global Perspective*, Cambridge: Cambridge University Press, 2009, p. 360.

个水平一直保持到19世纪末。欧洲建筑业的技能溢价在1350—1450年间也迅速下降。1600年后印度、日本、韩国和印度尼西亚的技能溢价比西欧高得多。日本的技能溢价为150%~250%，1802—1804年京都非技术工人每天的工资为0.92姆米，而农村木匠的工资是每天2.6姆米，大阪木匠的工资更是高达每天4.3姆米。17—18世纪印度和印度尼西亚的技能溢价也是类似的高水平。俄国17世纪技能溢价为100%~167%。中国的技能溢价地区差异比较大。1769年中国大部分地区（湖南、甘肃、江苏）的技能溢价只有25%左右，一名工匠的每日工资中位数约为0.05两白银，而非技术工人的平均工资中位数为0.04两白银。但在直隶，特别是北京及其附近，名义工资和技能溢价都高于其他地区。17—19世纪，北京建筑工人的名义工资是可以获得数据的其他地区的三倍，技能溢价高达80%~100%。①

思考题

1. 什么是资本主义萌芽？
2. 地理大发现对世界市场的形成有什么影响？
3. 英国圈地运动有什么意义？
4. 近代西欧工场手工业的性质和特点是什么？
5. 阐述你对东西方大分流的理解。

▶ 自测习题及参考答案

请扫描二维码

① ［荷］扬·卢腾·范赞登：《通往工业革命的漫长道路：全球视野下的欧洲经济，1000—1800年》，隋福民译，浙江大学出版社2016年版，第184—185页。

第六章　资本主义国家的工业革命

工业革命（也称产业革命）是具有划时代意义的历史事件，它深刻地改变了人类生产和生活的面貌。工业革命始于英国，稍后传播至欧洲大陆的比利时、法国、德国和其他欧洲国家。工业革命也成功地跨越大西洋传播至美国，之后又传播到世界其他地区。本章介绍英国、法国、德国、美国、俄国和日本的工业革命及这些国家工业革命的特点。

第一节　英国的工业革命

一、英国首先爆发工业革命的原因

第一种解释认为英国的高工资、廉价的煤炭价格和不断扩大的市场是英国首先爆发工业革命的原因。① 英国的高工资表现在以下四个方面：第一，伦敦的福利比在 17 世纪末期逼近阿姆斯特丹，远高于欧洲大陆的其他城市，到 18 世纪末期，伦敦超过阿姆斯特丹，成为欧洲乃至世界收入水平最高的城市；第二，17 世纪中期后英国的白银工资比荷兰、法国等竞争对手高；第三，英国的工资比资本价格高；第四，英国北部和西部地区的工资比能源价格高。英国相对较高的工资、相对较低的资本和廉价能源，导致英国转向资本和能源密集型的生产方式，诱发了资本代替劳动力的技术进步，廉价的能源造成了资本成本相对于工资的降低，再次刺激了使用资本来代替劳动力。16 世纪后英国经济的显著特征还包括市场扩张很快，对外贸易激增。更大的市场意味着潜在的经济利润更为巨大，对创新的补偿效应更加明显，从而激励创新。英国这种高工资、高煤炭消耗、资本密集型的技术并不适合其他国家，这反证了英国的特殊性。英国工业革命后有禁止机器和技术人员出国的法令，但是由于各种原因，英国的技术封锁政策并没有取得实质性的效果。在这样的情况下，英国的技术至少半个世纪后才扩散到欧洲大陆很多国家，印度的棉纺织业直到 19 世纪中叶才采用英国的新技术，但是同样的机器在印度工厂所用的工人人数至少是英国工厂的两倍。

第二种解释认为英国充足廉价的煤炭资源是英国首先爆发工业革命的原因。英国煤矿埋藏浅，开采成本低，又靠近通航水域，英国煤炭价格是当时所有国家

① R. C. Allen, "Why the industrial revolution was British: commerce, induced invention, and the scientific revolution," *The Economic History Review*, vol. 64, no. 2, 2011, pp. 357-384.

中最便宜的。17 世纪，煤已被视为主要能源的一部分，被称为“制造业的灵魂”。廉价煤炭的大量使用，使英国摆脱了木材短缺造成的资源约束，标志着人类从利用有机能源向利用矿物能源转变。相比较而言，荷兰有廉价的泥炭作为燃料，荷兰没有动力去提高鲁尔区的运输效率或是解决莱茵河上运输煤炭的政治税收问题。当 17 世纪末 18 世纪初泥炭资源枯竭时，英国的采煤业已经建立起来，1700 年，英国煤炭产量是 250 万—300 万吨，相当于世界其他国家煤炭开采量的 5 倍。① 英国煤炭出口到荷兰，占据了荷兰的能源市场。艾伦认为如果荷兰在 16 世纪开采了德国鲁尔区的煤炭，那么工业革命就有可能发生在德国或者荷兰，而不是英国。②

第三种解释认为英国首先爆发工业革命的原因是建立了包容性的制度。最典型的是英国建立了代议制国家制度。代议制一方面表现为建立了统一的民族国家，建立了公共财政体系，提高了国家能力；另一方面，国王的权力受到议会的约束，争端和矛盾都在议会中解决，这削弱了西班牙和法国等集权国家汲取型制度的危害，降低了社会剧烈动荡的成本。英国专利制度的早期发展也被认为促进了英国的技术创新。伊丽莎白一世统治期间（1558—1603 年）英国引进了专利制度，18 世纪英国工业革命后英国专利制度逐渐成熟，议会将专利监督权转移到法院以避免政治干预。但是工业革命时期的发明家并没有通过专利获得好处。从某种意义上来说，英格兰之所以热衷于尝试和创新，不是因为专利制度保障了创新的收益，而是因为有保险制度的存在，保障了创新失败者的基本生活。

第四种解释认为宗教、价值观、社会氛围等文化因素是英国首先爆发工业革命的原因。清教被认为与现代科学的兴起密切相关，清教徒接纳和践行了实验方法，是英国胜出的关键原因。相对于德国、意大利等国家来说，英国的宗教宽容度比较高，这保障了科学研究免受占据垄断地位的意识形态的侵害，让科学研究坚持证据和逻辑的标准，从而保障了英国在科学技术上持续进步。其中一个例子是法国工匠因为宗教迫害大批流入英国，成为 17 世纪晚期英国在钟表制造业取得领先地位的一个原因。近年来的研究表明价值观和偏好的改变是从马尔萨斯式增长向现代增长转变的关键要素，勤奋、节俭、忍耐、守纪等非认知技能都是人力资本重要的组成部分。英国实用主义、经验主义哲学对工业革命的爆发起到了非常重要的作用。

以上四种解释主要依赖于 21 世纪以来的量化研究成果，目前在史料利用、数据估算、量化研究方法上存在着争论。这些解释强调了英国首先爆发工业革命的

---

① ［英］E. A. 里格利：《延续、偶然与变迁：英国工业革命的特质》，侯琳琳译，浙江大学出版社 2013 年版，第 57—58 页。

② R. C. Allen, “Why the industrial revolution was British: commerce, induced invention, and the scientific revolution,” *The Economic History Review*, vol. 64, no. 2, 2011, pp. 357-384.

不同层面的原因，不仅为理解英国工业革命的发轫提供了更加丰富的视角和理论，也启发了关于现代化道路的思考。

二、英国工业革命的进程

英国工业革命发端于棉纺织业。18 世纪中叶英国棉纺织业的规模远低于孟加拉国，也低于国内的毛纺织业。① 但行会的过多束缚以及国家的过分保护扼杀了毛纺织业的创新能力。相反，棉纺织业的发展却有一系列优越的条件②，尤其是各类棉纺织品是当时兴盛的奴隶贸易中用来交易奴隶的重要商品之一，孟加拉国棉布是销路最好的产品，这刺激了欧洲棉纺织业的发展。

棉纺织业的机器革命是从工具开始的。1733 年，约翰・凯伊发明飞梭，这个简单的装置使织布效率提高了一倍，导致棉纱生产供不应求，甚至出现“纱荒”。这就诱发了棉纱生产的创新。1735 年，英国技工约翰・怀特发明自动纺筒和翼形纺锤的卷轴纺车。这项发明成为手工纺纱向机器纺纱过渡的关键性突破，标志着 18 世纪英国工业革命的开端。

大约在 1764 年，英国技师 J. 哈格里夫斯（1710—1778 年）发明了珍妮纺纱机，又称多轴纺纱机，一人手摇纺机，可同时带动 8 枚纺锭。后经多次改进，纺锭增加到 16 枚、80 枚、130 枚。1769 年，R. 阿克莱特（1732—1792 年）发明水力纺纱机，一台纺纱机能带动几十枚纱锭，纺出的纱线坚韧、结实。1774 年至 1779 年，英国织工 S. 克伦普顿（1753—1827 年）综合了珍妮纺纱机与水力纺纱机的优点，发明了一种性能更优良的纺纱机，称为骡机，又称走锭精纺机。这种利用水力推动的纺纱机，一次可以带动 300 ~ 400 枚纱锭，纺出的棉纱质地优良，格外精细，优于印度棉纱，且生产效率很高，使昔日贵如丝绸的棉布变成廉价商品。纺纱机的发明和应用，又反过来刺激了新式织布机的发明。1787 年，英国教士 E. 卡特赖特（1743—1823 年）发明用马做动力的织布机，以后改用蒸汽，效率提高 10 倍，使织布基本实现机械化。随后，英国人 J. 纳恩罗普和德国人 J. 盖普勒又先后制造出自动织布机。1813 年，英国已有 2 400 台自动织布机运转，其中一部分用水力推动，一部分用蒸汽机发动。

棉纺织业的技术革命使生产成本急剧下降，也提高了棉纺织业的利润率。英国的棉纺织业在短时间内获得了飞速发展，生产规模持续膨胀，产量大幅增长。

---

① ［英］大卫・兰德斯:《解除束缚的普罗米修斯》（第二版），谢怀筑译，华夏出版社 2007 年版，第 81 页；［英］罗伯特・艾伦:《近代英国工业革命揭秘：放眼全球的深度透视》，毛立坤译，浙江大学出版社 2012 年版，第 280 页。

② ［英］大卫・兰德斯:《解除束缚的普罗米修斯》（第二版），谢怀筑译，华夏出版社 2007 年版，第 81—83 页。

英国的棉布不仅占领了第三方市场，而且在印度市场上打败了印度棉布。曼彻斯特和几个棉纺织贸易城市成长为繁荣的工商业大都市。所以，到今天仍有很多人将英国的工业革命等同于棉纺织业革命。

采矿业和冶金业的创新也是工业革命的主要内容。采煤业是英国采矿业中最重要的部门之一，17 世纪和 18 世纪是煤炭业发展的黄金时期。1711 年后纽考门的蒸汽泵和 1769 年后瓦特的蒸汽机成功地用于抽水和在矿井里运送工人和运煤。1813 年采用了蒸汽凿井机，1815 年发明了安全灯，1820 年用曳运机代替人工背运，1844 年凯特、1848 年法宾安发明了不同类型的钻探机，钻探深度达 200 余米。这一系列技术发明使煤炭业成为当时最先进的部门之一。采煤技术进步和产量增加，使煤成为工业、农业、采矿业、交通运输业的主要燃料和能源。在家庭和工业用煤量方面，英国更居欧洲国家的首位。①

在冶炼技术方面，1709 年，亚伯拉罕·达比初次采用焦炭冶炼生铁。1735 年，其子 A. 达比（1711—1763 年）改进了制造焦炭的方法，并加大水力鼓风机，提高高炉温度，除去硫黄和其他杂质，将生石灰和其他催化剂与矿石混合，避免金属在熔化时变质，结果用焦炭炼出了熟铁。这项发明有效降低了成本，不仅促进了冶铁业大发展，而且对于铁路和轮船运输业，以及铁制机械化工业生产设备的广泛运用发挥了至关重要的作用。1783 年，彼得·奥尼恩斯和亨利·科特发明了搅炼和碾压精炼法，产量提高 20 倍。

在铸造加工和机器发明方面，为提高铁的产量，扩大了高炉的容量，继续改进鼓风系统，增加鼓风机的风力。18 世纪 50 年代，离心鼓风机得到广泛应用。1788 年之前，已经出现了金属拉长、切削和加工的机器，后来又发明了钻枪炮筒的钻孔机。1797 年，亨利·莫兹利发明了导轨和制造螺丝钉的机器。1790 年托马斯·克利福德、1796 年 S. 格皮先后发明和改进了制钉机。此外，还出现了许多较复杂的专用机器。

机器制造业的产生和发展同样是工业革命的重要内容。蒸汽机发明之前，机器大都是木制的，靠手工完成。18 世纪末 19 世纪初，机器多由手工工场制造，机器制造本身尚未摆脱手工业的范畴。蒸汽机发明之后，木制的机器不能承受蒸汽动力的震动，机器改为铁制。铁制机器的出现，明显地超出人力的负荷范围。同时，纺织机与蒸汽机的出现和广泛应用，推动了各产业部门的机械化。因此，对工作机的需求量急剧增长。这时，如果利用手工制造机器，则产量少、价格昂贵，制造过程还极其缓慢，不能解决对机器数量和质量的需求，机器的可靠性和精确

---

① ［英］W. H. B. 考特：《简明英国经济史（1750 年至 1939 年）》，方廷钰、吴良健、简征勋译，商务印书馆 1992 年版，第 54—63 页。

度也存在问题。因此，制造机器只能通过工作母机加以解决，即由机器来制造机器。

从 18 世纪 70 年代开始，机器制造业出现了惊人的发展。1774 年，大炮制造者约翰·威尔金森注册了蒸汽机气缸钻孔的专利，他的方法增强了钻孔的精确性，把误差率降低到了当时最小的程度。1794 年，英国机械师亨利·莫兹利发明了车床上的滑动刀架，它可以方便、迅速、准确地加工直线、平面以及圆柱形、圆锥形等多种几何形状的部件，使车床真正成为机器制造业自身的工作机。从 19 世纪初叶到 19 世纪 40 年代，一系列的机器工具也相继出现。有较大型的炮筒镗床，有专门加工平面零件的刨床、多刀切削的铣床、自动螺丝车床，还有加工大型零件的立式车床、刀具作垂直运动的插床等。不仅如此，这一时期还发明了许多精密的检测手段，如测量平面的平规等，还设计了多种精密机床，改变了过去那种工程师们只能使用直尺、圆规等简单的检测工具的状况，使机械加工技术多样化、专门化和标准化。

1839 年，纳斯密兹又发明了蒸汽锤，它促进了锻造技术的改革，使人们能生产出安全可靠的远洋轮船主轴和制造机床。同时，工程师们制造出了结构较复杂的锻造机，用以锻造纺纱机的纱锭、螺栓、锉刀等机器零件和金属工具。至此，机器制造业成了一个完整的、独立的工业部门，并日益发展起来。当时，英国著名的机器制造厂有博尔顿和瓦特工厂、夏尔伯·罗伯特和赛伊工厂，以及惠特渥斯工厂等。

英国制造的蒸汽机、各种工作母机、火车头、农业机器等，质量优良，远销世界各地，在国际市场上占有垄断地位，并直接影响着欧洲大陆和美国工作母机的制造业，“英国制造”走遍世界各地，英国成为“世界工厂”。1851 年在伦敦举行的世界博览会上，英国工作母机技术显示出较高的精确性、有效性及专业性。

工业革命的另一个表现是交通运输业的革命。交通运输业的革命是指运输工具和运输方式的突破性进展，它是从解决煤炭运输问题开始的。1759 年到 1761 年，冯·布里奇沃特公爵开凿了沃尔斯利煤矿到曼彻斯特之间的运河。这是英国第一条现代意义上的运河，它的开通不仅解决了曼彻斯特的运煤问题，而且使英国从此开始了兴建内河运输网的热潮。到 19 世纪 40 年代初，英国已修建人工河道 3 960 千米（不包括苏格兰和爱尔兰），运河网已经形成。

19 世纪初，英国造船业是用进口的木料制造帆船。自从蒸汽机用在帆船上之后，英国开始用铁来制造轮船。但这项技术发展较缓慢，到 19 世纪 60 年代，造船业仍以生产木船为主。这种情况到 19 世纪末发生了变化，这时英国建立了世界上最大的蒸汽机船队。在造船业兴盛的同时，英国投入大量资金发展航运业配套设施，沿海岸修建灯塔、灯船，扩建港口、船坞、堤岸、堆栈等，置备起重机和其他装卸设备。

1814 年，一个矿工的儿子乔治・斯蒂芬森发明了第一台实用蒸汽机车。1825 年英国建成世界上第一条铁路，由斯蒂芬森指挥修建，全长 27 千米。列车由 12 节货车和 22 节客车组成，能载乘客 450 名，时速 18 千米。1830 年 9 月 15 日，48 千米长的利物浦—曼彻斯特铁路线通车，客货两用，很快就成为兰开夏棉纺工业原料和成品运输的交通动脉。此后，英国两度掀起修建铁路的热潮。到 1850 年英国的铁路营运里程已超 10 000 千米，占欧洲各国的首位。①

三、英国经济的发展和扩张

工业革命后，英国人口快速增长，增长率高于其他没有进行工业化的国家，更高于世界平均水平，而且人均收入持续增长。在全世界范围内，英国在 1500—1820 年和 1820—1870 年的 GDP 年均复合增长率和人均 GDP 最高。②

工业革命使经济增长速度大大提高。机械力代替人力，将人的体力从繁重的工作中解脱出来，极大地提高了劳动生产率，机器生产使工业生产的增长速度大大高于生产机械化以前。18 世纪初至 80 年代，世界工业生产指数提高近2. 3倍，而 1802 年到 1870 年提高 5. 1 倍多。英国在其工业生产高涨的 19 世纪 50 年代到 90 年代，采煤量从 5 000 多万吨增加到 1. 4 亿多吨，铁矿石产量从 900 多万吨增加到 1 500 多万吨，棉花消费量从 8. 5 亿多磅增加到 15. 2 亿多磅。③ 增长的速度超过了以往任何一个行业和任何一个部门。

工业革命使人类社会从农业时代走入工业时代。1688 年，英国约有 75%的劳动人口从事农业，1801 年有 35%，1841 年减少到 23%。同期英国国民生产总值中农业的比重，1801 年占 32%，1841 年占 22%，工业所占比重却由 23%提高到 34%，若再加上服务业（包括交通运输业和通信业），1841 年工业比重增加到 78%。④ 工业的地位已大大超过农业，改变了以前以农业为主的经济结构。

工业革命使英国成为世界工厂。1820 年，英国占世界工业生产总额的一半，把其他国家远远甩在后面。1840 年，英国工业生产在世界工业生产中占 45%，法

① ［英］H. J. 哈巴库克、［英］M. M. 波斯坦主编：《剑桥欧洲经济史》第六卷，王春法、张伟、赵海波译，经济科学出版社 2002 年版，第 216 页。

② ［英］安格斯・麦迪森：《世界经济千年史》，伍晓鹰、许宪春、叶燕斐等译，北京大学出版社 2003 年版，第 238、239、260、263 页。

③ ［日］宫崎犀一、［日］奥村茂次、［日］森田桐郎编：《近代国际经济要览》，陈小洪、任兴州、姚玉明等译，中国财政经济出版社 1990 年版，第 19、35 页。

④ ［日］宫崎犀一、［日］奥村茂次、［日］森田桐郎编：《近代国际经济要览》，陈小洪、任兴州、姚玉明等译，中国财政经济出版社 1990 年版，第 28、30 页。

国占 12%，美国则占 11%。① 之后，英国工业生产在世界工业生产中的比重虽然由于其他资本主义国家工业的发展而有所降低，但是一直到 19 世纪 70 年代，英国在世界工业生产中仍然占据优势地位。② 英国工业的巨大生产能力，使英国成为世界各国工业品的主要供应者，世界各国在不同程度上成为英国的原料供应地。19 世纪上半期英国 50%以上的工业品销往国外市场，进口的则是原料、粮食等初级产品。棉纺织品在出口中占重要地位，煤、铁、机器的输出不断增加。特别是这一时期各个大陆出现大规模铁路建设的热潮，英国成了世界各地修建铁路的承包商和煤、铁轨、机器设备、机车车辆的主要供应者。这一时期先后发生在美国和欧洲大陆各国的工业革命，都是在不同程度上靠从英国输入的技术装备进行的。

第二节　法国的工业革命

一、大革命与工业革命的启动

18 世纪后半期的法国政府也进行了工业化的尝试，专注于引进英国的技术和机器，聘请英国的工厂家和技术工人。法国的棉纺织工业高效地模仿英国模式，掌握了棉纺织业的各项技术发明，诸如纺纱机、走绽精纺机、水力纺织机等。英国人米尔恩和霍克尔在法国政府的鼓励和保护下，在法国定居并开设纺纱厂，为法国棉纺织工厂提供了样板。1790 年前后，法国已经有几家巨大的纺纱厂，每家都拥有大约 1 万枚纱锭，其中最著名的是坐落于奥尔良市的奥尔良公爵的纺纱厂。但是很多投资建厂的人因为市场狭小和资金短缺遭遇失败。

从 1799 年“雾月政变”拿破仑上台，到 1815 年拿破仑最后失败，这是法国大工业初步奠定基础的阶段。在这一阶段，拿破仑政权推行了一系列促进资本主义发展和工业革命的政策。

首先，拿破仑在 1804—1810 年先后颁布了《法国民法典》《民事诉讼法典》《商法典》《刑事诉讼法典》和《刑法典》，保障私有财产的不可侵犯性。1795 年采用公制度、量、衡，废除对盐、烟等商品的专卖制度，取消贵族特权的等级制度，将过去对非特权阶级征收的直接税和间接税改为根据财产状况对全体公民征收。

其次，为加速资金的周转和流通，1800 年 2 月，政府将往来存款银行和商业贴现银行等私人银行进行改组，创办了新的国家银行——法兰西银行。法兰西银

① ［德］库钦斯基:《资本主义世界经济史研究》，陈东旭译，生活·读书·新知三联书店 1955 年版，第 41 页。

② ［德］库钦斯基:《资本主义世界经济史研究》，陈东旭译，生活·读书·新知三联书店 1955 年版，第 41 页。

行除了履行中央银行的义务外，还兼营放款、贴现等商业银行的业务。1803年，法国进行货币改革，用法郎代替利弗尔，法郎分金、银两种，有无限法偿资格，可以自由铸造。

最后，为了把法国的经济势力扩展到国外，控制整个欧洲市场，拿破仑还接连发动侵略战争，占领了欧洲一半的土地，并从战败国搜刮到大量财富。为了打击竞争对手英国，拿破仑还于1806年11月21日在柏林颁布了《大陆封锁令》，后于1807年颁布《米兰法令》，联合欧洲其他各国一起对英国实行经济封锁，既不向英国出口粮食和工业原料，也不让英国工业品行销欧洲大陆，严禁欧洲大陆各国与英国发生任何经济关系。

上述各项政策，有利于法国国内市场的统一和私有产权的发展，初步奠定了工业革命的基础。但是大陆封锁政策却隔绝了法国与外部世界的联系，使法国接触不到先进技术，而且工业原料极端缺乏，生产大为缩减，对外贸易急剧下降，刚刚发展起来的棉纺织业也由于原料供给紧张而中断。大陆封锁政策还使法国在18世纪苦心经营的海外市场轻而易举地丧失了。更严重的是，拿破仑时代的政治斗争和军事斗争耗费了过多的财力和物力，致使国家财政困难，物价上涨，工农大众处境艰难。战败后又负担着沉重的赔款，经济发展被置于次要的地位，法国工业化受到影响。

二、工业革命的进程及特点

从1815年到19世纪六七十年代，法国经济增长有所加快，1870年工业发展水平居世界第二，仅排在英国之后。1900年至1913年是法国工业快速增长时期，然而德国和美国增长更快，法国在世界经济中的地位下降了。

纺织业是采用机器最快和最广泛的部门。1848年革命以前，工厂制度在纺织业的各部门都已普遍推广，纺纱厂的规模扩大得十分迅速。阿尔萨斯，特别是米卢斯是法国棉纺织业技术最先进的地区，其生产扩张与技术进步相伴而行。19世纪上半期法国成为欧洲大陆最重要的棉纺织产品制造者。19世纪60年代，因为降低关税、棉花短缺和通货紧缩，棉纺织业受到了严重打击。

从19世纪20年代中期起，由于设备更新和新技术的推广，煤、铁生产也迅速增长。1860年以前，法国的冶铁业居世界第二位。贝塞麦法、西门子-马丁法和碱性工艺的发展，使19世纪90年代中期粗钢的实际成本比60年代早期降低了80%~90%①，洛林地区含磷铁矿得到利用，大大推进了法国钢铁工业的发展。但是此

① [英] 大卫·兰德斯：《解除束缚的普罗米修斯》(第二版)，谢怀筑译，华夏出版社2007年版，第260页。

时，美国和德国从新炼钢技术方面获益更大，其钢铁生产量大大超过法国。法国在化学工业方面也取得巨大成就，发现了苯胺染料，从而引起了染料工业的巨大变革。在动力使用方面，工业中使用的蒸汽机不断增加。

交通运输业获得很大发展。1842 年铁路法规定铁路建设由国家掌握规划、征用土地、承担地面建设和车站建设，而由私人特许公司承担铁轨和车辆的修造任务，私人公司营业期限为 99 年，此后全部财产由国家无偿接收。法国是欧洲铁路最积极的倡导者和建设者，在西班牙、瑞士、意大利和多瑙河流域等地都有铁路投资。

法国各工业部门发展不平衡。冶金、钢铁等工业虽有了很大发展，但纺织业，特别是生产精美时装的部门，以及生产名贵家具和高级奢侈品的部门，仍占重要地位。另外，虽然工业中出现了不少千人以上的大企业，但中小企业仍占绝对优势。据 1896 年的工业和职业调查，全国有 57.5 万家“工业企业户”，平均每家所雇工人为 5.5 人。其中雇工在 1 000 人或 1 000 人以上的工业企业，仅有 151 家。有 40 万家以上的企业，雇工仅 1~2 人，另有 8 万家企业雇工仅 3~4 人。在这 57.5 万家企业中，雇工在 10 人以下的，共有 53.5 万家。①

在整个 19 世纪，法国工业都表现出资金来源紧张的问题。在法国公司中，大部分是家族公司，资金来源主要依靠自身财力的积累，这些公司也发行企业债券，银行在工业筹资中只起到较次要的作用。直到 19 世纪中叶，法国尚无帮助工业企业的商业银行。投资者对工业部门的投资活动普遍谨慎，他们感兴趣的是海外市场和国内有政府背景的交通运输业。普法战争失败，法国不得不支付大量战争赔款。赔款所造成的资金短缺越来越严重，影响法国工业的发展。

三、小农经济的长期存在

法国的农奴制在 14 世纪、15 世纪已经基本废除，但是农村中的土地所有权和封建义务问题并没有解决。在大革命期间，雅各宾派的土地政策把农民从封建剥削下解放出来，封建土地制度被推翻，大多数农民分到了土地。法国成为一个小农经济国家。

但是法国废除封建土地所有制后产生的小农经济，并不像英国和美国那样在竞争中被淘汰，而是广泛、长久地存在。拿破仑执政后，地产的升值使农民更加珍惜自己的土地，拿破仑法典保障农村的小土地所有制，规定农民的既得权利可以永久保持，自由农民的小土地所有制获得了很大的发展。法国政府的关税保护政策，也保护了小农经济。工业发展迟缓又反过来强化了小农经济的存在，工业

---

① ［英］克拉潘：《1815—1914 年法国和德国的经济发展》，傅梦弼译，商务印书馆 1965 年版，第 293 页。

和农业相互牵制，形成恶性循环。法国农村中异常猖獗的高利贷也延缓了小农与土地的分离。借了高利贷的农民偿还的不仅是地租，而且是全部纯收入，甚至是一部分工资。高利贷者宁愿让不能清偿债务的农民保留土地，以便继续吮吸他们的膏血，这就使得法国的小土地所有制能够长期保存下来。另外，随着人口的增长，农民的土地也日益分成更小的地块，出现了不少新的小农户。

19 世纪法国是一个农业国。法国的小农经营不仅在农业中占绝对优势，而且在数量上有所增加。1892 年，占有 40 公顷以上土地的各农户的土地总面积占总土地面积的 47%，有 10~40 公顷土地的各农户的土地总面积占 30%，有 1~10 公顷土地的各农户的土地总面积占 23%。① 1881 年、1891 年、1911 年适宜工作人口中有 47.5%、44.6%、41.2%分布在农业，同期工业就业人口增长缓慢。②

第三节 德国的工业革命

一、德意志的民族统一与工业革命

拿破仑战争后，根据 1815 年维也纳会议协定，德意志由 34 个邦和 4 个自由市联合组成，各邦、市仍保持独立主权，只在莱茵河畔的法兰克福设立邦联议会，各邦派代表参加，国家处于四分五裂的状态。各邦各自为政，法律、币制、税收繁杂多变。各邦在边境上设卡，使得道路不能贯通，河流切成多段，关税之外又征通行税。1818 年，普鲁士进行关税改革，废除国内关税，进口原料免税，对进口工业品平均征收 10%的关税，货物通过普鲁士边境时征收很轻的税，国产税只向少数货物征收。普鲁士的关税改革成为关税同盟的第一步。

1819 年，德意志各邦代表在维也纳集会，各邦分别组织了不同地区的关税同盟，有南部关税同盟、北部关税同盟和中部关税同盟。1834 年元旦，在普鲁士的努力下，全国性的关税同盟成立，普鲁士与德意志中部和南部一些邦的关税卡在这一天取消。到 1867 年，除了不来梅和汉堡（1885 年和 1888 年加入）外，其他邦都包括在德意志帝国关税同盟内。

关税同盟采取了温和的保护工业的政策。参加同盟的各邦间货物往来无须纳税，但对未参加同盟的各邦的货物须课以一定税率的关税；关税政策应由参加同盟的各邦每年开会共同决定；设法统一币制与度、量、衡；税收收入按各邦人口

① ［法］弗朗索瓦·卡龙：《现代法国经济史》，吴良健、方廷钰译，商务印书馆 1991 年版，第 117 页。

② ［英］彼得·马赛厄斯、［英］M. M. 波斯坦主编：《剑桥欧洲经济史》第七卷（上册），徐强、李军、马宏生译，经济科学出版社 2004 年版，第 384 页。

比例分配；各邦关税行政自主，各有任命税吏的权力；设置特定机构，研讨各成员邦修改税率的建议，并考察关税制度的施行；在不违背关税同盟规定下各邦仍有订立条约之权。关税同盟实行效果良好，各邦商业繁荣，走私绝迹，制造工业在保护下得以发展。瑞士、比利时和阿尔萨斯的企业在德意志扩大了的国内市场中寻找机会，纷纷转移到关税同盟地区。关税同盟后来取得国际地位，有权与他国缔结商约。关税同盟使德意志在政治还未统一之前先实现了经济统一。1871 年，德意志帝国成立，关税同盟融合在帝国之内，结束了它的历史使命。

1870 年的普法战争，普鲁士战胜法国，并统一了除奥地利以外的德意志各邦。1871 年 1 月 18 日，普鲁士国王威廉一世称帝，建立了中央集权制的德意志帝国。统一的联邦国家成立之后，首相俾斯麦着手整顿全国经济。他统一了全国度、量、衡制度，全国的商业法规和币制，确定马克为货币单位，1875 年又改建了中央银行，统一了纸币发行权。同时对交通运输的纷杂状况进行了大力整顿，扫除国内贸易的障碍，完成了国内市场的统一。政府为了鼓励本国工业的发展，在对外贸易方面也采取了统一的政策，改革原有的关税制度，从 1879 年起，实行保护关税政策，对工农业都实行保护。以上这些措施，促进了统一的国内市场的形成，增强了德国资本主义的竞争力量，扫除了资本主义大工业前进道路上的障碍。

二、工业基础的初步奠定

德意志关税同盟促成德国的产业革命于 19 世纪 30 年代中期正式起步。德国的产业革命也是从纺织业开始，巴伐利亚、符腾堡和巴登是德国的棉纺织业中心。从 19 世纪 30 年代早期到 40 年代晚期，原棉的消费增长了 8 倍，但是直到这一时期末，德国工业的规模只有法国的 1/3 甚至 1/4。①

由于利用新的技术设备，采煤业、冶金业也有大的发展。鲁尔区和萨尔区已成为德国采煤业和冶金业的中心。铁路建设和汽船航运也发展了起来。1824 年第一艘汽船开始在莱茵河上运行，1839 年组建了汉萨海运汽船公司和汉堡-美洲汽船公司，汉堡成为海运业中心。到 1848 年前，虽然德国的产业革命已有了相当进展，但仍然处于起步阶段。德国还未建立起自己的机器制造业，工业体系远未形成。工业中工厂生产的产值比重太小，工场手工业和零散的小手工业仍然占主导地位。

19 世纪前半期，德国采煤和冶金业的发展受制于技术落后。19 世纪后半期，由于采用新的技术设备，采煤和冶金业有较大发展。鲁尔的煤产量从 1850 年的 164 万吨增至 1869 年的将近 1 200 万吨，德国总体开采量从将近 420 万吨增加到

① ［英］大卫·兰德斯：《解除束缚的普罗米修斯》（第二版），谢怀筑译，华夏出版社 2007 年版，第167 页。

2 300多万吨。① 鲁尔不仅是个煤矿，还是煤铁矿，鲁尔的煤可制成适用于高炉炼铁的焦炭，德国冶铁业大发展也直接表现为采用新技术后矿物燃料对木炭等植物燃料的替代。普鲁士的铁产量占整个关税同盟的90%，木炭铁的比例从1842年的82%，降到1852年的60%、1862年的12.3%。在新兴炼铁工业区如鲁尔，木炭的淘汰速度更快。木炭铁的比例在1848年为100%，1850年为63%，1856年为4.2%，1863年为1.3%。②

总的来说，产业革命在19世纪五六十年代发展异常迅速。到1870年，德国在纺织、采煤、冶金等行业的发展速度均快于英国和法国，而在煤铁产量、铁路长度、蒸汽动力的使用等方面已超过法国，迈入了发达的工业国家行列。实际上，19世纪60年代末，在普鲁士、萨克森、巴伐利亚、巴登、纽伦堡这些先进的地区，产业革命已经基本完成。

三、工业革命的完成与“德国制造”③

20世纪初德国基本实现工业化。从就业人数在三大产业中所占的比重来看，1880年德国农业、工业和服务业中就业人数所占的比重分别为49%、30%和21%，1910年这三个产业中就业人数所占的比重改变为36%、37%和27%。

德国的重工业发展非常迅速，轻工业在国民经济中的地位很快为重工业所取代。机械制造业（包括电机、电气、造船业、军工行业、工具机床等）已经完全建立了起来，化学和电气等新兴重工业部门在德国国民经济中所起的作用超过了英、法等国同等行业在国民经济中的作用。

1870年以后，德国工业的增长速度就已超过英、法两国，仅次于美国，1890年以后德国的工业优势已很明显。对于德国实现赶超具有特别重要意义的是电力、光学和化学等新兴产业部门。电作为新兴能源在19世纪后半期开始商业运用，德国人居于领先地位。德国的功率指标显示，其发电和输配电网平均规模更大，电流更均匀，电力系统功率更佳。德国电气制造业规模居欧洲第一，是英国的两倍，只比美国略小。西门子和AEG雇用了14.2万名工人，控制着欧洲的电力工业。有

---

① ［英］大卫·兰德斯：《解除束缚的普罗米修斯》（第二版），谢怀筑译，华夏出版社2007年版，第205页。

② ［英］大卫·兰德斯：《解除束缚的普罗米修斯》（第二版），谢怀筑译，华夏出版社2007年版，第220页。

③ 这部分数据来源：［英］大卫·兰德斯：《解除束缚的普罗米修斯》（第二版），谢怀筑译，华夏出版社2007年版，第276、289、299、325页；［英］保罗·肯尼迪：《大国的兴衰》（上），王保存、王章辉、余昌楷译，中信出版社2013年版，第219—220页；［英］彼得·马赛厄斯、［英］M. M. 波斯坦主编：《剑桥欧洲经济史》第七卷（上册），徐强、李军、马宏生译，经济科学出版社2004年版，第553页。

机化学是德国最大的工业成就，有机化学占整个化学劳动力和资金的一半。19 世纪 70 年代，巴登苯胺、赫希施特、爱克发等工业染料企业已占据了世界市场的一半，世纪之交时达到 90%。

德国煤产量从 1890 年的 8 900 万吨，上升到 1914 年的 2. 77 亿吨，只落后于英国的 2. 92 亿吨，远远领先于奥匈帝国的 4 700 万吨、法国的 4 000 万吨和俄国的 3 600 万吨。德国的钢产量增长惊人，1914 年，德国 1 760 万吨的产量高于英、法、俄三国的产量总和。第一次世界大战前夕，德国在世界制造业中所占的份额（14. 8%）高于英国（13. 6%），约是法国的 2. 4 倍（6. 1%）。

在钢铁业、机器制造业和化学工业中，大规模生产非常普遍。1907 年，钢铁业 3/4 的工人就业于千人以上规模的大企业；机器制造业中 84%的工人在职工人数 51 人及以上的企业工作，重型电气设备制造业的这一比例高达 96. 4%；化学工业中碱、炸药和有机染料行业的比例达到 82. 6%~98. 2%。

1870 年之后，德国工业在海外的扩张威胁到了英国在国际贸易中的垄断地位。1875—1895 年，英国出口产品量增长了约 63%，但出口总值不变，德国的出口总值却实现了 30%的增长。同时，1872 年德国出口中制成品仅占 44%，到 1900 年则占到 62%（同期英国的比例为 75%）。1890—1913 年，德国的出口增加了两倍，接近世界头号出口国英国。1913 年德国成为世界第二大商船拥有国。

第四节　美国的工业革命

一、工业革命的基础和条件

经过 1775—1783 年的反英独立战争，美国摆脱了英国的殖民统治，获得了政治上的独立。在债券持有人集团、大土地投机者集团、工商业者集团和奴隶主集团的支持下，通过了 1787 年美国宪法。这是第一部资产阶级宪法，明确了私有财产神圣不可侵犯，赋予美国政府四个重大权力，包括征税、建立和维持海陆军、全权管理对外与州际贸易、处理西部的土地。1787 年美国宪法说明了政府以何种方式介入经济活动，明确了政府“守夜人”的地位。

美国建国后通过大规模地向西扩张领土，形成了欧美其他国家都不能比拟的广大的国内市场。西部土地蕴藏着极为丰富的自然资源，也为美国经济的发展奠定了雄厚的物质基础。到 19 世纪中叶，美国的国境线已扩张到太平洋沿岸。美国政府为了吸引欧洲各国的移民来开发西部，逐步实行了西部土地的国有化政策，并采取分块出售的办法转让给移民。耕地面积的扩大和农业生产技术的改进，使美国农业产量迅速上升。

大量移民的流入，不仅为工业革命的开展提供了源源不断的廉价劳动力，而且为美国带来了先进的科学技术。美国是世界上外来移民最多的国家，从北美 13 块殖民地时代起直到 19 世纪，美国都是移民净流入的国家。欧洲移民及其后裔构成了美国居民的主体，其次是来自非洲的黑种人、来自亚洲的黄种人和来自拉丁美洲的各色人种。美国独立以后，差不多每隔 25 年，人口数量就要翻一番。大量移民的涌入，虽然对某些特定行业产生了不利影响，但是从总体上来看，1913 年以前美国没有出现明显的工资下降趋势。1910 年，外国移民占美国制造业劳动力的 1/3，占建筑和运输行业全部劳动力的 1/4。1910 年，有一半的美国人是 1790 年后到美国的欧洲移民及其后代。欧洲移民帮助美国发展了纺织、钢铁、酿造、钟表、制鞋、成衣等许多新兴的工业部门。1790 年曾经受雇于阿克莱特纺纱工厂的塞缪尔·斯莱特来到美国，并于 1791 年创立了美国第一个近代机器工厂，他仿制的水力纺纱机获得了专利权。

1791 年，美国财政部长汉密尔顿提出著名的《制造业报告》，强调一个国家如果没有适当的工业基础，在经济上或政治上就不能强大。他认为，由于英国的工业建立得较早、较好，能够比美国新建工厂出售更廉价的商品，为了使本国工业建立并发展起来，必须实行保护关税制度。1816 年，经过激烈斗争，美国通过第一个保护性关税法案。对一般进口货物平均征收 20% 的关税，而对某些特别需要加以保护的工业进口产品征收特别税。之后，尽管有多次反复，但保护关税政策基本保持下来。

二、种植园奴隶制及其影响

在 1808 年国会禁止奴隶输入之前，被贩卖到美国做奴隶的人数总计约 66.1 万，至少相当于所有被强迫横渡大西洋的非洲人的约 7%。但是，到 1825 年，美国境内的奴隶人数约占西半球奴隶总数的 36%①，尽管巴西在 1500—1870 年输入的奴隶人数 6 倍于美国，但巴西境内的奴隶人数在西半球奴隶总数中仅占 31%。② 这表明美国奴隶人口的自然增长率很高。美国黑奴的死亡率较低，而生育率却很高。

欧洲国家棉纺织业的发展导致对原棉的需求增加，这刺激了美国棉花种植园的发展，在 1800 年至内战期间，奴隶日益集中在南部从事棉花生产。种植棉花的地带包括：东南起自南卡罗来纳的中部，穿过佐治亚到亚拉巴马，再向西和向北穿过密西西比、田纳西南部、阿肯色、路易斯安那，直到得克萨斯东部。到 1860

① ［美］加里·M. 沃尔顿、［美］休·罗考夫：《美国经济史》（第 12 版），王珏、吴紫岚、侯锦慎等译，中国人民大学出版社 2018 年版，第 216 页。

② ［美］罗伯特·威廉·福格尔、［美］斯坦利·L. 恩格尔曼：《苦难的时代：美国奴隶制经济学》，颜色译，机械工业出版社 2016 年版，第 13 页。

年，南部黑奴人口已达 384 万，超过南部总人口的一半。1860 年，根据当时的标准，奴隶代表了他们主人的很大一部分财富。在亚拉巴马、佐治亚、路易斯安那、密西西比和南卡罗来纳，将近 60%的农业财富为奴隶，而土地和农用建筑只占不到 1/3 的比例。

1860 年，南部人均制造业产值不及美国中部滨大西洋诸州的 1/5，仅为新英格兰的 1/8。由于南部大多数种植园都自给自足，仅提供给奴隶满足生存需要的最低程度的消费，这限制了制造品市场的扩大。南部的工业部门很小，主要是一些资源加工、纺织业以及印刷和出版业。在工业化进程中，南部远远落后于北部和中西部。南部由于奴隶制阻碍了工业化进程，并不表示南部经济不发达。内战以前，南部处于其经济发展的黄金时期，它的发展速度与整个美国经济的发展速度一样快。从人均收入的增长情况来看，南部是美国经济发展最成功的地区之一。南部在 1840 年和 1860 年生活水平都显著高于以农业为主的北部偏中诸州（俄亥俄州及其以西的州）。南部的经济增长率比北部快 1/5，并与正在进行工业化的国家的经济增长率相差无几。①

南部收入的很大一部分仰仗于奴隶，当反对奴隶制的林肯当选后，加入南部邦联的蓄奴州的顺序正好反映了它们对奴隶收入的相对依赖度。② 内战后，南部原先符合要素禀赋原理的经济模式被打破，在内战开始后的 20 年内，美国其余地区的经济发展突飞猛进，而南部经济发展落后了。

三、工业化进程与经济发展

在南北战争之前，美国工业处于起步阶段，最早的工业是棉纺织业。1820 年，美国的棉纺织工厂的生产处于蓬勃发展阶段。棉纺织业在 1860 年已成为美国重要的工业部门。

从 19 世纪初起，美国相继引进了热风炉、焦炭炼铁法等先进技术，建立起近代炼铁业。由于基础较好，资源丰富，炼铁业发展很快。但美国产的生铁质量较差，只能用于制造农具、铁管、大炉等。19 世纪初，美国的蒸汽机、机车等主要机器基本都从英国进口。通过仿制和改进，美国很快建立了自己的机器工业。在动力的使用方面，主要依靠水力和蒸汽。在 1840 年后的 40 年中，水力始终是美国固定动力的最重要源泉。从总的马力来看，蒸汽发动机主要用于交通运输。1860 年增加值最高的 10 个行业是棉纺织业、木材、制鞋、面粉、男式服装、制铁、机

---

① ［美］杰里米·阿塔克、［美］彼得·帕塞尔：《新美国经济史——从殖民地时期到 1940 年》上卷（第二版），罗涛等译，中国社会科学出版社 2000 年版，第 321 页。

② ［美］杰拉尔德·冈德森：《美国经济史新编》，杨宇光等译，商务印书馆 1994 年版，第 358 页。

器、毛纺织业、马车和货车、皮革。①

南北战争后到第一次世界大战，是美国工业化突飞猛进和最终完成的时期。1859 年美国有 14 万个工业生产单位，其中许多是手工作坊。到 1914 年，工厂总数增加到 27.5 万家，全年生产总值超过 240 亿美元。工人总数在 1859 年有 130 多万，1914 年超过 700 万。② 农业部门的劳动力下降，1869 年农业就业比例为 53%，制造业为 33%，1899 年正好反转为农业 33%和制造业 53%。③ 1910 年增加值最高的 10 个行业变为机械、木材、印刷和出版、钢铁、酿酒、男式服装、棉织品、烟草、火车、制鞋。④ 19 世纪 90 年代中期，美国成为世界工业的领袖。1913 年美国占世界工业产出的 1/3 以上，是排名第二的德国生产的商品价值的近 2 倍。⑤

美国的地区专业化也逐渐形成。1860 年以前，美国重要的工业区集中在大西洋沿岸和新英格兰，因为那里是最早进行农业革命的地区，有企业家需要的劳动力、玉米等的供应和推销工业品的市场。南方建立了以木材加工、纺织业为主的工业部门。19 世纪中叶，美国形成了三大区际贸易区：五大湖区、密西西比河沿岸区和西部的大平原区。1850—1890 年，人口中心、玉米生产、食品加工业都向西移动。面粉厂从沿海河流向西迁移到伊利运河上的罗切斯特，然后迁往芝加哥，最后到达明尼阿波利斯和堪萨斯。肉食罐头工业越过阿勒格尼山脉，1816 年开始于辛辛那提，后来迁到芝加哥和堪萨斯。这时，中部、东北各州工业发展最显著。19 世纪 80 年代以后，木材工业和棉纺织业在南部获得长足发展。

第五节 俄国和日本的工业革命

一、俄国的工业革命

17 世纪末开始，彼得一世效法西欧发达国家实行改革。经济方面的改革主要是鼓励发展工场手工业，凿运河，开商埠，振兴国内外贸易，从而为俄国近代工

① ［美］斯坦利 · L. 恩格尔曼、［美］罗伯特 · E. 高尔曼主编：《剑桥美国经济史》第二卷，王珏、李淑清译，中国人民大学出版社 2008 年版，第 276 页。

② ［美］吉尔伯特 · C. 菲特、［美］吉姆 · E. 里斯：《美国经济史》，司徒淳、方秉铸译，辽宁人民出版社 1981 年版，第 449 页。

③ ［美］加里 · M. 沃尔顿、［美］休 · 罗考夫：《美国经济史》（第 12 版），王珏、吴紫岚、侯锦慎等译，中国人民大学出版社 2018 年版，第 292 页。

④ ［美］斯坦利 · L. 恩格尔曼、［美］罗伯特 · E. 高尔曼主编：《剑桥美国经济史》第二卷，王珏、李淑清译，中国人民大学出版社 2008 年版，第 276 页。

⑤ ［美］加里 · M. 沃尔顿、［美］休 · 罗考夫：《美国经济史》（第 12 版），王珏、吴紫岚、侯锦慎等译，中国人民大学出版社 2018 年版，第 293 页。

业奠定了基础。18世纪后半期，叶卡捷琳娜二世实行开明专制，鼓励发展资本主义工商业。但在19世纪40年代中期以前，俄国工业生产对于机器的采用，基本上是实验的、偶然的和不稳定的。

19世纪中期的农奴制改革和工业革命的世界性进程，有力地影响着俄国工业经济的发展。1860年至1880年，俄国工业生产的主流是资本主义生产方式普遍取代封建生产方式，机器工厂与手工工场低级形式的角逐全面展开。就各部门来看，轻纺工业、机器制造业和煤炭业发展比较迅速。然而，工业发展并不均衡，也不稳定，经济狂热和经济萧条交替出现。1873年和1881年的危机和萧条，减弱了俄国工业迅速发展的势头。危机和萧条使大批小手工业和中小企业破产，从而加速了生产集中和大机器工业战胜小手工业的过程。工业发展的许多条件，如大量资本、熟练工人、商业和信贷组织以及建立新工业部门的组织经验等尚不具备。国产金属、机器、煤炭的自给率只有1/3~1/2，国内工业生产严重依赖进口。

19世纪80年代到第一次世界大战是俄国工业化迅速发展的时期，主要表现为人口快速增长和农业进步并存、人均社会资本增长迅速。工业是俄国经济中增长最快的部门，工业劳动力增加，生产技能也有所提高①，工业和服务业在总产出和雇用总人数中的比例提高了。

1887年至1897年，俄国的全部工业产值增长112.8%，其中矿业产值增长152.4%，金属制品工业增长175.8%，化学工业增长177.2%，均高于全部工业产值增长率。化学工业生产价值由0.2亿卢布增加到0.6亿卢布，增加了两倍②；煤炭产量增长2倍，石油产量增长20倍，钢产量增长5倍。而纺织工业的增长率，低于全部工业产值增长率。

1890年至1913年，俄国大型工业产量的年均增长率为5%，高于大多数处于工业化发展阶段的国家。在矿场、制造厂和铁路工作的劳动力明显增多，年均增加了128.5%，这反映了人口从农业向工业的转移。③ 同期，外国资本流入和俄国政府着重扶持，使重工业获得重要发展。

到1914年，采矿业、冶金业和机械制造业占资金投入总数的一半多。然而，第一次世界大战前，纺织业和食品业产值都占据着领先地位。1914年，纺织业和食品业产值占到28%和22%，占工业劳动力总数的30%和13%。而受到政府鼓励

① ［英］彼得·马赛厄斯、［英］M. M. 波斯坦主编：《剑桥欧洲经济史》第七卷（下册），王文捷、肖慧娟、宫瑞等译，经济科学出版社2004年版，第241—242页。

② ［苏联］梁士琴科：《苏联国民经济史》第二卷，李延栋等译，人民出版社1954年版，第200页。

③ ［英］彼得·马赛厄斯、［英］M. M. 波斯坦主编：《剑桥欧洲经济史》第七卷（下册），王文捷、肖慧娟、宫瑞等译，经济科学出版社2004年版，第247页。

和补贴的采矿业和冶金业不足工业总产值的1/7。① 可见，俄国政府为扶植国内产业所实施的财政政策、国家订货和优惠税率等种种鼓励措施未能充分奏效。

1914年，俄国已成为欧洲第四大工业国，拥有绝大多数工业部门，工业年均增长率高于同期欧洲其他国家。但俄国工业在地理上的发展并不均衡。工业发达地区，如巴库油田、波兰王国的皮奥特尔科沃，以及莫斯科省和圣彼得堡省等地区，人均工业产值和工人占总人口的比例都可以与当时先进国家的平均水平相比；但在广大工业落后地区，工业发展微不足道，造成俄国总体工业水平较低。1908年，俄国人均工业产值不到30卢布（合3英镑多一点），工厂工人占全部人口的比例不到1.43%。此外，俄国农业种植生产率虽比较高，但农业增长慢于工业增长，且农业在俄国经济中所占比重很大，削弱了较高的工业增长率对经济增长的影响，人口增长也使俄国人均收入在欧洲处于最低水平。②

二、日本的工业革命

1868年至19世纪80年代中期，明治政府在政治、经济乃至文化领域推行了一系列“维新”改革措施。明治维新对日本工业发展有重要意义，主要包括以下几方面内容：

第一，废藩置县，即废除藩国制度，将全国重新划分为3府72县，由中央政府统一任命府、县知事进行管理，从而以近代的中央集权制取代了封建领主制；整顿财政、统一货币，为国内经济上的统一和国内统一市场的形成奠定了基础。

第二，废除封建等级制度，促进流通。确认各阶层有迁徙、就业和契约自由。

第三，实行土地和地税制度改革。日本在1869年和1871年，先后废除了农田永禁买卖令，允许农民自由栽培作物和用货币缴纳地税。1872年又宣布根据土地的实际支配权确定土地所有权。

第四，学习欧美教育、文化和科学技术，实行文明开化、殖产兴业。

第五，扶植私人资本主义的发展。一方面，政府用财政资金扶植那些曾给予新政权建立和推行改革以资金支持的政商。另一方面，采取发放“劝业基金”等办法，鼓励士族经营工商业。1880年，政府把一大批国营企业廉价处理给三井、三菱、古河、久原、浅野、川崎等私人企业，而这些企业则构成了日后财阀发展的基础。

明治维新不仅使日本成功摆脱了沦为殖民地的危机，而且促进了日本向资本

---

① ［英］彼得·马赛厄斯、［英］M. M. 波斯坦主编：《剑桥欧洲经济史》第七卷（下册），王文捷、肖慧娟、宫瑞等译，经济科学出版社2004年版，第331页。

② ［英］彼得·马赛厄斯、［英］M. M. 波斯坦主编：《剑桥欧洲经济史》第七卷（下册），王文捷、肖慧娟、宫瑞等译，经济科学出版社2004年版，第286页。

主义生产方式的转变。

奉行殖产兴业和富国强兵的明治政府，意图通过对外扩张，对周边国家的资源和市场进行占有，解除其国内市场狭小、粮食和资源短缺的困境。1874 年日本发动了对中国台湾的侵略，1875 年又入侵朝鲜、制造江华岛事件，1894—1895 年日本再次发动了对中国的侵略战争（中日甲午战争），1904—1905 年日本发动日俄战争。

明治维新后，日本第二产业比重不断提高，从 1888 年的 12.2%上升到 1938 年的 51.8%，第一产业的劳动力占比也从 69.9%下降到 44.7%。① 1910 年之前，食品业（主要是清酒、酱油、糕点糖果）和纺织业（主要是生丝、丝织品、棉线、棉纺织品）在工业中的比重最大，19 世纪 80 年代末纺织业超过食品业成为日本最大工业。② 随着殖民扩张攫取到的海外原料和市场的增加，日本的工业尤其是煤炭、钢铁、机械、造船等重工业获得了快速发展。

从日俄战争到第一次世界大战之前，日本垄断组织财阀的势力迅速增长。三井、三菱、住友、安田、川崎、山口、浅野、大仓、古河和片仓等财阀，在国家政权的庇护下，在对外扩张中实力大增，成为大型垄断资本。例如，参股 1906 年建立的南满铁道股份公司的三井和三菱财阀，在垄断中国东北的煤矿、电力、航运、仓库及铁路的相关事业中获取了巨额利润。由于这些财阀来自封建时代的政商而保持着浓厚的封建性质，企业经营采取“家族康采恩”③ 的形式，企业的最高权力属于由财阀家族成员和亲属组成的家族会议。财阀虽在经营活动中有各自的重点领域，但一般都是渗透到工业、金融、商业和运输等一切部门中，形成包括原料进口、生产加工、运输和销售的综合性垄断事业。例如，三井财阀在 1909 年建立资本为 5 000 万日元的三井合名公司，统辖分立的商业、矿山、银行、仓库等直系企业，还拥有北煤、王子造纸、钟纺、芝浦电气等旁系大企业，在日本经济中构成了一个实力庞大的统治网络。到第一次世界大战末期，三井和三菱两大财阀旗下的企业资本占全国总资本的 12%④，财阀成为日本垄断资本的主要势力。

三、俄国和日本工业革命的特点

俄国和日本近代产业发展的独特历史条件和经济发展的后进性，即内部资产

① ［日］南亮进：《日本的经济发展》，东洋经济新报社 1981 年版，转引自崔岩：《日本的经济赶超》，经济管理出版社 2009 年版，第 87 页。

② ［日］浜野洁、［日］井奥成彦、［日］中村宗悦等：《日本经济史 1600—2000》，彭曦、刘姝含、韩秋燕等译，南京大学出版社 2010 年版，第73 页。

③ 即形成“家族总公司—直系公司—旁系公司”的特殊持股关系。

④ 冯玮：《日本经济体制的历史变迁：理论和政策的互动》，上海人民出版社 2009 年版，第 261 页。

阶级改革的不彻底和资本原始积累不足，外部既有面临竞争或者沦为列强殖民地的危险，又有利用西方国家先进技术和经验的条件，使它们的近代工业和技术与产业发展方式，带有与先进欧美国家明显不同的特征。主要特点表现在如下几个方面：

第一，俄国和日本近代工业的发展与原始资本积累几乎是同时进行的，工业革命开始的时间晚但发展速度快，也因此造成了工业基础的薄弱和对外依赖性。俄国和日本的工业革命仅用了50年左右的时间就宣告基本完成，并且其近代机器工业发展之初主要依赖于进口国外的设备。

第二，俄国和日本的近代工业是在国家资本扶植下和对外扩张中发展起来的。因此，俄国和日本近代工业中形成了受到特殊保护、在经济中起统治作用的少数特权资本，军事工业和直接为军事目的服务的交通运输业等获得了快速发展。

第三，俄国和日本的近代工业是在落后的半封建农业基础上发展起来的。一方面，农业中大量潜伏的过剩劳动力的存在，使俄国和日本工业的发展获得了成本低廉、数量充足的劳动力，从而加快了发展的步伐；另一方面，工业发展得不到足够的原料和国内市场，加速了俄国和日本的对外扩张。总体来看，俄国和日本的工业革命具有后发优势，同时呈现经济发展不平衡的脆弱性。

在技术引进方面，日本比俄国更有成效。日本在技术的运用上采取外来技术与本土技术有机结合的方法。尽管在前近代日本就已开始致力于多种形式的国外技术引进，并在明治政府推行的殖产兴业活动中进一步扩大，但它并不是放弃已经形成的传统技术与技艺，而是将两者结合运用在日本近代产业的发展中。例如，酿酒、陶瓷等民间企业最初引进的就是那些便于发挥日本人力资本优势和有利于资源利用的技术。同时，各种产业技术引进都普遍经历适应与改造的本土化过程，包括引进日本完全没有的技术，如铁路、电话。与技术转移过程中传统与现代结合相对应的，是产业发展上表现出的传统形式与现代形式的衔接，传统的生产企业与现代的生产企业并存。它们之间或者根据所生产的产品不同划分供货市场，或者在生产链条上形成上下游的垂直供货关系，两者平行发展。

思考题

1. 如何理解工业革命首先发生在英国的“偶然性”和“必然性”？
2. 英国、法国工业革命各有什么特点？
3. 关税同盟对德国经济统一的意义有哪些？
4. 美国工业化为什么能后来居上？
5. 俄国和日本工业革命有哪些特点？

▶ 自测习题及参考答案

请扫描二维码

第七章 资本主义经济制度的确立和发展

随着工业革命的完成，工厂化生产和城市生活成为欧美国家主流的生产方式和生活方式。与此同时，资本主义社会结构也发生了根本变化，资产阶级和工人阶级两大对立阶级开始形成，工人阶级为自身利益展开不断的斗争。随着资本主义经济制度的最终确立，资本主义基本矛盾也开始暴露，资本主义经济危机周期性爆发。

第一节 工业化和社会生产方式的革命

一、经济增长的新含义

工业革命之前，世界上任何一个地区的经济繁荣都没有导致人均收入的持续增长，比如中国的长江中下游地区、10 世纪前后的伊斯兰世界以及意大利沿海城市等。1800 年前世界经济总量的增加通常伴随人口的增加，经济总量的增长基本都被新增人口吸收，人均收入增长平缓，经济呈现稳态的特征见图 7-1。这种特征可以用马尔萨斯的人口理论来解释，所以也被称为“马尔萨斯式增长”。

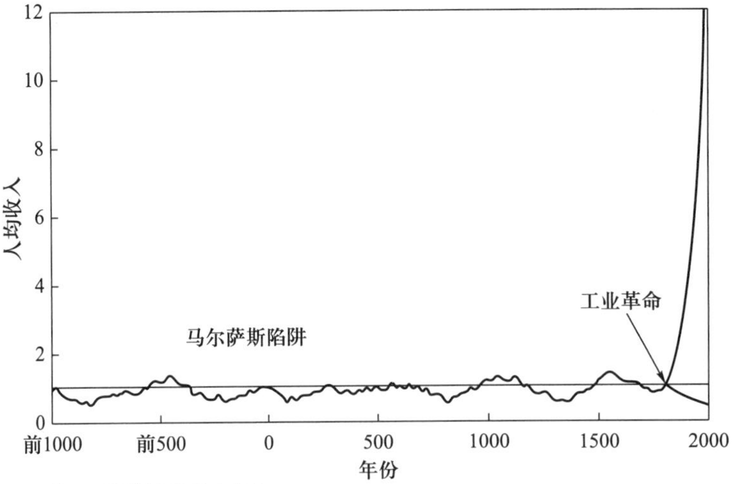

图 7-1 世界经济增长

资料来源：Gregory Clark, *A Farewell to Alms: A Brief Economic History of the World*, Princeton: Princeton University Press, 2007, p. 2.

工业革命后，人均收入的持续增长成为世界经济史中十分显著的现象。越早开始工业革命的国家越快地实现人均 GDP 的持续上升。在过去的 200 年里，实现了工业化的国家人均实际收入增长了 10~15 倍。为此，小罗伯特 · E. 卢卡斯关于工业革命的定义是，经济摆脱马尔萨斯式增长，实现人均收入持续增长的过程。①

二、工厂制度的建立

手工工场是走向工厂制度的重要一站。② 在资本主义早期，工业品基本由家庭工业或者手工作坊生产。工匠带几个学徒在城市作坊里，或者农民和他的妻子、儿女挤在乡村的茅舍中，从事着打铁、纺织等最简单的手工劳动。16 世纪市场规模扩大，改变了这种传统的生产组织方式。最初，包买商或中间商到农村收购城市行会不能满足市场需求的商品，尤其是纺织品。后来，市场的需求超过了农民依赖自己的原料生产的产品量，或者有些产品需要进口的或昂贵的纤维原料生产，如优质羊毛、蚕丝或棉花，于是商人就为商品生产提供原料。将原料送交农民时指明所要求的种类和品质，同时付给他们工钱，并且开始组织家庭手工业者为他们生产商品。渐渐地，这些中间商控制了生产中的每一道工序，并纵向地将其专业化。这就是分料到户制，也称“分散的工场手工业”。分料到户制与家庭手工业相比，是以生产工序的不断分离为特征，以生产地和销售地的扩大、每一工序的付费为表象的。

由于直接管理和监督生产过程的需要，分料到户制向集中的手工工场过渡，生产场所由家庭进入工场。集中的手工工场容易对个人贡献进行考核，降低了设计机器代替人工的费用，鼓励了技术创新，技术创新又导致组织创新，从而促成了现代工厂制度的最后确立。③ 18 世纪后半叶，工厂制发展起来。

1771 年，阿克莱特在克罗姆福德建立的纺纱厂是首批建立的工厂之一，其规模远远超过当时存在的纺纱工场。该工厂的动力由一台巨大的水车提供。1788 年，英国建立的阿克莱特式纺纱厂已达 143 座，其中许多工厂的工人达 700~800 人。1791 年，阿克莱特建立第一个织布工厂，装配系列机器，半制成品由机器相继传送，取代过去手工业工人之间的手工操作。阿克莱特被称为“工厂制度之父”。

机器的增加，即从使用单一机器到整个机器系统，使最重要的生产过程机械

① ［美］小罗伯特 · E. 卢卡斯：《为何资本不从富国流向穷国》，罗汉、应洪基译，江苏人民出版社 2005 年版，第 180 页。

② ［法］保尔 · 芒图：《十八世纪产业革命——英国近代大工业初期的概况》，杨人楩、陈希秦、吴绪译，商务印书馆 1983 年版，第 387 页。

③ ［美］道格拉斯 · C. 诺思：《经济史中的结构与变迁》，陈郁、罗华平等译，上海三联书店、上海人民出版社 1994 年版，第 188—191 页。

化，更促进了专业化，从而导致工厂制度的全面建立。蒸汽机，改变了工厂设立的地点。在蒸汽机以前，使用动力的工厂必须设在可安装水力动力机的场地。蒸汽机的应用“为在煤炭来源、交通运输、劳动力和市场较近的地区设立工厂铺平了道路”①。工人不再在自己家里工作，而是集中到工厂，屈服于刚性的规则：上班、就餐、下班都要按照钟声的指示，每个人都有既定的岗位、严格界定的任务，在监督下按规则不停地劳动。②

工厂制度以其强大的竞争力，逐步排挤手工作坊，使社会生产方式彻底变革。工厂内部劳动的分工和专业化的发展，使生产、设计和管理等部门各司其职，改变了以往凭经验的工作和思维方式，向科学化过渡。技术设计部门由工程师组成，负责设计生产工艺和生产流程，以达到更有效地考核个人绩效和更快地提高生产率的目的。销售部门在产量扩大的情形下，越来越重要。19 世纪 60 年代销售部门的主要工作是推销部分库存产品和代表厂方签订承办合同。各个部门分工的明确使工厂主不再需要直接管理生产过程、进行产品开发或推销产品，他们的工作重心转移到平衡各个部门的发展、作出重大决策和监督各部门的工作绩效上来了。工厂的管理出现层次化。

三、生活水平与生活观念的改变

1750 年至 1850 年，英国人均国民收入提高很快，但劳动力所得份额却相对下降，人均食品消费指数停滞，家仆数量上升。19 世纪中期以后，国民收入中劳动份额不再下降，1860 年至 1909 年大致保持在国民收入的 49%。第一次世界大战后劳动份额明显上升，1968 年达到 70% 以上。19 世纪中期后，实际工资与国民收入、购买力同步上升，增长达 4 倍或 5 倍。③ 这说明广大劳动者在工业革命初期，付出了生活水平下降的代价，直到工业革命后期人们才部分享受到了工业革命的成果。

收入的变化不仅表现在总量上，而且表现在结构上。地域性收入差距扩大。一般地，工业化给城市和工业区带来的财富大于给农村带来的财富。17 世纪末，英格兰南部，从塞文河至沃什一线以南地区是英国最富庶的地区。但是在工业化以后的两个世纪中，英格兰北部和威尔士南部都富裕了起来，人均收入高于英格

---

① ［美］内森·罗森堡、［美］L. E. 小伯泽尔：《西方致富之路》，刘赛力等译，生活·读书·新知三联书店 1989 年版，第 179 页。

② ［法］米歇尔·波德：《资本主义的历史：从 1500 年至 2010 年》，郑方磊、任轶译，上海辞书出版社 2011 年版，第 78 页。

③ ［英］彼得·马赛厄斯、［英］M. M. 波斯坦主编：《剑桥欧洲经济史》第七卷（上册），徐强、李军、马宏生译，经济科学出版社 2004 年版，第 194、195、204、215 页。

兰南部工业不发达的农村地区。收入在人口中的分布也不平衡，而且这种不平衡在工业化中有加剧的趋势。上等阶级的收入高于全国平均水平，商人和企业家的收入超过社会上任何其他群体，而广大的小农、工人和穷人的收入等于或大部分低于平均水平。据统计，第一次世界大战前夕，英格兰和威尔士 25 岁和 25 岁以上的人中，占人口不到 1%的人占有国家财富的 2/3，占人口 87%的人只占有全部财富的 8.5%，而那些财富仅仅是些衣服和简陋的家具。①

家庭支出的结构也反映了生活水平状况。一般只有在满足了基本的生活需要后，才考虑娱乐、奢侈品和教育，以及旅游费用的支出。工业化时期，满足吃、穿、住基本生活需要的支出，在社会各阶层中占有不同的比例。穷人将收入的大部分用于食物支出，英国的恩格尔系数在 20 世纪初仍保持在 50%以上。富人则能够把自己收入中较大的部分用于个人服务、奢侈品、教育、娱乐、旅游和其他形式的阔绰消费。

随着工业化的深入，英国恩格尔系数普遍降低，而且食物的营养提高了。19 世纪六七十年代，英国工人阶级的饮食不够维持健康，食谱中只有很少的肉类，马铃薯是主要食物，水果的消费很少，很多中产阶级和上等阶级也把水果视为奢侈品。19 世纪末，英国的饮食出现重大变化，马铃薯的消费减少，一些经济状况比较好的家庭蔬菜消费量增加。1900 年，香蕉在城市穷人家庭中得到普及。肉类由于进口的刺激（主要是从美国、澳大利亚、新西兰以及阿根廷进口的罐头和冷冻肉），人均年消费量从 1863 年的 52 磅，增加到 1880—1884 年的 108 磅，1904 年达到 130 磅以上。②

第一次世界大战后，住房条件得到改善和提高。工业化时期房屋拥挤不堪，卫生条件极差，但是住房的支出却呈上升趋势。1801 年房租大约占支出的 5%，1851 年增至 8%，1901 年达到 9%。③

此外，新的生产方式影响着人们的生活观念。有迹象表明，新的生活理念正在形成。工业革命早期的剩余劳动力有一部分人仇视大机器生产，不能习惯地遵守工厂的纪律，旷工、早退、迟到的现象十分普遍。为了使人们打破旧的思想观念，工厂主为建立新的社会规范和伦理规范进行了努力。社会上受到尊敬的人通过星期天的学校、布道坛等不厌其烦地向工人灌输刻苦、劳动、储蓄、节俭和节

① ［意］卡洛·M. 奇波拉主编：《欧洲经济史》第三卷，吴良健、刘漠云、王林等译，商务印书馆 1989 年版，第 91—92 页。

② ［意］卡洛·M. 奇波拉主编：《欧洲经济史》第三卷，吴良健、刘漠云、王林等译，商务印书馆 1989 年版，第 109 页。

③ ［意］卡洛·M. 奇波拉主编：《欧洲经济史》第三卷，吴良健、刘漠云、王林等译，商务印书馆 1989 年版，第 123 页。

欲的社会新准则，以中产阶级为榜样，建立具有资产阶级特点的金科玉律。同时，工业革命造成了人与物的异化。劳动对象由一种工具进行加工，这一工具由动力机推动，排斥人力；生产过程中的合作，由机器的合作和转化作用来进行；工艺过程中客观分散了各组成部分，各个部分的任务由机器完成，人成为机器的附庸。

第二节 城市化和社会生活方式的变革

一、工业化与城市化

19世纪和20世纪是城市人口快速增长的时期，城市化速度加快的地区正好是工业革命爆发的地区。在19世纪上半叶，只有英国和比利时的城市化率高于0.2。19世纪50年代后，随着欧洲大陆和新世界国家工业化的发展，其城市化也在加速。1850年至1890年，奥匈帝国、挪威和爱尔兰的城市化率达到0.2，比利时和美国在0.3~0.46，英格兰、威尔士和萨克森则在0.5以上。① 1800年至1870年，英格兰、苏格兰和爱尔兰为欧洲城市人口增长贡献了26%。② 20世纪初德国鲁尔区人口达到150万人的几个大城市，在19世纪还是总人口不足4万人的几个村落。③

城市化与经济增长之间存在一定的正向关系。19世纪末和20世纪初英格兰、苏格兰、爱尔兰、比利时、德国，以及法国的城市化水平大大高于欧洲城市化平均水平。1800年，欧洲的城市化水平只是略高于世界平均水平，但到1900年，欧洲和美洲的城市化水平是世界平均水平的两倍，亚洲与非洲的城市化水平不到欧洲的1/3或1/6。④ 城市规模也在扩大，19世纪70年代中期，欧洲人口超过100万的城市有4个——伦敦、巴黎、柏林、维也纳，超过50万的城市有6个，20多万人口的城市有25个。⑤

---

① ［英］艾瑞克·霍布斯邦：《资本的年代1848—1875》，张晓华等译，国际文化出版公司2006年版，第268页。

② Paolo Malanima, "Urbanization," in Stephen Broadberry and Kevin H. O'Rourke, eds., *The Cambridge Economic History of Modern Europe, volume 1: 1700 - 1870*, Cambridge: Cambridge University Press, 2010, p. 249.

③ Carol Leonard and Jonas Ljungberg, "Population and living standards, 1870-1914," in Stephen Broadberry and Kevin H. O'Rourke, eds., *The Cambridge Economic History of Modern Europe, volume 2: 1870 to the Present*, Cambridge: Cambridge University Press, 2010, p. 114.

④ Paolo Malanima, "Urbanization," in Stephen Broadberry and Kevin H. O'Rourke, eds., *The Cambridge Economic History of Modern Europe, volume 1: 1700-1870*, Cambridge: Cambridge University Press, 2010, pp. 254-255.

⑤ ［英］艾瑞克·霍布斯邦：《资本的年代1848—1875》，张晓华等译，国际文化出版公司2006年版，第269页。

工业革命的技术创新导致的劳动生产率的提升是城市化的决定性因素，谷物进口、交通改善也对城市发展有积极作用。① 一个或是一些城市部门中就业的增长会通过就业乘数效应，引发一些新的生产活动，如建筑、服务以及管理等，城市越大越能吸引移民。② 工业革命以前，曼彻斯特是个富庶的村落。17 世纪出现棉纺织业，人口开始增加。18 世纪上半期，曼彻斯特方圆已达 10~15 平方英里，有工业，有市场。人们在那里制造呢绒、粗帆布、毡帽，尤其是各种棉织品，如漂白布、粗棉布等。曼彻斯特的产品和原料都通过利物浦进出。笛福在 1727 年还称它为“英格兰的最大村落之一”。棉纺织工业兴起之后，曼彻斯特开通了连接利物浦的运河和获得廉价煤的沃尔斯利运河，改善了街道照明情况和路政，并且采取了组织救火等重要措施。随着蒸汽机代替水力发动机，工厂越来越多地设在曼彻斯特。1786 年人们仅看到一个烟囱，即阿克莱特纺纱厂的烟囱；15 年后，曼彻斯特有 50 个纺纱厂，大多数都拥有蒸汽机。1820 年，曼彻斯特占英国棉纺织生产量的 1/4。1835 年，曼彻斯特（包括西里丁以及邻郡切斯特和德比）聚集了棉纺织工业 80%的工人，1846 年则达到了 85%。③

但是，城市发展过快会阻碍相对有限的资源流入生产部门。同时，人口过度集中于城市，意味着不充分就业和经济总体生产率的低下。这样，虽然实现了劳动力向城市的迁移，但并没有实现就业结构的根本性变化，甚至造成严重的社会问题。在一些后进国家，城市化只是一种没有工业化的传统城市的扩展，主要表现为人口的增长和城市规模的扩大，城市仍然承担其传统的职能：商业、官僚机构和初级工业活动的中心。

二、“城市病”及其初步治理

地价上涨、住房奇缺是城市病的重要表象。恩格斯在 1845 年出版的《英国工人阶级状况》中记载：每一个大城市都有一个或几个挤满了工人阶级的贫民窟。④ 生活污染和工业污染造成了严重的环境污染。城市中水源和排水都是关键问题。早期城市的水源靠打井和就近取用河水，大部分城市没有排水系统。一般污水都是通过大大小小的阴沟通往厕所或死水塘，或是将污水排入流经城市的河流。经

---

① P. Bairoch and G. Goertz, “Factors of Urbanisation in the Nineteenth Century Developed Countries: A Descriptive and Econometric Analysis,” *Urban Studies*, vol. 23, no. 4, 1986, pp. 285-305.

② Paolo Malanima, “Urbanization,” in Stephen Broadberry and Kevin H. O’Rourke, eds., *The Cambridge Economic History of Modern Europe, volume 1: 1700-1870*, Cambridge: Cambridge University Press, 2010, p. 252.

③ ［法］米歇尔·波德:《资本主义的历史：从 1500 年至 2010 年》，郑方磊、任轶译，上海辞书出版社 2011 年版，第 108—109 页。

④ 《马克思恩格斯全集》第二卷，人民出版社 1957 年版，第 306 页。

过曼彻斯特的艾尔克河成了一条大污水沟，伦敦的泰晤士河夏季臭气熏天，河面布满腐烂污物，固体垃圾的清除更成问题。1842 年，曼彻斯特的主干路每星期打扫一次，普通街道一个月打扫一次，小胡同、大杂院根本无人打扫。环境卫生恶化导致瘟疫流行。对于工人居住区来说，猩红热、伤寒、霍乱等是最容易发生的，而一旦发生就不可收拾，往往危及成千上万人的生命。工业革命时期英国人口死亡率回升，与此有直接联系。

为了解决住房问题，政府和大企业开始投资建设工人住宅区，使住一间房的人口比例逐年下降，住两间房的人口比例不断上升。其中著名的是英国的“模范住宅”运动。这个运动由建筑商乔治·皮鲍迪和悉尼·沃特娄发起。他们建造一种成排的杂院房屋，以较低的租金出租给低收入者。不少市政当局开始有计划地清理贫民窟。这些措施使住房拥挤的情况慢慢改变。① 此外，各国解决城市住房问题的重要方面还在于改善室内设备。先是改良油灯代替蜡烛。19 世纪中期，法国和英国大部分城市采用煤气灯照明。电被作为光源之后，美国和德国超过了英国，19 世纪 80 年代美国 2 万人以上的城市已全部使用弧光灯或白炽灯，欧洲在 20 世纪初开始普及电灯。厨房设备 19 世纪 60 年代以后逐渐改善，80 年代，英国率先采用煤气灶做饭和取暖。电话、电熨斗、真空吸尘器等用品从 19 世纪末起陆续进入家庭。

19 世纪六七十年代，英国和德国首先开始整治城市排水系统，安装抽水泵，开凿活水沟，修筑阴沟，使污水和粪便从地下排走。城市制定条例，要求住宅必须配有带下水道的厕所。英国发布条例限制泰晤士河上游城市排放污水入河。与此同时，个人卫生保健运动掀起高潮。19 世纪 40 年代以后，英国、德国等开始在城市中大规模开设公共浴池，80 年代发明淋浴。19 世纪后半期，新生儿开始接种牛痘。到 80 年代，英国的牛痘普及率已高达 85%。城市中医院的数目也增加很快，美国 19 世纪中期新开设 800 家医院，并实行专科分诊。

市政当局的干预，无疑对解决城市病发挥了良好的作用，但是市政设施总是不能满足需要和彻底解决市场失灵的问题。公共产品的供应不足和法令法规的强制性，也为赤贫阶层带来了新的困难。比如，过分强调卫生、限制排污，使许多生产和经营活动无法进行，工人又饱尝失业之苦。又如，城市改革的内容之一是强行拆除不符合卫生标准的住宅，但市政当局又不能为工人提供足够的低租金住宅，这样就造成穷人无家可归。

不过，随着工业化的发展、社会财富的增加，在人口向城市集中的同时，社

---

① ［英］克拉潘：《现代英国经济史》中卷，姚曾廙译，商务印书馆 1975 年版，第 619—621 页。

会将越来越多的资源集中到城市，并投入城市建设和组织方面。所以，城市面貌还是在慢慢地改善。1892 年 7 月，也就是恩格斯出版《英国工人阶级状况》47 年后，他在该书的德文本第二版序言中指出，“这本书里所描写的那些最令人触目惊心的恶劣现象，现在或者已经被消除，或者已经不那么明显。下水道已经修筑起来或改善了；在境况最差的‘贫民窟’中间，有许多地方修建了宽阔的街道；‘小爱尔兰’已经消失，‘七日规’跟着也将被清除”①。这说明，城市病已经得到初步治理，但距理想的标准还很远。

三、城市与农村的矛盾

在城市化过程中出现了二元经济问题。农村生产食物以及原材料，城市从事工业和服务业。农村生产的初级产品收入弹性比较低，工业品则具有较高的收入弹性。人均收入持续上升时对初级产品的需求下降，整个经济转向工业和服务业。19 世纪工业生产中的劳动生产率首先提高，随后是农业中的劳动生产率。城市中工人工资的提高吸引了更多的就业。由于农业对收入增长缺乏弹性，对农产品相对需求下降，再加上农业部门劳动生产率上升，农村就业下降，人口不断涌入城市，经济的中心从农业部门转换到工业部门。19 世纪和 20 世纪人口从农村向城市转移和城市化之间遵循着一定的模式。人口从农村向城市转移是抛物线，城市化率是逻辑斯蒂曲线。19 世纪末之前，城市化人口增长的来源主要是农村。之后，由于城市病得到初步治理，城市自身人口增长加速，这也直接刺激了城市化率加速提高。同时，从农村迁出的人口不断下降。

如果农业生产率提高跟不上工业前进的脚步，农产品等初级产品的增长不能满足城市需求，农产品价格将上升，农村劳动力工资将提高，那么人口向城市的转移将停止。如果此时城市病没有得到有效控制，城市仍然是人口渗水坑的话，工业本身的进步也很难持续，将会出现“去城市化”的现象。19 世纪英国工业化进程中，工人工资伴随着工业生产率的提高而上升，农业生产率同时提高。但是，城市和农村实际工资仍有 30%的差距。1820 年，从农村向城市迁移的人口以每年 0.9%~1.6%的速度急剧上升。相反，意大利 19 世纪最初的几十年，农业生产率与工业生产率的提高幅度类似，意大利城市工资和农村工资的差距相比 16 世纪下降，19 世纪 80 年代之前城市化率下降。②

后起的工业化国家一般是通过引进英国的技术和生产方式进行工业化，这种

---

① 《马克思恩格斯全集》第二十九卷，人民出版社 2020 年版，第 396 页。

② Paolo Malanima, “Urbanization,” in Stephen Broadberry and Kevin H. O’Rourke, eds., *The Cambridge Economic History of Modern Europe, volume 1: 1700–1870*, Cambridge: Cambridge University Press, 2010, pp. 252–253.

情况造成明显的城乡差异，农村剩余劳动力的转移和城市建设费用同时上升。再加上一些国家普遍实行向工业和城市倾斜的政策，进一步刺激人们离开农村向城市迁移，增加了对城市建设的压力。由于人口迁入城市的速度和规模快于经济发展，进入城市的劳动力不能完全被工业部门吸收，造成劳动力流动停滞，产生严重的社会问题。

第三节 阶级、阶级矛盾和阶级斗争

一、两大对立阶级的形成

“这种工业变革的最重要的产物是英国无产阶级。”① 工厂制度完全改变了工人的地位，完全割断了工人同农村的联系，使工人变成了只能以出卖劳动力为生的雇佣工人。同时，工场手工业时期靠高超手艺而在生产中居于较高地位的熟练工人，同一般工人一样成了机器的附属物。机器工业还使大量无力与大企业竞争的独立手工业者及其帮工，被推到无产阶级的行列之中。那些因“圈地运动”失去土地的农民，也被迫进了城市的工厂。他们成为近代史上最早的无产阶级。

作为无产阶级的对立者，工业资产阶级的形成是一个延续了许多世纪的漫长过程。工业资产阶级最初是由独立的手工作坊主和工场主、发明家、兴办工业企业的商人和贵族转变而来的。本杰明·亨利茨曼在成为炼钢厂领导人之前是钟表制造人；塞缪尔·加伯特以前做过锅匠；罗巴克的父亲谢菲尔德是小商品制造商。同时，带动工业革命发展的发明家们，凭借技术上的优势一跃成为具有一定实力的工业家。如阿克莱特靠水力纺纱机的发明成了第一家水力纺纱厂的工业家；达比靠焦炭混合生石灰炼铁的新方法成了较大规模炼铁工厂的工业家。另外，对财富的追逐驱使大批拥有雄厚资本的商人和贵族办实业、开工厂。无论这些工业家原属于哪个阶层，正是新的共同的生产模式和经济利益，使他们陆续割断了与前工业社会之间的种种联系，逐渐发展成一个新兴的阶级——工业资产阶级。

这两大阶级的出现，使人们之间的关系简单化了。它“把居民的一切差别化为工人和资本家的对立”②。社会从此分裂为两大阵营。两大阶级从形成开始，就处于两种不同的地位，这决定了他们不同的政治要求：工人阶级需要彻底的政治改革和社会改革，以使工业革命的成果得到较公平的分配；工业资产阶级则明确倾向自由主义，希望实行充分的政治改革，以使之能参与政治生活，他们自由平

① 《马克思恩格斯文集》第一卷，人民出版社 2009 年版，第 402 页。
② 《马克思恩格斯文集》第一卷，人民出版社 2009 年版，第 403 页。

等的思想和观念不但对当时社会形成很大冲击，而且对政治发展有深远的影响。

二、工业资产阶级的统治

新兴的工业资产阶级在工业革命中壮大了力量，奠定了雄厚的经济基础，也增强了阶级意识和政治意识。工业资产阶级要求调整政权结构，重新分配国家权力，以便取得政治统治权力，建立起适合本阶级需要的政治新体制。各国工业资产阶级取得统治地位的历史并不相同，一般情况都是战胜了封建贵族，确立起统治地位的。

最早发生工业革命的英国，从采用大工业以来，土地贵族和资产阶级这两个阶级争夺统治权的要求，就是英国全部政治斗争的中心。17 世纪英国资产阶级革命建立起资产阶级与土地贵族的联合政权，土地贵族在其中掌握实权。随着工业资产阶级的经济实力日益加强，他们首先掀起了以获得选举权为目的的议会改革运动。18 世纪 60 年代的集会、1769 年激进派的权利法案拥护者协会、1771 年的伦敦宪法协会、1870 年约翰·卡特莱特成立的宪法通信促进协会等都要求改革议会。19 世纪初，资产阶级把反对《谷物法》的斗争与选举改革的斗争结合起来，除了报刊宣传之外，1818 年至 1819 年间，在曼彻斯特、伯明翰、利兹等城市，资产阶级激进派同工人、市民一起，举行大规模的群众集会。虽然这些集会遭到镇压，但也迫使议会作出一些让步，修改了《谷物法》，取消了禁止工人结社的法令。

19 世纪 30 年代初，议会改革运动掀起新高潮。1832 年通过了第一次议会改革法案，取消一向被土地贵族垄断的“腐败选区”，把腾出的议席转让给以工业资产阶级为主体的新兴工业城市；在选举资格上，降低财产资格限制。通过改革，全国新增选民 21 万多人，工业资产阶级在议会和政府中逐渐取得主导地位。1835 年，作为 1832 年改革法案的补充，议会颁布了《市政改革法》。法案取消了过去由商人或大手工业行会控制市政的权力，工业资产阶级开始参与和控制市议会。

1867 年和 1884 年先后通过了第二、第三次议会改革法案，基本上清除了土地贵族垄断议会的局面。与此同时，通过 1870 年《文官制度法》、1872 年设置内政部、1888 年首相索尔兹伯里实行的郡地方自治机关改革、1894 年自由党内阁实行的郡以下区级行政改革等一系列民主化的改造，从中央到地方，土地贵族的权力已被完全剥夺，工业资产阶级完全执掌了国家政权。

三、工人阶级的生活状况

19 世纪中期之前工人维持温饱都很艰难，日常食品都是市场上出售的便宜货，这些食物往往已经过期或近乎腐烂，或者掺上了对人有害的杂物。许多城市工人及其家人住在窄小的房子里，住房建筑质量都非常低下，且紧邻着黑烟滚滚的工厂。

工人面临的重要挑战还有要适应工厂的日常工作。工厂制度强调的是标准性而不是个人工作模式，技术工人失去了对自己所拥有的手艺的自豪感。人异化为机器的附庸，必须服从全面的工作计划，进行重复劳动，无法理解自己对技术和整个社会生产过程的意义。在工厂里，工作时间很长，1850 年前通常是每天 12~14 小时。而且，工人的劳动长年一成不变，这种绝对单调的工作不仅对其身体，而且对其精神是极大的摧残。此外，工人被剥夺了支配劳动时间和劳动方式的自由，打破了按自己的节奏完成一项工作的习惯，工人变成了工作奴隶。

工人的工作条件肮脏而危险，很多产品生产过程不利于身体健康。例如，纺织工厂没有通风设施，工人的肺部吸入了很多尘埃。再如，生产上釉陶瓷时使用毒铅。19 世纪 40 年代英国的调查报告显示，工作时间过长，工作条件过于恶劣，给工人尤其是年轻工人的身体健康造成了严重伤害。脊柱弯曲和其他部位的骨骼变形，都是因为在机器旁长时间地以不自然姿势超负荷劳动造成的。静脉曲张和驼背也屡见不鲜。肺病与眼部感染威胁着矿工的身体健康，煤矿瓦斯还有致命的危险。

妇女和儿童的劳动强度几乎与男性一样。很多儿童从五六岁起就每天工作 10~12 小时，不能接受正常教育。1834 年，不足 13 岁的儿童占英国棉纺工业劳动力的 13%，1850 年前后降低到 5%，但是 1874 年危机后又上升到 14%。① 矿山中的情况同样不容乐观，1841 年英国矿山中雇用了 5 万名童工和青少年工。童工在地下轨道或矿井中拖煤。最年幼者被派去管理控制矿井通风的门，往往连续工作 12 小时之久。妇女（有时是孕妇）被派去拖煤和承担其他繁重的井下劳动。

四、中产阶级及其社会角色

17 世纪晚期英国人常常使用“上等人”“中等人”和“下等人”的说法，间或也用“社会上层”和“社会下层”之类的称谓。在农村，第一层是占有土地的地主，第二层是租种土地并不占有土地的佃农，第三层是没有任何土地的农业劳动者。② 到了 19 世纪，大多数英国人还把地主当作社会上层，认为中间阶层指的是从大商人和专业人士直到办事员和店主的社会阶层，社会下层由体力劳动者构成。

马克思和恩格斯将小工业家、小商人、小食利者、手工业者、农民、医生、

---

① ［法］米歇尔·波德：《资本主义的历史：从 1500 年至 2010 年》，郑方磊、任轶译，上海辞书出版社 2011 年版，第 111 页。

② ［意］卡洛·M. 奇波拉主编：《欧洲经济史》第二卷，贝昱、张菁译，商务印书馆 1988 年版，第263 页。

律师和学者等看作介于资产阶级和无产阶级之间的中间阶层，用了小资产阶级、中等阶级、中间阶级、过渡阶级、中等阶层等不同的表述方式。马克思预测，中间阶层不会日益缩小，而会有所扩大，成为工人的负担，同时增加了上流社会的社会安全和力量。①

后来“中间阶层”的概念逐渐与“中产阶级”混同。中产阶级广义上既包括商业巨头，也包括地位卑微的小店主。商业巨头既包括工业家家族，比如英国的庇尔家族（以棉花起家）以及德国的克虏伯家族（经营钢铁）；还包括金融家家族，比如举世闻名的罗斯柴尔德家族。企业主也是其中的一个组成部分。此外还有技术人员，比如曾设计了“大西方号”汽船的工程师伊桑巴德·金德姆·布鲁内尔。中产阶级中还包括官僚和专业人员，尤其是律师。该阶层也包括一批人数众多的经理和职员。②

18 世纪后中产阶级不断发展、壮大，原因是多方面的：一是工业化推动了包括贸易、金融、保险、科技、文化教育事业在内的第三产业的扩大和服务项目的增加。因为股份公司分散了资本所有权，产生了大量的企业管理者。二是海外贸易的扩展，商人人数和财富增长了。三是出现了很多科研机构、学校、医院和社会福利机构等。四是很多国家向行政管理型国家转变，国家职能扩大，政府机构扩充，等等。

住宅和家具是中产阶级极为重要的财富和社会地位的象征。住宅建筑得坚固牢靠，一般是独立式别墅，在伦敦、巴黎、柏林或维也纳，则是一排排的五六层住宅楼，或更大的公寓，而且远离工业污染地区。房间里摆满了家具、艺术品、地毯和种种装饰物。椅子、桌子、衣橱和沙发可能是不同时代的产物，但以边角、镀金或其他饰物装饰。房间面积的大小、家具讲究的程度和仆人人数的多少，完全视主人的收入而定。但中产阶级中不同的阶层遵照同一标准、追求同样的生活，所以尽管他们在物质生活的富足程度上有差异，但仍然是一个阶级。

中产阶级逐渐发展出自己的意识形态，正在变成一个界限逐渐明确的集团。他们以自己的商业财富和生活背景为荣，形成了自己的世界观。这是中产阶级使其富足合理化、使其超越城市劳苦大众的地位合法化努力的一个组成部分。边沁的功利主义、孔德的实证主义，以及其他哲学、政治经济学家的学说构成新兴中产阶级世界观的一部分。企业家们把这些信条理解为他们推进工业化进程会为世上大多数人带来幸福，他们从事的事业是对同胞有益的事业。他们把工业化中出现的各种丑陋问题归结为实现理想必须付出的代价，相信社会在进步。他们认为

① 《马克思恩格斯全集》第三十四卷，人民出版社 2008 年版，第 633—635 页。

② ［美］菲利普·李·拉尔夫、［美］罗伯特·E. 勒纳、［美］斯坦迪什·米查姆等：《世界文明史》下卷，赵丰等译，商务印书馆 1999 年版，第 267—272 页。

贫穷是不努力的结果，是一种个人行为，并且是罪恶的根源。

第四节　资本主义基本矛盾和经济危机

一、资本主义社会的基本矛盾

技术革新中断、人口冲击、金属货币波动、贸易破坏、农业危机（通常是气候变化对农业的冲击），以及战争是造成经济波动的主要因素。人口出生率、死亡率及净移民数是衡量人口冲击对经济周期影响的重要指标。相比由于传染性疾病引起的高死亡率，出生率的波动比较小，所以死亡率的波动对经济的影响更大。瘟疫一方面直接导致劳动力减少，造成真实产出减少；另一方面，瘟疫通常发生在港口，破坏了贸易，使经济下滑。从旧大陆向新大陆的大规模移民，对移出国和移入国的劳动力和资本都产生重要影响，国内从农村向城市的移民与工业部门劳动生产率的提高有直接关系。美洲金银流入欧洲造成的价格革命在一定程度上产生了实际效应，增加了欧洲的购买力，导致贸易扩张和整合了国际市场，这反过来又对国家的经济增长率、经济周期和通货膨胀产生影响。欧洲与新大陆、非洲和东印度群岛贸易网络的建立，从长期来看提升了欧洲国家经济增长率，同时建立了经济周期的传播机制。

在现代化早期和现代化以前，与气候相关的农业冲击是造成经济波动的重要原因。农业是当时的主导产业。1700 年，英国农业劳动力占全国劳动力的 50%，一个英国农业劳动力（是欧洲效率比较高的）除了养活自己，还可以并且只能养活其他两个人。① 所以整个经济对农业冲击很敏感，农产品产量和价格是当时经济活动的重要指标。在当时交通成本比较高的情况下，农业歉收和死亡率上升有紧密的联系。农产品价格过高和过低都对经济不利。战争通过不同的渠道和机制造成经济波动。战争破坏了战区的农业、贸易等，而非战区则可从中渔利。也有研究认为战争短期会使产出减少，但是长期的影响却不一定是负面的。

工业革命和工业化创造了极大的社会生产力，但与此同时，资本主义经济却伴随着不可克服的痼疾，最终导致资本主义经济危机。资本主义经济危机的根本原因在于资本主义的基本矛盾，即生产的社会化和生产资料的资本主义私人占有之间的矛盾。社会化大生产要求计划性，而资本主义生产资料的私人占有性决定这种计划性不可能实现。同时，资本主义竞争规律和资本家获取最大利润的本性，

---

① Lee Craig and Concepción García-Iglesias, "Business Cycles," in Stephen Broadberry and Kevin H. O' Rourke, eds., *The Cambridge Economic History of Modern Europe, volume 1: 1700–1870*, Cambridge: Cambridge University Press, 2010, p. 129.

决定资本家必然要不断地扩大再生产和剥削工人，这就导致生产的无限扩大和社会需求不足的矛盾。这就决定资本主义经济必然不断地通过危机的破坏来实现生产与需求的平衡，实现不断的资本主义再生产。

二、资本主义生产过剩危机

经济危机并不是新现象。农业社会可能由自然灾害引起歉收而导致饥饿和人口的大规模减少，还可能因战争或瘟疫而导致人口的大规模减少和社会再生产的中断。但这时的经济危机基本上是以生产不足为特征的，而且基本上取决于气候。近代商业革命时期也发生过投资风潮而导致危机，但这些经济危机既不是生产过剩危机，也没有周期性特征。而工业革命以后出现的经济危机则是普遍的周期性生产过剩危机。生产过剩危机最初出现在 18 世纪末，1788 年、1793 年、1797 年，英国开始使用大机器的纺纱业出现生产过剩，这还只是局部的经济过剩危机。

1825 年发生的英国经济危机，是资本主义历史上第一次普遍的周期性生产过剩危机。随着棉纺织工业革命进一步加快，机器生产扩展到织布业，棉纺织工业成为最重要的生产部门，棉纱和棉布成为英国最重要的出口产品，棉纺织业成为主要的工业部门。1825 年第二季度英国出口缩减，年中时交易所投机破产，金融市场陷于紧张状态。8—9 月交易所出现几次恐慌，股票行情开始下跌，在以后几个月内一落千丈。到 1826 年年初，股票跌价造成的损失约达 1 400 万英镑。信用关系破裂，银行纷纷倒闭。1825—1826 年，英国有 70 多家银行破产。1825 年年底，著名的英格兰银行的黄金储备从 1824 年年底的 1 070 万镑降至 120 万镑。1826 年工业危机达到高潮，大量商品卖不出去，物价暴跌，大量工商企业破产。1825 年秋天，破产企业数量迅速增加，倒闭的商号从 10 月的 80 家、11 月的 142 家，激增至 12 月的 224 家。自 1825 年 10 月 1 日至 1826 年 10 月 1 日，总共 3 549 家企业破产，而上年度则仅有 1 345 家。① 这次危机波及了英国所有主要工业部门。受到打击最严重的是棉纺织业，毛纺织业、丝织品业、麻纺织品业也都陷入危机。机器制造业第一次受到打击，价格回落。建筑业也受到严重影响，产量连续下降了三年。炼铁业、采煤业都受到不同程度的打击。此外，英国对外贸易也大大缩减了。航运也相应地萎缩，造船业萎缩了好几年。

由于 1847 年至 1857 年资本主义、工厂工业和世界市场获得迅速发展，1857 年经济危机在资本主义历史上是第一次具有世界性特点的普遍生产过剩危机。1857

① ［苏联］列·阿·门德尔逊：《经济危机和周期的理论与历史》第一卷（上册），斯竹等译，生活·读书·新知三联书店 1975 年版，第 378—379 页。

年经济危机也是第一次从美国而不是从英国开始的危机。

由于美国铁路投机破产，美国的银行、金融公司和工业企业大量倒闭。粮食生产过剩，粮价和粮食出口下降，加上英国工业品的激烈竞争，促使美国经济危机的加剧。由于当时英国对美国铁路建设进行了大量的投资，美国铁路投机的破产对英国也造成了很大的震动。在这次危机中，英国破产的企业数是 1847 年危机时的一倍以上。随后，其他国家，包括法国和德国都爆发了经济危机。1857 年，德国第一次爆发了本国的经济危机，并且不是局部的危机，而是周期性普遍生产过剩危机。在法国，1857 年普遍生产过剩危机也比 1847 年表现得更加明显。当时，英、法、美、德 4 国集中了世界工业的 4/5 左右，而且波及的国家数目超过以前的各次危机。

1873 年危机是自由竞争时代爆发的最严重的一次危机。在危机中，大批中小企业破产，而资本进一步向大企业集中，从而大大加快了垄断的趋势。1873 年危机以后，由于新技术革命逐渐展开，新兴产业发展起来。这些新兴产业主要是重化工业，包括钢铁、化学、电力等，从而进一步加快了大企业的发展，垄断在经济生活中占据了统治地位。而垄断并不能消除竞争，反而使竞争更加激烈。这就进一步加大了资本主义市场经济的不确定性，也使危机具有了新特征。

1929—1933 年危机则是波及整个资本主义世界、历时最长、破坏性最大的一次危机。

三、资本主义周期性经济危机

早在 19 世纪 40 年代，马克思便开始考察资本主义周期性普遍生产过剩经济危机的现象。他观察到在当时的工业社会中存在“十年一次的周期”，但他认为这个数值不是固定不变的。① 1844 年，恩格斯在《国民经济学批判大纲》中写道，“经济学家用他那绝妙的供求理论向你们证明‘生产永远不会过多’，而实践却用商业危机来回答，这种危机就像彗星一样定期再现”②。1847 年，恩格斯又写道，“从本世纪初以来，工业经常在繁荣时期和危机时期之间波动。这样的危机几乎定期地每五年到七年发生一次”③。后来的学者根据各自掌握的资料提出了不同长度和类型的经济周期，并提出各自的周期理论或模型。这些周期理论或模型更关注周期频率和长度等现象。

1860 年，法国经济学者尤格拉提出一种为期 9~10 年的经济周期。该周期是以国民收入、失业率和大多数经济部门的生产，以及利润和价格的波动为标志加以

① 《马克思恩格斯文集》第五卷，人民出版社 2009 年版，第 734 页。
② 《马克思恩格斯文集》第一卷，人民出版社 2009 年版，第 74 页。
③ 《马克思恩格斯文集》第一卷，人民出版社 2009 年版，第 682 页。

划分的。

1923 年，英国经济学者基钦提出一种为期 3~4 年的经济周期。基钦认为经济周期实际上有主要周期与次要周期 2 种。主要周期即中周期，次要周期为 3~4 年 1 次的短周期。

1926 年，苏联经济学者康德拉季耶夫提出一种为期 50~60 年的经济周期。该周期理论认为，18 世纪末期以后，经历了 3 个长周期：第一个长周期从 1789 年到 1849 年，上升部分为 25 年，下降部分为 35 年，共 60 年。第二个长周期从 1849 年到 1896 年，上升部分为 24 年，下降部分为 23 年，共 47 年。第三个长周期从 1896 年起，上升部分为 24 年，1920 年以后进入下降期。

1930 年美国经济学者库涅茨提出一种为期 15~25 年，平均长度为 20 年左右的经济周期。

1936 年，奥地利经济学者熊彼特认为由于创新的引进不是连续平稳的，这就产生了经济周期。每一个长周期包括 6 个中周期，每一个中周期包括 3 个短周期。短周期约为 40 个月，中周期为 9~10 年，长周期为 48~60 年。他以重大创新为标志，划分了 3 个长周期：第一个长周期从 18 世纪 80 年代到 1842 年，是“产业革命时期”；第二个长周期从 1842 年到 1897 年，是“蒸汽和钢铁时期”；第三个长周期从 1897 年以后，是“电气、化学和汽车时期”。

经济周期的衡量指标包括 GDP、实际收入、就业、消费、投资、经常项目、央行信贷水平、利率、流通中的货币量、商品价格、税收、结婚登记量和出生率等很多庞杂的指标。选取的指标不同、统计和计量方法不同，都会得到不同的结果。美国国家经济研究局（英文简称 NBER）有一套自己的评价指数以界定美国的经济周期。

一国的经济周期通常会通过产业关联度、汇率、利率、金融恐慌等影响其他国家。1914 年以前，英、法、德三国的经济周期经常同步，北欧 4 个经济体整体水平也比较高。欧洲各国的价格具有相似的长期趋势。欧洲 19 世纪 70—80 年代价格下降（萧条），1890 年到第一次世界大战前价格上升（繁荣）。① 从 1816 年至 1870 年欧洲范围内的危机大概有以下几次：1825—1826 年、1831—1832 年、1837—1838 年、1840—1842 年、1848—1849 年、1853—1854 年、1857—1859 年、

① Marc Flandreau, Juan Flores, Clemens Jobst, and David Khoudour-Casteras, “Business Cycles, 1870-1914,” in Stephen Broadberry and Kevin H. O’Rourke, eds., *The Cambridge Economic History of Modern Europe*, *volume 2*: *1870 to the Present*, Cambridge: Cambridge University Press, 2010, p. 88.

1861—1862 年、1866—1868 年。① 这一时期，欧洲的经济危机频率比第二次世界大战后高得多。第一次世界大战以前，经济波动幅度小于两次世界大战之间的时期，但大于第二次世界大战之后。1914 年之前经常性项目波动比较大。19 世纪晚期，世界主要国家美国、英国、德国和日本的周期平均相关，20 世纪这些国家的经济联动性不断加深。国家之间 3～5 年的周期可能联动性不强，但是 7～10 年、15～20 年的周期则密切相关。②

思考题

1. 工业革命如何改变了经济增长？
2. 工业化和城市化的关系是什么？
3. 英国工业资产阶级如何取得了统治地位？
4. 19 世纪资本主义经济危机是如何表现的？
5. 请结合某个国家或者地区的例子说明从马尔萨斯式增长转变为现代增长需要什么条件。

▶ 自测习题及参考答案

请扫描二维码

① Lee Craig and Concepción García-Iglesias, "Business Cycles," in Stephen Broadberry and Kevin H. O' Rourke, eds., *The Cambridge Economic History of Modern Europe, volume 1: 1700-1870*, Cambridge: Cambridge University Press, 2010, p. 143.

② Marc Flandreau, Juan Flores, Clemens Jobst, and David Khoudour-Casteras, "Business Cycles, 1870-1914," in Stephen Broadberry and Kevin H. O' Rourke, eds., *The Cambridge Economic History of Modern Europe, volume 2: 1870 to the Present*, Cambridge: Cambridge University Press, 2010, pp. 90-91.

第八章　殖民地、半殖民地和依附经济的形成

随着资本主义兴起和殖民主义扩张，整个世界都被卷入了资本主义世界市场，“使未开化和半开化的国家从属于文明的国家，使农民的民族从属于资产阶级的民族，使东方从属于西方”①。这样，世界经济开始分裂成两大板块，即资本主义的殖民地宗主国和依附于宗主国的殖民地、半殖民地，而少数尚未殖民化的国家和地区也逐渐依附于资本主义，形成依附经济。与此同时，殖民地、半殖民地以及其他依附经济地区，也试图通过工业革命发展经济，摆脱宗主国的剥削和控制。

第一节　印度殖民地经济

一、英国对印度的统治及其影响

印度从16世纪起就不断遭到西方国家的入侵。1757年，英国东印度公司在普拉西战役中取得决定性胜利，征服了孟加拉地区，以后不断蚕食印度，到19世纪40年代末，控制了印度大部分地区。1765年，东印度公司董事被任命为印度财政部门官员并有征税权。英国国会通过《1773年管理法》授权东印度公司直接管理印度，设总督总管该公司在印度的全部领地，1774年，华伦·赫斯廷斯成为印度首任总督。②

随着英国自由贸易政策的推行，1813年法案取消了东印度公司对印度贸易的垄断权（保留了茶叶贸易和对中国贸易的垄断权），规定印度领地主权属于英国国王，公司只是替英国国王统治印度，公司的商业收入与税收分别建账，不能将税收作为公司收入。1833年法案完全取消了东印度公司对印度贸易和中国贸易的垄断权，禁止东印度公司进行贸易，同时设督察委员会，监察公司董事会，并设立法会议为印度中央立法机构。1853年，英国政府制定了《改进印度管理法》，扩大了总督立法会议的组成，印度事务大臣总管印度，东印度公司只从印度财政收入中领取其股本红利。1857年印度大起义，东印度公司结束了在印度的统治。

印度人口在1800—1881年、1881—1921年的年均复合增长率为0.46%和0.44%。1921年以后人口数量出现稳定增长，死亡率从1921年的4.9%下降到1951年的2.7%，主要是由于改善供水、预防接种、有效控制各种流行病。人均收入在1868—1869年至1930年的60多年间仅仅增长40%，年均复合增长率为

---

① 《马克思恩格斯选集》第一卷，人民出版社2012年版，第405页。

② ［印度］罗梅什·杜特:《英属印度经济史》（上册），陈洪进译，生活·读书·新知三联书店1965年版，第6页。

0.6%，远低于同期日本、美国、德国等工业化国家，也远低于同期缅甸、泰国、锡兰和马来西亚等热带国家。同时，远低于印度独立后1950—1951年到1977—1978年的年复合增长率1.5%的水平。①

对于英国统治下的印度经济增长停滞的原因有两种截然不同的观点：一种认为英国的统治对印度经济造成了破坏性的影响。在被强加的自由放任和自由贸易政策下，西方工商业长驱直入动摇了印度的传统经济，摧毁了印度本土的手工业，导致了印度的非工业化，阻碍了印度独立后的工业化进程，弱化了印度的农业，形成一个就业不足的新的无地农业劳动力阶层，而且英国通过收缴各种苛捐杂税大量掠夺印度的经济财富，造成印度在19世纪的衰败。另一种则认为印度经济在近代的衰败主要是印度本身的种姓制度和村社制度造成的，这两种制度造成了印度在长期内处于经济停滞的均衡状态。②

马克思提出了英国殖民印度的"双重使命论"，认为"英国在印度要完成双重的使命：一个是破坏的使命，即消灭旧的亚洲式的社会；另一个是重建的使命，即在亚洲为西方式的社会奠定物质基础"③。但是，马克思晚年对英国殖民主义在印度的作用的评价更偏向负面，不再提到"双重使命论"。

二、农村经济结构的演变

莫卧儿帝国时期，印度的封建土地制度主要有：直属国王的封建领地（约占全国耕地的1/2）、贾吉尔（Jagir）的非世袭领地和柴明达尔的世袭领地。而封建土地上的农民生活在世代相传的村社里，耕种封建王公的土地，向国家缴纳田赋，并对其所耕种的土地具有永久的占有权。同时家家户户都纺纱织布，供自家消费。每个村社形成一个自给自足的经济单位。

1765年后东印度公司授权孟加拉当地官员征收田赋，公司派人监督。1772年，英属孟加拉总督华伦·赫斯廷斯收回管理权，实行土地整理，并于1793年完成。东印度公司首先在孟加拉、比哈尔、奥里萨地区建立固定柴明达尔制。自18世纪初以来，柴明达尔是孟加拉世袭的包税人，后来成为总督之下最大的封建地主。1765年，东印度公司直接掌管孟加拉的财政管理权后，经常以"公开拍卖"的方式把原来的包税区包给出价最高的税额人。这样相当一批公司成为新柴明达尔。实行固定的柴明达尔制，就是确认包税区的土地为柴明达尔的私有财产，柴明达

① ［印度］迪帕克·拉尔：《印度均衡：公元前1500—公元2000年的印度》（节选和修订版），赵红军主译，北京大学出版社2008年版，第104—107页。

② ［印度］迪帕克·拉尔：《印度均衡：公元前1500—公元2000年的印度》（节选和修订版），赵红军主译，北京大学出版社2008年版，第144—145页。

③ 《马克思恩格斯文集》第二卷，人民出版社2009年版，第686页。

尔向东印度公司缴纳的田赋确定为 1793 年柴明达尔实际地租收入的 10/11，剩下的 1/11 归柴明达尔自己所有，并且固定不变。柴明达尔作为土地的私有主，不但可以自由买卖或转让土地，而且可以任意增加地租。柴明达尔要把田赋按期如数上缴东印度公司并为自己留下较大的份额，就只有加紧对农民的压榨。许多旧柴明达尔欠缴税款，他们的土地因而被拍卖。到 1815 年，孟加拉有一半的土地就这样转入了更奸诈的高利贷者、投机商人之手。

19 世纪初以后，随着印度农产品出口的激增，农产品价格日渐上升，由此而来的利益落入柴明达尔地主和其他中介人之手，东印度公司在农民缴纳的地租中所占的份额日趋缩小。为改变这种状况，1820 年，东印度公司在马德拉斯省的南部普遍实行莱特瓦尔制，即农民租佃制。根据这个制度的规定，村社农民直接置于东印度公司控制之下，每个农民应缴的田赋额分别由东印度公司直接确定。村社农民在按期缴纳田赋的条件下，对其耕地具有占有权，可以出卖、转让或出租。在这种制度下的农民保留了较多的权利，但他们的田赋负担却比柴明达尔制下的农民更为沉重，农民必须向殖民当局缴纳相当于全年收成的 1/3 至 2/3 的地租，农民实际成为英国殖民者的佃农。这种土地税制，使英殖民者的土地税收迅速增加。①

英国对印度农业统治产生了负面经济效果。② 英国殖民统治形成的新赋税制度，可买卖、可抵押的土地市场，农业商业化，使农民不仅遭受地主和高利贷的剥削，还遭受商人和英国的剥削。高额赋税以及为出口原料而减少粮食作物生产，造成饥荒和瘟疫频发，人口总是陷入马尔萨斯陷阱。而新兴土地市场的出现和东印度公司的高额赋税，强化了土地分封制（特别是在印度东部地区），抑制了新技术在农业领域的推广。③

三、近代殖民工业的建立

18 世纪末期，东印度公司为印度引进西方技术，主要是与外贸和殖民利益相关的一些零星军用、民用项目。19 世纪上半期或更早一些，印度的近代工业已经开始了最初的酝酿和萌动。最早建立的印度近代企业是英资 1818 年始建的加尔各答棉纺织厂。1830 年，英国人又试图建立采用比较先进的冶炼技术的马德拉斯炼铁厂，但未获成功。

---

① ［印度］R. P. 萨拉夫：《印度社会：印度历代各族人民革命斗争的历程》，华中师范学院历史系翻译组译，商务印书馆 1977 年版，第 235 页。

② 也有学者质疑这种负面的影响，参见［印度］迪帕克・拉尔：《印度均衡：公元前 1500—公元 2000 年的印度》（节选和修订版），赵红军主译，北京大学出版社 2008 年版，第 7 章。

③ Daniel and Alice Thorner, *Land and Labour in India*, New York: Asia Publishing House, 1962, pp. 54-57.

1850年至1914年很多工业发展起来了。印度近代工业真正起步以1851年孟买第一家近代棉纺企业筹建作为标志。印度较早的近代产业是铁路、采矿业和原料初加工业。19世纪40年代，英国殖民者开始在印度修筑铁路。1845年伦敦成立了两家私营铁路公司——东印度铁路公司和大印度半岛铁路公司，专门对印度的铁路投资。1849年，加尔各答附近修成了第一条试验性铁路。1853年孟买到塔纳的铁路投入使用，1854年第一条商业性铁路孟买—塔纳线通车，接着加尔各答、马德拉斯等主要海港通往内地的线路也相继通车。1861年印度铁路全长1 588英里，1871年达5 077英里，1881年达9 891英里，到1900年时已达24 760英里。[①]印度的采矿业主要是采煤业、石油开采业和锰矿开采业。1843年，印度成立第一家英资采煤公司。1860年印度煤产量为29万吨，1913年增加到1 600万吨。自19世纪90年代，煤炭开始出口。锰矿开采从1892年开始，到20世纪初产量已跃居世界第一位，1900年为12.7万吨，1913年激增至81.5万吨，这些锰矿几乎全部出口。英国还从印度掠夺黄金，1913年英国在印度开办的金矿产量为59.6万盎司。[②] 原材料加工业中以黄麻加工最著名。其他加工业还有丝织、造纸、棉花加工、榨油、碾米、制糖等。

1880—1913年印度的工业增长快于很多西方国家和大多数热带国家，1913—1938年印度工业增长水平高于世界平均水平。[③] 但19世纪后半叶印度工业就业占整个就业的份额是下降的（工业就业总数上升），被认为出现了去工业化的现象。[④]

四、民族资本的产生和发展

印度在近代工业建立的过程中，民族工业也在艰难发展。第一次世界大战前，印度民族工业基本是轻纺工业，而且主要是棉纺织业。1851年C. N. 达瓦尔在孟买集中城内50个大商人的资本50万卢比，办起了第一家蒸汽动力轧花厂。同年孟买另设两家新厂，至1860年至少已有10家。1861年，苏拉特、坎普尔、艾哈迈达巴德等地都兴办了近代棉纺工厂。到1875—1876年全印度棉纱厂已增至47家，拥有9 100台织机和110万枚纱锭。1893—1894年，印度棉纺织业工厂已增至142家，纱锭365万枚，织机3.1万台，其中78.1%集中在孟买地区。至第一次世界大战前全印度棉纺厂数目由1875—1876年的47家增至1913—1914年的271家，增

---

① ［印度］罗梅什·杜特：《英属印度经济史》（下册），陈洪进译，生活·读书·新知三联书店1965年版，第452页。

② 宋则行、樊亢主编：《世界经济史》（修订版）上卷，经济科学出版社1998年版，第342页。

③ Rajat K. Ray, *Industrialization in India: Growth and Conflict in the Private Corporate Sector, 1914–1947*, Delhi: Oxford University Press, 1979.

④ ［印度］罗梅什·杜特：《英属印度经济史》（上下册），陈洪进译，生活·读书·新知三联书店1965年版。

长近5倍；织机数由0.91万台增至10.42万台，增长10倍多；纱锭数由110万枚增至677.9万枚，增长5倍多。这些厂家中印资开办或控制的占绝大多数。① 第一次世界大战期间，英国和其他欧美国家忙于战争，无暇顾及印度市场，而且由于物资紧张，英国还给印度工业大量军事订货，这样印度的棉纺织业获得迅速发展。

19世纪末，老塔塔开始筹建钢铁联合企业，其筹建计划得到了官方的支持。1907年8月，其继承人J. N. 塔塔以"塔塔钢铁公司"名义在孟买集股，三周内有8 000多名股东征购，注册资本达2 317.5万卢比，股金比例中印度本国人占92%。该企业于1911—1912年出第一炉铁，次年出钢，1913—1914年已有年产15.5万吨生铁和7.8万吨钢的生产能力。②

第一次世界大战结束初期，英国殖民当局在印度民族资本的压力下，对印度某些工业部门采取了保护措施。1921年将棉布进口税率从7.5%提高到11%。1924年印度钢铁工业取得33.3%的保护关税率和按产量计算的补助金。为了排挤美国和日本在印度市场上的力量，1932年渥太华会议以后，非英国工业品的进口税提高而英国工业品进口税降低，印度的民族工业得到一定程度的保护，因此加快了发展。棉纺织、黄麻加工、采煤、钢铁冶炼和机械配件等原有部门获得增长，水泥、制糖等新兴工业部门也发展迅速。

第二节　非洲殖民地经济

一、奴隶贸易与殖民化

奴隶贸易开始于15世纪中期，一直延续到大约19世纪70年代。从15世纪中期至17世纪中期这一阶段以西班牙和葡萄牙两国贩奴为主。刚开始是将奴隶运往欧洲，1501年后，随着西班牙殖民地在美洲的建立，开始将奴隶运往美洲。但这个时期，奴隶贸易体制还没有建立起来，奴隶贩运的数量较少，而且几乎全部来源于西非洲沿海地区。自17世纪中叶以后，荷兰在与葡、西、英、法的争夺中，在奴隶贸易中占了上风，但随后又为英法势力所排挤。英国凭借强大的海军及雄厚的资本，于18世纪上半叶战胜了其他贩奴国成为最大的奴隶贩子。1713年《乌勒支条约》签订后，奴隶贸易逐渐达到高潮，奴隶贸易体制逐渐形成。1807年英美禁止奴隶贸易之后，奴隶贸易进入走私阶段，但是从非洲输出的奴隶数量并不低于前几个世纪。这时由于美国南部、古巴、巴西种植园的兴起，美国的奴隶贩

① 范铁城：《东方的复兴——中印经济近代化对比观照》，湖南出版社1991年版，第89页。
② 范铁城：《东方的复兴——中印经济近代化对比观照》，湖南出版社1991年版，第95—96页。

子异军突起。所贩奴隶既有来自西非的，也有来自东非的。随着殖民地种植经济的发展，殖民当局着手废除奴隶制，奴隶贸易也结束于19世纪70年代。

奴隶贸易使奴隶贩子大发横财，是资本主义原始积累的重要组成部分。17世纪，一个非洲黑人离岸价格是25英镑，运到美洲出卖时是150英镑。18世纪相应的数字为50美元和400美元。① 西班牙、荷兰、英国、法国，以及最先垄断奴隶贸易的葡萄牙，都在贩奴运动中发了横财。

非洲人的生活已很大程度上从属于奴隶贸易的需要，通过奴隶贸易被动地卷入国际市场。奴隶贸易让一些酋长、头人及部落贵族发财，他们开始成为新的贵族阶层。在大型奴隶买卖转运地区，人们抛弃了传统的手工业与农业，积极投入奴隶贸易，非洲农业、手工业发展受到阻碍。很多手工业工艺，如织布工艺、编织工艺、珠宝首饰工艺等都失传，或者是生产质量大为下降。通过奴隶贸易，非洲的一些国家（如达荷美、桑给巴尔等）与城市发展起来了。

学者们估算的奴隶贸易造成的非洲人口损失从1 000多万到上亿不等。奴隶贸易造成的人口减少是非洲近代人口增长缓慢甚至停滞的主要原因。② 而且被贩卖的大多是男女青壮年。由于人口锐减，用地荒芜，城镇、村落成为废墟，贝宁、安哥拉及刚果地区都面目全非了。奴隶贸易使非洲损失了重要的发展资源——劳动力。

奴隶贸易另一个严重的后果就是造成了非洲人心理上的创伤。以非制非的诡计导致非洲人内部互不信任。一些人为了保卫自己民族不受侵犯，出卖别的非洲同胞。奴隶贸易使非洲人民饱受欺辱，民族和国家长期处于落后境地。非洲人在奴隶贸易中已被贬低为动物或商品。由奴隶贸易引起的非洲各民族、部族或国家之间的积怨与纷争，至今仍是阻碍非洲国家经济发展和政治进步的一个重要原因。

二、殖民地经济的形成

随着西方经济的发展，对热带经济作物的需求日益扩大，世界市场出现供应短缺的形势。殖民当局把掠夺的土地以各种形式分配给欧洲移民和欧洲公司，鼓励他们建立种植园或农场，从事经济作物生产。在扶植欧洲移民和欧洲公司的同时，西方力图推动土著居民投入热带经济作物生产。第一，宗主国采取了各种支持和鼓励措施。宗主国成立专门的机构，如英国的棉花种植协会和德国的殖民地经济委员会等，致力于组织土著居民从事经济作物生产。还建立试验站和苗圃，提供优良种子和苗木，指导栽培技术，给予优惠贷款，提高收购价格，等等。第二，废除奴隶制，试图通过小农经营的方式，发展满足宗主国经济需要的出口作

① 吴秉真：《非洲奴隶贸易四百年始末》，《世界历史》1984年第4期，第82—88页。
② 杨人楩：《非洲通史简编：从远古至一九一八年》，人民出版社1984年版，第251页。

物种植业。第三，用货币征收直接税，迫使当地居民不得不种植可在市场上出售的出口经济作物。第四，实行强制性行政手段。在英属西非，殖民当局把种植出口经济作物作为农民拥有土地的必备条件。

到20世纪初，非洲各地已初步形成以生产、出口单一经济作物为特征的畸形的殖民地经济结构的雏形。黄金海岸（现加纳）是当时世界上最大的可可生产国。尼日利亚农民种植经济作物已呈现地区专业化趋势，棉花与花生的种植主要在北部，可可种植业几乎全都集中在以阿贝奥库塔为主的西部诸省，而油河地区仍是西非最大的棕榈产品产地。塞拉利昂也以种植棕榈产品为主，产量在第一次世界大战前仅次于尼日利亚，此外还出口可拉果。花生是冈比亚和塞内加尔输出的主要商品。象牙海岸（现科特迪瓦）、达荷美（现贝宁）主要输出棕榈产品，法属几内亚输出橡胶，多哥农民种植咖啡、可可。在喀麦隆，欧洲种植园主要出产可可、棕榈油和橡胶。

经济作物生产腐蚀了非洲传统的农业生产结构。该时期非洲各地因广泛种植出口经济作物，传统的粮食作物生产面积大为缩小，不得不从海外进口粮食。封闭的、自足的传统结构趋于解体，而与西方市场的联系则明显加强。大批来自利物浦、曼彻斯特、马赛、波尔多和汉堡的英、法、德各贸易公司在西非各地操纵、垄断经济作物的收购与出售。大批廉价的欧洲日用品进入非洲市场，给非洲原有的手工业以致命打击。昔日著名的卡诺纺织业和塞内加尔土布业日趋衰落。片面的自由贸易使欧洲的垄断贸易商在非洲低价收购当地生产的经济作物，高价出售非洲所需要的粮食、布匹等日用品。

经济作物的种植改变了传统的村社土地所有制。首先，经济作物的种植改变了维持土地公有关系基础的休耕制和定期分配制，像可可树为多年成熟作物，连续种植10年而无须休耕，这就需要小农拥有土地的长期固定使用权，而长期使用权经过登记后往往变为所有权。其次，种植出口经济作物提高了小农对土地价值的认识，出现了土地继承权、租赁权和所有权等问题，土地通过出租、转让而日趋私有化。19世纪阿库皮姆的可可农开始向西边森林地带的部落首领购买或租借土地，他们通常集体购买一大片土地，然后按出资多少分得自己领有的一块土地。

三、殖民地的工业发展

非洲的矿产资源为西方工业提供了源源不断的原料，也加深了各殖民地对宗主国的依赖。19世纪90年代初，西方已经有近50个公司在非洲各地矿区活动，资金总额近700万英镑。[①] 非洲的采矿业重心在南部非洲。19世纪60年代，在瓦

① 舒运国：《试析非洲经济的殖民地化进程（1890—1930年）》，《世界历史》1994年第1期，第45—52页。

尔河和奥兰治河汇流处发现钻石。同时，在不远处的赞比西河和林波波河的河间地带又发现了金矿。19 世纪 80 年代在德兰士瓦的兰德发现黄金。由于西方密集投资，南非成为世界头号黄金生产国。南部非洲的采矿业很快出现集中的现象，欧洲最大的财团控制了这一地区。兰德的黄金开采业为南非统一金矿公司、维尔纳-拜特公司以及矿业同业公会所垄断。英国的开普殖民地还发现钻石，诞生了世界最大钻石垄断联合组织之一——德尔比斯矿业公司。非洲很多地方都发现了钻石。1936—1938 年非洲生产的钻石占世界生产份额的 97.3%、出口份额的 52.6%。① 在其他地区，如黄金海岸的金矿、刚果的铜矿等也逐渐进入开采筹备阶段。黄金海岸金矿的主要产地在塔克瓦，1878 年法商邦纳特的非洲黄金海岸公司获得了第一个租借地，开始运用科学方法采金。在中非地区，19 世纪末英国成立了上喀坦加联合矿业公司从事勘探和开采喀坦加的铜矿和钴矿，该地区后来成为世界最大的铜矿产地之一和钴矿产地。

西方宗主国对采矿业以外的其他工业部门投资很少。南非和埃及的制造业虽胜于其他地区，也仅仅限于少量的粗加工工业（食品和烟草）。在南非，炸药制造与水泥生产由于与采矿业密切相关，才得到一定的发展。而在西非，工业极不发达。英、法、德资本家只在沿海城镇开办为数不多、规模不大的农副产品初级加工厂，如榨油厂、轧棉厂、锯木厂、碾米厂，以及棕榈油、椰子干、鱼类罐头加工厂等，分别对各种农副产品在出口前进行初步加工后运往欧洲，变成最终产品。

为了畅通无阻地运出非洲经济作物产品和矿产原料，以及满足征服内地、维护殖民统治的战略需要，19 世纪与 20 世纪之交欧洲列强在非洲修建铁路、公路和港口。当时西非所有的铁路均是从沿海向内地辐射，往往有着特殊的用途。如洛美到阿内乔铁路被称为“椰子线”，此外还有“可可线”“棉花线”“铁矿线”“棕榈线”。西非各地还修筑了许多通往火车站和码头的公路，新建和扩建了一批港口。一切铁路、港口均是靠借款建设的，借款利息多由当地居民以各种捐税形式支付。殖民地经济的发展、交通运输网的建设，促使一批近代城市在矿区、贸易中心、铁路与公路沿线以及沿海港口的兴起与发展。

第三节　中国半殖民地半封建经济

一、外国经济势力的入侵

近代以来，中国的经济和科学技术水平没能延续古代的辉煌。尽管中国经济

---

① 舒运国、刘伟才：《20 世纪非洲经济史》，浙江人民出版社 2013 年版，第 32 页。

总量不小，但是经济增长速度和人均水平与西欧国家的差距越来越大。对于近代中国为什么落后于西方有各种不同的解释，对“李约瑟之谜”① 的考察也有各种角度。不可否认的是，中国的落后，或者说西方的发达，是导致中国近代以来遭到西方国家和日本强行入侵的重要原因。

1842 年 8 月 29 日（清道光二十二年），清政府被迫签订了中国近代史上第一个不平等条约——《中英江宁条约》（即《南京条约》）。随后，《中美望厦条约》和《中法黄埔条约》签订，许多欧洲小国也都纷纷要求和清政府订约，清政府被迫和许多欧洲小国签订不平等条约。第二次鸦片战争后，中国与英、法、美、俄分别订立了《天津条约》，与英、法、俄分别订立了《北京条约》。在不足 20 年内，中国被迫签订了一系列的不平等条约。每签订一次条约，外国资本主义的侵入就加深一次。不平等条约的内容非常广泛，除了割地赔款等直接的掠夺外，更重要的是外国侵略者由此获得了在中国所要获得的协定关税权、海关行政权、沿海贸易权、内河航行权与内地通商权、商埠开放和租界土地权及最惠国待遇等许多政治、军事和经济特权。

尽管西方通过一系列不平等条约打开了中国大门，但真正打开中国市场并向中国大规模输出商品却并非一帆风顺。第一次鸦片战争后到第二次鸦片战争前，中国对各个列强贸易盈余的状况并没有出现变化，中国进口货物的数量增长不大，出口却有明显增长。中国贸易盈余的情况一直持续到 1864 年，而在 1865 年第一次出现了贸易赤字。随后，除 1872—1876 年曾经一度转为小量贸易盈余外，就一直处于逆差状态，而且愈往后赤字愈大。在进口的洋货中，机器、棉纺织品增加得特别迅速。洋纱、洋布输入增加的速度，比鸦片输入增加的速度快得多。从 19 世纪 80 年代开始，杂货的进口以惊人的速度增加。到 90 年代初，进口洋货中杂货已经与进口鸦片、棉纺织品形成鼎足之势。

帝国主义国家向中国输出商品和掠夺中国资源的同时，还对中国进行资本输出。不过在中日甲午战争以前，外国资本主义在中国的投资数量不大，主要集中在商行、航运和银行等领域。19 世纪 60 年代开始，洋行急剧增加。这些洋行的业务，主要是从事罪恶的鸦片贸易，大力推销机制纺织品、石油、食品的制作机器，同时大量掠夺中国的生丝和茶叶。外国资本在港、沪等地先后开办了一些轮船公司，比较大的有美国的旗昌轮船公司、英国的太古洋行和怡和洋行。这些轮船公

① “李约瑟之谜”有不同的表述。李约瑟本人研究了中国科技史料，认为公元前 1 世纪到 15 世纪的 1 600 年间，中国科技一直领先于西方，但是现代科学为什么诞生在西方，这是一个谜，即“李约瑟之谜”。后来“李约瑟之谜”进一步被演绎为“工业革命为什么首先发生在英国而不是中国”或者“为什么是西方国家首先摆脱马尔萨斯式增长，实现了索洛式增长，而不是中国”。

司很快就垄断了中国的远洋和内河航运，势力扩张得很快。在中国开设的第一家外国银行是英国的丽如银行（1845 年），又叫英国东方银行。从那时起到 1894 年中日甲午战争为止，在上海设立分行的还有英国的有利银行（1854 年）、麦加利银行（1858 年）、汇丰银行（1865 年），日本的横滨正金银行（1893 年）和德国的德华银行（1890 年）等。此外，1896 年沙俄在中国设华俄道胜银行，1894 年法国的东方汇理银行进入中国。它们控制中国的进出口贸易，操纵金融，也是向中国输出资本的枢纽。

外国资本还投资了各种工业企业，主要有为方便各国航运业而设立的船舶修造厂，为出口服务的各种原料加工厂，如砖茶厂、缫丝厂、制糖厂、制蛋粉厂、轧花厂、打包厂等，还有为在中国就地利用廉价原料和劳动力以及就近销售的一些轻工业，如火柴、肥皂、制药、玻璃、制革、造纸、纸烟、轧花、豆饼、打包、铁器等工厂。

二、传统自然经济的解体

小农业与家庭手工业相结合的经济结构是自给自足自然经济的基础，这种耕、织相结合的小农经济，在鸦片战争前的中国社会经济中占主要地位，鸦片战争以后，由于外国资本主义的侵入，小农经济开始了逐步分解的过程。这种分解过程可以分为两个阶段：第一个阶段是纺与织的分离，即西方机器纺纱大量涌入中国，使个体小农被迫放弃了通过家庭纺纱以织布的方法，开始购买西方机纱并在家庭中织布。第二个阶段是耕与织的分离。在早期，农村手工纺织家庭由于使用进口廉价棉纱，手工织布业还出现了短暂的繁荣。但家庭织布业也很快因洋布价廉物美而没落，手工业与农业开始分离。

鸦片战争以后，中国商业性农业有了一定程度的发展，传统农业出现分化。这主要是外国资本主义加强对中国农业原料的掠夺，使农产品出口迅速增加而引起的。此外，19 世纪 50 年代以后，外国资本主义在中国经营了若干农产品加工工厂和轻工业工厂；70 年代以后，民族资本也经营了一些纺织和食品工厂。这些工厂的建立也增加了对原料的需求，这就刺激了商业性农业的发展。这时期商业性农业的发展，主要表现在棉花、桑、罂粟、茶等经济作物的种植有了发展，以及小麦、谷物、豆类等粮食作物的商品率有了提高，同时表现为某些商品性农产品的生产，开始受资本主义世界市场需求的影响而起伏。

在西方工业制品的大规模倾销中，中国传统手工业生产也出现了前所未有的危机和分化。中国传统冶炼业曾一度十分发达，这时因西方钢铁制品大量输入而衰落。特别是 19 世纪 60 年代以后，铁及铁制品进口日益增多，土铁不断被洋铁代替，炼铁作坊不断倒闭。其他手工业部门也因不同程度地受到冲击而逐步衰落。

例如，煤油的进口打击了中国的榨油业，进口洋糖排挤国内的制糖业，进口的火柴代替打火石和铁片，洋针代替土针，洋染料代替土染料，肥皂代替皂荚，等等，不胜枚举。

与棉纺织业和钢铁业不同，生丝和制茶等传统手工业部门却出现繁荣。这是因为，棉纺织业和钢铁业是西方工业革命最早发生的两个部门，也是最急于向外输出的两个部门，因而对中国同类部门构成竞争和冲击。而西方国家工业革命对某些传统原料和传统消费品的需求却大大增加，从而带动了中国这类传统部门的生产和出口。丝、茶两项是中国传统出口商品的大宗，一直占据重要地位。同光之际，两项出口值占全部出口货物总值的90%左右，到中日甲午战争前后仍占60%。① 丝、茶出口的扩大，直接拉动了缫丝业和制茶业的发展。“清道光年间，为中国茶叶之全盛时代，全年出口有二百万担之多，时该县无论土著客家，多以植茶为业”②。

但是，出口丝、茶的收购基本上为洋商及其买办所操控，出口贸易更是完全掌握在外国人手中，并受到外国市场波动的影响。因而，尽管市场开放和出口贸易扩大刺激了中国丝、茶手工业的发展，但同时也使之陷入对外商和外国市场的依附境地。另外，随着日本和英属印度等工业革命的展开，中国传统的丝、茶出口也遭遇竞争，加上国际市场的波动，往往陷于破产境地。这种情况也发生在同光之际。如九江一地，过去茶庄林立，每年或五六十家，或三四十家，此时仅存十余家，中日甲午战争前后更只剩四五家。③

三、近代工业的建立和发展

洋务运动就从购买洋枪、洋炮开始，继而创办军工企业自己制造，到后来进一步发展民用工业，掀起了中国历史上第一次现代化浪潮。

1861年，曾国藩在安庆创设安庆军械所，主要制造子弹、火药、炸炮等。这是洋务派创办的第一个仿制西式武器的军事工业。此后，洋务派以“自强”为旗号，采用西方先进生产技术，创办了24个近代军事企业。在这些军事企业中，江南制造局、金陵制造局、福州船政局、天津机器局和湖北枪炮厂的规模较大，所发挥的作用较为重要。洋务派军用工业是中国人最早经营的近代工业。当时中国在经济上和科技上非常落后，兴办这样的企业，势必要依赖外国的机器设备、外国的生产技术，甚至外国的人员和信贷。又因当时中国并无近代基础工业，钢、

---

① 姚贤镐编:《中国近代对外贸易史资料（1840—1895）》（第三册），中华书局1962年版，第1609页。

② 陈兴琰:《广东鹤山之茶业》，《国际贸易导报》1936年第五号，第130页。

③ 参见《茶事近闻》，《农学报》第29册，1897年。

铁、铜等金属器材，多种部件和仪表，油料甚至某些木料和炼铁、汽机用煤焦，都要依赖进口。同时这些企业的创建人是中国洋务派官员，工厂管理采取的是在市场没有发育情况下的封建管理模式。经费由政府调拨，产品一般也是由政府无偿地调拨给指定的军事单位，企业的发展与它的经营情况无关。尽管这些军事工业不完全按照市场的运作方式运行，但它们是中国最早的工业化文明，在中国经济史上具有里程碑的作用。

从19世纪70年代开始，洋务派大力兴办近代民用工业，采取官办、官督商办和官商合办等方式，开办轮船招商局、开平矿务局、天津电报局、唐山胥各庄铁路、汉阳铁厂、上海机器织布局、兰州织呢局等20多个规模较大的近代民用工业企业。

在洋务派创办近代工业的同时，中国民间资本试图创办自己的近代工业企业。从同治年间到光绪二十年（1894年），即中日甲午战争前的20多年间，中国陆续出现了一些近代商办企业。这些企业主要是由部分官员、地主、买办、商人投资创办的，也有一些是从原来的手工业工场、作坊采用机器生产转化而来的。这些企业一般规模较小，资本大都在10万元以下，有的只有几千元。这是近代中国民营企业的发端。早期的民营工业企业主要有船舶机器修造业、缫丝业、棉纺业、火柴业等。

中日甲午战争中国的惨败，引起了中国社会的巨大震动，清廷也要求各级官员劝工兴商，号召民间兴办实业，而且开启了清末官办企业私有化之端绪。在政府有关政策的鼓励下，中国民营资本较以前开始有了快速的发展，出现了一个兴办新式工业的高潮。民营资本纷纷效仿西方公司进行资本募集，走上了资本联合的道路。据不完全统计，从光绪二十一年至二十四年（1895—1898年），新设立了62家商办企业，资本总额达1 240多万元。① 这远远超过了中日甲午战争前20多年民族资本的总和。从光绪二十一年（1895年）到1913年，资本在万元以上的民间机器工业产生约463家②，涵盖了矿冶、纺织、缫丝、食品加工、水电、火柴等诸多类别，其中棉纺织、面粉加工、火柴等发展较快，也较成规模。除了轻纺工业外，这一时期的民营轮船航运、铁路修筑、矿冶业等，都有一定发展。

四、半殖民地半封建经济的特点

鸦片战争以后，随着外国商品和资本的侵入，中国社会经济发生了巨大的变化。一方面，外国商品和资本带来新的现代性因素；另一方面，中国传统经济基

---

① 汪敬虞编：《中国近代工业史资料》第二辑（下册），科学出版社1957年版，第870—919页。
② 汪敬虞编：《中国近代工业史资料》第二辑（下册），科学出版社1957年版，第869—920页。

础仍然十分深厚，对外来的现代经济因素进行着顽强的抵抗。这样，在一个相当长的时期里，“微弱的资本主义经济和严重的半封建经济同时存在，近代式的若干工商业都市和停滞着的广大农村同时存在，几百万产业工人和几万万旧制度统治下的农民和手工业工人同时存在”①，这就形成半殖民地半封建的经济社会结构。

第一，资本主义现代工业与传统农业并存。这是近代中国经济结构的最显著特征。中国作为传统的农业国家，数千年来就是以农立国，尽管工商业在宋代以后有显著的发展，但仅仅作为农业的附属部门而存在。开关以后，外国资本带来了现代工业。但是，这种新的现代工业与广泛而深厚的传统农业相比有如汪洋大海中的孤岛。即便如此，这种新的生产力形式还是迅速成长着，因此形成现代工业与传统农业并存的结构。中日甲午战争以后，现代工业发展加快。不仅外国资本大量在中国设厂，而且中国的官营资本和民营资本都进入工业领域，新式工矿业企业大量增加。这样，到 20 世纪初，现代工业已经作为一个产业而成型了。但中国作为一个传统的农业国，国民经济的主干仍是农业经济。尽管受到进出口贸易的刺激，也出现了部分市场导向的资本主义农业，但与广泛的传统农业相比几乎是微乎其微。据统计，资本主义生产在工农业总产值中就占到 14%的比重，在整个工农业和交通运输业的总产值中占 15.4%的比重。这就是截至 1920 年中国资本主义发展的水平。②

第二，现代工商城市与广大农村并存。一方面，中国资本主义现代工业大多分布在城市。这种情况与资本主义国家工业化过程中出现的城乡结构是一致的。这是由工业生产的集中需要和集聚效应所决定的。这种现代工业的集中与集聚特征也引致了商业的集中和集聚。因此，近代以来工商业城市发展起来。但另一方面，在广大农村传统经济结构瓦解的同时，现代农业却没有发展起来，仍处于贫穷、落后的状况。与此相对应的是沿海与内地经济的差距。由于外国资本主义最先在东南沿海一带的城市落脚，这些地区的城市在发展现代工商业和进出口贸易方面具有便利条件，因而，中国的资本主义近代工业便在这些地区发展起来。而在中国广大的内地却仍然保持着传统经济，从 1895 年至 1913 年的统计资料看，这 18 年所建立的 549 家厂矿企业中，沿海城市占 61.35%，内地仅占 38.65%。③ 如果考虑到沿海地域的狭小和内地地域的广大，这种发展水平的差距就更大，二元结构就更显著。

第三，现代产业工人与广大农民和手工业者并存。一方面，在外国和中国的现代企业中，有几百万从事着工业生产劳动的工人，他们的劳动方式是在大机器

---

① 《毛泽东选集》第一卷，人民出版社 1991 年版，第 188 页。

② 许涤新、吴承明主编:《中国资本主义发展史》第二卷，人民出版社 1990 年版，第 1053 页。

③ 汪敬虞编:《中国近代工业史资料》第二辑（下册），科学出版社 1957 年版，第 657 页。

条件下的集中劳动，与企业之间的关系是资本主义雇佣关系。他们仍是先进生产力的代表，代表着中国最具成长性的劳动人口、最具创造性的生力军。但另一方面，这数百万产业工人占人口的比例很小，全国 80%的人口仍是农民，如汪洋大海般的农民仍采用“日出而作，日入而息”的传统生产方式和生活方式。就广大民众所使用的工业品来说，大部分还是手工制品，因而仍存在大量的传统手工业者。这构成近代中国最典型的国情特点。

此外，外国资本与中国资本并存，也是中国经济二元结构的重要标志。中国近代历史的最根本特征，就是外国资本的侵入带来了现代因素，并且与中国本土的传统经济发生冲突直至并存。中日甲午战争以前，外国在华所建企业限于对华贸易的服务行业，工厂不多，规模不大，没有形成一种经济成分。中日甲午战争以后，外国在华投资大大增加，在中国现代产业资本中占有 70%以上的优势。此外，外国洋行还控制了中国对外贸易总额 80%以上的份额。外国资本成为中国国民经济内部一种占支配地位的成分。外国资本凭借不平等条约所赋予的特权和优惠，形成对中国资本的竞争优势和严重的压迫。这就导致中外资本的矛盾和冲突。

第四节 拉丁美洲的依附经济

一、重商主义制度与拉丁美洲殖民地经济

在征服美洲时期，欧洲正盛行重商主义的经济理论。西班牙王室在这种理论的影响下对殖民地实行了日臻完善的贸易垄断制度。

典型的西班牙贸易垄断制度盛行于 16 世纪 30 年代至 18 世纪七八十年代，具体内容包括：一是创设贸易署，专管宗主国和殖民地之间的贸易事宜。二是确立特许港口。为了便于控制贸易和征得各种税收，国王把通商限制在西班牙的塞维利亚港（1717 年改为加的斯港）和美洲的韦拉克鲁斯、卡塔赫纳、波托贝洛、哈瓦那等少数几个特许港口。三是建立“双船队制”，实行军事护航。即由指定的每年两支商船队负责对美洲的贸易，船队按规定时间和路线往返美洲，并有大型舰队护航。四是禁止外商参与西属美洲贸易，严禁将非西班牙产品直接运进西属美洲。在西班牙王室颁布的《西印度法》中，禁止外国人参与殖民地贸易的法律条款就有 37 条之多，其中一条规定：凡与外国人通商的西班牙人一律判处死刑并没收其全部财产。五是限制和禁止西属美洲各地区之间进行贸易。1580 年至 1640 年葡萄牙与西班牙合并期间，西班牙的贸易垄断制度也推广至葡属巴西。葡萄牙脱离西班牙后，仍继续奉行贸易垄断制度。这种制度的实施实际上等于西、葡王室建立了一个垄断公司，在垄断公司控制下，拉美在经济上只是宗主国的附庸，处

于次要地位，殖民地为母国提供必要的矿产品和其他原料，却不能根据自己的需要发展经济和开发资源。

重商主义在拉美的另一种表现形式就是单一产品制和对“中心”国家的依附。殖民者通过各种强制性劳动制度剥削和压榨印第安人和黑人，发展了采矿业以及为采矿业服务的农牧业，并聚敛了大量的财富。这些财富最终以贵金属的形式通过贸易和各种税收源源不断地输入宗主国。据统计，在300多年的殖民地统治期间，总计约有2 590吨的黄金、10万吨的白银输入宗主国，但殖民地本身的经济却未得到有效的发展。在西属美洲，西班牙王室官员于16世纪中叶在墨西哥和秘鲁建立起了巨大的白银采矿业，从而使所有其他经济活动都从属于矿业中心。为了满足矿业和城市中心的需求，农业和畜牧业也随之发展起来。到17世纪，大庄园就作为农业地区的主要经济形式出现了。由于制造业的发展意味着与有势力的商业垄断者发生竞争，因此，拉美建立制造业的尝试受到商人和殖民当局的严格限制。虽然18世纪波旁王朝的贸易改革，特别是1778年《自由贸易法》颁布之后，对殖民地经济发展的限制有所放松，但殖民地从根本上说并没有摆脱为出口贵金属服务的单一的农矿业经济结构。

在葡属巴西，由于最初没有发现贵金属矿藏，于是以发展出口农业经济为主。从16世纪中叶到17世纪中叶，巴西曾经是世界上最大的产糖国。1693年在米纳斯地区发现了黄金富矿后，巴西进入了“黄金周期”。巴西红木、食糖、黄金、钻石这些能在欧洲市场上牟取暴利的单一产品，相继成为葡萄牙国库的重要财源，支撑着庞大的殖民帝国。但对巴西来说，生产在国内不同的区域形成经济岛屿，它们彼此隔绝，结果只是分散的殖民开拓，无助于全国经济一体化形成。

重商主义对拉美经济的影响持续了很长时间。拉美国家独立以后，新的民族国家发展工业化的设想遭遇了人均收入水平低、市场需求规模狭小、资本积累困难、金融机构短缺、资金融通不便、交通不畅、运输成本太高、外国廉价商品的冲击等障碍。为了保持国际收支平衡，拉美国家不得不重新回到利用廉价的生产要素（劳动和资本）出口初级产品、换取外汇、进口工业品的传统道路。

二、大庄园制经济及其特点

16世纪中期以后，在西属美洲，一方面矿业经济发展和西班牙人口增多，对欧式农牧业产品需求日益增长，另一方面印第安人口大量死亡而腾出大片可耕地，于是大庄园制便逐渐发展了起来。西班牙大地产主所拥有的地产一般来源于土地赐予（如王室恩赐的“骑兵份地”、牧场），廉价购买，不平等交换（用次地换好地），蚕食、侵占相邻印第安人的土地，通过与印第安人结婚而得到土地，利用种种欺骗手段得到土地，印第安人自愿捐献土地等。1591年到17世纪末，陷于财政困境的西班牙国王为增加财政收入下令对殖民地的土地所有权进行全面审查，凡持有土地者只有缴纳一笔费用方可获得土地所有权。大地产主便乘机通过这种法律程序使所侵占的土地合法化。

大庄园的劳动力最初有两类：一是长期居住劳力，其上层是地产主收留的亲戚、同乡、朋友等，主要是管理人员，其下层来源于征服前依附于土著贵族的仆役（在阿兹特克叫仆役，在印加叫农奴）和黑奴。19 世纪 30—80 年代，拉美国家先后废除了黑人奴隶制，种植园的奴隶逐渐转化为佃农和雇工。二是短期从事非熟练劳动的劳力。这部分劳力先是由委托监护制提供的，1549 年法律废除了委托监护制下使用印第安人的劳役，禁止以劳役代替贡税后，又依靠殖民当局建立的劳役摊派制提供。与委托监护制相比，劳役摊派制不再是一种无偿的、构成半封建特权的私人劳役，而是一种略有报酬的、官方认可的、有利于本地公众利益的强制性公共或私人劳役，它把使用土著劳役的范围由少数监护主扩大至所有西班牙人。但由于 16 世纪末印第安人口过多死亡，通过劳役摊派制获取劳力越来越困难，大庄园主不得不转向通过私人雇佣的方式解决劳力问题。1632 年农业中的劳役摊派制被取消，取而代之的是债役农制。这是一种以代为缴纳人头税、预付工资（多为实物）、出让小块土地的使用权等方式将劳动者束缚于大庄园的制度。到 18 世纪末，在原来土著人口密集的新西班牙和秘鲁总督辖区，大庄园制已在土地制度中占据支配地位。与之并存的还有印第安人村社土地和小地产。

拉美的大庄园制已经不同于中世纪的欧洲封建庄园，它通过为城市和矿区生产而间接地为资本主义世界市场服务，它的兴盛和萧条以及对劳动者的剥削强度在很大程度上取决于市场供给和需求，庄园劳动力中也有了微弱的雇佣劳动的成分。但是，从大庄园主占据土地和不完全占有劳动力的角度看，大庄园的封建性仍是明显的。因此，拉美殖民时期的大庄园制应定位于半封建制。独立后，半封建的大庄园制被保留下来。由于各国的自由派政府采取了废除和剥夺教会地产和印第安人村社土地的措施，大庄园制得到了进一步的发展。在 1910 年墨西哥革命以前，11 000 个大庄园主占有全国 57% 的土地，奇瓦瓦州的特拉萨斯家族就拥有 15 个大庄园，与此形成鲜明对比的是农村中有将近 97% 的家庭没有土地。①

大庄园制的遗产是多方面的，主要包括：

首先，作为经济单位，大庄园直接为世界市场生产单一的农业原料（蔗糖、咖啡、棉花、烟草），它的生产建立在开发大片富饶、肥沃的土地和对奴隶进行残酷剥削的基础之上，大庄园的生产是低效率的。大庄园主占据大片土地的目的既

---

① ［美］斯塔夫里亚诺斯：《全球分裂——第三世界的历史进程》（上册），迟越、王红生等译，商务印书馆 1993 年版，第 432—433 页。

是满足贵族心理欲望，又是为了消除竞争者和获得印第安人劳力。但他们却不能充分与合理地利用土地，对土地的投资很少，技术也比较落后，导致大片土地荒芜或粗放耕作，再加上劳动者缺乏生产积极性，农业产量不能提高。

其次，作为社会单位，大庄园内部是一个微型的等级社会。大庄园具有一个独立社会所通有的附属物，不仅有庄园主的大宅院，还有村落、作坊、商店、教堂、学校、医院、邮局和坟地，自成一体。大庄园里的总管、牧师、管家、商店经理、会计处于上层，监工、计时员、教师、收租人和部分技术性较强的劳力（工匠、牛仔、牧羊人等）处于中层，而债役农、佃农、短工、奴隶则处于下层。大庄园主处于最顶端，他对庄园成员实行恩威并重的父权主义统治，不仅有义务“照料”和“保护”他们，使他们成为基督徒，也对他们拥有绝对的权威。这不仅是一种上下隶属关系，而且是一种亲族式的伦理关系。

再次，作为行政单位，大庄园是地方政治权力的中心。尽管大庄园没有欧洲庄园那样的自治法律地位，西班牙国王从未从法律上认可大庄园主的政治和司法权力，但在实际中，这种权力是存在的。它主要来源于大庄园主对土地的垄断，及其在地方市政及司法部门的任职。大庄园主凭借自己的权势，控制周围地区的小庄园和市镇，有的大庄园甚至拥有私人武装和监狱。在 19 世纪，拉美的大庄园一度成为产生考迪罗的温床，是拉美寡头政治的基础。

最后，大庄园中存在种族歧视。殖民地时期的法律规定：禁止自由有色人妇女穿戴白人妇女所穿戴的服饰和头饰；禁止自由有色人接受大学教育和从事自由职业；禁止他们充当神职人员；禁止他们担任政府公职；服兵役则必须组成黑人连队。

三、早期的工业化和依附经济

在拉美国家，其工业化发端于为满足国际市场而非本国市场需求的矿业和初级农产品加工业，每个国家几乎都具有单一产品出口的特征。最典型的是智利的铜矿业、墨西哥的麻加工业、巴西的咖啡业及阿根廷的畜产品加工业。① 从 19 世纪 40 年代开始，拉美国家逐渐形成了 3 种类型的初级产品出口——温带农产品出口、热带农产品出口、矿产品出口，从而形成了单一产品制，使整个国家的经济依赖于某一种或两种供出口的农矿产品。从 19 世纪七八十年代到 20 世纪 30 年代由出口部门的繁荣带动的工业及社会生活各个领域的发展、变化，使拉美经济出现了前所未有的大幅度增长。

拉美工业化的另外一个特点是外国资本为主要的资金来源，主要工业部门控

① Roberto Cortés Conde, *The First Stages of Modernization in Spanish America*, translated by Talbot Tony, New York: Harper&Row, 1974.

制在外国资本或外国移民手中。1870年后大量外国资本涌入拉美。一些原来由拉美企业家控制的企业纷纷为外国公司所购买，制造业中的本国企业不断减少。如阿根廷，1913年拥有工业企业4.9万家，其中3.15万家是外资企业，1.5万家是合资企业，本国资本企业只有0.25万家。在墨西哥，1904年外资控制了40%的铁路，98%的采矿业，87%的电力工业，84%的加工制造业，近100%的石油工业，76%的金融业。① 外资主要投向基础设施、公用设施、出口加工工业和采矿业。1914年，拉美吸收了资本主义国家对外投资额的8.5%，仅次于欧洲，而高于除去美国的北美、亚洲（含日本）、非洲和大洋洲。②

大量资本涌入拉美，一方面带来的资金和技术带动了工业发展，另一方面拉美的发展以适应投资国的需要为条件，结果造成了经济结构的畸形化。工业生产主要是为了供应国外市场，因为优先得到发展的是由外资控制的出口加工业和采矿业，而面向国内市场的制造业特别是冶金工业和机器制造业极其薄弱。从面向国内市场的工业生产结构看，主要是轻工业得到了一定的发展，其中食品加工业和饮料业占整个制造业产出的比重最大，除巴西（占40.7%）和墨西哥（占37.7%）外，其他国家均在50%以上。在整个制造业产出中，纺织业和成衣业居第二位的国家分别为巴西（占33.4%）、墨西哥（占29.5%）、智利（占20.4%）、委内瑞拉（占18.4%）、乌拉圭（占11.3%）、阿根廷（占9.6%）、秘鲁（占7.5%）和哥伦比亚（占5%）。③ 1910年巴西的纱锭达100万个，墨西哥紧随其后；由于受比较利益学说的不良影响，到1930年阿根廷的纺织业仍不发达。

19世纪末和20世纪初，城市化的发展为建筑业提供了绝好的机会，到1914年除阿根廷外的主要国家都建立起了水泥工业。拉美国家的金属工业仍很落后，只有墨西哥建立了一个现代钢铁工业部门。在拉美早期工业化中，整个工业化水平仍很低。现代工业发展仅仅局限于少数国家。就这些国家而言，到1913年制造业产出占GDP的比重仍很低：阿根廷占16.6%，智利占14.5%，墨西哥占12.3%，巴西占12.1%，哥伦比亚占6.7%。而且到1913年，食品加工业、纺织业和成衣业占大多数拉美国家制造业的75%。④

从技术水平和工厂规模来看，除出口部门外，没有大规模的现代工厂。1914

① 郝名玮、冯秀文、钱明德：《外国资本与拉丁美洲国家的发展：历史沿革的考察》，东方出版社1998年版，第75页。

② ［英］维克托·布尔默-托马斯：《独立以来拉丁美洲的经济发展》，张凡、吴洪英、韩琦译，中国经济出版社2000年版，第124页。

③ ［英］维克托·布尔默-托马斯：《独立以来拉丁美洲的经济发展》，张凡、吴洪英、韩琦译，中国经济出版社2000年版，第164页。

④ ［英］维克托·布尔默-托马斯：《独立以来拉丁美洲的经济发展》，张凡、吴洪英、韩琦译，中国经济出版社2000年版，第162—163页。

年前，阿根廷的基尔梅斯酿酒厂和洛马斯德萨莫拉酿酒厂，巴西圣保罗的安塔尔蒂加酿酒厂和里约热内卢的面粉加工厂，墨西哥、巴西和秘鲁的纺织厂，都是规模较大和技术较新的工厂，但它们都不具有代表性。在大多数情况下，工业企业的规模较小，技术也较落后。如 1882 年布宜诺斯艾利斯工业企业平均雇用工人为 6 人，到 1914 年，小工厂仍是绝大多数工业机构的主要特征；智利 1914 年雇用 5 名以下工人的企业仍占本国制造业企业的 1/2 以上。① 巴西 1920 年的工业调查表明，全国工厂工人约 27. 5 万，即使不包括许多小作坊，平均每个工厂也只有 21 名工人。②

思考题

1. 印度殖民地经济体系是如何形成的?
2. 奴隶贸易对非洲经济有什么影响?
3. 中国半殖民地半封建经济的特点是什么?
4. 拉美依附经济的特点和影响是什么?

▶ 自测习题及参考答案

请扫描二维码

① ［英］莱斯利·贝瑟尔主编:《剑桥拉丁美洲史》第四卷，涂光楠等译，社会科学文献出版社 1991 年版，第 276—277 页。

② ［英］莱斯利·贝瑟尔主编:《剑桥拉丁美洲史》第四卷，涂光楠等译，社会科学文献出版社 1991 年版，第 325—326 页。

第九章　自由贸易与世界经济的形成

随着自由贸易在世界范围内的发展，世界市场越发扩大，相伴随的是国际贸易制度和国际金融体系的完善、国际分工体系的逐步确立以及在世界范围内资本主义殖民体系的形成。与此同时，资本主义国家之间的经济发展逐渐呈现不平衡趋势。

第一节　自由贸易与世界市场扩大

一、自由贸易基础和理论

工业革命后，英国建立了一个以大机器生产为基础的强大的工业体系，资本主义大工业对原料和商品市场的需求也越来越大。此时，其他国家的保护关税和英国的进口税成为两个主要障碍。

英国用炮舰废除了殖民地地区的保护关税。但是消费水平较高的欧洲市场仍然受到关税等各种政策的保护。为了打破欧洲国家的关税壁垒，英国必须首先放弃关税保护，开放本国和殖民地市场。英国实行保护关税有利于土地贵族，对工业资本家而言却是作茧自缚，因为英国在棉纺织品、采矿和钢铁工业等方面占绝对优势。代表土地贵族利益的保护关税制度已严重损害了工业资本家的利益。

亚当·斯密、约翰·洛克、托马斯·马尔萨斯和大卫·李嘉图等经济学家都论证了自由竞争和自由贸易的必要性。无论是斯密的绝对成本学说，还是李嘉图的比较成本学说，都使人们相信各贸易国会从国际专业化和国际分工中得到好处。斯密和李嘉图依据资产阶级利益的要求和本能，把英国当时的资产阶级民族利己主义说成人类普遍的自由和幸福，冲破了重商主义学说对商业关系的限制，为工业资产阶级废除保护关税制度、扫除工业发展的障碍提供了理论基础。

二、英国的自由贸易进程

1768 年《艾登条约》是自由贸易的初步成果。这个条约免除了英、法之间的一些贸易关税。但是，随后爆发的英法战争逆转了贸易自由化的趋势，而且政府的财政收入主要来自保护性的关税。此外，幼小的工业资产阶级还不具备足够的实力与实行关税保护的土地贵族相抗衡。

自由贸易的第一个胜利是哈斯基森在 1823—1825 年改革了海关税则。1823 年后，随着财政状况有所改善，贸易大臣哈斯基森降低了许多制成品、原料和消费品的关税，取消了原来构成英国财政制度主要基础并严重束缚国内贸易的许多消费税，特别取消了不准丝织品进口的禁令。

随着工业资产阶级的不断壮大，自由贸易和保护贸易斗争的焦点集中到《谷物法》上。1815 年通过的《谷物法》限制或禁止谷物进口，以保证国内谷物的价格水平。人为提高的谷物价格使土地贵族获得垄断利润，却提高了资本家必须支付的工资成本。19 世纪上半叶，工业资本逐渐占据主要地位。1820 年，伦敦的西蒂区曾向议会呈递一份由经济学家图克起草的呼吁实行自由贸易的请愿书。1839 年 5 月，部分工厂主和知识分子争取到工人阶级的支持，在伦敦成立了全国性的反《谷物法》同盟，棉布制造商理查德·科布登和工厂主儿子约翰·布莱特为主要领导人。

19 世纪 40 年代，自由贸易取得决定性的胜利。罗伯特·皮尔任首相时于 1842 年废除了英国制成品的特别出口税，并降低了海关税则上不少于 750 个税目的进口税，再次开征所得税以弥补预期的收入损失。1845 年，皮尔又取消 520 种关税，并废除其余原料进口税。1845 年，辉格党人利用英格兰歉收和爱尔兰马铃薯病虫害后民众反《谷物法》的情绪，提出修改《谷物法》。1846 年，《谷物法》废除。代表重商主义的《航海法令》也在 1849 年受到限制，到 1851 年，该法被彻底废止。

19 世纪五六十年代，格莱斯顿执行了坚定的自由贸易政策。1860 年，英国实行了对外贸易完全自由化的第一个预算，废除大部分食品关税，所有来自英国领地的进口品享受的优惠税率也被废除了，只有蔗糖和糖果进口税依然是重要的财政收入来源。后来的预算又免除了木材关税，1869 年取消谷物进口的注册费，1875 年免除了蔗糖进口税。1860 年以后，只有少数商品保留着进口税，像白兰地、葡萄酒、烟草、咖啡、茶叶和胡椒等。直到 19 世纪末，没有通过任何保护关税提案。这样，英国成为第一个执行自由贸易政策的国家。

三、自由贸易的国际扩散

拿破仑战争后，除了荷兰和丹麦这样的小国外，大部分欧洲国家的贸易政策都倾向保护主义。荷兰在 1819 年采取了相对自由的贸易政策，丹麦则在 1797 年废除了进口限制，并降低了关税。英国废除《谷物法》后，奥匈帝国、西班牙、荷兰、比利时、瑞典、挪威和丹麦等国家都实施了迈向自由化的政策。19 世纪 50 年代前半期，俄国、瑞典、挪威、丹麦、荷兰、普鲁士等将英国输出的许多商品的关税降低；西班牙废除禁止税则改行保护税则；法国大大降低钢铁和五金器材的关税。19 世纪 50 年代，欧洲主要国家的关税都在下降。

1860 年以后，贸易自由化政策通过签订贸易条约和关税协定而扩大到其他国家。其中重要的进展是1860年法国皇帝的顾问、经济自由主义的倡导者、经济学家米舍尔·舍瓦利埃与英国反《谷物法》同盟的代表人物柯布敦签订的《英法条约》。它是19世纪60年代把欧洲大部分地区变成低关税集团的第一个贸易条约。根据该条约，英国同意废除所有制成品的关税，降低了白兰地和葡萄酒的进口税。这使法国获利最大。法国废除了一切进口禁止，对关税也进行限制。此外，1860年《英法条约》包含了最惠国条款。这意味着对一国的关税减让会自动适用于其他所有享受最惠国待遇的国家，刺激了以多边条约为基础的贸易扩张。

此后，英国与比利时（1862年）、意大利（1863年）、德意志关税同盟和奥地利（1865年）订立了条约。法国也为了相互减免关税而与其他国家缔结类似的贸易协定。这些协定包括：1862年与比利时和德意志关税同盟签署的协定；1863年与意大利缔结的协定；1864年与瑞士的协定；1865年与瑞典、挪威、汉萨城、西班牙和荷兰的协定；1866年与奥地利的协定；1867年与葡萄牙的协定。因为法国承认了最惠国待遇，所以法国同其他国家商定的一切好处必然对英国有利。虽然普遍的自由贸易在这一时期仍未实现（只有英国和荷兰实行彻底的自由贸易政策），不过，在19世纪60年代和70年代的较短时期内，自由贸易在欧洲取得了胜利。

自由贸易瓦解了英国与殖民地之间的特惠制。在哈斯基森时期，英国的殖民体制从垄断体制转变为特惠体制，英国商品在殖民地享受特惠待遇，而殖民地产品在英国市场上获得关税优惠。1849年废除小麦特惠关税，1860年废除葡萄特惠关税。再加上加拿大、澳大利亚、南非、新南威尔士等殖民地逐渐拥有独立关税自主权，特惠制瓦解。加拿大对工业实行保护关税。澳大利亚各殖民地自由地执行独立贸易政策，新南威尔士赞成自由贸易，维多利亚主张贸易保护主义，其他地区则强调单纯为了收入而征收关税。

但是，在亚洲和非洲的许多殖民地，自由贸易政策却是被强加的。印度关税，特别是棉纺织品关税在19世纪60年代的降低，反映了英国政府要求印度继续充当英国工业品的出口市场，并防止它成为出口竞争对手的意图。中国和日本最初分别给予了英国和美国贸易优惠，后来又通过最惠国待遇原则扩大到所有其他西方国家，两国还暂时被剥夺了决定本国关税政策的权力，中国直到1930年才收回关税主权。被强加的自由贸易侵蚀着这些国家经济的独立性。

四、自由贸易与国际贸易增长

1500—1800年，全球洲际贸易年均增长率不过1%左右。从19世纪初开始，一直到第一次世界大战之前，世界贸易总额的平均年度增长率大约为4%。从诸多关于国际市场整合的证据来看，相比 1800 年之前，从商品价格收敛的趋势来看，1800 年后的世界经济联系越发紧密，很多经济史学家还将 1870 年至 1913 年称为“第一波全球化”时期。①

就 19 世纪 60 年代的欧洲国家来说，贸易与经济增长也可能存在含混不清的关系。因为经济增长的出现最终取决于技术、制度乃至文化因素等，贸易的扩大可能是工业革命本身的结果。工业革命意味着生产效率的上升，在交通成本、通信成本等出现下降的前提下，快速增加的工业产出有可能出口到世界其他任何地区。从这一意义上来说，贸易的扩大是经济增长的结果，自由贸易政策只不过削减了快速增加的工业产出向世界其他地区出口的贸易成本。然而，贸易的扩大也有可能是经济增长的必要前提。贸易的扩大促进工业生产的专门化，一方面，贸易的扩大缓解了工业革命过程中面临的资源约束；另一方面，贸易的扩大为工业产出提供了十分广阔的国际市场。

贸易政策对经济增长的影响没有定论。针对这一时期世界经济史和欧洲经济史的计量研究结果，没有发现贸易条件的改善会对人均收入增长产生积极或者说正向的影响。相反，在普遍的自由贸易政策行将结束的时候，出现了上文所说的第一波全球化。②

第二节　世界经济体系③的形成

一、国际分工的形成

国际分工是指世界上各个国家和地区之间经济上相互依赖的劳动分工，是一般社会分工突破民族国家疆界形成的。只有国际分工出现，各国国民经济被纳入国际分工体系之后，才形成统一的世界经济。

14—15 世纪，围绕地中海进行东西方贸易的，仅仅是少数商业城市或者城市共和国，商品种类也限于那些具有资源优势或那些生产成本差异很大的少数商品，如欧洲的呢绒、金属制品和东方的珠宝、香料、丝绸、瓷器等名贵物品。这些产品虽然有的已经是社会分工的产物，但这种分工仍然是各国由于地理、民族传统

① ［美］罗纳德·芬德利、［美］凯文·奥罗克：《强权与富足》，华建光译，中信出版社 2012 年版，第 432—436 页。

② Christopher Blattman, Jason Hwang, and Jeffrey G. Williamson, “The Terms of Trade and Economic Growth in the Periphery, 1870-1938,” *NBER Working Paper*, No. 9940, 2003.

③ 世界经济体系是指世界各国、各地区通过密切的经济交往和国际经济协调，在经济上相互联系和依存、相互渗透和扩张、相互竞争和制约，使世界经济形成一个有机整体。世界经济体系包括国际分工、国际贸易体系和国际货币体系等。

以及国民经济特点的差异而引起的地域分工。这种地域分工在地理大发现后有了发展。随着新航线的开辟和新大陆的开发，国际贸易的领域迅速扩大到世界各地。西欧国家借助于商业资本大力推行重商主义政策，积极鼓励航海事业，保护为出口而生产的工场手工业的发展。与此同时，以暴力和强制手段在殖民地经营矿山和种植园，建立起以奴隶劳动为基础的面向宗主国市场的早期资本主义专业化生产。但是这种分工从严格意义上说，还不是真正的国际分工，因为国际贸易商品还未参与资本主义扩大再生产过程，尚未成为它必不可少的条件。

18 世纪中期首先在英国发生的工业革命产生了真正意义上的国际分工。19 世纪中期以后，工业制成品、原料、食品等大宗商品在世界市场上的贸易额大幅度增长。国际贸易商品日益大量地参与到资本主义扩大再生产过程，原料取自世界市场，产品输往世界市场，世界市场成为资本主义扩大再生产过程顺利进行所必不可少的条件。于是，机器大工业越来越多地把世界各个国家的社会生产吸引到国际分工中来。

垂直分工的发展和深化是这时国际分工的特征。英国等先进国家出口制成品，销往落后国家的殖民地，而后者出口原料供应前者。前者成了世界大机器生产的中心，后者成为其附庸。正如马克思所说："一种与机器生产中心相适应的新的国际分工产生了，它使地球的一部分转变为主要从事农业的生产地区，以服务于另一部分主要从事工业的生产地区。"① 这种垂直分工在 19 世纪中叶以后，特别是 19 世纪 70 年代以后，得到扩大和加深。因为工业国已经不再是英国一个国家，而是欧洲和北美各国，还有亚洲的日本；原料供应地也不再是少数殖民地，而是世界所有落后地区，原材料涉及的范围也更广，有赞比亚和智利的铜，苏里南、牙买加、圭亚那和加纳的铝矾土，巴西的铁矿石，玻利维亚的锡，约旦和摩洛哥的磷，海湾各国的石油，等等。丹尼斯・罗伯逊把工业化经济体和初级产品经济体之间存在的显著差异称为"大分工"。②

二、国际贸易体系的演变

18 世纪后期到 19 世纪末，国际贸易的各个方面发生了显著的变化。

第一，国际贸易量迅速增加。1720—1800 年，世界贸易的总量增长了一倍。进入 19 世纪，世界贸易增长速度加快，19 世纪前 70 年世界贸易增长了 10 多倍，

---

① 《马克思恩格斯文集》第五卷，人民出版社 2009 年版，第 519—520 页。

② ［美］罗纳德・芬德利、［美］凯文・奥罗克：《强权与富足》，华建光译，中信出版社 2012 年版，第 440 页。

特别是 19 世纪 40—70 年代世界贸易的增长快于世界工业生产的增长。①

第二，国际贸易的商品结构发生了很大变化，工业品比重上升，其中纺织品增长最快并占重要地位。粮食成为当时国际贸易的大宗商品，占当时国际贸易额的 10%左右。贸易方式也有了进步，国际定期集市的作用下降，现场看货交易逐渐转变为样品展览会和商品交易所，逐渐形成了区域性和全球性的交易中心。1848 年美国芝加哥出现了第一个谷物交易所，1862 年伦敦成立了有色金属交易所，19 世纪后半期在纽约成立了棉花交易所。因其价格和成交条件具有广泛的代表性，在国际上被普遍接受，所以对各地的行市有着极大的影响，成为各地交易时参照的标准和调整的依据。期货交易也已经出现，小麦、棉花等常常在收获前就已经售出。

第三，国际贸易的组织方式有了改进。19 世纪以前，为了争夺国际贸易的独占权，英国、荷兰、法国等纷纷建立由政府特许的海外贸易垄断公司。随着贸易规模的扩大，原先的公司垄断地位丧失，很多有限责任的股份制公司参与到国际贸易中来。而且，这些公司日益专业化，成立了许多专门经营某一种或某一类商品的贸易企业。

第四，政府对对外贸易的干预减少，主要负责制定调整国际经贸关系的法律规范和统一有关各方都能接受的贸易惯例。在工业产权、文学艺术作品和商标注册方面达成了几个著名的公约和协定。它们是：1883 年的《保护工业产权巴黎公约》，1886 年的《保护文学和艺术作品伯尔尼公约》，1891 年的《商标国际注册马德里协定》。在贸易惯例方面，最重要的是国际贸易术语的定义和解释。最常见的船上交货价（Free on Board，英文简称 FOB）这一术语早在 19 世纪初已经流行，"到岸价"（Cost Insurance and Freight，英文简称 CIF）也陆续使用。

第五，在保险业方面的统一性也取得了进展。早在 1860 年，贸易、运输、保险各界代表在英国的格拉斯哥开会拟定了理算共同海损所应依据的国际规则。1912 年，伦敦保险协会制定了《协会货物保险条款》（*Institute Cargo Clause*，英文简称 ICC），后经多次修订，已成为目前应用最广的保险条款，这表明国际保险市场上"销售条件"统一性的实现取得了重大进展。

三、金本位和国际金融制度的发展

1717 年，英国铸币厂总管艾萨克·牛顿将金价定为 3 英镑 17 先令 10.5 便士，这是英国金本位的开端。这个比价一直延续到 1931 年，其中 1797 年至 1819 年和

① ［日］宫崎犀一、［日］奥村茂次、［日］森田桐郎编：《近代国际经济要览》，陈小洪、任兴州、姚玉明等译，中国财政经济出版社 1990 年版，第 21 页。

1914 年至 1925 年中断过。英国实行金本位制的原因是白银贬值。到 18 世纪末期，白银已经从英国流通中消失，英国走向了事实上的金本位制。1844 年的《银行法》具体规定英格兰银行发行部所应保持的黄金储备，允许白银储备占总额的 1/3。这意味着英国在法律上实现了完全的金本位制。

其他主要的欧洲国家 19 世纪下半期陆续采用金本位制。1870 年以前欧洲大陆国家实行复本位制。在 19 世纪大部分时间里，美国也实行复本位制。1865 年至 1867 年，拉丁货币同盟稳定了局势并促进了国际复本位制。货币的相互依存性和不采用金本位制产生的网络外部性是很多国家采用金本位制的原因。[①] 此外，有些国家之所以采纳金本位制更多是出于政治上的考虑。

德国转向金本位和美国停止铸造银币对金本位扩散起了关键作用。荷兰在 1874 年停止铸造银币，不久就采用黄金作为记账单位。挪威、瑞典和丹麦也紧随其后。1874 年拉丁货币同盟开始实行“跛行”金本位制，即禁止铸造银币。白银虽然是法偿货币，但却不以银币方式出现，也不能在商业交易中大量使用。到 1878 年，英国、比利时、荷兰、法国、德国、瑞士和斯堪的纳维亚国家都实行了金本位制。俄国和日本在 1897 年实行金本位制，同年印度通过了使卢比钉住英镑的金汇兑本位制。一年以后，菲律宾以同样方式与美元联系在一起。美国直到 1900 年才实行金本位制。1900 年以后，亚洲的锡兰（今斯里兰卡），拉丁美洲的阿根廷、墨西哥、秘鲁和乌拉圭等先后采用金本位制。到 1914 年，中国仍然是固守银本位制的主要国家之一。

金本位制为各国货币汇率的相对稳定提供了客观的基础。统一和相对稳定的世界货币，对各国之间的经济交往具有极大的推动和促进作用。这一时期的国际贸易、国际资本流动和国际信用的增长，都与此有一定的关系。但是金本位制下无法以汇率作为有效的政策工具应对国际收支失衡，它将外部平衡置于内部平衡之上，逆差时以国内经济紧缩为代价，顺差时以国内经济膨胀为代价。

在这一时期，伴随着国际贸易的发展，多边结算制度出现了。英国是国际贸易支付体系的中心。当时，各国之间由于国际贸易发生的债权债务关系，大都通过伦敦的银行进行结算。世界各个地区国际收支不平衡，通过在英国集中进行的结算，可以得到一定的调剂或缓解，使国际商品和货币流通能够正常运转。除了英国以外，还有一些新兴资本主义国家凭借其在某些区域贸易中的影响，在国际结算中发挥着积极的、半中心的作用。德国在东欧、中东和拉丁美洲等地区建立和发展了规模迅速扩大的贸易关系，相应地，德国成为这些地区的一个结算中心；

① 参见［美］巴里·艾肯格林：《资本全球化：国际货币体系史》（第二版），彭兴韵译，上海人民出版社 2009 年版。

美国则在北美、拉丁美洲、远东等地区大力扩张对外贸易联系，逐渐形成自己的辐射网，从而在结算中起着半中心的作用。

19 世纪以后，国际信贷关系也迅速扩大。伦敦不仅是短期信贷中心，而且是长期信贷中心。在拿破仑战争结束后的 1815—1830 年，在伦敦金融市场上以发行债券和股票形式进行借贷的，主要是欧洲大陆一些国家的政府、南美独立战争期间的一些革命政府和美国的一些州政府。这些政府借款有的用来资助工业发展，如鼓励建立新的纺织工业；有的用于这些地区的铁路建设和矿山开采；有的用于城市公用事业投资建设，如 19 世纪 50 年代，欧洲大陆一些城市公用事业（如煤气）的建设。

至于对私人的借贷最明显地表现在铁路建设上。19 世纪 40 年代，英国掀起了铁路建设热潮，这个热潮很快传到欧洲大陆。大陆上第一个从事铁路建设的是比利时，其国有铁路建设所需资本，相当一部分是在 1836—1840 年在伦敦发行债券取得的。其他私人铁路公司的总部都设在伦敦，资本几乎全部是在伦敦金融市场筹集的。同时，英国的承包商和伦敦金融市场为美国、加拿大、澳大利亚、巴西等地区的铁路建设提供资金。

四、世界经济中心的确定

19 世纪中叶，随着工业革命的完成和机器大工业的普遍建立，英国以其发达的纺织业、采矿业、炼铁业、机器制造业和海运业确立了它的“世界工厂”地位。英国在 18 世纪确立的海上霸权的基础上，建立起世界最大的商船队。英国以其强大的海运业，从世界各地获得廉价的原料，控制着其他国家的贸易往来，取得无形收入。伦敦成了世界最繁忙的国际贸易港口，英国成为“世界摆渡人”。

19 世纪初至 70 年代，由于英国的进出口贸易在世界贸易中占有绝大部分的比重，加之英国从 20 年代起就确立了货币的金本位制，英镑币值稳定，伦敦成为国际短期和长期信贷中心，而伦敦的一些大银行从 19 世纪起都经营对外贸易的放款业务，成为融通国际贸易所需资金的重要来源。19 世纪中叶，伦敦成为国际金融中心，英镑实际上作为世界货币充当各国贸易结算的主要支付手段和外汇储备。英国的银行家通过资本输出起着世界银行家的作用，并使自己成为世界最大的债权人。

这一时期英国是“世界工厂”“世界摆渡人”以及世界贸易中心和世界金融中心，并且推动了世界自由贸易制度和金本位制的建立。

第三节　资本主义殖民体系的形成

一、资本主义与殖民制度

随着工业革命的展开和完成，在早期殖民掠夺中称霸的葡萄牙和西班牙，已经让位于英国和法国，以及后来崛起的德国和美国。早期强盗式的殖民掠夺，逐渐转变为经济剥削，殖民地成为资本主义经济体系的重要组成部分。从前，西方殖民主义者主要以暴力为手段，强制推行奴隶种植园制度，建立早期的国际专业化生产。19 世纪中叶以来，它们采取较平和的贸易方法，以廉价商品为武器，以自由贸易为旗帜，在破坏这些国家原有的前资本主义经济结构以后，逐渐把这些国家的经济改造成依赖于国际分工的单一经济。

一些殖民地或半殖民地转变为一种或者两种农产品的专业生产地。它们把产品出口到世界市场，也把自身完全寄托在世界市场难以预料的变化上。非洲撒哈拉以南的地区，几乎所有的出口和进口都依赖于宗主国。由当地或者欧洲来的地主或洋行商人控制的寡头政治或政府，可以从外销产品的长期扩张中获益，这类扩张往往被西方宗主国的商业贸易周期、过分投机、战争等打断。从 19 世纪晚期到第二次世界大战之前，这些对外依附经济体变得很脆弱，它们的经济状况随着咖啡、橡胶、锡、可可、牛肉和羊毛价格的波动而波动。

殖民地经济可以很繁荣，但是它们的繁荣只是宗主国工业经济的补充，而且由于宗主国工业生产方面具有明显的比较优势，一旦宗主国与殖民地开展深入贸易，殖民地的工业化进程将被迫延迟。① 依附理论把帝国与殖民地的关系视为剥削性的，通过贸易实现的专门化导致宗主国和殖民地的经济发展差距不断扩大。② 此外，掌控了当地经济的农场主、宗主国的商人和金融家并不主张这些殖民地工业化，他们无法从工业化中获利，宗主国也不希望它们工业化，“不论官方的说法如何，殖民地和非正式属地的作用只是补充母国的经济，而非与它们竞争”③。

二、资本主义的殖民扩张

从 19 世纪 70 年代起，帝国主义国家在全球范围掀起了规模空前的瓜分世界领

---

① 参见［英］彼得·马赛厄斯、［英］悉尼·波拉德主编：《剑桥欧洲经济史》第八卷，王宏伟、钟和等译，经济科学出版社 2004 年版。

② Andre G. Frank, “Development and Underdevelopment in the New World: Smith and Marx vs. the Weberians,” *Theory and Society*, vol. 2, no. 1, 1975, pp. 431–466.

③ ［英］艾瑞克·霍布斯邦：《帝国的年代》，贾士蘅等译，国际文化出版公司 2006 年版，第 66 页。

土的狂潮。亚洲的许多地区和大洋洲相继沦为殖民地之后，非洲成为列强争夺的对象。不仅英、法这样的老牌殖民大国加强了在非洲的争夺，德国和比利时等国也加入了争夺非洲的殖民活动。1884 年 11 月—1885 年 2 月，列强在德国首都柏林召开国际会议，讨论发生在非洲刚果河口的争端。在这次会议上，列强就在非洲的殖民活动通过了一个颇有名的“有效占领”原则，即要求占领非洲沿海新地区的国家必须通知签署《柏林会议关于非洲的总议定书》的各国，同时建立足以有效保护该地区现有各项权利的机构。① 虽然这一原则起初只限于非洲的沿海地区，但很快便扩大到整个非洲内陆。根据“有效占领”原则，列强在不到 15 年的时间内，便占领了非洲全部领土的 65%。②

经过 30 年左右的猛烈扩张，到 19 世纪和 20 世纪之交，亚洲 56%的土地沦为殖民地，其余部分除日本外，则成为半殖民地。非洲 94. 4%的土地是殖民地（19 世纪 70 年代前只有 10. 8%）。拉丁美洲除原有的殖民地外，其他宣布过独立的国家，实际上也成为依附于英、美等国的半殖民地。其中，英、俄、法、德、美、日六国，在 1914 年直接抢占的殖民地达 6 500 万平方千米，约等于整个欧洲面积（1 016 万平方千米）的 6. 4 倍，占领的殖民地人口 5. 234 亿，多于整个欧洲的人口（4. 62 亿）。

多种原因造成了 19 世纪末 20 世纪初的殖民扩张。或者出于经济利益的考虑，或者出于扩大宗主国经济和政治影响的考虑，或者出于生存和竞争压力，或者出于所谓“文明人拯救落后民族和地区”的“高尚动机”，或者是由于某种非理性的社会歇斯底里的思潮。19 世纪 90 年代，没有人会否认瓜分世界有其经济上的重要性。③ 霍布斯邦提出著名的“帝国主义经济根源论”，他认为尽管扩大市场的欲望是欧洲帝国主义扩张的原因之一，但其最主要的动机是为资本积累创造新的机会。霍布斯邦的观点影响了列宁和其他马克思主义学者。

19 世纪后半期，各列强抱着帝国主义想法，不断开拓殖民地，也是为了扩大其政治和经济上的影响力。对外扩张为国内过剩的人口在新的土地上创造了机会，减轻国内社会压力，同时满足投资者的利益要求。欧洲国家之间的竞争，使列强相信只有在争取世界经济中最诱人的份额和最重要的资源与市场的竞争中胜出，才能够作为自主政治力量生存下来。当时还盛行所谓“低劣种族”缺乏自我管理能力的观点，认为帝国主义的任务就是输出文明制度。

---

① 世界知识出版社编辑：《国际条约集（1872—1916）》，世界知识出版社 1986 年版，第 95—96 页。

② 郑家馨、何芳川：《世界历史（近代亚非拉部分）》，北京大学出版社 1990 年版，第 349 页。

③ [英] 艾瑞克 · 霍布斯邦：《帝国的年代》，贾士蘅等译，国际文化出版公司 2006 年版，第 61 页。

资本主义殖民主义体系主要由以下几类不同程度上依附于宗主国的地区所构成：一是殖民地，是那些宗主国拥有充分主权的海外属地。二是保护领和保护国，它们不是宗主国的殖民地，不能被宗主国正式兼并，通常是某一地区出于“自愿”要求接受某个西方列强的保护，这个被要求给予保护的西方列强也要作出承诺，表示尽力不使保护领和保护国受到外来的侵害。三是托管地，是由国联或联合国交由某个国家代为管理的地区。四是半殖民地，是仅仅在形式上保持独立而在经济上处于依附地位的国家和地区。

三、宗主国对殖民地的统治

殖民地的行政管理体制主要由两部分组成：一部分是宗主国内负责管理殖民地事务的机构，另一部分是殖民地、保护国或保护领以及托管地内为维持其统治所设立的行政管理机构。作为最大的殖民帝国，英国负责处理殖民地事务的机构是印度事务部和殖民部。但瓜分和占领非洲的事务，则长期由外交部管理。1870年以后，宗主国在殖民地大多实行的是以官僚制为基础的总督制。殖民地或保护国的总督们往往都是由宗主国所指派的，他们代表宗主国政府来对殖民地进行统治。为了协助总督进行统治，在大多数殖民地中都设有一个中央咨询机构。它主要由一些欧洲的官员所组成，也包括一些当地的成员，但都是经总督指派而非通过选举产生的。

私人武装、私人资本在瓜分和管理殖民地中发挥了很大作用。垄断贸易公司是英国扩张的先行者。英国曾经凭借东印度公司完成了在印度的扩张，这些私人公司从加拿大一直拓展到加尔各答。在对非洲的瓜分中，英国的公司同样发挥着重要的作用。

罗德斯规划了著名的帝国铁路线，希望通过帝国铁路将整个非洲大陆置于英国的统治之下。罗德斯计划用他的财产建立一个相当于耶稣会的帝国主义组织，由为了英国的利益而组织起来的精英们组成。1893 年，罗德斯率领由 700 名自愿者组成的军队与非洲马塔贝莱族酋长洛本古拉的 3 000 多名勇士因为南非金矿的开采权陈兵桑格尼河。这是金佰利俱乐部等私人俱乐部筹划的私人战役。这场战役的士兵都是罗德斯雇来的，打仗的经费由英属南非公司和德尔比斯公司的股东负担。英国没有花费本国纳税人的一分钱，就将马塔贝莱纳入了英国版图。

乔治·戈尔迪 1879 年在西非建立了经营棕榈油的英国国立非洲公司。1883 年，他建议国立非洲公司在英国王室授权下接管尼日尔的整个中南部地区。3 年后，他获得了特许权。英国政府再次将殖民扩张活动转包给私人机构，由私人机构的股东而非纳税人来承担风险，英国政府乐享其成。

费里德里克·卢格德在受雇于英国东非公司期间，在布干达确立了英国人的统治。戈尔迪非常欣赏卢格德，雇用他为尼日尔公司效力。1900 年北尼日利亚成为英国的保护国，卢格德被任命为高级专员，12 年后，卢格德成为统一后的尼日利亚的总督。

私人公司能在殖民扩张和管理中占据优势，一个关键原因就是武力和金融力量的结合。① 1893 年的桑格尼河战役中，罗德斯的侵略军配备了一种极具杀伤力的秘密武器——马克沁重机枪。这种 1. 143 厘米口径的机枪由 4 个人配合操纵，每分钟可发射 500 发子弹，是速度最快的来复枪的 50 倍。戈尔迪在东非的扩张中利用马克沁重机枪打败了 13 倍于他们的兵力。纳撒尼尔·罗斯柴尔德帮助罗德斯的金佰利公司兼并了南非上百家生产钻石的小公司，帮助创建了德比尔斯公司，为德比尔斯完成了最大的两次兼并，使德比尔斯成为南非最大的钻石公司。罗斯柴尔德是德比尔斯的大股东，1899 年罗斯柴尔德所持有的股份是罗德斯的两倍。在罗德斯的每一步扩张中都能见到罗斯柴尔德财团的资金。

私人公司通过在殖民地的血腥扩张与权力结缘。罗斯柴尔德银行在伦敦、巴黎和维也纳的所有资金有 4 100 万英镑，成为当时最大的金融机构。该银行的大部分资产都投资于政府债券，其中埃及和南非的债券占有相当高的比例。英国势力向殖民地的延伸为罗斯柴尔德家族带来新的业务。1885—1993 年，罗斯柴尔德家族在伦敦、巴黎和法兰克福的银行联手发行了 4 种主要的埃及债券，价值近5 000 万英镑。罗斯柴尔德家族与当时的政治领袖之间保持着密切联系。迪斯累利、丘吉尔和罗斯伯利都与罗斯柴尔德家族关系密切。仅次于罗斯柴尔德银行的巴林银行也与英国的政治精英关系紧密。自 1883 年后的 25 年里，英国在埃及的代理和总领事都是巴林家族的成员，格拉德斯通也从所买卖和持有的以埃及贡金担保的奥斯曼债券中获利颇丰。从殖民扩张中获利的私人和金融家也因为血腥的扩张过程而声名狼藉，特别是英国在布尔战争中付出惨重代价后，罗德斯和罗斯柴尔德成了邪恶的帝国主义的代言人。

第四节 资本主义国家的不平衡发展

一、主要工业国家的不平衡发展

1820—1870 年，英国经济表现突出，与其他欧洲国家形成鲜明对比，具体情况如表 9-1 所示。

---

① ［英］尼尔·弗格森:《帝国》，雨珂译，中信出版社 2012 年版，第 194 页。

表 9-1 主要工业国 1820 年、1870 年、1913 年 GDP 与人均 GDP

GDP 单位：百万 1990 年国际元，人均 GDP 单位：1990 年国际元

国别	1820 年		1870 年		1913 年	
	GDP	人均 GDP	GDP	人均 GDP	GDP	人均 GDP
英国	36 232	1 707	100 179	3 191	224 618	4 921
法国	38 434	1 230	72 100	1 876	144 489	3 485
德国	26 349	1 058	71 429	1 821	237 332	3 648
美国	12 548	1 257	98 374	2 445	517 383	5 301
日本	20 739	669	25 393	737	71 563	1 385
俄国	37 710	689	83 646	871	232 351	1 527
意大利	22 535	1 117	41 814	1 499	95 487	2 564

资料来源：［英］安格斯·麦迪森：《世界经济千年史》，伍晓鹰、许宪春、叶燕斐等译，北京大学出版社 2003 年版，第 178、179、199 页。

1840 年，英国工业生产总额在世界工业生产总额中占 45%，法国占 12%，美国则占 11%。之后，英国的比重虽然由于其他资本主义国家工业的发展而有所降低，但是一直到 19 世纪 70 年代，其在世界工业生产中仍然占据优势地位。1870 年，英国在世界工业生产中占 32%，美国占 23%，德国为 13%。1870 年，英国的采煤量占世界采煤量的 51.5%，生铁产量占 50%，棉花消费量占 49.2%。① 其国民收入按人口计也比邻国高得多。据统计，1860 年英国的人均年收入已经是 32.6 英镑，而法国 1859 年为 21.1 英镑，德国 1860—1869 年平均为 13.3 英镑。②

1870—1913 年，美国和德国实现了跨越式增长，到 1913 年两国的 GDP 超越了英国，成为世界最大的两个经济体。这一时期，英国人感觉最大的威胁来自德国而不是美国，实际上英国的经济增速并不比德国慢多少，1913 年时英国的人均 GDP 还高于德国（如表 9-1 所示），但是英国和德国工业增长率之间的差距却是巨大的。这一时期英国工业生产（包括采矿和食品加工）增长 1 倍多一点，而德国增长 5 倍。③

表 9-1、表 9-2 的数据显示，1870 年至 1913 年法国和意大利的经济增长也很快，但总体情况逊色于其他主要工业国。1820 年，法国是主要工业国中 GDP 最大

① ［德］库钦斯基：《资本主义世界经济史研究》，陈东旭译，生活·读书·新知三联书店 1955 年版，第 41 页。

② ［英］H. J. 哈巴库克、［英］M. M. 波斯坦主编：《剑桥欧洲经济史》第六卷，王春法、张伟、赵海波译，经济科学出版社 2002 年版，第 333 页。

③ ［英］大卫·兰德斯：《解除束缚的普罗米修斯》（第二版），谢怀筑译，华夏出版社 2007 年版，第 326 页。

的经济体，1870 年滑落到第四位，被英国、美国和俄国超过，而且与这些国家的差距在不断扩大。

表 9-2 主要工业国 GDP 增长率（%）

国别	1820—1870 年	1870—1913 年	1913—1950 年
英国	2. 05	2. 43	1. 19
法国	1. 27	1. 63	1. 15
德国	2. 01	2. 83	0. 3
美国	4. 20	3. 94	2. 84
意大利	1. 24	1. 94	1. 49
俄国-苏联	1. 61	2. 07	2. 15

资料来源：［英］安格斯·麦迪森：《世界经济千年史》，伍晓鹰、许宪春、叶燕斐等译，北京大学出版社 2003 年版，第 178、179、181 页。

二、主要工业国家贸易政策的变化

19 世纪 70—80 年代，新大陆和俄国的廉价粮食冲击着实行自由贸易的欧洲市场。从表 9-3 可以看出，这一时期，欧洲农业增长率明显放慢，并拖累欧洲 GNP 增长率。欧洲在“自由贸易”阶段，农业生产每年仅增长 0. 5%，而在保护主义阶段欧洲农业增长率达到 1. 8%。在法国，小麦进口在 1851—1860 年占国内生产的 0. 3%，到 1888—1892 年上升到 19%。比利时小麦进口水平从 1850 年约占国内生产的 6%上升到 1890 年的超过 100%。贝洛赫在排除了气候因素后认为，廉价谷物的涌入，影响了地租和农民的收入水平。英国的实际地租在 1870—1913 年下降了 50%。几乎所有欧洲大陆国家的农民生活水平停滞不前，甚至下降。① 农业人口占欧洲大陆总人口的 60%，农民生活水平的下降影响对工业产品和建筑产品的总需求，最终成为欧洲大陆国家经济增长率下降的主要因素。

表 9-3 各部门不同关税政策和不同经济阶段的年增长率（%）

各部门不同关税政策和不同经济阶段	出口	GNP	工业	农业	人口
关税政策各阶段（欧洲）					
保护主义阶段（1830—1844/1846 年）	3. 5	1. 7	2. 7	0. 8	0. 6
英国自由主义阶段（1844/1846—1858/1860 年）	6. 0	1. 5	2. 3	0. 9	0. 7

① ［英］彼得·马赛厄斯、［英］悉尼·波拉德主编：《剑桥欧洲经济史》第八卷，王宏伟、钟和等译，经济科学出版社 2004 年版，第 43 页。

续表

各部门不同关税政策和不同经济阶段	出口	GNP	工业	农业	人口
关税政策各阶段（欧洲）					
欧洲自由主义阶段（1858/1860—1877/1879 年）	3.8	1.7	1.8	0.5	0.8
转向保护主义阶段（1877/1879—1890/1892 年）	2.9	1.2	2.2	0.9	0.9
保护主义阶段（1890/1892—1913 年）	3.5	2.4	3.2	1.8	1.0
经济阶段					
欧洲					
缓慢增长阶段（1829/1831—1842/1844 年）	3.5	1.6	2.5	0.8	0.6
更快速增长阶段（1842/1844—1868/1870 年）	5.0	2.0	2.3	0.9	0.7
萧条阶段（1868/1870—1891/1893 年）	2.8	1.1	1.9	0.7	0.9
快速增长阶段（1891/1893—1911/1913 年）	3.8	2.4	3.4	1.7	1.0
欧洲大陆					
相当快的增长阶段（1829/1831—1868/1870 年）	4.3	1.8	2.0	1.0	0.7
萧条阶段（1868/1870—1891/1893 年）	2.9	1.0	2.0	0.8	0.9
快速增长阶段（1891/1893—1911/1913 年）	4.0	2.6	3.8	1.5	1.1

资料来源：[英] 彼得·马赛厄斯、[英] 悉尼·波拉德主编：《剑桥欧洲经济史》第八卷，王宏伟、钟和等译，经济科学出版社 2004 年版，第 40—41 页。

政治家意识到开放农产品贸易的后果，开始制定保护农业的关税政策。后来发现一般性规则的保护主义措施不但有利于农业部门的复苏，也有利于这些国家整体经济的复苏。1892—1914 年自由贸易理论遭到了现实的挑战，“简单地说，可以表达为下列等式：保护主义=经济增长+贸易扩张；自由主义=经济增长与贸易扩张的停滞”①，如表 9-3 所示。

从表 9-3 可以看出，恢复了贸易保护政策的欧洲国家实现了长时期的经济增长，在所有国家都加强贸易保护时，欧洲大陆的增长率达到了最高峰。而保持自由贸易的英国，其 GNP 和贸易增长明显放慢，这导致英国出口占欧洲的比重从 1889—1991 年的 36.3%下降到 1913 年的 32%。

自由贸易并没有为欧洲国家带来经济增长的现实，19 世纪八九十年代的殖民扩张和不断兴起的新重商主义，引起了欧洲贸易政策调整。② 德国于 1879 年 7 月

① [英] 彼得·马赛厄斯、[英] 悉尼·波拉德主编：《剑桥欧洲经济史》第八卷，王宏伟、钟和等译，经济科学出版社 2004 年版，第 63 页。

② [英] 彼得·马赛厄斯、[英] 悉尼·波拉德主编：《剑桥欧洲经济史》第八卷，王宏伟、钟和等译，经济科学出版社 2004 年版，第 46—47 页。

制定了新关税法，标志着欧洲大陆自由贸易时期的结束并逐渐恢复到保护主义。①随后那些不需要议会批准就可以进行政策调整的国家第一批调整了关税政策，如俄国、奥匈帝国、西班牙和意大利。法国1892年1月11日的梅林关税法是明显的保护主义关税政策。欧洲一些小国家，也陆续采取了某种程度的贸易保护主义政策。到第一次世界大战前，瑞典的贸易保护程度最高，比利时和瑞士比较温和。

三、新重商主义和争夺殖民地

在1840—1860年英国自由竞争最兴盛的时期，英国一部分当权精英反对殖民政策。19世纪70年代以前，不少人基于经济的原因把殖民地当作应该甩掉的多余负担，对非洲的经济价值更是持怀疑态度。因此，1846—1852年，英国政府殖民大臣格雷曾计划让西非殖民地获得像白人殖民地那样的自治，对苏伊士运河的开凿及开辟殖民地也不太热心。然而，19世纪80年代的世界经济已经与19世纪60年代不同，此时有许多相互竞争而且尽量保护自己不为对方所利用的“国家经济”②。帝国时代属国的经济因为专业化而被整合进世界，帝国内部经济一体化程度加强，其最显著的结果是“新重商主义”理论广泛流行。先是在法国和德国，其后在俄国和美国，最后在约瑟夫·张伯伦时代的英国。根据新重商主义的观点，在工业化时代，没有一个国家能够长期自给自足，每个工业国都必须建立一个从属于它本国的殖民帝国，从而形成一个巨大的自给自足的贸易统一体，如果必要的话，通过设置关税壁垒以防止外来的竞争，在统一体内部宗主国将提供制成品以换回食物和原材料。

保罗·贝洛赫总结了宗主国利益高于殖民地利益的新重商主义的六条殖民公约③：一是只有来自宗主国，且只有宗主国生产的产品才能进口到殖民地；二是殖民地的产品只能出口到宗主国，也只能从宗主国再出口；三是产品只能在宗主国的殖民地之间运输，在殖民地之间运输的船只要悬挂宗主国的国旗；四是可能与宗主国产品竞争的制造品（及某些农产品）禁止在殖民地生产；五是一般情况下，从欧洲转向殖民地的移民只限于宗主国公民；六是通常情况下只有享有贸易垄断权的公司才能与殖民地发生贸易往来。

新重商主义的推行，逐渐与政治行为纠缠在一起，列强的地位开始和殖民地

① ［英］彼得·马赛厄斯、［英］悉尼·波拉德主编：《剑桥欧洲经济史》第八卷，王宏伟、钟和等译，经济科学出版社2004年版，第47页。

② ［英］艾瑞克·霍布斯邦：《帝国的年代》，贾士蘅等译，国际文化出版公司2006年版，第31页。

③ ［英］彼得·马赛厄斯、［英］悉尼·波拉德主编：《剑桥欧洲经济史》第八卷，王宏伟、钟和等译，经济科学出版社2004年版，第93—94页。

挂钩，殖民地成为国家地位的象征，不论这些殖民地有没有价值。德国殖民地的经济价值不大，战略价值更小。德国为它这样一个强大而富有的国家拥有如此少的殖民地而愤怒。意大利为了国家地位，坚持占有非洲荒寂的沙漠和山地。1896年，意大利征服埃塞俄比亚失败，对它的国际地位产生了负面影响。因为丧失殖民地而影响了国际地位的国家还有西班牙和葡萄牙。

思考题

1. 自由贸易是如何在欧洲扩散的？
2. 金本位制的形成过程及运行机制是什么？
3. 世界殖民体系与世界经济体系的关系是什么？
4. 19 世纪末 20 世纪初主要工业国的不平衡发展有什么后果？

▶ 自测习题及参考答案

请扫描二维码

第三篇 现代世界经济的形成与发展

20世纪全球经济最重要的变化，是以苏联为先导，东欧、中国和亚洲其他部分地区先后采取社会主义制度，在一定时期通过计划经济初步建立了工业化基础。同时，随着世界殖民体系的瓦解，出现了一系列发展中国家，这些国家和地区采用了与西方资本主义国家不完全相同的经济制度，推进了各自的工业化和经济现代化。这就使20世纪世界经济在地理空间上发生了重大的变化，代表现代文明的工业生产已不限于西方国家，非西方国家大多走上工业化道路。

第十章　资本主义从自由竞争走向垄断

自从18世纪中叶英国开启工业革命以后，经过百年发展演变，到19世纪50年代，自由竞争的资本主义生产方式最终得以确立。19世纪70年代至20世纪初期，借助于第二次科技革命的浪潮，以电气化为核心的新技术产业迅速发展，大规模生产成为主要生产方式，从而在重化工业中产生了大型的资本密集型垄断企业，资本主义逐步从自由竞争走向垄断。

第一节　从自由竞争走向垄断

一、第二次科技革命及其影响

19世纪70年代，内燃机和电动机的发明和应用开启了第二次科技革命的进程，其具体内容①包括：

一是电力技术的开发和广泛应用。如德国西门子公司发明的发电机、比利时人齐纳布·格拉姆发明的电动机等。随后发电厂的建立和高压输变电技术的发明，解决了远距离输电问题，人类社会进入电气化时代。同时，美国发明家贝尔发明了电话，意大利工程师伽利尔摩·马可尼发明了无线电报技术，又为生产自动化和通信现代化准备了技术条件。

二是化学工业的兴起与发展。英国、德国和美国等国的化学家们在合成染料、化学药物的研发，以及高分子化学合成材料的研制等领域作出杰出贡献。人造染料、塑料、橡胶和合成纤维等新产品不断被发明出来，为重化工业的兴起奠定了基础。

三是内燃机的发明和应用。1876年，德国人奥托成功制成第一台四冲程内燃机（称为汽油机），后来又将其应用到轮船和火车机车上；1897年，德国人狄塞尔发明了大功率柴油机。1885年，德国的卡尔·本茨和戴姆勒发明了以内燃机驱动的汽车，1903年，美国的莱特兄弟发明了飞机，由此诞生了现代汽车工业以及各种新型交通运输业。

四是炼钢技术的革新和进步。1875年，英国工程师托马斯发明的碱性转炉炼钢法，是对之前酸性底吹炉炼钢法和平炉炼钢法技术的巨大革新，促进了钢铁冶炼技术的发展，以及钢铁生产领域的扩张。

---

① 王扬：《第二次科技革命的内容、特点及意义》，《学习月刊》1998年第3期，第15—17页。

在第二次科技革命中诞生了诸如石油化工、汽车制造和电力工业等资源和资本密集型的新兴产业。钢铁、石油、机械制造、化学工业和人造橡胶等成为主导产业，在这些产业中出现了大型企业组织，其规模远远超过第一次工业革命（即第一次科技革命）时期棉纺织企业的规模。自由竞争的资本主义迅速向生产集中转变，企业之间的兼并和合作成为发展趋势，生产集中和大规模生产体制初露端倪。通过技术和管理手段，垄断企业获取最大限度的规模经济、范围经济和创新经济，并实现利润最大化。

第二次科技革命极大地推动了生产力的发展，以及资本主义国家的工业化进程，提升了后发国家如美、德的经济发展水平，为垄断的形成奠定了物质条件。如果说第一次科技革命造就了工厂制，那么第二次科技革命就形成了垄断制。

二、资本集中与垄断的形成

除了科技革命的影响外，经济危机“大大加强了集中和垄断的趋势”①，1873年爆发的世界经济危机，是自由资本主义开始向垄断资本主义过渡的标志，1900年的经济危机迫使更多的企业走向了集中化；而作为实业之冠的铁路业，“给资本的积聚以一种从未预料到的推动力”②，在19世纪铁路建设中诞生的铁路企业，如美国纽约-伊利铁路公司（1832—1960年），以及宾夕法尼亚铁路公司（1846—1968年）等，不仅是现代大型企业发展的起点和现代管理的开端，也是资本集中和垄断发展的重要领域。

“垄断产生着竞争，竞争产生着垄断。垄断资本家彼此竞争着，竞争者逐渐变成垄断资本家。”③ 并购是实现资本集中和垄断的重要途径，通常有横向、纵向和混合并购三种方式。

通过横向并购，美国的钢铁、烟草、石油冶炼、有色金属和制鞋等行业，由原来的竞争市场或寡头市场格局，变成一个由部分垄断者控制50%以上产量的市场结构。④ 而在食品、化学制品、橡胶、石油精炼、烟草、服装、皮革、电气机器、运输设备和金属冶炼等工业中，能够跻身资产排名前300位的企业，几乎都是纵向并购的企业。⑤

卡特尔被认为是垄断组织的最初形式，兴起于19世纪70年代。德国是典型的

---

① 《列宁选集》第二卷，人民出版社2012年版，第596页。
② 《马克思恩格斯文集》第十卷，人民出版社2009年版，第433—434页。
③ 《马克思恩格斯选集》第一卷，人民出版社1972年版，第142页。
④ 高德步、王珏编著：《世界经济史》，中国人民大学出版社2001年版，第313页。
⑤ ［美］小艾尔弗雷德·D. 钱德勒：《看得见的手》，重武译，商务印书馆1987年版，第428—433页。

卡特尔国家，其卡特尔组织在1896年约有250个，在1905年有385个，参加卡特尔的企业约有12 000个。① 1882年组建的美孚石油公司被认为是美国最早的垄断组织，即托拉斯。1890年，美国国会通过了《谢尔曼反托拉斯法》，认为“以托拉斯或其他限制生意的形式的联合”是非法的，但在1895年联邦政府又承认了新泽西州首创的控股公司的合法性。美国的托拉斯组织在1900年是185个，在1907年是250个②，美国是典型的托拉斯资本主义国家。

德国的垄断组织还有辛迪加和康采恩。1904年由拜耳、巴斯夫和爱克发公司组成辛迪加性质的“利益同盟”——小I. G.，以及由赫切斯特公司建立的企业集团，几乎垄断全世界90%的染料市场③，被认为是德国规模最大的辛迪加。1925年成立的I. G. 法本公司，更是把所有德国化学制造企业都合并起来，组成当时欧洲最庞大的康采恩，控制了德国染料和人造汽油生产的全部、氮产量的80%，药剂制造的40%，人造丝生产的25%④，是世界化学制造领域的“巨无霸”，获得全球性垄断地位。

到20世纪初，垄断已成为全部经济生活的基础，自由资本主义进入了垄断发展阶段。

三、垄断与金融资本的统治

从垄断组织的产生和发展过程来看，过去银行只是起单纯的支付和中介作用，但“随着银行业的发展及其集中于少数机构，银行就由中介人的普通角色发展成为势力极大的垄断者”⑤，银行业的集中和垄断，是垄断资本主义发展过程中非常重要的组成部分。日益强大的银行资本又不断与工业资本融合起来，“不得不把它们资本的一个不断增长的部分固定在产业之中。因此，银行在越来越大的程度上变为产业资本家。我把通过这种途径实际转化为产业资本的银行资本，即货币形式的资本，称为金融资本”⑥，并在此基础上形成金融寡头。

银行业的集中和垄断，大大加强并加速了资本集中和垄断组织形成的过程。1907年至1908年，德国所有资本在100万马克以上的股份银行，共有存款70亿马

① 《列宁选集》第二卷，人民出版社2012年版，第590页。

② 《列宁选集》第二卷，人民出版社2012年版，第590页。

③ ［美］钱德勒:《塑造工业时代：现代化学工业和制药工业的非凡历程》，罗仲伟译，华夏出版社2006年版，第143页。

④ 张丽华:《自废墟中崛起：举世瞩目的德国跨国企业》，黑龙江人民出版社1998年版，第243页。

⑤ 《列宁选集》第二卷，人民出版社2012年版，第597页。

⑥ ［德］鲁道夫·希法亭:《金融资本：资本主义最新发展的研究》，福民等译，商务印书馆1994年版，第252页。

克。1912年至1913年，已达98亿马克。而且这新增加的28亿马克中，有27.5亿马克属于57家资本在1 000万马克以上的银行。① 德意志银行是德国所有大银行集团中最大的一个，通过参与制的层层渗透，它可以直接或间接地控制87家大小银行。法国最大的银行——里昂信贷银行的账户数，1875年是28 535个，1912年已经增加到633 539个。

银行业与工商业垄断资本的界限难以划清，既有工商业垄断资本向银行业扩展的，也有银行业垄断资本向工商业渗透的。洛克菲勒集团和摩根集团是这两种形式的代表企业。

有的金融资本和金融寡头具有浓厚的家族色彩，一个财团即是一个家族，或者以一个家族为主与另一个利益攸关的家族结盟，形成某个财团，美国、法国和日本都是这样。如法国是由约200个家族组成的财团操纵着工商、交通运输和金融业，罗斯柴尔德家族的5个儿子分别在法兰克福、维也纳、伦敦、那不勒斯和巴黎操纵着法国，乃至欧洲的财富分配。

在铁路金融中成长起来的德国全能银行，体现了金融资本统治的独特方式。如柏林6家最大的银行由经理做代表，参加了344个工业企业，又由董事做代表，参加了407个公司，一共参加了751个公司。它们在289个公司中各有两个监事，或者占据了监事长的位置。②

金融资本的统治是资本主义的最高阶段，食利者以及与政府有某种形式合作的金融寡头占据统治地位。少数拥有金融优势的国家，比其余一切国家都拥有更大的实力。

四、垄断与资本主义矛盾

从资本主义经济发展的现实来看，垄断在客观上促进了资本主义经济发展，托拉斯替代普通股份公司成为调节社会生产的企业联盟。垄断形成后，生产社会化有了巨大的进展，甚至连技术发明和改良的过程也社会化了。大企业在技术创新中占有十分重要的地位。有关资料显示，美、英、德、日等国企业研发总支出的80%~97%是由1 000人以上的企业完成的，62%~90%是由5 000人以上的企业完成的。美国企业所掌握的专利，约有51%由5 000人以上的企业占有，30%由1 000~4 000人的企业占有。③

在垄断阶段，生产社会化了，但生产资料仍然是少数人占有的。随着垄断和金融资本统治地位的确立，少数资本家开始了对多数资本家的剥夺，特别是那些

---

① 《列宁选集》第二卷，人民出版社2012年版，第597—598页。

② 《列宁选集》第二卷，人民出版社2012年版，第607页。

③ 高德步、王珏:《世界经济史》(第四版)，中国人民大学出版社2016年版，第271页。

不屈服于垄断组织压迫和摆布的企业。垄断的终极结果是“剥夺者就要被剥夺了”①。

垄断控制了资本主义社会的生产和流通，垄断资本家通过制定垄断高价和垄断低价，损害消费者权益和中小企业的利益，阻碍技术进步，降低经济效率，导致社会经济的停滞。这一点可以从20世纪30年代的大危机和经济的长期萧条中得到证明，也可以从两次世界大战及其对生产力的巨大破坏中得到证明。

生产社会化高度发展的同时，生产资料愈来愈被极少数人垄断和占有。在垄断资本主义发展阶段，资本主义的基本矛盾日益尖锐化了，国际上帝国主义列强对立，以及帝国主义列强与殖民地附属国之间的对立也日益尖锐化，最后导致第一次世界大战的爆发。

第二节　美国经济大危机与罗斯福“新政”

一、自由放任资本主义与“柯立芝繁荣”

第一次世界大战后，美国经济步入常态发展时期。1921年后，美国三任总统，包括沃伦·G. 哈丁（1921—1923年在任）、卡尔文·柯立芝（1923—1929年在任）和赫伯特·胡佛（1929—1933年在任）都是保守的共和党人，他们笃信自由放任主义，实行了有利于自由资本主义发展的政策措施，使美国经济回归到由大企业和大财团控制的自由市场经济发展的道路上来。

1923年至1929年10月，美国经济处于持续高涨和繁荣状态，被称为“柯立芝繁荣”。美国的国民生产总值，从1919年的5 830. 8亿美元（以1996年的价格计算），增加到1929年的8 222亿美元（以1996年的价格计算）；1921年至1929年间，人均GDP增加了42%，平均失业率小于5%，基本实现财政盈余，人们普遍保持乐观心态，新企业不断建立，股票和房地产业异常繁荣，建筑业产值从120多亿美元增长到近175亿美元。建筑和房地产业的繁荣使这一行业创造的总收入增加了80%。1919年至1926年，新的建筑许可证的价值惊人地上升了192%。②

“柯立芝繁荣”的出现，除了美国三届政府实施自由主义政策，以及一些传统的经济增长因素发挥作用之外，以下因素也发挥了重要作用。

一是汽车产业的兴起，开启了“汽车时代”。汽车从最初的奢侈品，变成大众

① 《马克思恩格斯文集》第五卷，人民出版社2009年版，第874页。

② ［美］乔纳森·休斯、［美］路易斯·P. 凯恩：《美国经济史》（第7版），邸晓燕、邢露等译，北京大学出版社2011年版，第473—474、477页。

消费得起的工业制品，这得益于福特汽车公司。该公司运用了流水线的大规模生产方式，批量制造T型车，同时实施了高工资和高福利的资本主义。到1927年，福特汽车公司共销售了1 500万台T型车，美国很快进入汽车时代。到1928年，美国拥有的轻型和载重汽车分别为2 200万辆和300万辆。1929年，美国汽车制造业的产值已占全国工业总产值的8%左右。

二是新型消费信贷方式的出现，导致了消费革命。大规模生产技术造就了美国庞大的中产阶级，他们可以享受周末假期，还可以用创新的分期付款的信贷方式来购买汽车、收音机、洗衣机、电冰箱，以及其他许多新型家用小电器。1925年，75%的汽车、70%的家具、75%的收音机、90%的钢琴、80%的留声机、80%的家用电器都是通过分期付款购买的。① 这场消费革命，为“柯立芝繁荣”注入了新的活力。

三是科学管理理论和管理技术的运用，提高了生产效率。1911年，管理学家泰勒创建的科学管理理论，以及在企业中广泛推广和应用的泰勒制，解决了体力劳动者的生产效率问题。1923年至1929年，美国制造业中每个工人的每工时产量提高了32%。1919年至1929年，整个工业生产率提高40%，农业提高26%。

此外，美国的对外贸易和资本输出对国内经济增长也产生了拉动效应。1929年，美国的出口总额居世界第一位，资本输出额居世界第二位，为“柯立芝繁荣”作出了贡献。

二、经济大危机及其原因的理论解释

美国经济的长期繁荣，使人普遍产生美国将会永久繁荣的幻觉。许多人甚至认为美国已彻底摆脱了经济危机的困扰，不会再有危机发生，但是一场大灾难正悄然降临。

1929年9月3日和5日，纽约股市先后出现最高点和跌停，预示着股市繁荣时代的结束。接着在10月21日、10月24日（黑色星期四）和29日（黑色星期二）股票市场接连出现剧烈下跌。特别是在黑色星期二股市交易结束后，许多股票的价格都比9月份的价格水平下降了50%②。股票价格指数变化情况如图10-1所示。

从图10-1可以看出，从1929年10月以后，股票价格指数一直震荡下跌，到1932年跌到谷底，市值只有1929年峰值的11%。

① ［美］乔纳森·休斯、［美］路易斯·P.凯恩:《美国经济史》(第7版)，邸晓燕、邢露等译，北京大学出版社2011年版，第471页。

② ［美］乔纳森·休斯、［美］路易斯·P.凯恩:《美国经济史》(第7版)，邸晓燕、邢露等译，北京大学出版社2011年版，第485—486页。

图 10-1　股票价格指数变化情况（1929—1940 年）

资料来源：Frederic S. Mishkin，*The Economics of Money*，*Banking*，*and Financial Markets*，Thirteenth Edition，Essex：Pearson Education，2022，p. 322.

在 1929 年至 1932 年的经济大危机中，美国制造业产量下降一半，铁路客运车辆的产量从 1929 年的 2 202 个单位，下降到 1932 年的 7 个单位；汽车产量从 450 万辆，下降到 110 万辆，下降了 76%。1929 年至 1933 年，用 GDP 衡量的名义收入下降 45. 6%。① 在此期间，共有 9 000 多家银行破产倒闭。到 1935 年，只剩下 16 047 家银行，与 1921 年 31 076 家银行相比，减少 1/3 以上②，整个国家的金融信贷体系已陷于崩溃境地，商业和市场信心崩塌，呈现出萧索、荒凉的景象，美国经济进入了大萧条时代。失业成为非常突出的问题。从 1930 年至 1940 年，美国总的失业率分别为 8. 9%、16. 3%、24. 1%、25. 2%、22%、20. 3%、17%、14. 3%、19. 1%、17. 2%和 14. 6%。③

西方经济学家对经济大危机和大萧条提出了许多不同观点，其中有以下代表性观点。

一是以弗里德曼和施瓦茨为代表的货币主义学派认为，1928 年至 1929 年美联储的宽松货币政策增加了货币的供给，加剧了股票市场的繁荣。而当股票市场崩溃，接连出现流动性危机和银行业危机后，美联储却又收紧了银根，且行动迟缓。

① ［美］乔纳森·休斯、［美］路易斯·P. 凯恩：《美国经济史》（第 7 版），邸晓燕、邢露等译，北京大学出版社 2011 年版，第 490、493 页。

② Board of Governors of the Federal Reserve System，*All-Banks Statistics of United States*，*1896-1955*，Washington，1959，pp. 62-63.

③ Richard J. Jensen，“The Cause and Cures of Unemployment in the Great Depression，” *The Journal of Interdicriplinary History*，vol. 19，no. 4，1989，p. 557.

这种错误政策，不但没能解决流动性危机和银行业危机，反而加剧了危机的深度。①

二是以凯恩斯为代表的制度分析。凯恩斯认为大危机的主因是资本主义的自由放任体制，但不是资本主义制度本身。自由放任的市场机制并不能保证资源的有效配置，达到充分就业水平，政府应该以各种手段干预经济活动。制度学派认为，收入分配不公、公司结构弊端、银行结构缺陷，以及外贸盈余不稳等是重要因素，他们对现实的资本主义制度持批判态度，主张对现有制度进行改良。

三是结构分析的观点。该观点认为经济发展潜伏着深刻的内在矛盾和严重的结构性失调，表现为新兴工业、金融和房地产业高度繁荣，但美国的农业和采矿业长期处于停滞和萧条状态。在工业生产中新型工业部门繁荣，而传统工业部门如采煤、造船、纺织等行业非常不景气。房地产业主要集中在佛罗里达州，过度繁荣导致泡沫现象。而当时美国政府是奉行自由放任主义的，没有对矛盾和结构问题进行必要的调整和干预。

另外，还有不少学者从大财团垄断加剧了收入分配不均、社会总供给与总需求的矛盾、美国对外经济不平衡、国际金融环境，以及非理性繁荣等方面进行分析。这些对于美国经济大危机和大萧条原因的分析观点，各有侧重，但还不够全面。

实际上，美国经济大危机是自由放任资本主义经济的一次危机，其最为本质的根源是资本主义的基本矛盾，即生产的社会化与生产资料的资本主义私人占有之间的矛盾。经济大危机使长期积累起来的矛盾得到了一次大清算，宣告了自由放任体制的终结，为国家垄断或国家干预资本主义，以及混合经济体制的形成打下了基础。

三、罗斯福“新政”与混合经济的形成

面对严重的经济大危机，当时美国总统胡佛坚持“自愿合作”政策，坚持由地方政府来完成“救市”，联邦政府只是引导，而不是干预；政府干预措施是以不违背自愿和自由主义为原则的。同时，他过于乐观地估计了形势，认为危机的原因部分在国内，部分在国外。在他执政期间，美国人心惶惶，对资本主义制度丧失了信心。

1932 年 11 月，罗斯福当选为美国第 32 任总统。在 1933 年 3 月 4 日的总统就职典礼上，罗斯福向国会要求准许他使用“紧急状态作战的行政权力”来对付大

---

① ［美］米尔顿·弗里德曼、［美］安娜·J. 施瓦茨：《美国货币史（1867—1960）》，巴曙松、王劲松等译，北京大学出版社 2009 年版，第 251—253、291 页。

危机。为了使美国经济走出大萧条，拯救资本主义制度，罗斯福决心实行“新政”。同时，借助于“新政”期间颁布的各项法律和法令，罗斯福获得了政府干预经济的保证。

“新政”，一般是1933年至1939年期间罗斯福政府所实行的经济、社会和政治改革政策的总称。1933年至1935年年初为第一阶段的新政，主要目的是复兴和救济。其中1933年3月9日至6月16日期间称为“百日新政”，国会和政府先后颁布了70多个新政立法和命令。1935年至1939年为第二阶段的新政，主要意图在于制度改革。在新政期间，共颁布了700多项法令，涉及整顿财政金融、调整工业生产和节制农业发展等多个方面，影响最大的是金融和公共工程方面的政策措施。

有关金融整顿和改革的法规，使美国建立起在危机后实行70多年的金融制度。

1933年3月6日，强令银行业“休假一周”；9日国会通过《紧急银行法》，授权总统全权整顿破产银行，由政府提供35亿美元贷款，帮助有信誉的银行复业，并重组有问题的银行，这类银行取得营业执照后可以重新营业。1933年至1935年，国会先后通过了《格拉斯-斯蒂格尔法》《联邦证券法》《证券交易法》和《存款保险法》，建立了商业银行与投资银行脱钩的金融分业经营制度和联邦存款保险制度等；根据“Q条例”对利率实行严格管制；加强了对证券市场的监管制度，并强化了联邦储备体系的独立性。

在社会救济与公共工程建设方面，1933年5月12日，国会通过了《联邦紧急救济法》，成立了联邦紧急救济署。但罗斯福更强调“以工代赈”的救济方式，把失业青年组织起来参加国家各种公共工程建设。其中对田纳西河流域的治理，不仅是以工代赈的典型，而且是公共工程建设的一项成就。

根据《农业调整法》《农业信贷法》和《全国工业复兴法》，政府可以介入工业和农业的生产和销售领域，干预行业的生产规模、价格水平、信贷条件和销售定额等。同时，政府可以调整劳资矛盾和冲突，建立社会安全保障体系。

罗斯福“新政”是在大危机极其严重，并威胁到美国资本主义制度的形势下，在资本主义范围内所进行的改革尝试。美国政府放弃了自由放任原则，代之以有管理的资本主义，其实践与凯恩斯强化国家干预经济的思想不谋而合，从而为挽救资本主义制度、消除法西斯势力对美国的威胁，为世界反法西斯战争的胜利，以及为第一次世界大战后混合经济体制的形成奠定了基础。

第三节 国家垄断资本主义

一、大危机的国际扩散

在美国爆发的经济大危机，通过国际贸易和国际金融渠道，以及利率、价格和汇率机制在世界范围扩散。

1930 年第一季度，大危机蔓延到英国。1932 年夏秋之际，英国经济危机发展到最严重的地步，1933 年后进入萧条时期。大危机对英国农业的打击较为严重，1930 年至 1932 年，农产品价格下降 34%，使农业生产严重缩减，英国成为“世界各国倾销剩余粮食的市场”。1930 年 12 月，英国失业人数为 250 万。1931 年至 1932 年失业人数达 300 多万，占全部劳动力的 1/4。1931 年，英国国际收支逆差已超过 1 亿英镑，英镑地位的稳定性受到猛烈冲击。1931 年 9 月 21 日，英国宣布脱离金本位制，实行自由浮动汇率，同时英镑贬值。12 月，英镑兑美元汇率跌到 3.25 美元，宣告危机拯救失败。英国工业品价格指数从 1929 年 10 月的 117 下降到 1931 年的 81，批发价格指数 1931 年 8 月为最低点，只有 65，消费价格指数下降时间更长，在 1933 年 3 月为 82。①

1930 年 11 月，经济大危机在法国爆发。大批银行和企业倒闭破产，生产下降，失业人数激增。1931 年，经济危机波及整个工业部门，工业生产下降 17.5%。1931 年秋，失业人数达 18 万，1932 年 1 月上升到 25 万，到 1935 年，在 1 250 万工资收入者中失业人数约为 200 万。大危机对轻工业打击最大，1929 年至 1935 年，约有 130 家纺织厂破产。长期处于慢性萧条的法国农业也深受打击，农产品大量过剩，导致农产品价格暴跌。对外贸易陷于困境，1937 年，法国的出口几乎比 1929 年减少了 3/4，1929 年法国在世界资本主义国家贸易中所占比重为 6.4%，1937 年为 5.1%。同时资本输出下降，对外投资的收入大幅缩减，国际收支逆差扩大。大危机使法国的工业大致倒退到 1911 年的水平。

1931 年，大危机扩散到奥地利，随即波及匈牙利、捷克斯洛伐克（现已分成两个国家）、罗马尼亚、波兰和德国等国，这些国家都出现了银行挤兑现象。1931 年 6 月，德国发生银行挤兑事件，引发了全国货币信用危机。国家黄金储备由 23.9 亿马克减至 13.63 亿马克，整个金融系统陷于崩溃边缘，金本位制受到冲击。1929 年至 1935 年，德国出口总额降低 69.1%，进口总额降低 70.8%。1932 年，德国失业率上升到 30.8%。② 同时，危机使德国政局发生动荡，法西斯主义趁机而起。

大危机不久即扩展到加拿大和日本等国，并波及许多殖民地、半殖民地和不发达国家，席卷了整个资本主义世界。各国的失业率高达 30% 到 50%，失业工人

① Ilian Mihov, “Deflation and Monetary Contraction in the Great Depression: An Analysis by Simple Ratios,” in Ben S. Bernanke ed., *Essays on the Great Depression*, Princeton: Princeton University Press, 2000, p. 115.

② ［意］卡洛·M. 奇波拉主编：《欧洲经济史》第六卷（上册），李子英、崔书香、陈叔和译，商务印书馆 1991 年版，第 154 页。

达 3 000 多万，几百万小农破产，无业人口颠沛流离，资本主义世界工业生产下降了 40%以上。

二、国家干预主义的兴起

面对经济大危机，一股国家干预主义之风在一些资本主义国家悄然兴起。

罗斯福“新政”中美国政府进行的全面干预经济和社会生活的尝试，开启了国家垄断资本主义的新时代。英、法等国也采取了国家干预主义的政策措施，逐步走向国家垄断资本主义的发展轨道。

英国曾经是第一个自由竞争的资本主义国家，也是第一个宣布实行自由贸易的国家。但在大危机到来时，经济衰退的状况无法依靠自由市场经济的运行机制来扭转，英国政府不得不出手，对经济进行干预和拯救。

一是干预汇率和金融制度，宣布废除金本位制，英镑贬值，组成英镑集团。1932 年，又与英联邦和英镑集团国家签订关税互利协定，即所谓的帝国特惠制。二是 1931 年年底彻底抛弃了自由贸易，转而实行关税保护政策。三是实行工业调整政策，把政府对公用事业的调控范围扩展到公路、铁路和电力部门，在煤、钢、棉、造船等部门与企业协商产品价格、数量和工资等问题。四是关注失业和社会问题。五是扩充军备，加大军费预算和支出。从 1933 年至 1938 年，英国军费累计约 12 亿英镑。1934 年英国开始重整军备。

当大危机来到还陶醉在繁荣幻想中的法国时，法国政府的反应虽然迟钝，但还是采取了一些反危机的政府干预措施。特别是 1936 年以勃鲁姆为代表组成的人民阵线政府，采取了一系列改革措施。如促使法国雇主协会和法国总工会达成了《马提翁协议》，议会通过了集体合同法案，加强对劳资关系的调节；提高工人工资；支持实行谷物专卖；加强国家对经济生活的干预，如提出旨在减少失业的市政工程计划，对中小企业提供贷款，加强对法兰西银行的控制，将军火工厂国有化，实行法郎贬值政策；等等。

勃鲁姆将其施政纲领称为“法国的新政”。政府的干预使经济有所恢复，就业也有所增加，15 万失业者找到了工作，10 万人避免了失业。① 但这些政策也引起了保守派的恐惧，他们竭力阻挠改革，破坏法郎币值，加重政府的财政困难，最后迫使勃鲁姆下台。

大危机时期采取的国家干预主义政策，在第二次世界大战时成为各国应对战争和干预战时经济的有力武器。英、美等国建立了相应的政府管理机构，控制价

---

① ［意］卡洛·M. 奇波拉主编：《欧洲经济史》第六卷（上册），李子英、崔书香、陈叔和译，商务印书馆 1991 年版，第 69 页。

格以及原料和食品等日用品的配给。与此同时，各国政府利用投资和国有化方式，极大地扩大国有经济，直接干预经济活动。如美国就建立了 2 000 多家军用国有企业，且绝大部分在战时无偿租给垄断公司经营。英国对工业的投资达 10 亿英镑，其中一半用于建立国家军需工厂。

第二次世界大战结束后，各国虽然取消了对经济的统治，却加强了干预和调节，普遍奉行凯恩斯主义的国家干预政策。

三、军事统制经济的建立

经济大危机，使德国和日本走上了另类的国家垄断资本主义——军事统制经济。

1930 年 3 月，德国上台执政的布鲁宁政府仍信奉自由主义的原则，拒绝采取任何措施缓解日益严重的失业问题。德国社会弥漫着不安、痛苦、屈辱、无望和迷茫的情绪。

1932 年，希望寻求出路的人们将选票投给了纳粹党，希特勒得以上台执政。在纳粹一党专制体制下，德国的反危机模式具有浓厚的法西斯主义色彩。

1933 年 7 月，纳粹政府设立了“德国经济总会”作为最高经济领导机关。次年，该会颁布了《德国经济有机建设条例》，将全德经济合并成工业、商业、银行、保险、能源和手工业 6 大组织。同时用所谓的“国家就业”来对付失业，1933 年年末，德国失业人数从 600 万减少到 400 万，计划在 1936 年实现全部就业。①

在反危机过程中，纳粹政府最终把德国经济绑到了战车之上，建立了军事统制经济。政府对与军备有关的生产给予补贴和特权，所有重要部门的成立与企业的扩大都需得到国家的批准，大量中小企业破产或被强迫兼并到大企业；政府严控投资流向，使其集中于重工业和军备生产，消费工业备受忽视，政府集中所有的生产能力为战争服务。这些措施为德国发动侵略战争提供了保障，但也打断了正常的生产、消费和对外贸易活动，暴露了其内在的脆弱性。1945 年，德国法西斯被迫投降时，其战争经济已全面崩溃。

1929 年的经济大危机同样席卷了严重依赖海外市场的日本。在反危机中，国际社会的变动、国内统制经济思潮的出现、“新官僚”和军部的推动，以及财阀的转向等，对日本政府建立军事统制经济体制发挥了关键作用。

日本军事统制经济萌芽于 1918 年的《军需工业动员法》，1931 年制定的《重

① ［意］卡洛·M. 奇波拉主编：《欧洲经济史》第六卷（上册），李子英、崔书香、陈叔和译，商务印书馆 1991 年版，第 157 页。

要产业统制法》标志着政府正式对国民经济进行干预。1937 年全面侵华战争爆发后，根据《军需工业动员法》《临时资金调整法》和《进出口品级临时措施法》，日本全面实施战时军事统制经济。①

1938 年，日本政府颁布了战时军事统制经济的纲领性文件——《国家总动员法》。该法赋予日本政府极为广泛的权力，在金融、产业和国民生活方面强制建立总动员体系，规定国家管制的商品从武器、弹药、飞机、通信器材，到工业设备、建筑材料、燃料、电力以至食品、饲料和药品；政府有权征用物资，监督企业投资方向，决定企业的兴建和利润分配，发布有关雇用和解雇工人的命令，规定工资和劳动条件，禁止罢工及解散工会等。

1941 年太平洋战争爆发后，日本政府在一切主要工业和金融部门建立“统制会”，把所有大、中、小企业都强制纳入由垄断巨头总管的军需生产中，确立了政府在国民经济各领域的主导地位。1942 年至 1945 年，是战时军事统制经济的最后强化和走向崩溃时期。

第四节　殖民地、半殖民地和依附经济的挣扎

一、印度殖民地经济

在第一次世界大战期间，英国殖民地印度的棉纺织业空前繁荣，但发展比较好的是钢铁工业，在此领域作出贡献的是被美国报纸称为“东方的摩根”的塔塔家族，以及 1907 年由道拉勃·塔塔建立的塔塔钢铁公司。第一次世界大战开始后，塔塔钢铁公司通过为英国在近东战区供应军需获得巨额利润。1916 年，塔塔钢铁公司生产了 14. 7 万吨生铁、13. 9 万吨钢和 9. 8 万吨钢材，塔塔家族还创办了水泥厂和水电站等。

在 20 世纪 20—30 年代，水泥和制糖是作为新兴工业部门发展起来的。水泥厂的数量由第一次世界大战前的 1 家增加到 1930 年的 8 家，生产能力也从最初的 945 吨增至 75. 5 万吨。1934 年，水泥生产能力进一步增至 100 万吨。制糖业也改变了完全依赖进口的局面，在 1937—1938 年度，糖产量高达 94. 6 万吨。② 钢铁和采煤业获得进一步发展，1936 年和 1939 年，迈索尔钢铁厂和孟加拉钢铁公司先后投产运营，大大提高了印度钢铁工业的自给率。至 1947 年，印度的钢材自给率达 80%。③

---

①　雷鸣：《日本战时统制经济研究》，人民出版社 2007 年版，第 26、30 页。

②　高德步、王珏编著：《世界经济史》，中国人民大学出版社 2001 年版，第 278 页。

③　范铁城：《东方的复兴——中印经济近代化对比观照》，湖南出版社 1991 年版，第 148 页。

与此同时，汽车制造业、机械工业，以及机车制造、飞机制造、电气和建筑设备制造等重工业部门发展迅速，铁路、公路、水运、航运、无线电和广播等行业也有了突破性进展。金融业的发展较为突出，印度国民银行、印度储备银行和印度帝国银行相继建立，政府偿还了对英国的债务，反而成为英国的债权国，货币卢比脱离了对英镑的依赖，成为独立的货币体系；形成了若干民族资本和财团，如塔塔家族财团、瓦尔昌德财团、斯里·拉姆财团等。

总的来看，到 1947 年民族独立前，印度民族资本的发展已具有一定基础。1943 年，在纺织、建筑、钢铁、食品、化学、建材和造纸等部门中，民族资本开设的工厂有 331 家，雇用工人 80.87 万，而外国资本和殖民当局开办的工厂有 181 家，雇用工人 53.74 万。民族工业主要由几大家族和公司控制，1939 年至 1948 年，44 家印度财团所控制的公司数，从 239 家增至 626 家，而同期 32 家英国财团控制的公司数，仅从 701 家增至 712 家，基本持平。①

二、非洲殖民地经济

到 19 世纪中后期，非洲已被资本主义列强瓜分完毕，成为欧美各国的殖民地或势力范围，走上殖民地经济的发展轨道。不同国家的殖民地都打上了宗主国殖民政策的烙印。

20 世纪初至 30 年代，非洲单一农业出口的畸形殖民地经济结构基本形成。西非的黄金海岸是当时世界上最大的可可生产国，1914 年，出口量已达 5 万吨，到 1927 年，出口量增加至 18 万吨，约占世界总消费量的 40%②；冈比亚和塞内加尔主要种植和出口花生，象牙海岸和达荷美输出棕榈产品，法属几内亚输出橡胶，多哥只种植咖啡和可可，摩洛哥种植甘蔗，利比里亚和安哥拉则种植咖啡，埃及、苏丹和乌干达主要种植棉花，南罗得西亚以种植烟草为主。单一经济结构破坏了非洲传统的农业生产结构，殖民地生产的原料直接输往宗主国，然后从宗主国进口粮食和其他商品，使非洲农业的任何革命都被延误了 100 多年。

欧洲殖民者对矿产资源的掠夺性开采，是非洲地区殖民地经济的重要组成部分。1917 年，比属刚果的加丹地区，铜产量增加至 28 000 吨；1919 年至 1929 年，南非联邦的煤炭产量为 1 400 万吨，而相当一部分煤作为原料直接出口，仅 1929 年，煤炭出口就达 180 万吨。20 世纪 20 年代后期，尼日利亚的出口商品中，锡矿

① 范铁城：《东方的复兴——中印经济近代化对比观照》，湖南出版社 1991 年版，第 152 页。
② 沈汉主编：《资本主义史——从世界体系形成到经济全球化》，学林出版社 2008 年版，第 303 页。

约占其出口总价值的10%；黄金海岸的黄金、金刚石和锰矿各占出口总价值的5%①。采矿业的片面发展，使非洲国家严重依赖矿产经济，经济结构难以协调，加强了对宗主国的依附性。

非洲采矿业主要掌握在欧洲殖民公司手中，土著居民往往被迫成为矿场的契约劳工。殖民者可以在市场和价格方面操纵非洲国家的对外贸易，同时通过剪刀差获得垄断利润。通过对特定矿业进行投资的方式，殖民者又进一步加剧了非洲国家对其宗主国经济的依附性。

非洲殖民地经济还体现在：宗主国根据自身的需要在非洲进行了一些基础设施建设，如法国对阿尔及尔港的多次扩建；1914年至1939年，各国在阿尔及利亚、摩洛哥、突尼斯、埃及和苏丹等国的铁路建设。这些措施加强了非洲对西方宗主国的财政依附性，使非洲更深地卷入由西方主导的资本主义体系，加剧了地区发展的不平衡。

单一农产品出口经济，以及以向西方提供原料为生产目的的采矿业的殖民经济，使非洲民族经济的发展步履艰难。一个重要的灾难性影响是，今天所谓的欠发达和"第四世界"国家大都位于非洲。掠夺性的矿产资源开发模式是与当时极不平等的国际分工模式结合在一起的，非洲国家总是处于国际分工等级的最底端，备受片面自由贸易的盘剥。而大量西方工业品和其他商品却可以畅通无阻地涌入非洲，遏制了当地民族工业的发展，传统手工业也日益失去了生存的基础。很多学者都认为，当代非洲软弱无力的经济、顽固不化的农村社区结构，以及腐败的政治结构等阻碍现代化的因素都是在殖民主义时期形成的。

三、中国半殖民地经济

中日甲午战争后，中国的半殖民地经济程度进一步加深，西方列强加大了在华投资的力度。1902年，各国在华投资总额达15亿美元，其中直接投资的比重加大。在各国的投资总额中，以英、美、法、德、日和沙俄占绝大部分。其中，1902年沙俄居第一位；1914年，英国居第一位；1930年，日本一跃而居第一位。②

帝国主义列强通过设立银行和垄断企业等途径，从各个方面控制了中国的财政金融和经济命脉。1895年至1913年，这些国家在华设立了13家银行和85个分支机构，1914年至1926年又设立了44家银行和125个分支机构，加上中日甲午战

---

① 沈汉主编：《资本主义史——从世界体系形成到经济全球化》，学林出版社2008年版，第304页。

② 吴承明编：《帝国主义在旧中国的投资》，人民出版社1955年版，第35、45—55页。

争前设立的银行机构，银行总数有 65 家，分支机构 226 处。① “帝国主义列强经过借款给中国政府，并在中国开设银行，垄断了中国的金融和财政。因此，它们就不但在商品竞争上压倒了中国的民族资本主义，而且在金融上、财政上扼住了中国的咽喉”②。

中日甲午战争后，清政府转而允许和鼓励民间资本向近代工业投资，中国民营工业获得一定发展。仅 1895 年至 1898 年，就有 62 家商办企业出现，资本总额达 1 240 多万元。1895 年至 1913 年，资本在万元以上的民间机器工业更增加了 463 家。③ 棉纺织业、面粉业和机器制造业有显著发展，火柴、卷烟、水泥和矿冶等也有一定起色。1912 年，辛亥革命之后建立的中华民国政府，宣布工商自由，颁布了一系列鼓励工业发展的法令，民族工业获得迅速发展，工业投资大大增加。到 1920 年，中国已有近代工厂 1 759 家，资本达 50 062 万元。④ 这些企业主要集中在纺织业、面粉业、卷烟、缫丝、搪瓷和造纸等行业，重工业刚刚起步，企业数量不多。

1928 年 12 月张学良的东北易帜，使北洋军阀不再作为独立的政治力量存在，国民党在全国范围内实现了形式上的统一。国民政府开始考虑经济建设问题。如实行财政整理，建立统一金融体系，改革币制，废除不平等条约，争取关税自主等。中国当时正面临日本侵略的威胁，政府意识到战争危险的迫近，因此通过各类实业计划，组织工业投资，加快基础设施建设。1927—1936 年这十年间，中国工业获得较大的发展。1936 年，中国工业总产值比 1926 年增加 86.1%，国民经济增长率平均每年递增 8.3%。这十年是旧中国经济发展的最高峰。

在 1949 年中华人民共和国成立之前，中国的民族经济虽有一定发展，但半殖民地经济的特点还是比较明显的。中国对外贸易的 90%都是由诸如英美烟草公司、英国联合利华公司、美孚石油公司、美国钢铁公司和福特汽车公司等国际性垄断企业控制的⑤，对内贸易则是通过买办商人建立的由外商企业操纵的商业网络控制的。1916 年，外国轮船占各通商口岸进出的中外轮船总吨位的 77.6%，1928 年为 77.7%。⑥ 太古、怡和和日清是外国在中国最大的轮船公司，占到内河航线吨位的

---

① 吴承明编:《帝国主义在旧中国的投资》，人民出版社 1955 年版，第 40 页。

② 《毛泽东选集》第二卷，人民出版社 1991 年版，第 629 页。

③ 据汪敬虞编:《中国近代工业史资料》第二辑（下册），科学出版社 1957 年版，第 869—920 页资料统计。

④ 陈真、姚洛合编:《中国近代工业史资料》第一辑，生活·读书·新知三联书店 1957 年版，第 56 页。

⑤ 吴承明编:《帝国主义在旧中国的投资》，人民出版社 1955 年版，第 41—42 页。

⑥ 严中平等编:《中国近代经济史统计资料选辑》，科学出版社 1955 年版，第 221—222 页。

70%~80%。① 1936 年，已经查明设立年代的外商在华投资的工业企业共有 139 家（不包括日本），其中 1895 年以前设立的有 10 家，1895 年至 1910 年设立的有 28 家，1911 年至 1920 年设立的有 28 家，1921 年至 1930 年设立的有 54 家，1931 年至 1936 年设立的有 19 家。②

四、拉美地区依附经济

19 世纪后期，取得独立后的拉美国家普遍实施了初级产品出口的外向型经济发展模式。初级产品主要集中在矿业，以及大庄园制和种植园奴隶制的农业。

阿根廷和乌拉圭等国是温带农产品的主要出口国。1925 年至 1929 年，阿根廷年均出口粮食 1 210 万吨③，其他出口农产品还有玉米、亚麻籽和糖等。巴西、哥伦比亚、古巴、厄瓜多尔和墨西哥等国是热带农产品的主要出口产区。如巴西，早在 19 世纪中期，其咖啡出口量就居于世界首位，形成了巴西经济发展中特有的“咖啡周期”。1921 年至 1930 年，咖啡的出口收入约占巴西出口总收入的 60%。“巴西的早期工业化也可以说是由于咖啡的繁荣而带动的”④。而智利、秘鲁和玻利维亚等国则是矿产品出口国，如秘鲁的硝酸盐是具有绝对优势的出口产品。

长期以来，拉美国家普遍形成一种共识，认为发展经济的希望在于出口商品和进口资本，从而形成单一的和以专门化初级产品为支柱的外向型出口经济，以及工业化的发展模式，拉美地区“作为热带作物、谷物、畜产品的新基地，整合进了新的大西洋经济体”⑤。有些拉美国家的经济通过由国外直接控制的主要初级产品的生产活动而融入世界，形成特有的“飞地经济”，分为矿业飞地和农业飞地⑥，这为外资的进入打开了方便之门，加强了拉美经济的依附性。

但是在这种经济发展模式下，拉美国家的工业部门和社会经济确实得到一定程度的发展。第一次世界大战期间，阿根廷的纺织业和食品加工业得到迅速发展，建立了一些新公司，化学工业随着硫酸铝的首次生产而得到推动，汽车装配业也于 1916 年兴起。

1914 年至 1920 年间，巴西出现了 5 936 家新企业。到 1920 年，企业总数已达 13 336 家，雇用工人 27.5 万。1920 年至 1929 年间，巴西工业产出上升 55%，年

---

① 孙健：《中国经济通史》中卷，中国人民大学出版社 2000 年版，第 708 页。
② 吴承明编：《帝国主义在旧中国的投资》，人民出版社 1955 年版，第 45 页。
③ 苏振兴主编：《拉美国家现代化进程研究》，社会科学文献出版社 2006 年版，第 181 页。
④ 冯秀文等：《拉丁美洲农业的发展》，社会科学文献出版社 2002 年版，第 139 页。
⑤ 罗荣渠：《现代化新论——世界与中国的现代化进程》，北京大学出版社 1993 年版，第 178 页。
⑥ ［巴西］费尔南多·恩里克·卡多佐、［巴西］恩佐·法勒托：《拉美的依附性及发展》，单楚译，世界知识出版社 2002 年版，第 48—50 页。

均增长5%。工业设备的进口迅速上升，1929年达到高峰，许多新兴工业部门得以建立。到1929年，钢产量为5.7万吨，占消费量的11%。① 1929年，拉美各国的工业部门在国内生产总值中的比重，阿根廷为22.8%，墨西哥为14.2%，巴西为11.7%，智利为7.1%，哥伦比亚为6.2%。② 同时开始了城市化进程，初级产品的产区、沿海地区和首都等大城市获得了较快的发展。

20世纪30年代的经济大危机，使世界经济大幅度萎缩，拉美国家的出口繁荣景象不复存在。初级产品出口型经济发展模式遭遇了“资源诅咒”，最终陷入困境。③

第五节　资本主义世界经济体系的危机和冲突

一、第一次世界大战后自由贸易体制的解体

第一次世界大战以后，以英国为主导的自由贸易体制逐步解体，其冲击力来源于以下几个方面。

一是后进工业化国家一直在倡导关税保护政策。如德国、意大利、俄国和日本，它们为了发展本国工业，开始打关税战。一些初级产品生产国，为了减少对外国制成品的依赖，以及保护在战争期间发展起来的制造业，也逐步将保护政策从特定的工业部门，扩展到国际收支平衡上来。

二是美国与欧洲一些国家不同程度地实施了关税战。第一次世界大战后，作为最大债权国，美国实施了《福特纳-麦库伯关税法案》，把关税提高到当时的最高水平。在20世纪20年代，法国、德国、意大利、西班牙、比利时和荷兰也首次引入关税税则，提高了关税税率，并在国际贸易中经常谨慎地使用高关税和贸易数量限制。

三是大危机对自由贸易体制的冲击。资本主义各国转而采取具有重商主义色彩的贸易保护主义政策。如法国和意大利提高汽车关税，印度提高布匹关税，古巴、墨西哥、澳大利亚和新西兰的立法机构也相应通过新的关税法案。到1931年年底，欧洲各国进口商品（如食品、半成品和制成品等）关税比1927年普遍提高

---

① ［英］莱斯利·贝瑟尔主编：《剑桥拉丁美洲史》第五卷，胡毓鼎等译，社会科学文献出版社1992年版，第644、733页。

② ［巴西］塞尔索·富尔塔多：《拉丁美洲经济的发展——从西班牙征服到古巴革命》，徐世澄等译，上海译文出版社1981年版，第92页。

③ 赵丽红：《“资源诅咒”与拉美国家初级产品出口型发展模式》，当代世界出版社2010年版，第87—90页。

了 60%~100%。[1] 此外，日本、印度、澳大利亚和某些拉美国家，为保护和发展其幼稚工业，也纷纷采取保护主义政策。

1930 年 6 月 17 日，美国国会通过了《斯穆特-霍利关税法案》，提高了 890 种商品的进口税率，将进口税平均水平提高到占征税商品值的 60%，美国进口商品的平均税率，比 1914 年高出了 41.5%，并引发了一场世界性的关税大战。1931 年年底至 1932 年年初，美国又先后颁布了对一些工业品和农产品征收 10%~100%的进口税的法令。美国的关税保护政策彻底动摇了自由贸易体制。

四是自由贸易政策最初的推动者——英国，也开始实行关税保护政策，并最终放弃了自由贸易原则。1915 年，英国政府开始对汽车、摩托车、轮胎、钟表、影片和乐器征收 33.3%的进口税。1921 年通过的《保护工业法》，规定对关键性产品的进口征收 33.3%的从价税。1932 年 2 月，英国政府通过《保护关税法》，规定除英帝国商品及海关免税货物单上的少数商品和原料外，一般征收 10%的进口普通从价税，但工业制品关税提高到 20%以上，其中大多数钢征收 33.3%的关税，奢侈品的关税提高到 20%~30%。至此，英国彻底放弃自由贸易原则，抽掉了最后一根维系国际自由贸易秩序的纽带，它标志着世界经济全面混乱局面，以及资本主义世界经济体系的危机和冲突的到来。

二、第二次世界大战前资本主义世界市场的瓦解

当经济大危机袭来时，各国为了自己的生存和民族利益，竞相采用关税战、商品倾销和货币战等手段争夺有限的世界市场，最终导致多边支付体系的崩溃和集团对抗。为了维持统一的世界经济体系，西方各国展开了多次国际性协调，但最终都以失败告终，愈演愈烈的国际商战成为世界大战的序曲。

资本主义世界市场的瓦解，是从以下几个层面撕开口子的。

一是各国普遍设置关税和非关税壁垒，以及进行商品倾销。1932 年，英国实施的“帝国特惠制”，实际上就是在英国和英帝国广大范围内筑起关税壁垒，将其他国家排斥在外。欧洲地区的关税壁垒也逐年增加，1937 年至 1938 年，农业国对工业国的关税提高，匈牙利由 31.8%增至 42.6%，保加利亚由 75%增至 90%，西班牙由 62.7%增至 75.5%，罗马尼亚由 48.5%增至 55%；工业国对农业国的关税也有提高，德国由 27%增至 82.5%，法国由 19.1%增至 53%，意大利由 24%增至 66%，捷克斯洛伐克从 36.3%增至 84%。

除关税壁垒以外，进口配额制和其他贸易数量控制形式也作为防御性手段被广泛应用。法国是第一个大规模使用进口配额制作为反危机手段的国家，其他国

---

① 宋则行、樊亢主编:《世界经济史》(修订版) 中卷，经济科学出版社 1998 年版，第 197 页。

家很快也群起效仿。1939 年，有 28 个国家（其中 19 个是欧洲国家）使用了进口配额制或许可证制度。

商品倾销是世界市场瓦解的重要进攻性武器，主要是日本采用的国际贸易手段。第一次世界大战前夕日本恢复了关税自主权，可以利用关税来保护新建重工业，同时向世界市场倾销纺织品。这种“蛮干的国家推销政策”使英国及其他国家蒙受重大损失。1927 年，日本棉纺制品出口只有英国的 33%，而到 1935 年竟为英国的 140%。仅几年时间，英国在其主要棉纺制品的海外市场上迅速溃败。日本向世界市场倾销的还有生丝、人造丝、纤维制品、食品、玩具、陶瓷器、鞋类和帽子等商品。

二是各国展开了复杂和激烈的货币战，形成集团对抗。自 1931 年英国宣布放弃金本位制和英镑贬值后，欧美各国相继步其后尘，放弃金本位制，先后实行货币贬值或降低汇率政策。如瑞典克朗对英镑大幅贬值，危机之前汇率为 18 克朗兑换 1 英镑，危机后降为 19.5 克朗兑换 1 英镑。美元贬值是罗斯福“新政”中的一项重要政策措施。1933 年 4 月，1 英镑兑换 3.75 美元，5 月兑换 3.85 美元，8 月美元同英镑的比价已到 4.5 美元兑换 1 英镑。1935 年，比利时政府将比利时法郎贬值 28%，荷兰和瑞士也纠正了本国货币定值过高的政策。1936 年，法国政府宣布法郎贬值。

1932 年，英国与瑞典、丹麦、挪威、葡萄牙等国组成英镑集团；1934 年，美国联合一些中美洲国家、菲律宾和利比里亚等国组成美元集团；而法国则组成以其为首，由比利时、瑞士、荷兰和意大利等国参加的金集团，企图继续维持金本位制；德国用同样的办法与拉丁美洲若干国家合作，形成马克集团；日本组建的日元集团则包括了其殖民地及其占领的中国地区。每个货币集团内部，以及货币集团之间展开了复杂的斗争和博弈。各国的关税战、贸易战和货币战很快就演变为集团对抗，世界经济失去了使其结合为一体的内聚力。

为了控制美元的黄金价格，美国政府在 1933 年以后继续在公开市场上购买新开采出来的黄金，这加剧了国际金融市场的动荡，金集团国家的黄金储备受到威胁。以法国为首的金集团国家本想捍卫金本位制，但是面对各国货币的竞相贬值，无法承受币值偏高给出口经济造成的压力。1936 年，法郎宣布贬值后，金集团最终崩溃。

三是多边支付体系的崩溃。由于英国经济地位的下降，已无力维护国际贸易中的多边支付体系，越来越多的国际贸易是以双边支付协定的形式进行结算的。这一方式虽然可以使贸易双方在外币短缺的困难条件下进行专业化的商品贸易，使债务冻结的解冻成为可能，还能为一国垄断和控制其他遭到贸易歧视的小国提供机会，但与多边条件下进行的贸易相比，贸易参加国所获福利减少，最终引发

20 世纪 30 年代的贸易萎缩，资本主义世界市场体系无法维持下去。

四是国际性协调的失败。面对以邻为壑的国际性商战，国际社会也曾进行过协调，1933 年召开的世界经济会议即是这种协调努力的一种尝试。世界经济会议的议题，主要就是稳定货币、处理关税保护、兴建国际性公共工程，以及解决战争赔款和债务问题。但是由于对此次会议的关注点及各自国家的利益不同，经过激烈讨论后，仍然无法就相关问题达成任何共识，会议以无果而结束。

当 1936 年金集团国家放弃金本位制后，国际社会再次提出了进行某些国际金融合作的建议。在法郎贬值之前，1936 年 9 月，法国与英国和美国达成“三国货币协定”，后来比利时、荷兰和瑞士加入了该协定。这是金本位制废止后国际经济达成的一个临时协调机制，实际上是在有管理的汇率制度下的国际合作，代替了金本位制下的自由汇率原则。

但后来随着黄金大量流向美国，“三国货币协定”中有管理的汇率原则也被冲垮。商战逐步升级，国际关系既复杂混乱，又波动频繁，到最后所有手段都用尽，仍不能解决矛盾，不得不付诸战争。

三、20 世纪两次世界大战的经济原因

20 世纪上半期，在相隔 20 余年的时间里，就爆发了两次大规模的世界战争，给各国人民带来的灾难和创伤是无法估量的。战争的爆发有其复杂的原因，但经济层面的原因是最主要的。

爆发第一次世界大战的经济原因，归根到底，首先是西方国家对殖民地的争夺。英国和法国进行殖民扩张较早，占有较多的殖民地，而后期的美国和德国属于“迟到者”。其中德国还有一些小块的海外殖民地；美国由于致力于本土的发展而无力进行海外扩张，所以殖民地更少。在瓜分海外殖民地的问题上，西方国家间的矛盾和斗争越来越激烈，最后导致第一次世界大战的爆发。

其次是西方国家对现有殖民地的分赃不均，导致了各种台前幕后的斗争，最后引发了战争。1914 年 7 月，奥匈帝国在德国的支持下在塞尔维亚点燃战火，战火几天之内便席卷欧洲主要国家，然后迅速扩大到非洲、亚洲和美洲，先后有 30 多个国家参战。在大战期间，协约国和同盟国各方都曾分别签订过一系列重新瓜分欧洲各国和切割殖民地与半殖民地领土的秘密条约或阴谋计划，充分暴露了第一次世界大战各国对于殖民地掠夺的目的。

而爆发第二次世界大战的经济原因，首先是第一次世界大战后各国对世界经济格局的不满，以及世界经济发展的不平衡。第一次世界大战后建立的凡尔赛-华盛顿体系，是以英、法为主的不平衡体系，和平并不持久，战争威胁一直存在。德国的战败赔款问题，引发了一系列的国际政治和经济事件，也使德国滋生了极

端民族主义。德国法西斯因而获得民众支持上台执政，最后将德国引向了战争的轨道。

其次是经济大危机后资本主义各国对于国际市场的争夺。为了摆脱危机，各国都经历了旷日持久和异常激烈的争夺市场和生存空间的商战。每个国家都采取以邻为壑的政策，以牺牲其他国家来改善本国的情况。资本主义国家间争夺市场的竞争绝不会带来和平，只会带来武装冲突。

再次是金本位制的实施及其引发的矛盾。英国在19世纪初期确立真正的金本位制，19世纪80年代至1913年，西方国家基本形成以英镑为中心、以黄金为基础的金本位制的国际货币体系。但由于金本位制的缺陷，各国政府难以实现内外经济的均衡，这也导致了国内矛盾激化。为此，各国政府对外采取诸多措施来争夺黄金等贵金属，同时加剧对殖民地的掠夺，由此激化资本主义各国的矛盾。第一次世界大战期间，金本位制实际上已停止运行。第一次世界大战结束至第二次世界大战爆发前，不但没有恢复金本位制，反而形成多个分裂的货币集团，如英镑集团、法郎集团等，各集团展开激烈的货币战，但最后都退出金本位制。当国际性协商无果时，只能通过战争这一极端手段来解决问题。

最后是德国和日本选择了扩军备战和对外侵略来应对经济危机，把本国经济转向了军事化轨道，经济迅速恢复，并变本加厉地加强对外扩张，成为两个重要的战争策源地。1939年9月，法西斯德国悍然进攻波兰，引燃了第二次世界大战的战火。

总的来看，两次世界大战爆发的经济原因，都是市场经济运行过程的矛盾和运行故障。19世纪末20世纪初，资本主义各国完成了工业革命，并基本实现了工业化，市场经济制度主宰了全球经济生活的大部分。资本—帝国主义列强之间争夺商品市场、原料产地、资本输出场所和殖民地乃至世界霸权的斗争日益激化，国际商战全面爆发。当关税战、贸易战和货币战，以及伴随商业角逐的外交战仍不足以达到预期目的时，个别国家很可能不惜军事冒险，因此战争不可避免。

思考题

1. 资本主义为什么会从自由竞争走向垄断?
2. 美国经济是如何从“柯立芝繁荣”走向大危机和大萧条的?
3. 如何评价罗斯福“新政”?
4. 德国和日本为什么走上了军事统制经济的道路?
5. 亚、非、拉殖民地和半殖民地国家的经济发展具有哪些特点?

6. 自由贸易体制为什么会瓦解?

7. 爆发两次世界大战的经济原因是什么?

▶ 自测习题及参考答案

请扫描二维码

第十一章　社会主义经济制度的最初实践

社会主义制度在全球范围的确立和实践是20世纪的重大事件。继苏联之后，东欧的波兰、民主德国、阿尔巴尼亚、罗马尼亚、南斯拉夫、保加利亚、匈牙利、捷克斯洛伐克，亚洲的蒙古、朝鲜、中国、越南和美洲的古巴等国也先后确立了社会主义制度。在社会主义制度的最初实践中，为迅速发展国民经济，这些国家几乎都选择了苏联模式，建立了高度集中的计划经济体制。然而，计划经济在取得巨大成就的同时，其高度集中所产生的弊端也日渐暴露，为此，各国对计划经济体制进行了不同程度的调整和改革。

第一节　苏联社会主义制度的创立

一、十月社会主义革命

早在16世纪，英国思想家托马斯·莫尔就针对私有制的弊端，虚构了一个财产公有、按需分配的“乌托邦”社会。18世纪，声势浩大的启蒙运动在法国爆发，不仅为资产阶级革命做好了舆论准备，而且促进了无产阶级意识的觉醒。以圣西门、傅立叶和欧文为代表的空想社会主义者，将批判的矛头对准了资本主义制度，主张建立一个没有资本主义弊端的理想社会。19世纪40年代，马克思和恩格斯在科学总结欧洲工人运动经验，批判地吸收空想社会主义思想成果基础上，创立了科学社会主义，欧洲工人运动也因此有了科学的指导思想。1871年3月18日，人类历史上第一个无产阶级政权——巴黎公社建立。之后，以科学社会主义为旗帜的无产阶级政党和组织相继建立起来，为社会主义制度的确立奠定了坚实基础。

20世纪初的俄国是各种矛盾的集中点。从1861年农奴制改革以来，俄国走上资本主义道路。通过19世纪末20世纪初的工业革命，到第一次世界大战前，俄国的工业总产值已居世界第五位，欧洲第四位，但在1913年仅占世界工业产值的5.3%，相当于美国的1/7和德国的1/3，与主要资本主义国家相比差距还很大。① 另外，国内经济结构矛盾突出，外国资本控制了矿山、铁路、银行等重要经济部门，农奴制残余使国内阶级矛盾日益激化。1917年，在俄国布尔什维克党的领导下，俄国无产阶级利用第一次世界大战的机会，取得十月革命的成功。

---

① 吴恩远：《十月革命：必然性、历史意义和启迪》，《世界历史》1997年第5期，第10—20页。

十月革命后，列宁领导的苏维埃政权对经济进行了改造。在土地方面，宣布立即无偿地废除土地私有制，将地主、皇室、官府、教会的全部土地，连同耕畜、农具、建筑物等移交给乡土地委员会和贫农代表苏维埃支配，按人口或按劳动力平均分配给农民无偿使用。在金融方面，实施银行国有化，建立苏俄人民银行，并宣布一切股份企业为国家财产，股票在5 000卢布以上或每月收入在500卢布以上的股东必须向国家交出全部股票。在企业方面，接管了沙俄的国有企业，在对私人大企业实行工人监督之后又将其收归国有，建立起最初的社会主义工业企业。在商业方面，将大商业企业和其他批发商业组织，以及一部分零售商店收归国有，形成对粮食、布匹、皮革、农机等重要商品的国家专卖制度，以及外贸的国家垄断制度。此外，还发展了合作社商业。

为加强对经济的控制与管理，苏维埃设立了最高国民经济委员会，负责组织国民经济和国家财政，制定调节全国经济生活的总准则和总计划，协调中央和地方以及国民经济各部门之间的经济活动，组织全国的生产。

1918年3月，列宁在俄共（布）七大上全面阐述了社会主义的经济建设纲领：废除生产资料的私有制，把银行、土地、厂矿企业收归国有，建立国家所有制；由国家统一组织生产，即用社会主义方式组织全国范围内的生产，由工人组织在苏维埃政权的统一领导下进行管理；全体居民参加消费生产公社，进而实行有计划、有组织的分配，来完全彻底地代替“贸易”，消除商品和货币；实行普遍劳动义务制。此外，列宁还提出利用各种形式的国家资本主义，以抵制小生产的自发势力，组织大生产。

列宁的设想是直接过渡到共产主义生产和分配。但这个计划还未来得及实施，苏维埃经济体制就不得不因战争而转入了战时共产主义体制。

二、战时共产主义政策

苏维埃政权建立之后，随即受到帝国主义国家的武装干涉，国内反动势力也掀起武装叛乱，苏维埃政府被迫进行捍卫新政权的战争。在战争期间，苏维埃政府采取了“战时共产主义政策”。

第一，实行高度集中的战时管理体制。1918年11月，以列宁为首的工农国防委员会成立，负责动员全国人力、物力和财力，是领导全国战时经济工作的最高机关。在战时管理体制下，国营企业受中央总管理局控制，实行“直接领导制”和“统收统支制”，企业的生产计划、原材料供应和产品分配均由中央总管理局决定，企业成为完成任务的生产车间。

第二，进一步实施国有化。苏维埃政府颁布了一系列国有化法令，在大工业基本国有化的基础上，进一步把中型企业和大部分小企业收归国有。此外，苏维埃政府还对私有铁路、大商业企业实行国有化，并在扩大商品专卖范围的同时，广泛组织消费公社、农业公社、国营农场、共耕社等。这样，在战时共产主义时期，苏维埃政府就基本完成了除农业以外的生产资料所有制的社会主义改造。

第三，实行余粮收集制和粮食摊派制。1918 年，苏维埃政府决定实行粮食垄断政策，禁止一切私人买卖粮食。粮食的收购与供应统一由粮食人民委员会经营，农民的余粮必须按固定价格交售给国家，以保证全国军民的供给。1919 年，苏维埃政府又实行粮食摊派制，要求根据国家对粮食的最低需要量，摊派给各产粮省，然后逐级摊派下去，直至农户。余粮收集制的实行，不仅完全征收了农民的全部余粮，而且征收了一部分口粮和种子。随后，摊派制扩大到肉类、油脂、经济作物等。

第四，实行主要食品和日用品配售制。1919 年 3 月，苏维埃政府将城乡各种形式的合作社，一律联合并改组为统一的消费公社，规定全体城乡居民都必须加入消费公社，日用必需品由国家统一分配。1920 年年底，又宣布免费供应居民食品，免费向居民发放日用消费品，工人、职员免交住宅费用，免交供水、排水、煤气等公用事业的费用。经济生活几乎完全实物化。

第五，实行普遍劳动义务制和劳动军事化。为了解决劳力不足的问题，苏维埃政府在 1920 年发布法令，规定所有居民，不论其从事任何工作，都必须一次性地或定期地履行各种性质的劳动义务。同时，实行劳动军事化，用强制手段把工人固定在需要的工作岗位上，强调任何公民如不履行劳动义务或在劳动中私自逃跑，将交由法院甚至革命法庭治罪。普遍劳动义务制实际上演变成了强迫劳动制。

战时共产主义体制的形成和发展，是苏维埃政府争取战争胜利的需要，同时与俄共（布）党内排斥商品和货币关系的产品经济思想有着直接联系。这种特殊的经济体制对于保证战争胜利起了积极作用，但它也超越了生产力的性质和水平，阻碍了生产力的发展，加剧了战争破坏的严重影响。

三、新经济政策的实施

到 1920 年年底，苏维埃政府取得了国内战争的彻底胜利，但 4 年战争和战时共产主义体制，使国家经济遭到严重破坏，工业产值仅为 1913 年的 1/7，农业产值仅为战前的 2/3，国内经济处于瘫痪状态。为了恢复经济、克服危机，苏维埃政府决定推行“退一步是为了向前进”的“新经济政策”。

第一，用粮食税代替余粮收集制。1921 年 3 月，全俄苏维埃中央执行委员会颁布了《关于以实物税代替余粮收集制》法令，规定征税方式是从农户生产的产品中按百分比或一定比例收取，征税时要考虑农户的收获量、人口和实有牲畜数量；对贫苦农户给予优待；所有农户在缴纳粮食税后，可以自由处理剩余的粮食。

随后，苏维埃政府宣布将1921—1922经济年度的粮食征集额由4.23亿普特降为2.4亿普特，这大大减轻了农民的负担。

第二，颁布土地劳动使用法。1922年5月，苏维埃政府颁布了《土地劳动使用法》，允许出租土地，期限一般定为3年，特殊情况可为6年。法令还允许雇用劳动力，农民可以自由选择使用土地的形式。

第三，产品交换变成商品买卖。到1921年下半年，苏维埃政府开始允许农民和小手工业者把自己的劳动产品拿到市场自由买卖，恢复国内的自由贸易。另外，在各地成立国营百货公司等机构，以活跃商业往来。政府还从信贷税收等方面鼓励和促进私营商业的发展。

第四，实行租让制和租赁制。1920年11月，人民委员会公布《租让法令》，允许外国资本家在苏俄开办租让企业或同苏维埃政府一起组织合营股份公司。1921年7月，苏维埃政府公布《租借条例》，决定把一批中小工厂和商店租借给本国的公民、合作社和其他联合组织，由私人经营，但所有权仍属于国家。而租借者必须接受国家监督、指导，遵守政府的法令，按时交纳租金，到期把企业交还国家。

第五，实行国有企业核算制。战争结束后，苏维埃政府在新经济政策条件下，按照列宁提出的对国营企业改行经济核算，“在相当程度上实行商业的和资本主义的原则”①，解散了大多数的总管理局，要求各企业按部门组成托拉斯。托拉斯负责管理企业，独立进行经济核算。此外，还废除了平均主义的工资制度，实行按技术高低、贡献大小付酬的办法。

新经济政策效果显著。到1925年，苏联全国的谷物总产量接近战前水平，达到7 247万吨，工业总产量为战前的73%，铁路运输业的货物周转量为战前的80%。国内商品流转总额大约是战前的70%。1925—1926年，工人的实际工资水平达到战前的93.7%。② 至此，苏联基本完成了国民经济恢复工作。

新经济政策具有重大历史意义。它不仅在短期内消除了国内的政治、经济危机，巩固了工农联盟，推动了生产力的发展，为苏联实现社会主义工业化和农业集体化创造了条件，而且首次将市场机制引入社会主义经济实践，探索了“国家资本主义”的过渡路径，丰富了马克思主义理论。

---

① 《列宁选集》第四卷，人民出版社2012年版，第620页。

② 吴于廑、齐世荣主编:《世界史·现代史编》上卷，高等教育出版社1994年版，第187页。

第二节　苏联的计划经济和工业化

一、社会主义国家工业化

苏联最初的工业化战略是由列宁提出来的。1921 年 6 月，列宁在共产国际第三次代表大会上指出，“社会主义的唯一的物质基础，就是同时也能改造农业的大机器工业”，并要求“必须把这一原理具体化”应用到社会主义建设中去。① 而发展重工业也成为苏联初期工业化的指导方针。随后，斯大林发展了列宁的思想，认为苏联将长期处于资本主义世界的包围之中，为了避免被资本主义世界的经济优势和军事进攻所毁灭，苏联必须在 10 年内实现工业化，消除与发达国家 50 年至 100 年的差距，以应对新的帝国主义战争的威胁。

1925 年 12 月，联共（布）十四大确定了把苏联“从农业国变为能自力生产必需的装备品的工业国”的国家工业化方针。第一，大力发展重工业，特别是机器制造业。斯大林指出，“工业化的中心，工业化的基础，就是发展重工业”，具体而言就是“发展生产资料的生产”和“发展本国的机器制造业”。② 优先发展重工业也因此成为苏联工业化的基本方针。第二，保证较高的发展速度。1927 年以前，斯大林强调工业发展必须与农民经济结合，必须考虑积累的速度和用以发展工业的后备力量，强调量力而行。但随后，斯大林一再要求继续提高社会主义大工业的增长速度，不断地提高生产指标，不断地扩大基本建设和投资。第三，依靠国内资金积累。为了积累高速发展工业所需的资金，苏联将积累率从 1925 年的 9.7% 提高到 1928 年的 20.8%，消费基金在国民收入中的比重则由 1925 年的 90.3%降为 1928 年的 79.2%。③ 为了给工业化提供更多的资金，苏联长期实施了农业产品义务交售、农业税及工农业产品价格过大的剪刀差等政策。

为了加快国家工业化，苏联党和政府采取了一系列措施，主要包括：实行计划经济体制，加强计划调节；改进工业管理体制，加强责任制；开展社会主义劳动竞赛，加强劳动纪律，降低生产成本和提高工作质量；培养技术干部，努力掌握新技术；改革工资制度，加强物质激励；加强经济核算，重视提高经济效益；发展对外关系，引进先进技术。

1928 年 10 月至 1942 年，苏联相继实施三个五年计划。其中，“一五”计划（1928—1932 年）的目标是：在短期内把苏联从一个农业国变成工业国，使它成为

---

① 《列宁选集》第四卷，人民出版社 1972 年版，第 549 页。

② 《斯大林全集》第八卷，人民出版社 1954 年版，第 112—113 页。

③ 董辅礽：《苏联国民收入动态分析》，湖北人民出版社 1959 年版，第 182 页。

一个经济上不依赖资本主义世界的强大国家。“一五”期间，苏联总投资额达到248 亿卢布，其中重工业的投资占资本总额的 86%，建立了 1 500 个大型现代化企业。1933—1937 年，苏联开始执行第二个五年计划。“二五”期间，新建 4 500 个企业，生铁生产能力比“一五”期间增加 129. 8%，炼钢能力增加 221. 2%，轧钢能力增加 371. 8%。到 1937 年，苏联工业总产值已跃居欧洲第一位，仅次于美国而居世界第二位。1938 年开始实施第三个五年计划（1938—1942 年），到 1940 年，苏联的生铁已达到 1 500 万吨，钢达到 1 830 万吨，煤达到 1. 6 亿吨，石油达到 3 100 万吨，商品谷物达到 3 830 万吨，棉花则为 270 万吨。① 三个五年计划的实施，不仅实现了社会主义工业化，也为后来卫国战争的胜利奠定了基础。

苏联的工业化在短短十几年时间内取得了惊人的成就，但工业结构也日趋重型化，为国民经济的健康发展带来了隐患。

二、农村社会主义集体化

早在十月革命胜利后的土地改革中，苏维埃政府就建立了第一批集体农庄。到 1918 年年底，全国已建成了 1 600 个集体农庄。到 1925 年，集体农庄达到 2. 19 万个，占全国村庄总数的 7. 3%；总产值 9 000 万卢布，占全国农业总产值的 1. 4%。② 而在实施新经济政策的过程中，由于允许土地出租和雇佣劳动，不可避免地出现农民的分化。到 1927 年，苏联的富农达到 98 万户③，其中一半左右是新经济政策实施过程中产生的，这显然与社会主义目标不相符。但更重要的问题还是农产品价格问题。农民作为小商品生产者，希望国家少干预市场，价格能按价值法则和供需关系调整。但为实现工业化，必须依靠工农业产品价格剪刀差来加速建设资金的积累。这期间，国家对工农业产品进行了几次调整，仍未能解决好同农民的关系，市场也越来越脱离国家控制，影响着工业化的迅速开展。在这种情况下，苏联党和政府开始把注意力从调整工农关系转向改造小农。

农业集体化是改造小农的重要途径，因为集体化“能够在几年以内就使全国各地都有了能够采用新技术，利用农艺上的一切成就和向国家提供更多的商品产品的巨大集体农庄”④。1927 年年底，联共（布）十五大召开，大会确定了农业集体化方针，要求“把个体小农经济联合并改造为大规模集体经济”。但同时指出，

---

① 李树藩：《苏联社会主义工业化与优先发展重工业方针》，《苏联东欧研究》1983 年第 2 期，第 70—74 页。

② 王景新：《斯大林农业全盘集体化运动和集体农庄制度演变及重新评价》，《中国集体经济》2012 年第 34 期，第 15—22 页。

③ 梁其林：《苏联农业集体化时期的农业生产与富农政策初探》，《厦门大学学报（哲学社会科学版）》1989 年第 3 期，第 53—57、45 页。

④ 《斯大林选集》下卷，人民出版社 1979 年版，第 497 页。

农业集体化应是“逐步的”，个体私有经济“在相当长的时期内仍将是整个农业的基础”。

然而，由于粮食收购价格偏低，农民的生产积极性有限，加上富农及投机商人的破坏，苏联在1927年年底爆发了粮食收购危机。在斯大林看来，粮食收不上来是富农反抗造成的，必须采取取消个体经济、普遍实行集体化、消灭富农等非常措施，强迫富裕农民把多余的粮食按固定价格卖给国家。1929年，苏联通过了大力支持整村整乡实行集体化的决议，提出全盘集体化的任务，并以法律形式确定下来。1929年下半年，苏联农村掀起了全盘集体化运动。

苏联的农业集体化经历了四个阶段。

1929年下半年是发动阶段，全国形成整村、整乡、整区、整州农民加入集体农庄的运动，集体化农户的比重由1929年7月的3.9%猛增到1930年1月的21.6%。

1929年年底至1930年3月是冒进阶段，联共（布）宣布实行消灭富农阶级的政策，号召在集体化运动中开展“真正的社会主义竞赛”。在中央的压力下，地方工作人员盲目冒进，强迫命令、违法乱纪等过火行为普遍存在。到1930年3月，集体化农户的比重骤增至56%，全国100万户富农已不足一半。

1930年春夏是调整阶段。集体化过程中的强迫命令和违法乱纪招致农民的强烈不满和恐慌，农民大批宰杀牲畜，一些地方甚至出现大规模暴动。1930年春夏，斯大林和联共（布）先后发表了《胜利冲昏头脑》《关于反对歪曲党在集体农庄运动中的路线》的决议，要求禁止采用强制手段实行集体化，强调吸引农民在自愿基础上加入农庄，禁止把住宅、自用奶牛、猪、羊和家禽集体化，重新审查被没收的财产等。为了巩固农庄，苏联政府还批准了农业劳动组合示范章程，给农庄5亿卢布的贷款等。

1930年秋至1934年为完成阶段。在1932年年底，苏联共建立21万多个集体农庄，全国60%以上的农户走上集体化道路，国营农场和集体农庄的播种面积达到总播种面积的80%。① 于是，联共（布）中央在1933年1月宣布：“把分散的个体小农经济纳入社会主义大农业的轨道的历史任务已经完成，苏联已由小农国家变成了拥有规模最大的农业的国家。”到1937年，苏联共有24.37万个集体农庄，加入集体农庄的农户占总户数的93%，播种面积达到99%②，农业全盘集体化的任务已经完成。

---

① 郑秉文：《论苏联农业全盘集体化的必要性和特殊性》，《苏联东欧问题》1992年第1期，第50—56、42页。

② 王景新：《斯大林农业全盘集体化运动和集体农庄制度演变及重新评价》，《中国集体经济》2012年第34期，第15—22页。

农业集体化实现以后，苏联建立了农业公有经济制度。一方面，富农阶级被消灭，个体农民变成集体农庄庄员而进行集体劳动，集体农庄庄员按完成的劳动日领取报酬，国营农场职工实行计时工资和计件工资。另一方面，农业企业的生产由国家计划下达，农庄的主要农产品由国家统一收购，政府也承担了提供贷款和种子、加强农业的技术改造等任务。

苏联的农业集体化事实上是服从工业化目标的。但超高的工农业产品价格剪刀差，对农业的生产、流通和分配的刚性控制，对农业劳动力的集中管理，对农民财产的强制剥夺，以及国家对农业的单一投资等，都严重制约了农业发展，使苏联农业生产长期处于落后和停滞的状态。

三、计划经济体制的确立

苏联大工业中的私有制经济，早在战时共产主义时期就被消灭了，以后又逐步排挤和消灭了小工业中的私有制经济，并在此基础上建立了公有制经济。

苏联的公有制经济由国营经济和集体经济构成。1937 年，整个公有制经济在国民收入中占 99. 1%，在工业总产值中占 99. 8%，在农业总产值中占 98. 5%，在商业零售总额中占 100%，形成公有制经济一统天下的格局。

在公有制经济发展的基础上，苏联进一步建立了计划经济体制。主要内容包括：一是实行三级管理（部—总管理局—企业）或两级管理（部—企业），国家通过各经济部门垂直管理全国企业。二是进行计划管理，计划权限高度集中在中央计划机构手中，所下达计划任务的范围包括所有国民经济部门，计划指标多达上千种。三是对物资实行国家计划分配。分配方法包括：统配制，即计划调拨；集中计划供应制，即根据各部的中央销售机构制定的产品分配计划供应物资；非集中的计划供应制，即由地方政府或中央管理局的地方销售机构和计划机构直接计划和分配物资；企业自筹制，即企业在自己的附属单位生产供自己使用的材料和燃料。四是实行高度集中的价格管理体制，即大量生产或大批量生产的产品，其价格都由苏联政府制定，其他产品价格则实行分级管理。五是实行国家计划范围内的经济核算制，即经济核算与国家经济计划结合进行。六是实行按工人的熟练程度、工作性质、劳动条件和生产特点等制定的工资等级制。

国家工业化时期形成的苏联计划经济体制，对于动员人力、物力、财力以加快国家工业化建设具有重要作用。但计划经济体制仅仅是社会主义经济制度运行中资源配置的一种选择方式，这种经济体制并不是社会主义经济制度的本质要求，它也反映不了社会主义经济制度的根本性质。换言之，社会主义经济制度的确立并不必然要求实行计划经济体制，实行计划经济体制的目的是推动社会主义经济的发展，一旦它制约了社会主义经济的发展或者一种新的经济体制更能推动社会主义经济的发展，就需要对经济体制进行改革和调整。但在苏联社会主义经济制度建立和发展的过程中，却把计划经济体制看作社会主义经济制度的内在规定，从而忽视了商品货币关系和市场配置资源的作用。在苏联完成国民经济恢复和基本完成国家工业化任务以后，这种体制的弊端已经明显暴露出来。

第三节 苏联和东欧国家的体制改革

一、计划经济的成就与问题

第二次世界大战后期，在苏联红军的帮助下，波兰、匈牙利、捷克斯洛伐克、保加利亚、罗马尼亚、南斯拉夫和阿尔巴尼亚等国获得了解放，加上德国苏占区后来建立的民主德国，它们通过战后的民主改革和社会主义改造走上了社会主义道路。

在进行生产资料所有制改造和建立社会主义公有制的过程中，东欧社会主义国家基本上采用了苏联社会主义改造和建设的模式。从 1947 年开始，这些国家通过无偿没收和有偿赎买的方式，消灭了本国的资本主义工商业，并广泛地、有步骤地实行了银行和工业的国有化，建立了国营经济。此外，还宣布对外贸易由国家垄断，对物价实行国家统一管理。

在城市进行社会主义改造的同时，东欧各国对农村进行了土地改革和农业合作化。政府首先没收法西斯分子的全部土地，然后规定拥有土地的最高限额。对于超过限额的土地，南斯拉夫采取国家无偿没收的政策，其他国家则采取由国家低价赎买的政策。国家把没收或赎买来的土地，大部分分给无地或地少的农民，少部分用来建立国营农场或公用林牧场。

与此同时，各国开展了经济恢复工作。到 20 世纪 40 年代末 50 年代初，东欧各国国民经济基本恢复到战前水平。随后，各国按苏联的经济模式，在中央集中领导下制定了统一的经济发展计划，开展优先发展重工业的社会主义工业化和农业集体化运动，进行大规模经济建设。表 11-1 为东欧各国“一五”计划与农业集体化成就。

表 11-1 东欧各国“一五”计划与农业集体化成就

国家	“一五”计划年份	“一五”计划完成后的工农业成就
南斯拉夫	1947—1952	1949—1952 年工业产值下降 8%，但整个 50 年代国内工业年平均增长 10.9%
捷克斯洛伐克	1949—1953	新建 125 个大工业企业，扩建、改建 109 个企业；工业总产量增加 1 倍，机器制造业增加 5 倍，人均工业产量居世界第四位；农业合作社和国营农场的耕地面积约占全国耕地面积的 50%

续表

国家	“一五”计划年份	“一五”计划完成后的工农业成就
保加利亚	1949—1953	1952 年的工业总产量相当于 1939 年的 4 倍，工业在国民经济中的比重超过 50%，社会主义农业已占全部耕地的 75%
匈牙利	1950—1954	工业产量增加 1.5 倍，钢产量从 86 万吨增加到 160 多万吨，工业在国民经济中的比重超过了农业；农业合作社的耕地面积在 1953 年达到 32.5%
罗马尼亚	1950—1954	建立了一大批新工业部门，工业产量超过 1948 年的 2.9 倍，社会主义农业耕地面积在 1955 年达 26.4%，从落后的农业国变成工业-农业国
波兰	1950—1955	建成和正在建设的大工业项目达 1 250 项，工业总产值比 1949 年增长 1.7 倍，农业合作社的耕地面积在 1955 年占全国耕地面积的 9.2%
阿尔巴尼亚	1951—1955	开办了一系列新矿场，兴建了一些新项目，工业产量增加约 90%；农业生产合作社和国营农场在 1956 年共占全国耕地面积的 39%
民主德国	1951—1955	新建、改建了一大批工业项目，工业产量增加 2.8 倍

资料来源：孙颖、黄光耀主编：《世界当代史》，中国时代经济出版社 2003 年版，第 73—88 页。

与资本主义市场经济体制相比，高度集中的计划经济体制具有在短期内集中力量、调动生产和恢复发展经济的功能，这也是遭受战争创伤、渴望安定生活的人民群众最现实的需要。苏联通过强力实施高度集中的计划经济体制使社会经济得到迅速恢复，对这些国家产生了积极的示范作用。因此，到 20 世纪 50 年代中期，除南斯拉夫外，东欧各国通过有计划的大规模建设，都基本实现了社会主义工业化，仿效苏联建立起高度集中的计划经济体制。然而，随着战后非常时期逐步过渡到正常状态，各国计划经济的弊端也充分暴露出来。

其一，计划经济的运行和理论指导存在缺陷。计划经济是一种指令性经济，生产、资源分配和产品消费等均在高度集中的指令下层层下达，而这种指令是在不容怀疑的计划经济理论体系下发出的，但苏联高度集中的计划经济理论本身就有缺陷。其中，所有者缺位、信息传递时滞、条块分割的组织架构等，都是计划经济体制难以克服的缺陷。

其二，忽视市场和竞争机制。在计划经济体制下，政企职责不分，企业是行政部门的附属物，生产什么、如何生产、生产多少等，均由行政部门说了算，价值规律、竞争机制和市场机制等难以发挥作用，从而导致企业缺乏生产积极性，对外部的技术革新缺乏敏感性，产品质量和生产效率僵硬固化。

其三，产品单一，平均主义和效率低下。为了保证计划的实施，产品单一化问题严重，社会成员消费的多样性需求在自上而下的供给制体系下被严重抑制，分配中充斥着严重的平均主义。并且，产品价格实施统一定价原则，价格对经济没有指示性，社会需求和价格既不能对企业产生激励，也没有约束作用，使得生产效率长期低下。

另外，各国之间社会经济条件差距明显，但都照搬苏联模式，片面优先发展重工业，使农、轻、重比例严重失调，社会生产积极性受挫，与人民群众生活密切相关的消费品受到极大限制，导致市场供应紧张，人民生活水平提高缓慢甚至有所下降，群众要求改革的呼声日渐高涨。

二、苏联的计划经济管理体制改革

第二次世界大战中，苏联高度集中的计划经济管理体制对于动员国家经济力量，最终取得反法西斯战争的胜利起了决定性的作用。但第二次世界大战后，这种管理体制效益低下、运转失灵、管理官僚化等问题越来越突出。其中，工业增长率在 1952 年下降为 11.6%，纺织和食品加工等轻工业甚至未达到战前水平①；农业发展缓慢，人均粮食在 1953 年为 432 千克，仍低于 1913 年 540 千克的水平②；国民收入增长放缓，人均 GDP 与西欧各国相距甚远。而第二次世界大战后实行的第六个五年计划（1956—1960 年）和七年计划（1959—1965 年）规定的任务大多没有完成。

计划经济管理体制的低效率引起了苏联理论界的反思。20 世纪 40 年代末，苏联广泛开展关于商品货币关系的讨论。斯大林逝世后，苏联更是出现批评计划经济管理体制的浪潮，改革呼之欲出。

赫鲁晓夫执政后，开始对政治、经济进行改革。在农业方面，1953 年，苏联政府通过改农产品义务交售制为农产品采购制、改变计划体制和减少计划指标、减税和鼓励庄员发展副业经济等措施来减轻农民的负担，取消不必要的国家干预，刺激农民的生产积极性。在工业方面，1957 年撤销了 25 个中央部和 113 个加盟共和国的部，只留下航空、无线电、造船、化学、中型机械等几个中央部。此外，还将全国划分为 105 个经济行政区，各区设国民经济委员会，原属中央和加盟共和国各部管理的企业一律交给所在地区的国民经济委员会管理。但是这种改革没有从根本上改变国家管理企业的行政办法，没有扩大企业的经营自主权，故难以调动地方的积极性。中央统一管理被削弱后，各地又滋生了严重的本位主义，彼此

① 徐天新、梁志明、谭圣安等：《当代世界史》，人民出版社 1993 年版，第 42 页。
② 吴于廑、齐世荣主编：《世界史·现代史编》下卷，高等教育出版社 1994 年版，第 82 页。

矛盾重重，互相扯皮。赫鲁晓夫随后不得不把权力收回到中央，工业管理体制改革以失败告终。

1961 年 10 月，苏共提出以扩大企业自主权、加强经济刺激，充分利用商品货币关系和各种经济杠杆，加强经济核算为中心的比较完整的改革方案，初步确定了苏联全面改革的主导思想和路线。1965 年 9 月，苏共中央确定了新的改革方针，即把集中的计划领导与企业和全体职工的经营主动性结合起来，把统一的国家计划与企业的全面经济核算结合起来，把“一长制”原则与提高生产集体的作用结合起来。随后，苏联决定改组经济管理体制，取消对企业的计划控制，发挥经济激励机制的作用，并赋予企业更多的权力。从 1966 年起，新的经济管理体制开始在工业企业中试行。

勃列日涅夫上台后，进一步实施经济体制改革。1973 年，苏联推行了工业组织体制的改革，要求在工业中普遍建立联合公司，同时实行“部—生产联合公司”的两级管理体制或“部—工业联合公司—生产联合公司”的三级管理体制，以增强企业的独立性，发挥企业的生产积极性。1979 年通过决议，要求突出五年计划的作用，建立长短期结合的完整的计划体系，改变计划指标体系，提高计划工作水平。同时要求缩短基本建设战线，以及发挥经济杠杆作用，以联合公司为基本核算单位，逐步推行部一级核算制。

勃列日涅夫时期的改革促进了苏联经济的发展。若以 1965 年为 100%，到 1981 年，苏联用于消费和积累的国民收入达到 4 740 亿卢布，增加了 126%；工业总产值增长到 6 430 亿卢布，增加了 177%；农业总产值为 1 200 亿卢布，增加了 32%；基本投资 1 380 亿卢布，增加了 145%。与美国相比，国民收入在 1981 年上升到美国的 67%，工业总产值达到美国的 80%以上，居世界第二位。① 但是，这一时期苏联把大量人力、物力资源投入国防建设，加紧同美国进行军备竞赛，严重阻碍了本国经济的正常发展，物资供应日趋紧张。

三、东欧国家的计划经济管理体制改革

与苏联一样，东欧各国计划经济管理体制的矛盾和问题也逐渐暴露，被迫进行经济体制改革。

在东欧国家中，南斯拉夫第一个试图对计划经济管理体制进行改革。1949 年，南斯拉夫开始逐步下放经济管理权，在一些大型企业中建立工人委员会，探索由工人直接管理企业的经验。同时，精简和取消了中央许多部门，将一些经济权限

① 秦葆世：《勃列日涅夫时期苏联社会经济的发展和问题》，《今日苏联东欧》1983 年第 1 期，第 1—5 页。

下放给各共和国。1950 年 6 月开始实行“工人自治”，国家所有制开始转变为社会所有制。在农业方面，1953 年 3 月颁布法令，允许解散农业生产合作社和农民自由退社，并逐步取消了农产品的义务征购制。随后，工人自治扩展到社会自治，大大减弱了各级政府机关在再生产中的作用。同时，通过改革财政、价格和外贸体制，进一步发挥市场的作用，使经济组织真正成为商品生产者。经过改革，南斯拉夫逐渐建立了以联合劳动为基础的自治经济体制，实现了劳动者和生产资料的直接联合，推动了经济发展，人均国民收入从 1950 年的 1 585 元（1990 年国际元）增长到 1973 年的 4 350 元（1990 年国际元）。①

匈牙利的改革始于 1956 年。根据卡达尔发表的《十五条纲领》，匈牙利宣布“按照本国的特点和当前历史要求来建设社会主义”，提出要迅速地大幅度提高人民生活水平，修改五年计划，改变经济管理方法，调整工业结构，支持个体农民、小商业主和手工业者，坚持以自愿互利原则重新开展农业合作化运动，取消农产品义务交售制，开放农贸市场等。1966 年 5 月，宣布了“在生产资料社会主义所有制的基础上，把国民经济按计划发展的中央管理和商品关系、市场的积极作用有机地结合起来”的改革原则，建立新的经济体制。1966—1970 年，国民收入年均增长率达到 6. 8%；1971—1975 年，国民收入年均增长率为 6. 3%。② 与此同时，农业发展迅速，粮食产量大幅度增长，人均主要农产品排在世界前列，人民生活水平明显提高。匈牙利的稳健式改革被称赞为“匈牙利模式”。从 1979 年起，匈牙利又扩大改革范围，普遍采用自由价格，进一步扩大企业自主权，放宽私人经济，对国营小企业进行承包或租赁制改革等。但经济结构的固化、不切实际的高经济增长等，最终导致了财政赤字剧增，通货膨胀严重，外债负担沉重，物价不断上涨。

1956 年，哥穆尔卡提出“波兰的社会主义道路”，积极领导改革。在企业运行方面，赋予工人委员会制定生产计划、规定企业管理办法和监督企业行政等权力；在管理体制方面，削减管理结构，取消管理局，实行经济核算的联合公司体制，企业自主、自治并自负盈亏；在农业方面，改革农业政策，减少农产品交售定额，提高农产品收购价格，允许农民退出农业合作社和买卖土地，实行农村自治。20 世纪 60 年代，波兰改革出现倒退，轻工业和农业发展缓慢，市场供应紧张，实际工资增长缓慢。1971 年 12 月，统一工人党通过了“高速发展战略”，提出借助外资和西方技术，实行高速度、高积累、高福利政策，“再建一个新波兰”。但随后的农业连年歉收、食品供应紧张和价格高涨、凭票供应制度等，引发了人民群众的

---

① ［英］安格斯·麦迪森：《世界经济千年史》，伍晓鹰、许宪春、叶燕斐等译，北京大学出版社 2003 年版，第 179 页。

② ［英］普·格·哈里、［英］普·特·瓦里斯：《波兰和匈牙利经济改革的比较》，刘承宽译，《安徽省委党校学报》1986 年第 1 期，第 96—102 页。

普遍不满，罢工浪潮此起彼伏。1981 年 1 月，波兰决定实行全面改革。在企业管理方面，缩小指令性计划的范围，扩大企业自主权，企业实行独立经济核算、自负盈亏，赋予职工自治权；在物价方面，改革价格体系，减少国家对物价的补贴；在农业方面，对各种经济成分“采取一视同仁的态度”，并宣布个体农户是“波兰经济持久与平等的因素”，法律保证它的长期存在。波兰的经济改革取得了一定的成果。

20 世纪 60 年代前期，保加利亚就提出对高度集中的计划经济体制进行改革。1968 年，明确了政治体制改革与经济体制改革同步的改革方针。1970 年，正式开始改革。在农村，普遍建立“农工综合体”，实施农业承包奖励制，以便实现农业向集中化和专业化发展，但这种旨在建立“统一的全民所有制”的做法，有损农民长期经营的积极性。在城市和企业，用指导性的计划代替统一的指令性计划，实行计划经济与市场经济相结合，通过税收来调控和引导企业的活动；要求企事业单位实行财政自主，通过选举建立企业经济管理委员会，将企业转变成为自己管理、自负盈亏的独立实体，开展各企业之间的竞争；除国家所有制外，允许建立行业（集体）和个体所有制；利用价值规律，建立多元价格体系，调整商品货币关系和供求关系。

罗马尼亚在 1965 年提出了一个庞大的经济社会发展计划，要求在短期内建立起完整的工业体系，开始了经济革新之路。到 20 世纪 70 年代，经济改革逐渐深入，在经济管理体制方面，成立了经济和社会发展最高委员会，撤销有关的部属专业局，按行业和地区成立类似联合公司的“工业中心”，构建了“中央部—工业中心—企业”三级管理体系，并取消企业一长制，实行企业的集体领导和劳动人民委员会管理；在计划体制方面，强调在统一计划基础上的上下结合，要求在制定计划中加强经济合同的作用；在物资和财务管理方面，成立单独的监管机构，负责监督全国固定资产的合理使用，要求扩大企业的权力和动力以及地方财政权力。① 1978 年 3 月，罗共中央要求再扩大企业的财经权限，使企业实行独立核算与财务自理。随后又要求赋予企业职工入股、继承和分利的权利。然而，传统的集中计划体制并未被触动，领导人对经济工作又任意指挥，各项改革决议并未得到认真执行。

捷克斯洛伐克在 20 世纪 50 年代下半期也进行了一些初步的经济改革，主要包括减少工业管理层次、给企业一些自主权和增加物质刺激等。60 年代，改革未取得实质性进展。1968 年 4 月，捷共中央宣布“将进行试验，给予社会主义发展以新的形式”，提出实行有计划的市场经济，发挥市场机制对经济的调节作用，规定工商企业和农业合作社都有独立自主权，成立工厂委员会，取消外贸垄断。“布拉格之春”的改革新局面出现。但 1968 年 8 月，苏联出兵占领捷克斯洛伐克，“布拉

---

① 刘国光:《改革中的罗马尼亚经济管理》,《世界经济》1978 年第 4 期，第 8—13 页。

格之春”夭折，捷克斯洛伐克又重新回到以前的集中体制。1971 年 5 月，捷共提出建设“发达社会主义”的总路线，要求在向集约化过渡的基础上发展国民经济。此后几年，经济发展形势稍好，人民生活水平有所提高。但 70 年代中期，因能源和原材料的价格上涨，经济发展速度减慢。随后，开始扩大企业的自主权，提高生产单位的利润留成；改革工资制度；完善价格体制；等等。1981 年 10 月，又讨论完善农业管理体制问题，提高农产品收购价格和鼓励发展个人经济。但上述改革措施的收效不大。

民主德国在 20 世纪五六十年代也逐步推行了局部放权的“新经济体制”，取得一定成绩，但又出现了新的比例失调问题。70 年代初，又逐步恢复集中管理，建立以联合企业为中心的托拉斯式企业管理体制，并强调国民经济按比例发展，一切重要产品的产量都要纳入国家计划。随后，所有制改造进一步强化，私人和公私合营的企业都被改为国营企业，社会主义经济超过了 95%。这种再集中化模式不仅使民主德国的贸易条件日益恶化，而且严重制约了国内物资供应，经济发展受到很大限制。80 年代，民主德国提出了新经济战略，规定通过广泛的集约化、改善消耗和收入比例、提高劳动生产率等途径，实现迅速而稳定的经济增长。随后，建立了大型工业联合企业，在鼓励发展自留地经济和家庭副业的同时，倡导建立大型农业企业和农工协作团体，同时发挥计划调节和经济激励调节的作用。这些政策促进了经济稳步增长。到 80 年代后期，民主德国无论在人均国民收入方面，还是在人民生活水平方面，均居东欧国家之首。

20 世纪 60 年代，通货膨胀、商品稀缺、产品质量低劣、普遍的官僚主义和渎职行为等问题，充斥着整个阿尔巴尼亚，人们要求变革的呼声高涨。为此，阿尔巴尼亚推行了较为激进的革新措施，包括取消军衔制、削减官员工资、遣送管理和技术人员到工厂和农田做工、强化中央集中管理和加强对经济的行政控制等。与其他东欧社会主义国家突破“苏联模式”不同，阿尔巴尼亚的改革是在原有体制下寻求出路，但这些革新措施因违背社会经济的发展规律，并没有取得预期的效果，如第七个五年计划中规定的采油、农业和出口计划仅仅完成了一半，工业产品增加额不到计划额的一半，农产品产量增加额不到计划额的四成。①

第四节 中国社会主义经济制度的确立与探索

一、新民主主义向社会主义的过渡

在 1949 年 3 月召开的党的七届二中全会上，毛泽东强调了党的工作重心由乡

① 高民：《浅谈阿尔巴尼亚的改革》，《国际政治研究》1991 年第 2 期，第 44—48 页。

村转到了城市，并指出了中国由农业国转变为工业国、由新民主主义社会转变为社会主义社会的发展方向。同年9月21日通过的《中国人民政治协商会议共同纲领》(简称《共同纲领》）指出了新中国经济建设的根本方针为“公私兼顾、劳资两利、城乡互助、内外交流”。同时明确要调剂国营经济、合作社经济、农民和手工业者的个体经济、私人资本主义经济和国家资本主义经济，使各种社会经济成分在国营经济的领导之下，分工合作，各得其所，以促进整个社会经济的发展。

在《共同纲领》的指引下，中国共产党带领全国人民开始了建立新民主主义经济的奋斗。第一，建立政府经济管理体系，成立负责一切经济部门工作的政务院财政经济委员会，“统一财经”，明确党对政府经济工作的直接领导体制。第二，没收官僚资本，建立国营经济。到1949年年底，国营工业（包括少量合作社工业）的固定资产，占全部工业（包括手工业）固定资产的80.7%，拥有全国电力产量的58%，原煤产量的68%，生铁产量的92%，钢产量的97%，还掌握了全国的铁路和其他大部分近代化交通运输事业，以及大部分银行业务和对外贸易。① 第三，通过管制、代管、征购、征用等形式，把帝国主义在华企业逐步变为国有，基本消除了帝国主义在中国的经济残余。第四，实行土地改革，使3亿多无地、少地的农民无偿获得了7亿亩土地，占农村人口90%以上的贫雇农、中农占有全部耕地90%以上②，扭转了封建土地所有制长期占统治地位的格局。

中华人民共和国成立后，面临着恢复和发展经济的紧迫任务。1949年12月，新生的人民政权要求用三到五年的时间恢复国民经济，使工农业生产达到战前的最高水平。到1952年，国民经济奇迹般恢复。其中，粮食总产量从1949年的11 318.4万吨，增加到1952年的16 393.1万吨。棉花总产量从1949年的44.5万吨，增加到1952年的130.4万吨。工农业总产值在1952年达到810亿元，比1949年增长77.6%。1952年的国民收入比1949年增长69.8%。③ 此外，财政状况得到根本好转，交通运输和基础设施得到明显改善，人民生活水平明显提高。

经过酝酿，1953年6月，中共中央正式提出了“过渡时期总路线”，指出过渡时期的总路线和总任务，是要在一个相当长的时期内，逐步实现国家的社会主义工业化，并逐步实现国家对农业、对手工业和对资本主义工商业的社会主义改造。“过渡时期总路线”的实质是改变生产关系，建立社会主义公有制，为进一步解放和发展生产力创造条件。随后，轰轰烈烈的社会主义改造运动全面展开。

---

① 中共中央党史研究室:《中国共产党的九十年》，中共党史出版社、党建读物出版社2016年版，第369页。

② 苏少之:《中国经济通史》第十卷（上册），湖南人民出版社2002年版，第33页。

③ 中共中央党史研究室:《中国共产党的九十年》，中共党史出版社、党建读物出版社2016年版，第411—414页。

二、社会主义经济制度的确立

“一五”计划中的“一化三改造”是建立社会主义的重要途径。其中，农业的社会主义改造是通过农业合作化运动而实现的。早在 1951 年，中共中央就提倡“组织起来”，按照自愿互利的原则，发展农民互助组织。1953 年 12 月，中共中央对地方下达了发展农业合作社的任务指标。随后，全国出现了互助组大量转为农业合作社的势头。但农业合作社发展太快，量多而质不高，并受到农民的抵制。1955 年春，中共中央决定对农业合作社进行整顿和巩固。但在加快发展农业合作社的主张下，从 1955 年下半年起，全国掀起农业合作化高潮。到 1956 年年底，加入合作社的农户达全国农户总数的 96.3%，其中参加高级社的农户占总农户的 87.8%。①

手工业的社会主义改造是经过组织生产合作小组、供销合作社和生产合作社而实现的。1953 年 11 月，国家确立了手工业社会主义改造的方针和政策：在方针上“积极领导，稳步前进”；在组织形式上由生产合作小组、供销合作社到生产合作社；在方法上“从供销入手，实行生产改造”；在步骤上“由小到大，由低级到高级”。1955 年下半年，在全党批判右倾保守思想背景下，手工业的社会主义改造步伐加快。到 1956 年年底，全国手工业合作社成员已占全部手工业从业人员的 91.7%，手工业合作组织的产值已占全部手工业产值的 92.9%②，手工业的社会主义改造基本完成。

对资本主义工商业，在 1949—1952 年，党和政府基本上按照“公私兼顾、劳资两利”的原则，实行“利用、限制、改造”的政策。1953 年 9 月，毛泽东阐述了对资本主义工商业社会主义改造的基本思路：经过国家资本主义、稳步前进、根据需要和自愿。1955 年 11 月，中央召开的资本主义工商业改造会议，确定把私营工商业的社会主义改造从个别企业的公私合营推进到全行业合营阶段。1956 年 1 月，掀起了资本主义工商业社会主义改造高潮，国家相应地采取了定股、定息和人事安排等措施。到 1956 年年底，99%的私营工业实现了公私合营，占生产总值的 99.6%；88.2%的私营工商户实现了公私合营③，资本主义工商业的社会主义改造基本完成。

---

① 中共中央党史研究室:《中国共产党的九十年》，中共党史出版社、党建读物出版社 2016 年版，第 455 页。

② 武力主编:《中华人民共和国经济史》（增订版）上卷，中国时代经济出版社 2010 年版，第 234 页。

③ 苏少之:《中国经济通史》第十卷（上册），湖南人民出版社 2002 年版，第 159 页。

通过“三大改造”，中国的国民经济结构发生了根本性的变化。1956 年同 1952 年相比，国营经济的比重由 19.1%上升到 32.2%，合作社经济由 1.5%上升到 53.4%，公私合营经济由 0.7%上升到 7.3%，社会主义经济成分合计达到 92.9%。① 中国已经由多种经济成分并存的新民主主义经济，转变为公有制经济占绝对优势的社会主义经济制度。

在进行“三大改造”和建立社会主义制度的同时，大规模经济建设的帷幕逐渐拉开。1953 年，中国明确了采用苏联模式，走以优先发展重工业为特征的社会主义工业化道路。同年，开始执行发展国民经济的第一个五年计划。经过五年的努力奋斗，到 1957 年年底，我国超额完成了“一五”计划，取得了举世瞩目的成就。1957 年工农业总产值 1 241 亿元，按可比价格计算，比 1952 年增长 67.8%；全国居民平均消费水平达 108 元，比 1952 年提高 24.5%。主要工农业产品产量及较 1952 年的增长情况为：粗钢 535 万吨，增长 296%；煤 1.31 亿吨，增长 98.5%；发电量 193 亿千瓦时，增长 164%；粮食 19 504.5 万吨，增长 19%；棉花 163.9 万吨，增长 26%；油料 419.7 万吨，增长 0.07%。② 通过“一五”计划，我国初步建立起独立的工业体系，为社会主义工业化奠定了初步基础。

三、计划经济体制的实施与探索

过渡时期总路线确定了实现国家的社会主义工业化和建立社会主义经济制度的历史任务。为了在小农经济基础上实现社会主义工业化，中国采取了苏联计划经济模式。到 1954 年年底，全国形成了自上而下、条块结合的完整的计划管理体制，建立了社会主义计划经济体制。

随着计划经济体制的建立，中国开始实施国民经济五年计划。而随着“一五”计划的完成，全面的、大规模的社会主义建设逐步开展，计划经济体制得到进一步强化。

在工业领域，1956 年 9 月的党的八大具体规定了在第三个五年计划或者更多一点的时间里，建成一个基本完整的工业体系，使中国具有强大的现代化工业、农业、交通运输业和国防。为此，1956 年编制的“二五”计划明确了“继续进行以重工业为中心的工业建设”目标，并制定了工业发展的指标，要求工业产值在此期间增长一倍，钢产量达到 1 050 万至 1 200 万吨。但受“左”的思想影响，1958 年 5 月，党的八大二次会议正式通过了“鼓足干劲、力争上游、多快好省地

① 中共中央党史研究室：《中国共产党的九十年》，中共党史出版社、党建读物出版社 2016 年版，第 460 页。

② 中共中央党史研究室：《中国共产党的九十年》，中共党史出版社、党建读物出版社 2016 年版，第 480 页。

建设社会主义”的总路线。钢产量由1957年的335万吨提高到1958年的1 070万吨，1959年更是达到3 000万吨；粮食产量要求由1957年的3 900亿斤提高到1958年的7 000亿斤,1959年更是达到10 500亿斤。在此背景下,“大跃进”运动全面展开，全国形成了全民大炼钢铁和人民公社化的高潮。以高指标、瞎指挥、浮夸风和“共产风”为主要标志的“左”倾错误泛滥，给国民经济造成了严重损失。

在工业“大跃进”的同时，农村则开展了人民公社化运动。1958年3月，中共中央通过了《关于把小型的农业合作社适当地合并为大社的意见》，要求把小型的农业合作社有计划地、适当地合并为大型的合作社。随后，全国掀起了并社运动。1958年8月，在毛泽东的积极倡导下，中央政治局通过了《中共中央关于在农村建立人民公社问题的决议》，号召全国建立政社合一的人民公社。这样，全国的并社运动又进一步转变为人民公社化运动。到1958年年底，全国74万多个农业生产合作社合并成为2.6万多个人民公社，参加公社的农户有1.2亿户，占全国总农户的99%以上。

“大跃进”和人民公社化运动，是中国对计划经济体制的一种探索，但这种违背经济发展规律的举措不可避免地给经济带来重大损失。与此同时，高度集中的计划经济体制的弊端逐渐显现。为此，中共中央随后开始对国民经济进行调整。

1961年1月，中共中央按照统一计划、分级管理原则，实行中央集中领导下的条块相结合的管理体制。随后，中央上收了一批企业，加强了对计划、基本建设、财政、信贷、物资的集中统一管理。1962年1月，中共中央召开了“七千人大会”，统一了加强集中制和“全国一盘棋”的思路，下放给地方管理的企业大多回到中央并由部门管理，对金融、财政和统计也实行了中央的垂直领导。这些措施增强了国家对宏观经济的控制能力，保证了国民经济调整任务的顺利完成。此外，国家还对全民所有制经济和集体所有制经济分别实行直接计划和间接计划管理，恢复了一些自由市场，允许合作社商业和小商小贩退出国营商业等。而在农村，从1960年开始恢复自留地、解散公共食堂、开放农村集市，并决定建立“三级所有，队为基础”的制度，确定以生产队为基本所有者。这一期间，公社社员被允许经营少量自留地和小规模的家庭副业，并有限地允许富余劳动力进城务工。

中国经济刚刚从“大跃进”的低谷中恢复过来，又陷入“文化大革命”的十年内乱（1966—1976年）。在“全面夺权”的混乱中，经济工作的指挥、调度和管理系统陷于瘫痪或半瘫痪状态，使国民经济的运行失去控制。原定的1967年的国民经济年度计划实际上被搁置，1968年的年度计划都未能制定。这是我国建立经济计划以来仅有的没有执行年度计划的两年。在此过程中，企业内部许多行之有效的规章制度，被当作“修正主义”的“管、卡、压”而遭到践踏，从而导致企业管理混乱、产品质量下降、成本上升、劳动纪律松弛、工伤事故增加。1968年的国民收入比1966年下降13.3%。财政收入也大幅度减少，市场供应紧张，人民生活水平降低。

从1969年开始，国内形势稍趋安定，国民经济逐步恢复。1970年，开始拟订第四个五年计划。但由于当时对可能导致外敌入侵的战争危险估计过重，对国内经济形势估计过于乐观，突出强调要“以战备为纲”，集中力量建设战略后方，建立自成体系的经济协作区，提出要促进国民经济的“新飞跃”。这样，就以经济发展速度作为中心目标，确定了一系列高指标。尽管在1972年至1973年期间，国务院采取各种措施对国民经济进行调整，但长期形成的追求发展速度的高指标战略的惯性，一直没有得到根本改变。这就使国民经济重大比例关系进一步失调，经济效益进一步下降，人民生活水平进一步降低，到1976年国民经济达到崩溃的边缘。

高度集中的计划经济体制是在特定的历史条件下我国为了实现国家工业化和建设社会主义制度而作出的历史选择。它能够在短期内有效地集中力量进行重点建设，扭转我国积贫积弱的状态。但与此同时，经济活动主体的积极性、主动性和创造性受到很大限制，管理者也容易滋生主观主义和官僚主义，使得宏观经济比例出现重大失调。同时，计划经济体制不能反映社会需求而导致供求脱节，无法充分发挥市场的作用而导致资源分配的效率不高。到“文化大革命”结束之际，高度集中的计划经济体制的弊端已经充分暴露，中国的经济发展与体制改革走到了新的十字路口。

思考题

1. 苏联社会主义计划经济是如何建立的？
2. 社会主义计划经济与社会主义国家工业化是什么关系？
3. 中国的社会主义计划经济体制与苏联有什么不同？

► 自测习题及参考答案

请扫描二维码

第十二章　战后资本主义国家的经济增长与变革

第二次世界大战结束后，出现了由美国主导的第三次科技革命浪潮。资本主义国家利用新科技革命的优势，并运用凯恩斯主义对经济周期实行有效干预，从而实现了近 20 年的“黄金发展”。与此同时，这些国家也各自形成了独具特色的经济体制和经济发展模式。到 20 世纪 70 年代，随着“黄金发展”时期的结束，资本主义国家经济普遍陷入“滞胀”状态，各国由此开始了经济体制和发展模式的变革。

第一节　科技革命与美国经济增长

一、第二次世界大战后第三次科技革命

第二次世界大战后（简称战后）开始的第三次科技革命，源于战争时期美国的军事科技，后扩展到欧洲和日本，在 20 世纪 50 年代中期至 70 年代初期达到高潮，80 年代以来以更大的势头向纵深扩展和推进。其主要标志是电子计算机、原子能利用、空间技术、新材料和生物工程技术等。

第三次科技革命的发生，是以自然科学的突破性进展为基础的，同时是 20 世纪上半期技术进步和经济社会发展的结果。生产力和生活需求的不断提高，要求人们研究更经济、合理的能源利用方式，开发更新、更强大的能源，研制出各种特殊新型材料和自动控制的生产装置。

第三次科技革命之所以源于美国，与战争和军备竞赛有着密切关系。如美国为了抢在纳粹德国之前研制原子弹，花费约 20 亿美元，跨国调集 15 万科技人员将其成功研制出来；为迅速取得战争胜利，美国政府启动了著名的“曼哈顿计划”等。电子计算机也是在第二次世界大战中首先为适应弹道计算的需要而研制出来的；合成橡胶、合成纤维和合成塑料的发明最开始也是用于军事目的的，战后才转向民用。冷战期间，美苏展开激烈的军备竞赛，双方都动员了各自的科技精英从事高精尖端科技的研究，高科技成果不断出现，如空间开发技术和登月计划等。

战后美国政府对科技创新的重视和支持，也为第三次科技革命营造了良好的外部环境。如国家创新体系的建设、大量的科技投入（年均研发经费占 GDP 的约 2.6%）①、致力于人力资本的投资，以及加大军事科技成果的军转民力度等，都为

---

① 郑伟民主编：《衰落还是复兴：全球经济中的美国》，社会科学文献出版社 1998 年版，第 92 页。

科技发展提供了条件。在第三次科技革命中，美国的一些大型跨国企业继续扮演创新组织者和技术转移载体的传统角色。如 IBM 和通用汽车公司，都保留了大型基础研究实验室作为对国家创新体系的贡献。

第三次科技革命具有规模大、范围广、技术密集、战略性、时效性、风险性，以及学科交叉等突出特点，为战后资本主义国家的经济恢复，以及可持续发展提供了技术动力，体现了“科学技术是第一生产力”的强大力量，为战后美国经济的恢复和增长插上了腾飞的翅膀，开启了世界经济全新的电子化和信息化的时代。

在第二次世界大战后期发端于美国的第三次科技革命，加速了经济发展的进程，改变了经济增长的结构，使美国不仅巩固了工业大国的地位，而且成为科技和服务业大国。

二、经济增长与结构变化

从战后的 1945 年至 1971 年，工业化时代的“旧经济”得以恢复，电子信息时代开始的“新经济”得到滋长，美国经济出现了持续的快速发展和高度繁荣景象。

1947 年至 1953 年，美国国民生产总值年均递增 3.9%，工业生产总值年均递增 6.6%；1954 年至 1960 年，国民生产总值和工业生产总值的年均增长率分别只有 2.5%和 2.7%；1961 年至 1969 年，进入了高速增长阶段，国民经济持续增长了 104 个月，国民生产总值和工业生产总值的年平均增长率分别达 4.3%和 5.9%。到 1971 年，美国国民生产总值更突破了 1 万亿美元大关，工、农、交通和对外贸易等主要经济指标稳居世界第一，汽车产量 1 067.2 万辆，83%的家庭至少拥有 1 辆汽车，美国进入了“丰裕社会”，同时进入了后工业化社会，第三产业兴起。

除了科技要素，人口要素和资源要素也对战后美国经济的高速增长发挥了积极作用。战后美国经历了人口增长的“婴儿潮”，迅速增加的人口扩大了市场规模，增加了劳动力的供给。1950 年至 1972 年，美国劳动力不仅在数量上增加了 35%，更重要的是劳动力质量的提高。① 美国利用其特殊的国际地位，可以大量进口廉价原料，此外，战后对中东地区石油宝库的发现和开采，使美国可以获得最廉价的燃料供应，有利于其发展资源和技术密集型的制造业。

美国的产业结构发生了重大改变。曾作为美国经济三大支柱的钢铁、汽车和建筑等传统工业很快出现了衰退。如汽车产业，从 20 世纪 60 年代后期开始，“自国内汽车工业建立以来，外国汽车第一次成为美国汽车市场的主要部分。它们占

---

① ［美］吉尔伯特·C. 菲特、［美］吉姆·E. 里斯：《美国经济史》，司徒淳、方秉铸译，辽宁人民出版社 1981 年版，第 780 页。

据的市场份额比福特汽车要大"①。其他传统部门的增长也普遍出现需求下降的趋势，而石油、化工、天然气、电子、航空和宇航、原子能等高新产业发展迅速；航天部门成为技术最复杂的制造业，荟萃了大量科技人员；原子能工业在无论军用还是民用方面都获得快速发展，成为战后成长最快的产业部门。

第三产业成为美国经济新的支柱产业。美国社会逐渐从战前的工业社会进入后工业社会，即"进入了一个大部分工人不是受雇于农业、制造业、采矿业和建筑业的商品生产工业的社会"②。1973 年，美国服务业收入已占国民收入的 54.7%。

三、农业现代化及其矛盾

第二次世界大战期间，美国农业获得了繁荣发展，使战后美国拥有世界上最大规模和最现代化的农业。战争结束后，由于欧洲经济逐步恢复，美国农业的美好时光就不复存在了。

20 世纪五六十年代，尽管美国政府给予农民各种各样的援助，农业仍不景气。1950 年，农业部门的收入占整个美国国民收入的比重为 7.3%。而到 1973 年，这一数字下降到 3.6%。从事农业的劳动力减少了，美国农业生产的工时数减少了 60%，耕种面积也缩减了约 14%。但在此期间，美国农产品的总产量却增加了 4 成多。③ 这是如何做到的？究其原因，是科学技术和资金的投入，使美国农业现代化发生了"第二次革命"。

现代科学技术开始广泛应用于农业生产，杂交技术改良了农作物品种，经现代科学改良的畜禽养殖技术大规模应用；化肥、杀虫剂等农业化学品开始大量投入使用；农业生产装备系统及信息系统得到完善，美国农业实现了高度的机械化、电气化、化学化和良种化。

1948 年至 1960 年期间，美国农业资本投入和中间消耗投入的年均增长率分别达到 3.22% 和 2.97%，均为第二次世界大战后的最高水平④，同时在经营管理上实现了专业化和社会化。1950 年至 1970 年，美国农业劳动生产率提高了 2 倍多，而

---

① [美] 乔纳森·休斯、[美] 路易斯·P. 凯恩：《美国经济史》（第 7 版），邸晓燕、邢露等译，北京大学出版社 2011 年版，第 616 页。

② [美] 丹尼斯·吉尔伯特、[美] 约瑟夫·A. 卡尔：《美国阶级结构》，彭华民、齐善鸿等译，中国社会科学出版社 1992 年版，第 88 页。

③ [美] 吉尔伯特·C. 菲特、[美] 吉姆·E. 里斯：《美国经济史》，司徒淳、方秉铸译，辽宁人民出版社 1981 年版，第 806 页。

④ 孟令杰：《美国农业生产率的增长与启示》，《农业经济问题》2001 年第 3 期，第 60—63 页。

同期工业部门的劳动生产率只提高了 2/3，其他部门的劳动生产率平均提高 56%。① 1950 年，每个农民可供养 15.5 人，1960 年增加到 25.8 人，1970 年又增加到 47.1 人。1970 年，美国生产的玉米占全世界的 43%，大豆占 74%，动物油脂占 57.2%。

但总的来看，美国农民的收入并没有得到相应的提高，农业生产始终处于一种过剩状态或慢性危机之中。农业从业人员由 1948 年的 760 万，下降到 1996 年的 290 万，农业劳动投入也呈持续下降趋势。

这与 20 世纪 30 年代以来美国政府对农业生产的保护和干预政策有密切关系。政府实行的农产品价格支持政策、作物保险和救灾计划、农业信贷政策、农产品对外贸易政策，以及税收优惠的政策，甚至还有系列的海外推销措施，旨在竭力保护国内农业和农场主的利益。对中小农场主的保护政策，可以使其在激烈的市场竞争中得以生存和发展，使美国农业保持了一定的增长速度。然而政府对农产品的补贴等政策，加重了美国的财政负担，降低了农业的竞争力，造成农业生产的低效率。② 一直到 1996 年，美国政府才开始对数十年的农业保护政策进行改革，放弃了政府对农场主的补贴和保护，把他们直接推向世界市场。

四、对外贸易与贸易政策的演变

战后美国的对外贸易发展迅速，对外贸易一直处于顺差。1946 年至 1950 年的年均出口额是 118.29 亿美元，进口额是 66.59 亿美元，顺差 51.7 亿美元；到 60 年代末，美国制成品出口居世界首位。1970 年出口额增至 432.24 亿美元，进口额是 399.516 亿美元，顺差 32.724 亿美元。

1971 年，美国出现了自 1893 年以来的第一次贸易逆差，以后逐年增加，1987 年达到 1 736 亿美元。自 1988 年起，美国贸易逆差才开始不断下降，1990 年降为 1 010 亿美元，1991 年进一步降至 662 亿美元。

1985 年以前，美国一直是世界上最大的贸易国。1985 年，美国工业制成品的出口额位于日本和联邦德国之后，名列世界第三。美国一些劳动密集型产品相继退出世界市场，曾经在海外市场上具有竞争优势的高技术产品，如飞机、汽车、电信器材、大规模集成电路和电子计算机等面临日本和西欧产品的激烈竞争。1986 年，美国贸易额降到世界第二位。1995 年，美国继续保持世界最大出口国地位。

在传统贸易领域受到竞争和挑战的同时，美国迅速发展国际服务贸易，并始终处于领先地位，成为世界服务贸易的最大进出口国家，以及最大的盈余国。在

---

① ［美］吉尔伯特·C. 菲特、［美］吉姆·E. 里斯：《美国经济史》，司徒淳、方秉铸译，辽宁人民出版社 1981 年版，第 782 页。

② 徐更生：《美国农业政策的重大变革》，《世界经济》1996 年第 7 期，第 15—20 页。

服务业出口的部门结构中，知识和信息密集型的服务部门的比重明显增大，凸显了美国新经济的发展特点。①

战后，美国从战前的有限自由贸易，转向了贸易自由化政策，并成为自由贸易的领导者。1947 年，美国签订了《关税与贸易总协定》，同意平均降低关税 21%。在“肯尼迪回合”减税谈判后，美国关税壁垒大大降低。1987 年，除石油以外，美国工业品关税减至 4. 3%。

但在 20 世纪 70 年代出现贸易逆差后，美国的贸易政策发生转向，即从自由贸易转向新贸易保护主义，将限制进口的主要措施从关税壁垒转向非关税壁垒。

为改善美国大量贸易逆差状况，1988 年 8 月 23 日，美国总统里根签署了贸易保护主义色彩十分浓厚的“一揽子贸易法案”——《1988 年综合贸易法》。根据该法案的“超级 301 条款”，美国可以对其出口产品实行“不公平贸易”行为的进口国家，实施报复措施，这表明美国将以单方面的政策手段来解决贸易争端或迫使对方开放市场。

第二节 西欧的重建与经济增长

一、“马歇尔计划”与西欧重建

为了摆脱战后经济的困境，西欧各国政府纷纷向美国求援。在冷战背景下，出于国家利益考虑，美国也认识到尽快援助西欧复兴的重要性。1947 年，美国国务卿和国防部长马歇尔首先表态，如果欧洲国家达成一致意见，提出一个统一的援助计划，美国政府将作出同情的反应。

1947 年 7 月 12 日，西欧 16 国在巴黎召开经济会议，对马歇尔的建议作出回应，决定成立欧洲经济合作委员会，提出“欧洲复兴计划的 4 项原则”，并向美国提出在未来 4 年内给西欧提供 224 亿美元的援助要求。

1947 年 12 月 19 日，杜鲁门总统向国会提交“美国支持欧洲复兴计划”的咨文，要求国会在 1948 年至 1952 年拨款 170 亿美元，援助西欧的重建。经过数月辩论后，1948 年 4 月 2 日，美国国会批准了这一计划，这就是“马歇尔计划”，但最终的实际拨款为 131. 5 亿美元。

为实施和监督“马歇尔计划”，美国与西欧 16 国在欧洲经济合作委员会基础上成立了欧洲经济合作组织（OEEC）作为执行机构，由此启动了西欧的重建

---

① 宋玉华、陈喆:《美国的巨额贸易逆差分析》，《世界经济与政治》2002 年第 11 期，第 60—65 页。

工作。

一是解决粮食和工农业生产问题。经过一年多的努力，西欧农业就出现回升迹象，工业生产有了初步起色。二是责成各国制定经济发展计划，在产量回升基础上逐步发展经济。三是签署欧洲支付协定，即多边支付协定，确立以美元为结算单位，由位于瑞士巴塞尔的国际清算银行担任结算机构。1950 年 9 月，“马歇尔计划”的 16 个受援国宣布成立欧洲支付同盟，这奠定了贸易支付逐步自由化的基础。

“马歇尔计划”的最大成就是“舒曼计划”的提出和实施。1950 年 5 月，欧洲经济合作组织支持法国外长舒曼提出的“舒曼计划”，即以联邦德国和法国的煤钢工业为主体，联合意大利、卢森堡、荷兰、比利时的煤钢工业，建立煤钢联营组织。1951 年 4 月，欧洲煤钢联盟宣告成立，为后来西欧经济联合迈出了重要步伐。

“马歇尔计划”提供的援助，对西欧经济的重建起到了输血的作用，大大加速了西欧经济恢复的步伐，在此基础上获得了长期的社会稳定和经济增长，重建了社会秩序。1948 年至 1952 年，西欧的国民生产总值增长了 25%，工业生产上升了 35%，农业生产提高了 10%①。英国外交大臣贝文说，“马歇尔计划”就像是给落水者投下一条救生索；德国总理阿登纳也承认，如果没有美国的援助，德国的复兴是不可能的。

二、联邦德国的经济增长

战后，战败的德国最初是被美、英、法、苏 4 个战胜国分区占领。1949 年 9 月和 10 月，先后成立了联邦德国（通称西德）和民主德国（通称东德）两个国家，德国正式分裂。

联邦德国的恢复与重建，是在美、英、法占领当局的完全控制下进行的，并确立了联邦德国发展的西方路线。联邦德国的时任总理是阿登纳，他任命新自由主义学派的重要代表人物路德维希·艾哈德出任联邦经济部长，在组织上保证联邦德国沿着经济自由主义的道路发展。

1948 年 6 月 20 日，德国西占区（美、英、法占领区）果断进行了货币改革，扭转了恶性通货膨胀、黑市猖獗和物物交换日趋盛行的混乱状况。同时在“马歇尔计划”的援助下，联邦德国的经济开始全面恢复。1950 年年底，工业生产达到 1936 年水平；1951 年，工业生产超过了 1938 年的水平，并于同年下半年出现短暂的经济繁荣。1952 年，各主要经济指标均已超过战前水平，开始进入经济高速增

① 刘绪贻、杨生茂主编：《战后美国史（1945—1986）》，人民出版社 1989 年版，第 29 页。

长时期。

在20世纪50年代，联邦德国创造了“经济奇迹”。在这10年中，工业生产年均增长率高达11.4%，工业总产值从1950年的487亿马克，增加到1959年的1 647亿马克，增长了2.4倍，国民生产总值也从233亿美元增加到726亿美元，增长2.1倍。60年代，经济发展速度有所减慢，但这10年中工业生产的年均增长速度仍有5.8%，工业总产值增长了1.2倍，国民生产总值以美元计算增长了1.6倍。

从1949年至1974年，联邦德国经济持续了25年的高速增长。1950年至1973年，国民生产总值翻两番，年均增长率为6.3%。1959年和1960年，联邦德国的国民生产总值先后超过法国和英国，成为世界第二经济大国。1968年被日本赶上，退居第三位。

1950年，联邦德国的进出口贸易总额只有47亿美元，1970年猛增到642亿美元。1953年，联邦德国的外贸总额超过法国，1954年超过加拿大，1962年赶上英国，成为仅次于美国的世界第二贸易大国。1960年，国家外汇储备猛增到320亿马克，1971年达到193.1亿美元，超过美国，居世界第一位。①

20世纪70年代石油和美元危机后，联邦德国工业进入低速调整期。1973年至1984年，联邦德国工业年均增长只有0.6%。不过在世界新一轮产业转型中，联邦德国抢占了分工优势，及时进行产业结构的转型和升级，微电子技术和生物技术等高新技术产业得到了重视和发展。

1984年至1991年，联邦德国工业年均增长率为2.7%，机械、化工、电气和汽车制造业成为支柱产业，占工业总产值的40%，高端制造业和外向型经济成为经济发展的亮点。

三、英国和法国的经济增长

（一）英国的经济增长

1945年至1951年英国工党执政时期，为了迅速恢复经济和稳定社会秩序，首相艾德礼领导工党政府进行了“民主社会主义”的改革试验，试图通过计划经济把英国从战时经济转向和平经济。1947年至1951年，工党政府公布了短期的年度计划，1948年制定了四年的长期经济计划，为实施马歇尔计划做必要准备；与此同时，工党政府还制定了国内生产计划，涉及煤炭、钢铁、石油、化纤品、农业和投资等领域。由于计划松散和编制粗糙等原因，艾德礼政府最终并没有全部完成所制定的经济计划，战后初期英国的经济增长速度接近3%，达成部分计划目

① ［联邦德国］卡尔·哈达赫：《二十世纪德国经济史》，扬绪译，商务印书馆1984年版，第204页。

标，但这种改革尝试使英国走上既不同于传统的自由放任，也不同于计划经济的发展道路。

1951年至1964年保守党执政时期，基本沿用工党的经济政策。由于美国的援助、大量固定资本更新，以及朝鲜战争后相对和平的国际环境，英国经济大有起色。1953年，英国工业生产率超过了1937年的水平。实际工资增长情况，以1947年为100，1951年为106.9，1954年为114.4，1957年为123.8，1960年达到136.9①，社会经济生活发生了巨大变化，城市郊区化、私人小汽车和耐用消费品增加，分期付款盛行……

20世纪60年代中期后，英国国际收支严重失衡。1967年，英国再次宣布英镑贬值，由此激化了长期以来存在的“英国病”，并且“英国病”成为以后经济发展的常态。整个70年代英国经济基本停滞不前，增长率放缓，有些年份还是负数，失业率很高，两位数的通货膨胀率是常有的现象。大量资本外流，贸易逆差严重，政府只得举债应对国际收支问题，走走停停的经济名副其实，英国陷入长期滞胀之中。

为医治“英国病”和扭转滞胀局面，1979年上台执政的以撒切尔夫人为首的保守党政府，以货币主义和供应学派理论为指导，实行了一系列经济改革措施，对摆脱“英国病”的困扰起到了一定作用。

（二）法国的经济增长

战后初期，法国政府在接受“马歇尔计划”的基础上，采取两大政策措施来恢复和发展国民经济。

一是推行了大规模的国有化运动。1945年，法国政府把战时同法西斯德国密切合作的企业一律收归国有。1946年，颁布了部分企业国有化法律。接着对法兰西银行、4大商业银行、34家保险公司实行了国有化；到1946年年底，政府在商业企业中所占股份达50%以上，国家控制了汽车制造、电力、煤气等部门85%的资本；在电信、保险、铁路、航空、海运、飞机制造等部门，国有资本占1/3以上。法国后来又多次推行国有化运动，使国有企业逐步壮大，在国民经济中占有重要的地位。

二是制定国民经济发展计划。1946年，莫内组建了计划总署，并编制出《现代化与装备计划》（1947—1953年），简称“莫内计划”，目标是重建法国经济。1954年至1957年，法国又制定和实施了“伊尔斯计划”，任务是使法国实现农业现代化。法国经济的计划干预体系在戴高乐总统执政期间（1959—1969年）最终形成。1958年至1970年，法国政府又先后实施了三个“现代化和装备计划”，大

---

① 罗志如、厉以宁：《二十世纪的英国经济：“英国病”研究》，商务印书馆2013年版，第52页。

力发展能源生产、核电、航空、宇航、交通运输业等尖端科技产业。

通过这两大政策的实施，1948 年年底，法国工业生产基本恢复到战前水平；1950 年，法国国民生产总值为 1 849 亿法郎，1958 年增至 2 603 亿法郎；工业生产方面，1957 年，发电量为 580 亿千瓦时，钢产量为 1 400 万吨，化学工业产量翻了一番，煤炭产量达到法国历史上的最高点。1958 年的工业生产指数为 1939 年指数的 2 倍，电力、煤炭、石油、汽车、飞机和制铝工业的发展更为迅速，并实现农业现代化，成为仅次于美国的世界第二大农产品出口国。

1963 年至 1972 年间，法国经济年均增长率达到 5.7%。20 世纪 70 年代初，法国经济年均增长率达到 5.7%，外汇和黄金储备仅次于美国和联邦德国，原子弹爆炸成功，发射了人造卫星，军事力量有所加强，实现了明显的经济起飞。但并没有解决资本主义的固有矛盾，贫富差距比较悬殊。

1975 年后，法国经济出现停滞状态。20 世纪 80 年代后，法国进入战后以来经济增长最缓慢的时期。1981 年至 1986 年，年均经济增长率只有 1.6%，与美、日、联邦德国等国的差距不断扩大。

第三节 日本经济的高速增长

一、艰难的经济恢复历程

战后初期，日本经济面临严重困境。在内外交困中，从 1945 年至 1955 年，日本开始了极其艰难的国家重建和经济恢复历程。

第一，在美国占领当局的直接督促下，日本进行了一系列政治和经济民主化改革，制定日本战后的“和平宪法”，开展劳动立法，解散财阀，进行农地改革。这为战后日本经济复兴奠定了坚实的基础，为农业发展和经济起飞创造了有利条件。

第二，采取渐进方式医治战争经济创伤。具体措施包括 1947 年至 1948 年实行的倾斜生产方式，以及 1948 年美国提出的“稳定日本经济九原则”和“道奇计划”。

第三，利用朝鲜战争带来的“特需订货”之机，带动出口，增加外汇储备，摆脱商品积压和滞销局面。1950 年至 1953 年，日本为美军提供的“特需订货”达 24 亿美元，约 70%的“特需订货”是供应物资，30%是提供劳务；1951 年为 5.9 亿美元，1952 年和 1953 年都达到 8 亿美元以上。① 日本外汇储备余额从 1950 年 6 月底的 2.86 亿美元，增加到 1952 年 5 月底的 11.777 亿美元，增长了约 3 倍；约

① ［日］饭田经夫等：《现代日本经济史——战后三十年的历程》，马君雷、张惠民、徐鸿钧译，中国展望出版社 1986 年版，第 113 页。

1 500 亿日元的积压和滞销商品顷刻被抢购一空。工业生产指数在多年徘徊不前之后，于 1950 年第一次超过战前水平，1951 年的国民生产总值也达到战前的水平。三年朝鲜战争带来的巨额利润，使日本经济真正从战争废墟中解脱出来。

第四，采取了一系列产业复兴措施。包括整顿和重建金融体系，实施有针对性的税收优惠措施，建立了出口所得的特别退税制度，以及出口损失准备金等。还鼓励出口和引进技术，扶植、发展本国汽车工业等。

由于政府应对得当，1953 年朝鲜战争结束后，日本经济实现了“不依赖于特需的经济平衡”，安然度过了短暂的“停战不景气”时期，日本经济终于走出了低谷。

至 1955 年，日本经济基本恢复到战前水平。除出口贸易外，各项经济指标均超过了战前水平，为日本经济起飞作了充分准备。1955 年以后，日本经济进入战后持续 18 年的高速增长时期，创造了“经济高速增长的奇迹”。

二、高速增长与产业升级

1955 年至 1964 年是日本经济高速发展的前期，先后出现了 1955 年至 1957 年的“神武景气”，以及 1958 年至 1961 年的“岩户景气”。1955 年至 1964 年，日本工矿业生产年均增长率达 14. 6%，1964 年的生产规模相当于 1954 年的 3. 8 倍、战前的 6. 4 倍，从而为日本国民经济的现代化打下了雄厚的物质技术基础。

1965 年至 20 世纪 70 年代初是日本经济高速发展的后期。在这一时期，日本经济持续高涨，商品输出和资本输出急剧扩大。在此基础上，1965 年 11 月至 1970 年 7 月，日本经济出现了历史上空前的长达 57 个月的经济高涨期，即著名的“伊诺景气”。日本国民生产总值的年均增长率达 10. 5%，工业生产增加 2. 1 倍。

经济的高速增长，迅速改变了日本的国际经济地位。1950 年，日本国民生产总值只有 109 亿美元，居世界第 7 位。1960 年，日本先后超过印度和加拿大，1966 年超过法国，1967 年超过英国，1968 年超过联邦德国，成为仅次于美国的资本主义世界第二经济大国。此后日本长期保持这个地位，同时大大缩小与美国的差距。到 1970 年，国民生产总值已达 1 975 亿美元，人均国民收入达 1 770 美元，上升到世界第 15 位。

1956 年至 1973 年，日本经济年均增长率为 9. 3%；从 1946 年至 1976 年，日本经济增长了 55 倍；从 1955 年至 1973 年，日本人均国民生产总值由 3 500 美元增加到 13 500 美元①，迅速成长为世界经济大国。1973 年，日本的船舶、收音机、

---

① ［美］高柏：《日本经济的悖论——繁荣与停滞的制度性根源》，刘耳译，商务印书馆 2004 年版，第 4 页。

电视机、铝、人造纤维5种产品的产量居世界第一位；水泥、橡胶、小汽车、卡车、合成纤维、棉纱6种产品的产量居世界第二位；生铁、粗钢、精钢、铅、电力、硫酸、纸浆7种产品的产量居世界第三位。日本的工业生产在资本主义世界中的比重从1955年的2.2%，上升为1975年的8.3%。日本的工业品，特别是钢铁、机械、汽车、船舶、家用电器等在质量上已属世界第一流，在国际市场上有很强的竞争力。经过20多年的努力，日本实现了高质量的工业化和现代化。

1955年至1975年间，日本经济结构发生了重大变化。第一产业在国民收入中的比重从23.1%降为6.6%；第二产业的比重从28.6%上升为35.8%；第三产业的比重则从48.3%上升为57.5%。工业部门内部结构由以轻纺工业为主的低增值型工业结构，变成重化工业为主的高增值型工业结构。到1970年，重化工业在工业中所占的比重从1960年的53.7%上升到68.9%，超过了所有资本主义国家。对外贸易结构也发生明显变化，轻工业出口产品所占的比重已从1955年的52.2%下降到1971年的20.6%，而重工业和化学工业的产品出口比重则从30.8%猛增到74%。

国民的消费结构也发生根本性变化。1955年前后，一般家庭追求的“三大件”是缝纫机、洗衣机和电风扇。1956年以后则变为电冰箱、吸尘器和黑白电视机。1965年则转向彩色电视机、室内空调器和小汽车。1974年，电冰箱、洗衣机、电风扇的普及率达到90%，吸尘器、缝纫机、石油取暖炉普及率达80%，彩色电视机、照相机的普及率为70%，小汽车的普及率也由1966年的12.1%增加到1973年的36.7%。

三、从“贸易立国”到“科技立国”

从明治时期开始，日本就确立了贸易立国战略，后来日本经济基本上沿着这条道路发展。1946年，日本特别调查委员会提出《重建日本经济的基本问题》报告书，认为日本要发展新型出口产业，必须走加工贸易的道路。在1960年的《国民收入倍增计划》中，日本政府进一步明确了贸易立国战略，提出要以全世界作为日本的原料和燃料供应地、以全世界作为日本商品的销售市场之开放的、经济合理主义的思想。

为了实施贸易立国战略，1954年，日本设立了受通产省指导的特殊法人组织——日本贸易振兴会。同年，又设立了出口会议机制，由总理大臣出席，与会人员由政府官员，以及产业界、经济学界、企业家和学者代表组成，专门研究如何扩大出口等问题。1955年，日本正式加入《关税与贸易总协定》，有计划地逐步开放国内市场，分阶段实行贸易自由化。同时政府采取了一系列鼓励出口的措施，如外汇配额和贷款、出口税收优惠和出口保险制度等。

贸易立国战略提出和实施后，日本出口贸易规模不断扩大，刺激了国际市场对日本商品的有效需求，从而使日本的出口产业获得了突破性发展，带动了整个国民经济的起飞。20世纪70年代的石油危机，以及国际经济形势和经济格局的变化，给日本贸易立国战略带来了极大的冲击。1975年至1978年间，日本国民生产总值的实际增长率一直停留在5.5%的水平，日本经济从长期的高速增长转为低速增长。

日本经济增长速度的转变，暴露了日本贸易立国战略的缺陷。日本是一个能源、粮食和资源极其缺乏，对海外贸易依赖性极强的国家，动荡的国际形势和欧美国家抵制日货的贸易保护主义，势必会冲击日本的经济发展。

面对这一严峻形势，日本各界进行了认真的研究和讨论。最后在1980年3月，日本通产省产业结构审议会提出《80年代通商产业政策的指针》，提出日本要"走向技术立国之路"。1983年，日本政府发表《80年代经济社会展望和方针》，对科技立国战略方针进行进一步阐述。1985年，日本科学技术会议制定《科学技术大纲》，确立了科技发展的总政策。至此，日本的科技立国战略最终形成。

在实施科技立国战略的过程中，日本政府发挥了领导、组织、规划，以及资金提供者的作用，企业、大学和民间研究机构也发挥了重要作用，形成官、产、学互相合作的创新体系。20世纪80年代以后，日本研发经费大幅度增加，1980年至1999年增加了2倍多。① 不过民间投资仍占较大比例，而政府投资始终保持在20%左右，这与欧美国家以政府投资为主的体制不同。

四、日本创造"经济奇迹"的原因

在战后20多年的时间里，日本从一个遭受战争严重破坏的"四流国家"，一跃而成为经济大国，创造了日本"经济奇迹"。其原因有以下五个方面。

第一，充分发挥政府干预经济的作用。日本作为后起的工业化国家，为了赶超其他发达国家，不能不利用政府的力量。政府成立了各种智库团体，预测、研究和解决经济发展中的问题，通过制定全局性和局部性的经济计划，如《经济自立五年计划》(1956—1960年) 和《国民收入倍增计划》(1961—1970年) 等，加强宏观经济管理和指导。

第二，利用较高的国民储蓄率进行大规模投资。日本的私人储蓄率高于其他资本主义国家。战后日本居民的个人储蓄率与西方发达国家相比一直是最高的，在1955年、1960年、1965年和1970年，日本分别达13.4%、17.4%、17.5%和

① 王春法：《主要发达国家国家创新体系的历史演变与发展趋势》，经济科学出版社2003年版，第286页。

20.7%，而美国分别是5.8%、5.0%、6.2%和8.2%，英国分别为1.0%、5.1%、6.1%和5.8%。据此可以认为，战后日本垄断企业实力的迅速壮大，在很大程度上是建立在牺牲居民的生活福利和消费水平的基础之上的。① 个人储蓄通过国家和私人的金融机构流入私人企业，成为企业扩大经营的重要资金来源，保证了生产设备的大规模更新和扩大，推动了生产的迅速增长。

第三，大规模引进国外先进技术，加强自主创新。20世纪50年代，日本抓住第三次科技革命的有利时机，引进先进技术，迅速缩小和拉平了与国外技术的差距。以1965年为标志，日本已大体上引进了欧美半个世纪研制的先进技术。到70年代，日本共引进技术2万多项。通过技术引进，日本几乎掌握了全世界半个世纪中发明的全部先进技术，赢得了30年的时间。日本善于采各国之长，充实、完善本国技术体系，使引进与消化、改良与创新相结合，迅速实现引进技术的“日本化”。

第四，独特的企业经营管理体制。日本通过引进和学习美国先进的科学管理理论，特别是美国管理学家戴明和朱兰关于质量管理的理论，并结合日本民族文化传统，创造出独具特色的、高效率的日本式管理体制，即“终身雇佣制”“年功序列工资制”和“按企业组织工会”。它们被认为是日本式经营的“三大利器”，核心是“对人的尊重”，重视人的因素，强调职工自发性和主动性，并且极其重视质量管理的各种政策措施。

第五，有利的国际环境。如在美国的支持下，日本政府利用“旧金山体制”下日、美两国间形成的“非对称合作”，进攻性地扩大对美国的出口，而同时对本国市场采取保护政策。在布雷顿森林体系和《关税与贸易总协定》的制度框架下，日本可以采取独立的金融政策来促进本国经济的增长，而不受他国金融政策的影响，这支持了日本的贸易和生产扩张。②

第四节 资本主义市场经济体制的变革

一、美国混合市场经济体制

基于罗斯福的“新政”试验，以及战时经济的有效经验，美国在杜鲁门和艾森豪威尔两届政府任期内，建立了混合市场经济体制，该经济体制在肯尼迪和约翰逊任总统期间得到不断发展。混合市场经济体制的重要特征是：联邦政府在经

---

① 江瑞平：《法人垄断资本主义——关于日本模式的一种解析》，《中国社会科学》1998年第5期，第146—161页。

② ［美］高柏：《日本经济的悖论——繁荣与停滞的制度性根源》，刘耳译，商务印书馆2004年版，第35页。

济生活中的作用不断扩大，既遵循传统的市场经济原则，也注重政府干预和调节。美国没有太多的国有企业，也没有制定明确的长期经济发展计划，但可以通过相关立法，以及货币和财政等政策，实现政府对经济的干预。

第一，通过了《就业法》(1946 年)。政府通过法律形式，将就业作为政府的主要目标和责任。那么，如何实现“最大限度的就业”？从实践来看，民主党在经济上更多地信奉凯恩斯主义，强调国家干预的成分多一些；共和党则在理论上反对国家干预，强调放任自由的市场经济。实际上，无论哪一个政党执政，都必然实施国家干预，甚至连保守主义色彩非常浓厚的共和党里根政府也采取了强有力的国家干预政策。

第二，通过扩张性财政政策体现混合市场经济体制。从杜鲁门、艾森豪威尔，到肯尼迪、约翰逊，甚至尼克松，不论是民主党人，还是共和党人，其做法基本一致，那就是运用扩大政府支出的财政政策作为最基本的干预手段，不同的只是“松”些或“紧”些而已。联邦政府的财政赤字占国民生产总值的比重也逐年提高，20 世纪 40 年代为 0. 1%，50 年代上升为 0. 2%，60 年代则为 2%以上。

第三，干预社会改革、就业和社会保障等问题。政府用于公共计划、退伍军人计划、教育、住房、模范城市、人力训练、合法援助，以及各种各样的社会福利的开支越来越大，从 1950 年占国民生产总值的 8. 9%，上升到 1974 年的 18%。①1980 年，美国联邦社会保障开支总额为 3 033 亿美元。②

第四，加强政府对经济活动的管理和规制。战后美国政府继续沿用 1890 年的《谢尔曼反托拉斯法》和 1914 年的《克莱顿法》，干预垄断行为。从 1950 年开始，法院禁止拥有大量市场份额的企业之间的合并，除非合并对象是濒临破产的企业或是不同行业的企业。1984 年，美国通过《反垄断法》后，迫使美国电话电报公司分解成 7 个子公司。1995 年，该公司又分解出 3 个子公司。

尽管政府在经济生活中起着越来越重要的作用，但私人企业仍是整个美国经济的基础。

二、英国国有化和福利制度

1945 年，艾德礼组成了第三届工党政府，大力推行各种改良主义计划。其中国有化运动和社会福利制度，使英国传统的自由市场经济体制发生了重大变化。

1945 年年底，议会顺利通过了有关国有化的立法。1945 年至 1951 年开始了第

① ［美］H. N. 沙伊贝、［美］H. G. 瓦特、［美］H. U. 福克纳：《近百年美国经济史》，彭松建、熊必俊、周维译，中国社会科学出版社 1983 年版，第 573 页。

② 陈宝森：《美国经济与政府政策——从罗斯福到里根》，世界知识出版社 1988 年版，第 763 页。

一次国有化运动。1946 年，英格兰银行被国有化，正式成为英国的中央银行。同年英国开始实施煤炭工业国有化，将全国 800 家公司收归国有。1947 年后，政府又先后在铁路运输、电力、煤气、航空、电信和航运等部门推行国有化。1964 年工党再次执政后，在 1967 年至 1979 年又推动了第二次国有化运动。将非国有的钢铁企业重新国有化，把开发的土地、沿海油田、造船和飞机工业国有化，并将私人所有的商业港口和运货设备置于国家所有和管理之下。

国有化运动的推行，对英国经济摆脱困境、促进技术改造和降低企业成本等发挥了积极作用。但国有化也使英国承受着沉重的财政负担，使英国民主社会主义政策遇到严重挑战。

建立社会福利制度和建设福利国家，是工党政府的又一重大改革举措。

福利国家的蓝本是 1942 年 11 月由英国全国失业保险委员会主席威廉·亨利·贝弗里奇提出的“社会保险及有关社会福利问题”报告书，该报告书提出要消灭贫困、疾病、愚昧、污染和失业的目标。1943 年，政府将贝弗里奇报告书作为工党执政后建立福利国家的基本依据。① 1948 年，艾德礼政府宣称英国已建成福利国家。后来的英国历届政府都不断制定各种立法，完善和改进社会福利体系，到 20 世纪 70 年代和 80 年代，福利制度已达到相当规模和水平。

根据议会通过的《国民保险法》《国民救助法》《家庭津贴法》和《国民健康服务法》等法律，英国政府建立起一套比较健全的社会福利和保障制度，涵盖家庭补助和补贴、社会保险、国民救助法、国民免费医疗保健、住房和教育五个方面。这就是英国政府向人民提供的“从摇篮到坟墓”全部社会保障的福利制度。

福利制度的建立在一定程度上抚平了广大人民所受到的严重的战争创伤，在稳定战后混乱的社会秩序、缩小地区的贫富差距等方面发挥了积极作用。但也带来了公平与效率不能兼顾的新问题，如社会福利费用来源的政府化、福利制度的平均化，进一步加重了“英国病”。

三、法国有计划的市场经济

战后法国的经济恢复和发展模式具有鲜明的法国特色，即以计划化为特色的国家干预与市场相结合的“有计划的市场经济”。

1945 年法国开始的大规模国有化运动，使国家在国民经济的主要部门掌握了很大的控制权，为其经济计划的实施提供了保证。在法国调节学派“二元调节论”的思想指导下，法国建立了“有计划的市场经济”体制，即寻求一条中间道路，

---

① 钱乘旦:《寻求社会的“公正”——20 世纪英国贫富问题及福利制度演进》,《求是学刊》1996 年第 4 期，第 92—96 页。

把个人对自由的追求、个人创造性的发挥与国家经济发展的方向统一起来，同时运用计划和市场两种经济调节机制。计划化是指导性计划，既不同于官僚主义集权制的硬性计划，也有别于完全的市场调节，而是介于两者之间，是中间模式。

从1947年的“莫内计划”开始，法国走上了以计划化为特色的国家干预与市场相结合的发展道路，成为西欧发达市场经济国家中，唯一实行明确的国家经济和社会中长期计划的国家，被认为是资本主义经济计划的发源地。

戴高乐任法国总统时期（1958—1969年），法国有计划的市场经济体制最终形成。从1958年开始，政府实施了三个现代化和装备计划。到20世纪60年代末，法国国民经济获得明显的进步与发展。1960年至1973年，法国的人均国民生产总值年均增长率达到4.7%，高于联邦德国、瑞典、英国、美国和加拿大。①

20世纪70年代，法国有计划的市场经济体制遇到了“政府失灵”的困境。第六个五年计划（1971—1975年）的多项指标都未实现；第七个五年计划（1976—1980年）彻底改变了计划本身的含义，计划目标几乎全部落空；第八个五年计划（1981—1985年）仅实施一年就夭折了。

法国有计划的市场经济体制，既不同于苏东国家的指令性强制计划，又不同于日本和韩国的政府主导型的赶超计划。其计划体制的实施是在充分发挥市场机制调节作用的条件下进行的，计划可被看作市场的指南针和矫正器。

20世纪80年代后，面对“市场失灵”和“政府失灵”的形势，法国不得不对原有计划体制进行改革：主张实行经济的计划化，同时强调计划应建立在民主之上；特别强调计划和市场的结合度，既要做好对经济的宏观调控，又要不失微观经济的效率和自由，做到适度干预。

1982年，法国通过了《计划化改革法》。20世纪90年代的第十个五年计划未获得通过，法国有计划的市场经济体制不得不终止。

四、联邦德国的社会市场经济

联邦德国社会市场经济融合了德国弗莱堡学派、社会自由主义者，以及实用自由主义者的理论观点。自由主义的代表人物路德维希·艾哈德被公认是“社会市场经济之父”和重建联邦德国的总设计师。1948年年初，艾哈德出任美英双占区经济署署长，不久即开始推行货币改革和经济改革，开始了社会市场经济的发展历程。

在1948年至1966年期间，在艾哈德领导下，政府首先通过了《原则指导法》

① ［美］阿兰·G.格鲁奇:《比较经济制度》，徐节文、王连生、刘泽曾译，中国社会科学出版社1985年版，第242、227页。

(1948 年) 和《卡特尔法》(1957 年)，引入竞争机制，建立自由竞争秩序。其次是建立和完善社会保障体系。再次，在企业中实行“共同决定”制度，从法律上给予职工参与企业某些决策的权力。又次，建立货币金融和对外经济秩序。如在国家《基本法》中体现财政联邦制和自主的原则。1957 年通过的《德意志联邦银行法》，确立了中央银行的独立性地位。同时积极融入欧共体和国际经济体系。最后，加强国家政府对经济运行的宏观调控等。

联邦德国社会市场经济体制是将经济和社会政策融为一体的综合性工程，是以私有财产和自由竞争为基础，通过国家进行适度宏观调控，保障社会公平和安定的一种资本主义市场经济体制，即市场经济+宏观调控+社会保障；或可概括为财产私有制+自由竞争+社会保险。

联邦德国建立社会市场经济体制，既受到当时西方占领国对德政策的影响，也是联邦德国基于当时国内外形势的现实选择。为联邦德国在 20 世纪 50 年代至 60 年代创造经济奇迹，以及后来经济的可持续发展奠定了基础。

在 1966 年至 1982 年期间，在库尔特·格奥尔格·基辛格总理（1966—1969 年在位)，以及经济部长卡尔·席勒的领导下，政府对社会市场经济体制进行了调整和改革。席勒主张将凯恩斯主义引进联邦德国的经济政策体系，赋予政府以干预经济的权力。

1967 年 6 月，联邦德国议会制定并颁布了《促进经济稳定和增长法》，为联邦政府干预经济提供了法律依据，冲破了政府对经济活动有限干预的束缚。这种强政府干预模式，一直延续到维利·勃兰特和赫尔穆特·科尔政府时期。这一阶段的政策效果较为显著，基本维持了物价稳定、经济增长和内外经济平衡，但也出现了诸如经济危机、能源短缺和环境污染等问题。1974 年的通胀率提高到 7%，1975 年至 1977 年的失业人数超过 100 万，1974 年至 1978 年的经济增长率仅为 1.8%，1979 年年底政府总债务达到 2 000 亿马克。①

1982 年 10 月，基督教民主联盟主席赫尔穆特·科尔组成新政府，对社会市场经济体制进行了进一步逆向改革，核心是尽可能减少政府干预，逐步推进私有化，充分发挥市场机制的作用。这种转变与西方国家新自由主义改革的趋势是一致的。

1990 年两德统一后，德国政府又将社会市场经济体制在东部地区整体移植，推行私有化和社会保障体系建设。从历史发展的眼光看，德国的社会市场经济体制是符合德国国情的，曾取得了辉煌的成绩，成为发展市场经济的典范。

---

① 刘光耀：《德国社会市场经济：理论、发展与比较》，中共中央党校出版社 2006 年版，第 299 页。

五、日本的政府主导型市场经济

在战后民主化改革和经济恢复发展过程中，日本根据其特殊的政治制度、文化传统和经济基础，同时吸收了美国式自由资本主义经济体制的一些要素，最终形成了具有日本特色的政府主导型市场经济体制。

日本政府主导型市场经济体制，主要体现在以下三个方面。

一是形成企业本位、官僚主导、官民协调，以及政、商、企三位一体的“法人资本主义”，即“株式会社”模式，这与战后初期解散财阀不彻底有密切关系。在日本经济发展最好的 1955 年至 1970 年，法人企业所占比重，由 1955 年的 31. 0%上升至 1970 年的 37. 3%，社会资产和财富越来越向法人企业集中。①

“法人资本主义”制度下，每家企业都与一家银行有着密切的联系，形成了“主银行制度”。企业与职工的关系靠终身雇佣制、年功序列工资制和企业内工会来维系，也有人称之为日本式经营的“三大法宝”。

二是政府编制和实施指导性经济计划。从 1955 年 12 月，日本鸠山内阁编制了第一个指导性经济计划——《经济自立五年计划》开始，一直到 2000 年，日本政府共制定和实施了 14 个中长期经济计划。1956 年至 1962 年的多个计划，为日本经济起飞、政府转入市场经济体制后加强对经济的宏观控制，以及诱导经济有序地实现转轨，起到积极的作用。1967 年至 1972 年实施的 2 个计划，使日本发展成为世界第二大经济体，并继续创造了经济高速增长的“奇迹”。② 但是政府的经济计划并不具有法律强制执行的约束力，纯粹是指导性或诱导性的，只是为了向企业提供可靠和准确的经济信息，指明国民经济未来的发展方向，显示政府的有关政策偏好和总趋向，协调各方经济利益关系，并没有直接干预企业的经营活动，这反映了日本特殊的政企协作关系，即“官民一体”和“政企一家”。

指导性经济计划的制定和推行是由经济企划厅负责，同时规定其下设的经济审议会委员必须由产业界、金融界、学术界、工会、新闻界等人士和消费者代表组成，在经济计划编制中充分体现“民主性”，以及“官产学”相结合的体制。

三是政府有针对性地推行对日本经济发展有利的产业政策，即以促进产业发展为目的，以产业和企业为对象，由政府推行的干预产业的政策。主管制定和实施产业政策的核心管理机构是通商产业省，它建立起与政府计划相协调的一套合

① 江瑞平：《法人垄断资本主义——关于日本模式的一种解析》，《中国社会科学》1998 年第 5 期，第 146—161 页。

② 白成琦：《日本经济计划四十年》，《世界经济》1997 年第 10 期，第 56—59 页。

理的高速增长体制。①

日本政府主导型市场经济创造性地吸收了经济计划化的优势，坚持政府对经济发展的导向性作用，从而较好地弥补了自由资本主义经济的固有缺陷，为日本战后的“经济奇迹”以及发展成为世界第二大经济体奠定了制度基础。

第五节 国家垄断资本主义的危机

一、国家干预主义的变迁

第二次世界大战结束后，西方各国纷纷加强政府对经济的干预，制定和实施了体现凯恩斯经济理论的政策措施，建立了国家政权与垄断资本相结合的国家垄断资本主义，为战后经济的恢复提供了政策保障，使西方国家在战后实现了长达20多年的高速增长，特别是联邦德国和日本，创造了资本主义发展史上少有的“经济奇迹”。

从罗斯福到约翰逊政府时期，是美国政府干预经济的强化时期。20世纪50至60年代，从杜鲁门政府的“公平施政”，到肯尼迪政府的“新边疆”，再到约翰逊政府的“伟大社会”，美国把“新政”式的国家垄断资本主义发展到一个新的阶段。

战后以来英国工党长期执政，推行其所谓的“社会主义”纲领，英国的经济政策实际上是凯恩斯主义国家干预与工党民主社会主义的结合。保守党虽然反对工党的国有化和福利政策，但在对宏观经济的管理和干预上，却与工党并无二致。

但早在20世纪50年代，美国即开始对国家干预主义进行微调。艾森豪威尔总统以“现代共和主义”为基础，走“中间路线”，即有限国家干预下的自由经济：坚持联邦指导下的企业自愿合作政策，反对权力过分集中于政府或少数企业；交替实施凯恩斯主义和传统的财政政策；推行有条件的社会福利政策，强调地方和私人多承担责任；实施有条件的农业支持政策；等等。

1971年8月15日，为解决失业、通货膨胀和美元危机三大难题，尼克松政府宣布实行新联邦主义政策。这是对自20世纪30年代以来强化联邦政府干预经济职能的调整，反映了凯恩斯主义经济理论面临的困境。

面对石油危机、经济体制的内在矛盾和问题，以及严重的经济滞胀形势，西方国家都在不断反思凯恩斯主义的国家干预政策。1978年11月8日，卡特总统签

---

① ［美］查默斯·约翰逊：《通产省与日本奇迹——产业政策的成长（1925—1975）》，金毅、许鸿艳、唐吉洪译，吉林出版集团有限责任公司2010年版，第218页。

署了187亿美元的减税法案，标志着美国国家干预主义的终结。1979年，撒切尔夫人当选执政，则标志着英国以法团主义、凯恩斯主义、社会福利，以及工会权力为内容的国家干预旧体制的终结。20世纪80年代初上台执政的美国总统罗纳德·里根，最终也宣称摒弃凯恩斯的国家干预主义，代之以货币主义的理论为指导而进行的新自由主义经济改革，但国家干预主义并没有完全退出历史舞台，资本主义各国政府会以各种形式的政策来进行一定程度的国家干预，修补资本主义发展的弊端，以延缓资本主义衰落的历史进程。

二、滞胀与凯恩斯主义的失灵

20世纪70年代初期的石油危机，伴随着1974年至1975年的战后第三次世界性经济危机，使美国经济陷入滞胀，即高通胀和高失业并存的状况。1973年至1979年，美国年均产出增长率仅为2.12%，远低于20世纪五六十年代的水平，资本投入的贡献在经济增长中每年下降0.05%。1988年至1993年，实际国民生产总值的年均增长率为2.67%，远低于20世纪50年代和60年代。美国面临的滞胀和经济危机，西方其他国家也同样存在，只是程度不同而已。国家垄断资本和福利制度均出现了危机。作为典型福利国家的英国，曾标榜以维持充分就业和社会保障为目标，但庞大的福利支出成为国家财政的沉重负担，高税收和赤字财政都难以为继。这使英国不仅在表面上表现出经济增长缓慢的“穷国”与福利支出方面的“富国”之间的不协调，而且实际上已成为耗尽了国家财力和企业投资能力的“穷国”。[①] 同时福利国家暴露出经济低效率，资本和专业人员大量外流，国家的官僚主义化等弊端。

关于滞胀，许多人将它归咎于石油价格的上涨。有人认为滞胀的出现是国家全面干预经济生活的必然产物，是凯恩斯主义失灵的表现；新自由主义者将此归咎于凯恩斯主义和社会福利政策的后果。面对这种病症，凯恩斯主义者一筹莫展，无法解释这一现象，也无法解决滞胀的局面，其他经济学派群起而攻之，凯恩斯主义陷入困境。

以弗里德曼为代表的货币主义者，对凯恩斯的需求管理持否定态度，认为：以需求管理为宗旨的财政政策最终都是通过货币量的扩张和收缩来调节经济活动的；财政政策只是在短期内对国民收入产生影响，而在长期内，政府的支出对私人投资具有挤出效应，而不是刺激作用，会引起通货膨胀和降低国民经济增长率；政府只需要执行单一的货币政策规则，尽量避免国家干预经济活动。

---

① 罗志如、厉以宁:《二十世纪的英国经济:“英国病”研究》，商务印书馆2013年版，第175页。

供应学派认为，扩大需求不一定造成实际产量的增长，很有可能只是单纯增加货币量，引起物价上涨，储蓄率下降，这又必然引起利率上升，影响投资和设备更新，技术变革迟缓，从而造成滞胀的局面。供应学派开出的药方是从提高供给着手，采用降低税率的方法来刺激储蓄，提高私人部门的投资，从而达到经济增长的目的。

里根执政时期，他一反传统的现代凯恩斯主流经济学的经济政策，转而采用了供应学派和货币学派的经济政策，兼顾凯恩斯主流经济学来解决经济滞胀问题，使美国经济出现了恢复和振兴的新局面。这些政策为其后继者布什和克林顿所继承和延续，由此带来美国经济在20世纪90年代的繁荣。

三、资本主义市场经济模式的演变

经过20世纪80年代的新保守自由主义改革后，西方资本主义的市场经济确实发生了新的变化，形成了以英、美为代表的“新美国模式”，以及普遍存在于联邦德国、法国和北欧诸国的“莱茵模式”。但并不是所有市场经济国家都接受了“新美国模式”，西欧和北欧国家都不同程度地持抵制态度。法国总统希拉克认为，有必要对欧洲模式进行改革，使其除掉日益暴露的弊病，但他拒绝接受“新美国模式”。

“新美国模式”和“莱茵模式”各有其优缺点，但都不可能完全代表所有的资本主义国家的经济发展模式，也并没有得到大多数国家的赞同和效仿，主张改革的呼声日益强烈。“第三条道路”逐步浮出水面①，成为西方资本主义市场经济的世纪末选择。

事实上，“第三条道路”的说法也并不是由他们首创的。早在19世纪末，第二国际的“修正主义”代表人物伯恩斯坦就进行了探索，欧洲的社会民主党人也一直没有放弃过寻找“第三条道路”。

1992年，美国总统克林顿开始推行民主党的自由主义和共和党的保守主义之间的中间路线。1997年，布莱尔在英国议会大选中打出“第三条道路”的旗帜，1998年正式提出“第三条道路”。1998年，施罗德当选德国总理。随后，意大利左翼民主党人达莱马入主组阁，出现以中左为特征的“第三条道路”。20世纪末，在欧盟15国中有13国是左派或左翼联合政府执政，都声称要走“第三条道路”②。

但究竟什么是“第三条道路”，没有一个确切的定义。由于所处思想和政治环境上的差异，不同国家的“第三条道路”也各有特色。似乎有多少个信奉“第三

---

① 田春生：《美、德、日三种经济模式的调整与改革——从国家与市场力量变化的角度观察其走向》，《世界经济》1997年第12期，第18—22页。

② 陈泽华、张智勇：《第三条道路：当代资本主义发展的新模式》，《教学与研究》1999年第11期，第27—32页。

条道路”的国家，就有多少种“第三条道路”。如美国称之为“新进步主义”，英国称之为“布莱尔主义”，德国称之为“新中派政策”，而荷兰称之为“紫色联盟”。

但也可以找出其中的共同点，如强调政府调节经济和社会事务的作用；强调经济政策与社会公正，反对“野蛮资本主义”，主张创造出一种新的混合经济；反对极端的“福利国家”，主张将投资重点转向“人力资本”；主张供求调节并重的经济调节政策；提出“世界民族”的概念；等等。

“第三条道路”实际上是要在客观世界急剧变化的形势下，建立一种新的资本主义市场经济模式，实现西方社会的又一次深刻变革。这是折中主义的产物，反映了资本主义市场经济发展过程中的摇摆和选择。

除了上述几种新的资本主义市场经济模式之外，日本的政府主导型市场经济——代表亚洲国家的一种市场经济模式，也同样经历了兴衰和演变。在日本之后，韩国、新加坡及其他资本主义国家，也亦步亦趋地赶了上来，并形成了各具特色的发展道路。

思考题

1. 第二次世界大战后科学技术革命兴起的原因、内容和影响是什么？
2. “马歇尔计划”对欧洲复兴的作用是什么？
3. 美国混合市场经济体制是如何建立和演变的？
4. 战后英国经济发展中的“英国病”的原因是什么？
5. 法国有计划的市场经济体制有何特点？
6. 联邦德国社会市场经济的特点和影响是什么？
7. 阐述战后日本经济迅速增长的主要原因。
8. 20 世纪 70 年代后凯恩斯主义为什么衰落？
9. 什么是“第三条道路”？其前景如何？

▶ 自测习题及参考答案

请扫描二维码

第十三章　战后发展中国家的经济增长与发展

战后初期，发展中国家普遍通过国有经济和经济计划方式推进工业化进程。20 世纪 50 至 60 年代，通过成功实施进口替代或出口替代发展战略，部分发展中国家成为新兴工业化国家，形成各具特色的发展模式。20 世纪 70 至 80 年代，发展中国家的经济发展一度出现停滞，有的则进一步陷入债务危机或受到金融危机的冲击，各国开始调整其经济增长模式和发展道路。

第一节　发展中国家的兴起

一、殖民体系的危机和瓦解

在第二次世界大战中，为了世界反法西斯斗争的需要，同盟国提出自由民主和民族自决的口号，客观上削弱了帝国主义对殖民地及附属国的统治力量，西方殖民体系面临危机和瓦解。许多国家和地区的民族独立意识日益觉醒，民族解放运动风起云涌。

截至 1945 年第二次世界大战结束，有 11 个亚洲国家、3 个非洲国家、20 个拉丁美洲国家在名义上取得了民族和国家独立。1945 年至 1955 年，又先后有 15 个国家实现民族独立。1956 年至 20 世纪 80 年代，最终获得独立的新兴民族国家共有 87 个，其中非洲 50 个、亚洲 13 个、大洋洲 12 个、美洲 11 个、欧洲 1 个。至此，西方殖民主义体系彻底瓦解。

这些先后获得独立的国家都属于发展中国家①，它们在经济恢复和国家工业化建设中不断摸索和选择各自的发展道路，采取了不同的社会和经济制度，经济发展也呈现不同特点，成为战后世界经济中一个独特的经济体。

二、独立后的社会经济改革

为了获得真正的经济独立，发展中国家必须进行必要的社会经济改革。

第一，收回国家的经济主权。发展中国家一般会采取接收殖民地政府的财产，以及接管国家重要经济管理部门等措施，取消原宗主国的殖民统治权，如收回海关权、货币发行权，以及废除外国资本的租让地和永久采矿权等。

第二，对外资企业进行国有化和管制。通过征用、没收或补偿等办法把外资

---

① 根据世界银行的划分标准，人均国民生产总值在 1 000 美元以下的国家为欠发达或发展中国家。

企业国有化，或对外资企业实行强制性管理、监督和限制。1960 年至 1976 年，发展中国家接管的外国企业达 1 447 家，其中英资企业 521 家、美资企业 342 家、法资企业 146 家。从发展中国家接管的外国企业行业分布来看，银行和保险业 349 家、农业 272 家、制造业 220 家、石油 220 家、开采业 80 家、贸易 48 家。① 通过这些措施，发展中国家逐步取得了经济独立，从而建立了国家经济发展的基础。

第三，普遍进行了大规模的土地改革运动。发展中国家取得独立后，必须对落后和封建性的土地制度进行彻底的改革。对于大土地占有制度和租佃制，政府根据土改法令从地主手中征收法定持有最高限额以外的土地，然后将这些土地有偿或无偿地分配给少地或无地农民，促进土地所有权的再分配和转移；政府颁布法令减少地租，保障租佃权，以保护佃农的生产利益。对于种植园制，一般都将其变革为国有农场或国有种植园。土地所有制和农业经营方式的变革为实施农业现代化的发展战略创造了条件。

第四，建立国有企业和实行计划经济。为加快经济发展，发展中国家普遍建立了国有企业，并制定和实施不同程度的经济计划，以最大限度地动员社会资金，加速工业化进程。发展中国家的印度、巴西、韩国和新加坡，都是通过经济计划推进工业化和经济发展的例子。它们根据自己的国情，制定发展计划和规划，实行进口替代或出口替代战略，并根据不同发展阶段适时调整。

三、工业化和发展道路选择

为了发展经济，赶超西方发达国家，发展中国家都把实现工业化作为经济发展的根本途径。从 20 世纪 50 年代起，发展中国家掀起了一个新的工业化浪潮。在工业基础薄弱，资金严重短缺，经济结构畸形，且面临着发达市场经济国家已经完成工业化的前提下，发展中国家的工业化就不可能走发达国家工业化的老路，必须选择适合自己国情的工业化发展道路。

从实践经验来看，进口替代和出口替代是两种主要的发展战略。进口替代战略，就是通过建立和发展本国制造业和其他工业，替代过去的制成品进口，以带动经济增长，实现本国的工业化。同时纠正过去长期存在的对外贸易逆差，解决国际收支不平衡的问题。出口替代战略，是基于贸易是经济增长发动机的理论，建议本国的工业生产面向世界市场，并以制成品出口逐步替代过去的初级产品出口，以此带动本国工业化的发展的战略。

从实际的战略实施来看，发展中国家的工业化一般都要经过三个相互交替的阶段，即初级产品出口、进口替代和出口替代阶段。如在 20 世纪 50 年代至 60 年

① 宋则行、樊亢主编:《世界经济史》(修订版) 下卷，经济科学出版社 1998 年版，第 241 页。

代，印度、巴西和中国等资源丰富和市场潜力较大的发展中国家，都通过进口替代工业化取得了不小的成功。一些新兴工业化小国和地区，如韩国和新加坡也经历了进口替代阶段。到20世纪60至70年代，一些国家和地区成功地实现了从进口替代战略向出口替代战略的转变，使工业化和经济发展取得了更大的进步，如亚洲“四小龙”经济体。但在80年代后，由于发达国家的贸易保护主义逐渐抬头，发展中国家从进口替代战略向出口替代战略的转化发生困难。

与工业化道路选择和模式转变相对应，发展中国家的经济发展走过了一条曲折的道路。在20世纪60年代和70年代前半期，发展中国家经济经历了高速发展的15年，经济发展速度普遍高于发达国家。1950年至1960年发展中国家的国内生产总值年均增长率为4.7%，1960年至1970年为5.2%，1970年至1977年为5.8%。①

在工业化过程中，发展中国家的经济发展战略也出现一些失误：如巴西等拉美国家，急于求成的发展计划使国家背上沉重的外债，陷入恶性通货膨胀；如印度等国，国有经济比重过大，造成大量亏损，成为沉重包袱；如拉美、印度和南亚一些国家，实行进口替代工业化时间过长，缺乏国际竞争与交流，以致经济发展迟缓。

从20世纪80年代后期开始，发展中国家总结正反经验教训，普遍进入经济调整和改革时期。之后，大部分发展中国家恢复了活力，经济增长出现加速。特别是东亚地区，经济发展迅速，成为新兴工业经济体。

发展中国家的工业化和经济发展虽然取得了巨大成就，但从根本上来看，经济和社会结构并未随之得到优化，有的国家和地区甚至发生了劣化，出现了一系列矛盾和问题，如农业和粮食问题、债务和经济依附、贫困和贫富差距，以及生态环境的破坏问题。

第二节 亚洲“四小龙”和印度的经济发展

一、亚洲“四小龙”的崛起

从20世纪60年代开始，亚洲的新加坡、韩国、中国香港和中国台湾地区推行出口导向型战略，重点发展劳动密集型加工产业，在短时间内实现经济的腾飞，国民生产总值年均增长速度都接近或超过10%，一跃成为全亚洲发达、富裕的国

---

① ［日］宫崎犀一、［日］奥村茂次、［日］森田桐朗编：《近代国际经济要览》，陈小洪、任兴州、姚玉明等译，中国财政经济出版社1990年版，第310页。

家和地区。因而这些国家和地区被称为亚洲“四小龙”，即亚洲新兴工业经济体(Newly Industrial Economics，简称 NIEs)。

1970 年，韩国人均国民生产总值仅为 253 美元，1984 年为 2 044 美元，1991 年为 6 316 美元，1993 年达 7 670 美元，24 年增长 29 倍多。1994 年，韩国经济增长速度为 8.4%，依靠出口取得的经济增长速度为 4.4%，出口在国民生产总值中所占的比重高达 23%。韩国从世界上最贫穷的国家之一，变成了拥有相当财富的国家。1965 年至 1990 年间，新加坡经济年均增长率高达 8.5%；1990 年至 1996 年，年均增长 7.2%，制造业和服务业分别增长 10.4%、11.5%。1986 年至 1995 年，新加坡高科技信息工业年均增长率高达 17.5%。至 1996 年，新加坡高科技信息工业产品几乎占制造业产值的一半，占国内生产总值的 15%和非石油产品出口的 75%。新加坡也因此成为世界第六大信息工业国，同时是世界上最重要的半导体生产基地。1996 年，金融服务业占国内生产总值的比重已达 1%，新加坡已成为世界金融中心之一，外汇交易量居世界第四，仅次于纽约、伦敦和东京。1990 年，新加坡按当年价格计算的人均国民收入为 23 537 新元，1996 年增加到 44 020 新元，以美元计算已达28 000 美元,居世界第 11 位。1995 年年底，实际上，新加坡已进入发达国家行列，而不是发展中国家。

1970 年，中国台湾地区的出口总值是 1960 年的 9 倍，1980 年为 1970 年的 13 倍；农业比重从 1952 年的 35.7%降为 1978 年的 12.1%，工业比重从 17.9%上升为 40.3%。中国香港地区，由于具有背靠内地和以港口为中心的区位优势，在 20 世纪 50 年代，依靠内地资本和劳动力，并在外部需求的条件下，发展订单型出口经济。如服装业的出口在 1960 年就占世界总出口的 35%，1970 年这个比例达到 44%。后来电子、钟表和塑料制品制造业也发展起来。20 世纪 70 年代后，香港的出口商品结构发生了重大变化，在 1973 年至 1981 年，通用机械和运输机械的出口增长了 324%，电机出口增长了 302%，其他机械产品出口增长 280%，工业原料和燃料出口增长 220%。同时，航空、金融和旅游等服务业迅速发展，服务业越来越成为香港新的支柱产业，香港依靠国际物流、服务和转口贸易发展成为发达经济体。

二、政府主导的出口导向工业化

“四小龙”中的韩国，在朴正熙统治时期（1962—1979 年），为了筹集进出口能源和粮食所需的外汇，摆脱贫穷的恶性循环，确立军政权的正统性，放弃实行多年的进口替代模式，确定了出口主导型工业化发展战略。希望通过劳动力资源优势，引进外资，扩大海外出口。在此过程中，韩国政府建立了对所有出口产业实行无差别化的综合性鼓励体系，直接引入公共贷款，并对民间企业引进国外贷款进行审批和提供支付保证。为了配合这一发展战略，韩国政府扩大高等教育机会，大力开发人力资源，加强公共基础设施建设，同时实行单一汇率制和高利率政策，将货币贬值100%。在1962年至1966年的第一个五年建设计划期间，韩国政府正式确立了出口主导型体制。

20世纪70年代以后，面对石油危机的形势，韩国政府通过特定的产业政策，介入对特殊产业的选择性支持。通过了造船、纤维、电子、石化和钢铁等7个特殊工业振兴法，以及通过银行把低息的政策资金分配给这些重化工企业，促进特殊产业的进口替代，使重机和重化工业得到优先发展。但同时培育了韩国特殊的财阀势力，如三星、大宇、现代和起亚等大企业集团。① 80年代后，韩国政府提出了“科技立国”战略，产业重点进一步转向精密机械工业、电子工业、知识和信息等尖端技术产业领域，从而为其在90年代建立技术密集型的产业结构打下了基础。

出口替代工业化使韩国工业品的出口迅速增长，实现了经济起飞，创造了“汉江奇迹”。1963年至1969年的经济增长率和投资率分别是10.1%和19.8%；1970年至1979年分别为9.3%和25.5%；1980年至1989年分别为8.2%和30%。② 1962年至1995年，韩国国民生产总值从23亿美元增加到4 560亿美元，增长了197倍；人均国民生产总值从87美元增加到10 076美元，增长了近115倍；1970年的外汇储备只有6亿美元，1990年达到149亿美元；1995年韩国的贸易总额为2 200亿美元，居世界第12位。③

中国台湾地区，在1949年至1952年完成土地改革和重建后，从1953年开始实行进口替代工业化政策。台湾地区在美国经济援助下开展基础设施建设，并在关税保护政策下振兴了一些轻工业。1958年至1972年，台湾地区将汇率改为单一汇率制和实施出口鼓励制度，完善金融制度，大力发展中小企业，并转型发展出口导向经济。1973年后，台湾当局推进了出口产业的资本集约化，把工业化重点放在了资本密集型的重机和重化工业上。80年代后，又通过产业的技术集约化，推进高新技术产业化。

中国台湾地区通过出口导向工业化发展战略，实现了经济快速发展。1965年至1985年，中国台湾地区的国民生产总值年均增长9.2%，人均国民生产总值年均增长7.2%。1965年人均国民生产总值只有217美元，到1997年已经增加到13 233美元④。

---

① ［韩］安忠荣：《现代东亚经济论》，田景等译，北京大学出版社2004年版，第52—53页。
② ［韩］安忠荣：《现代东亚经济论》，田景等译，北京大学出版社2004年版，第13页。
③ 崔志鹰、朴昌根：《当代韩国经济》，同济大学出版社2010年版，第21页。
④ ［韩］安忠荣：《现代东亚经济论》，田景等译，北京大学出版社2004年版，第69页。

1965年，新加坡退出马来西亚联邦，以新马共同市场为基础的进口替代工业化走到了尽头。1966年至1973年是新加坡出口导向工业化发展战略实施的初级阶段。1967年，新加坡议会通过了经济扩展鼓励（豁免所得税）法令，标志着出口导向工业化发展战略的全面实施。为此，新加坡政府制定了一系列政策，包括加强基础设施建设、对内外资一视同仁等政策。

1974年至1984年，新加坡开始对出口导向的工业部门进行技术升级改造，逐步放弃劳动密集型产业，转而向资本和技术密集型产业过渡，建立了若干工业园区，包括裕廊工业区、加冷公园工业区和格蓝芝工业区等，集中力量发展石油精炼、塑料制品、合成纤维、燃气轮机、工业机械、光学产品和办公设备等高附加值产业，以交通运输、通信、贸易、制造和金融为其五大支柱产业，发展具有世界一流水平的交通运输业、制造业和服务业。这就是新加坡所谓的“第二次工业革命”。

出口替代工业化战略的实施，使新加坡制成品出口和对外贸易增长迅速。1966年至1973年，新加坡国民生产总值从338 780万新元增加到794 130万新元；1966年至1973年经济的年均增长率为13%，1974年至1984年为7.9%。① 20世纪80年代后，新加坡由原来依赖转口贸易的单一经济结构，转变成为以重化工为主的自由港的多元经济结构。

三、亚洲金融危机及其影响

当以亚洲“四小龙”为主体的东亚模式创造亚洲发展奇迹时，一场大规模的金融风暴正在酝酿着。1997年7月，金融危机首先在泰国爆发，汇率和货币体系受到冲击，股票指数大幅度下降。7月2日，泰国央行宣布泰铢实行浮动汇率制，被迫放弃了实行14年的与美元挂钩的固定汇率制度。一场由泰铢暴跌引发的金融风暴，有如火山喷发般在东南亚国家和地区蔓延开来，引起了多米诺骨牌效应。

7月11日，菲律宾不得不允许比索在更大的范围内波动，当天比索暴跌至29.45比索兑1美元，跌幅达11.5%。同一天，缅甸缅元也从160缅元兑1美元，下降到240缅元兑1美元。8月14日，印度尼西亚当局宣布，放弃维持印度尼西亚货币与美元之间比价的努力，印度尼西亚盾对美元的汇率，随即从2 680盾兑1美元，跌至2 800盾兑1美元。同时，马来西亚林吉特也跌至16个月来的最低点。在随后的一周中，东南亚国家的货币加速了竞相贬值的过程。

金融风暴使泰国的GDP损失了15%，马来西亚消耗了12.5%的外汇储备，其

---

① 郭建军：《新加坡外向型经济全球化进程（1965—2010）》，社会科学文献出版社2012年版，第77、85页。

他国家也有不同程度的损失。

1997 年 11 月 17 日，东南亚金融风暴吹到韩国。当天韩国央行终于放弃干预市场的努力，韩元跌破 1 000 韩元兑 1 美元的大关。随后韩元惨跌至 1 719.8 韩元兑 1 美元，股市也跌破 400 点大关至 377.37 点，韩国的外汇储备也耗损大半。韩国金融体系受到重创，引发了大规模的经济危机。

在危机爆发前已经创造了“汉江奇迹”的韩国，为何遭此重创？其深层原因包括：没有处理好金融自由化和全球化的关系；过度投资和过度贷款；韩国的家族财阀企业对政府的拖累，造成金融机构出现大量不良债权；韩国金融机构改革滞后，造成呆账、坏账过多；经济结构不合理；贸易逆差和外债规模过大；等等。①

11 月 21 日，韩政府不得不向国际货币基金组织申请援助。根据双方达成的协议，韩国获得了 570 亿美元的援助，但也为此付出沉重代价。按双方协议，韩国在 1998 年必须将经济增长率降至 3%，物价上涨率控制在 5%以内，后两年内经常项目赤字控制在占国内生产总值的 1%以内（1998 年为 50 亿美元）。此外，还必须调整货币政策和财政政策，对金融体制和企业结构进行改革，加大金融和贸易市场的开放度。

经过艰难的改革和调整，到 1999 年，韩国经济才开始恢复。当年经济增长率达到 10%左右，经常项目顺差约为 250 亿美元。

金融危机对新加坡的冲击也是从汇率开始的。新加坡元与美元的比率，从泰铢波动前的 1 美元兑换 1.43 新加坡元，下降到 1998 年 1 月 7 日的 1 美元兑换 1.75 新加坡元，下降幅度达到 18.3%。受危机影响，新加坡的资产价值下降，金融和企业实力受到削弱，经济增长速度放慢，失业大幅度增加。GDP 增长速度从 1997 年的平均 8.9%，下降到 1998 年的 0.3%；失业率也从 1997 年的 2.4%，上升到 1998 年的 3.2%，最高的 1998 年 12 月达到 4.5%。②

危机爆发后，新加坡政府也采取了相应的应对措施，包括：宣布新加坡元对美元贬值；实行扩张性财政政策；进行金融改革，加强金融监管和透明度；通过自力更生的办法渡过危机，没有接受国际货币基金组织的救助计划。1998 年，新加坡经济增长 0.3%，1999 年达到 5.4%。失业得到缓解，公共部门雇员的工资也得以恢复。

到 1998 年年初，泰国、印度尼西亚、韩国和中国香港地区的股票指数比 1997 年年初平均下降了 50%。随后又出现了经济滑坡和政治冲突，亚洲金融风暴愈演

---

① 于宗先、徐滇庆主编：《从危机走向复苏：东亚能否再度起飞》，社会科学文献出版社 2001 年版，157—163 页。

② 于宗先、徐滇庆主编：《从危机走向复苏：东亚能否再度起飞》，社会科学文献出版社 2001 年版，第 197—202 页。

愈烈。但是“四小龙”中的中国台湾地区却没有出现金融危机，1997 年的经济增长率达 6.8%，而通货膨胀率只有 0.9%，经常项目顺差 65 亿美元，当年年末外汇储备达到 835 亿美元。①

关于亚洲金融危机的原因，归纳起来大致有：东亚偏重投资驱动的经济增长是不可持续的；政府主导型的工业化有着制度性缺陷；当劳动密集型经济模式的发展动力枯竭时，股市和房地产的繁荣导致了泡沫经济；财政不平衡和金融体系不够健全；对外开放步伐过快，没有处理好金融自由化和全球化的关系；等等。

四、印度的经济发展

1947 年，英国接受了“蒙巴顿方案”，印度与巴基斯坦分治，获得民族独立，但仍作为自治领留在大英联邦。接着是国大党组阁，尼赫鲁出任总理，开始了尼赫鲁家族的长期执政。1950 年 1 月 26 日，印度新宪法生效，宣布成立主权完全独立的民主共和国，结束了自治领的地位。

尼赫鲁执政时期，首先进行了政治民主化改革，通过接收、国有化和直接投资等途径，建立和发展了公营企业，确立了印度国民经济发展的基本方针，启动了工业化的新历程。

1954 年 10 月，尼赫鲁提出要在印度建立“社会主义类型社会”的口号。第二年，国大党通过了关于建设“社会主义类型社会”的决议，声称印度经济建设将以此为目标。尼赫鲁认为，印度社会主义既不同于共产主义，又不同于资本主义，并强调采用民主和计划化的方法实现社会主义。这就是被称为“尼赫鲁模式”的经济发展道路。

其次是制定和实施优先发展重工业的工业化发展战略。从 1951 年开始，印度政府共制定和实施了三个五年计划。其中第二个五年计划最为重要，是尼赫鲁责成印度著名经济学家和统计学家马哈拉诺比斯编制的，明确要把重工业和基础工业作为工业发展的最优先领域，因此，该计划又被称为“尼赫鲁-马哈拉诺比斯模式”。

通过实施三个五年计划，印度公营部门垄断经营了军火、原子能、钢铁和重型铸件 4 个部门，重型机械和电工、煤炭、石油、铁路和航空只能由公营部门兴建，同时机床、合金钢、化工、抗生素药品、化肥、公路和海洋运输业不让私营企业经营。到 1964 年，印度建立起一批钢铁厂、电站和重型机械厂等基础工业，制造业产值显著上升，工业体系初具规模，经济发展自给能力增强。这对扭转印度在殖民地时代的经济发展方向，以及推动整个国民经济的持续发展产生了重要影响。

---

① ［韩］安忠荣：《现代东亚经济论》，田景等译，北京大学出版社 2004 年版，第 79—80 页。

1964年至1977年，是夏斯特里和尼赫鲁的女儿英迪拉·甘地第一次执政时期。他们除了继续执行尼赫鲁的路线和政策外，还提出了“消除贫困，实现社会公正”的施政口号，实施了另外三个五年计划。不同的是，政府更多地依赖市场经济机制，着重发展农业，开展了一场近20年的农业“绿色革命”。

“绿色革命”是印度的农业技术革命，主要是大力培育和推广高产品种，促进化肥和农药的使用，加强农田水利建设，推进农业机械化和农村电气化。印度政府在资金、农产品价格、教育与技术培训等方面给予了大力支持，在组织和协调方面发挥了关键性作用。“绿色革命”使印度农业生产实现了一次质的飞跃，在解决粮食自给以及推动整个农业的全面发展方面取得了巨大成就。到20世纪70年代末，印度粮食可基本自给。

总的来说，尼赫鲁家族执政时期，印度实行的是国有经济和私营经济并存的混合模式，强调政府对经济计划的主导作用，重视发展国有企业和重工业，是一种进口替代工业化战略下的内向型经济，更多地强调自力更生，严格限制商品进口和外国投资，对国内市场采取保护政策。在这种模式下，印度虽然建立起相当完整的工业生产体系，但弊端也逐步暴露出来，如资源浪费严重，效率低下，经济增长缓慢。从1950年至1980年，印度经济的年均增长率为3.62%①，被称为“印度教徒增长率”和“印度式增长”；在37个较大的发展中国家里，工业总产值在国内产值中的比重的变化幅度，印度为63%，有14个国家超过印度，有3个国家和印度相当②，印度尚属中等。

1984年，英迪拉·甘地的儿子拉吉夫·甘地接任总理，实施了一系列经济改革措施，减少政府干预，放松对私营企业和工业发展的限制，转向出口导向型经济的发展，实行对外开放，重点发展能源和电子工业。1991年上台的拉奥政府，开始对印度经济体制进行大刀阔斧的改革，明确提出要使印度经济自由化、市场化和全球化，加大高科技和服务业的发展力度，印度终于走上了经济改革发展的道路。

第三节 拉美国家的经济发展

一、“发展主义”与进口替代

“发展主义”是阿根廷经济学家劳尔·普雷维什提出的旨在推动拉美地区经济

① 张力群：《印度经济增长研究》，东南大学出版社2009年版，第42—43页。
② 殷永林：《独立以来的印度经济》，云南大学出版社2001年版，第129页。

发展的学说，后来被拉美国家广泛接受。1949 年，普雷维什提出了“发展”的设想，主要涉及拉美国家工业化和现代化，以及拉美国家发展道路的理论观点和政策主张。

普雷维什认为，世界经济是由“中心”与“外围”组成的不平等国际经济体系。“中心”就是西方工业发达的资本主义国家，而“外围”国家技术落后，只能为“中心”国家生产廉价的原料。拉美国家就是这样的“外围”国家，要想发展经济，首先要打破“中心—外围”这种不合理的国际经济结构，而工业化是拉美国家摆脱“外围”地位的唯一手段。

普雷维什认为，处于“外围”的拉美国家，实现工业化有三个条件：进行大量的投资；实施保护主义政策和严格的外汇管制；调整国家在税收、工资、利润和就业方面的政策，以刺激本国私人企业的发展。拉美国家必须先搞内向发展的进口替代工业化，然后转入出口替代，即促进工业制成品出口的战略①。

从 20 世纪 50 年代至 60 年代中期，拉美国家以“发展主义”为原则，普遍实施进口替代工业化战略，刺激民族工业的发展。阿根廷、墨西哥、哥伦比亚、智利、秘鲁和巴西等国的进口替代战略都取得了明显的进展。各国都在完成一般消费品的进口替代后，转入对化工、石油和冶金等中间产品和资本货物的进口替代。

20 世纪 60 年代中期至 70 年代后期，拉美各国政府纷纷又转向了促进出口战略，将出口多样化政策与进口替代方针结合起来。巴西的经济发展比较成功，1965 年至 1974 年，巴西经济增长率达到年均 9.6%。其中 1970 年至 1974 年更是达到 12.2%，被称为“巴西奇迹”。

进口替代工业化战略，基本上是以国内市场为主的发展模式，经过一定时期的发展以后，必然出现市场狭小问题。为了解决这一问题，普雷维什提出了区域经济一体化的主张。在此期间，拉美地区建立了拉丁美洲自由贸易协会、中美洲共同市场、安第斯条约组织、加勒比共同体和共同市场，以及拉丁美洲经济体系等多个一体化组织。

进口替代工业化战略和拉美经济一体化的实践，使拉美国家的经济获得了空前发展，基本上建立起一个以金属制品、化工、电子、机械、纺织和食品等行业为主体的，门类比较齐全的工业生产体系。到 20 世纪 80 年代，拉美地区已成为发展中国家中最先进的地区。之后，拉美国家的经济发展普遍陷入停滞。为解决国际收支不平衡的状况，拉美国家不得不大量举债，最终导致拉美国家的债务危机。

拉美国家的这种先发展、后停滞，经济停滞和经济矛盾并存的现象——“拉

---

① 金计初：《理论与历史——发展主义与拉丁美洲》，《史学理论研究》1994 年第 3 期，第 135—145 页。

美现象”，是由客观国际环境及其进口替代工业化战略和经济政策取向的失误造成的。国家经济发展的成就并没有被广大人民分享，而是由少数人独享，结果造成严重的两极分化和贫困现象。此外，政府官员的严重腐败现象，败坏了社会风气，反过来又严重影响了经济发展。

二、债务危机与债务整理

20 世纪 70 年代，拉美国家普遍采取“负债增长”战略，大规模引进外资。1975 年，拉美地区外债余额为 784 亿美元，到 1982 年猛增到 3 083 亿美元。① 大量低息贷款的进入，对拉美国家经济发展的负面影响是极其深远的。由于拉美国家企图利用廉价的外资来加强基础设施建设和进行产业结构调整，所以加大了公共财政开支。而公共财政开支扩大，导致了国内需求扩张，引起严重的通货膨胀和进口的急剧扩大，造成贸易赤字。而拉美国家通过进口替代模式发展起来的工业是缺乏竞争力的，难以通过扩大出口来弥补巨额的贸易赤字，不得不进一步举借外债，产生对外债的严重依赖性。

而拉美国家又偏偏普遍实施了金融自由化改革，高利率政策吸引了大量外资流入，并进一步推高房地产和股票价格。1981 年外资流入量是 1973 年的 6 倍，达到 483 亿美元。但由于长期的汇率高估和出口扩张无力，影响了外资的信心，从而最终使外资流入量逐步下降。

如果国际价格和利率不发生戏剧性变化的话，拉美地区的债务是可控的。然而，20 世纪 80 年代初，包括石油在内的商品价格大幅度下跌，导致拉美国家贸易赤字大增，同时国际利率翻了一番以上。由于大多数新贷款契约是以浮动利率订立的，且是短期贷款，拉美地区的债务危机由此形成。②

债务危机首先在墨西哥发生。1977 年至 1981 年，墨西哥的贸易赤字由 13.6 亿美元增加到 49.7 亿美元。1981 年的国际石油油价猛跌，使过度依赖石油的墨西哥经济陷入困境。1982 年 8 月，墨西哥政府宣布无力偿还外债本息。随之而来的是外国资本大量逃离墨西哥，本国货币贬值。当年外逃资本达 200 亿美元，通货膨胀率 98.8%，本国货币贬值 500%。③

墨西哥的债务危机影响了整个拉美地区，外资流入急剧减少，使严重依赖外资的拉美地区的经济举步维艰，从而进入了“失去的十年”。从 1980 年至 1989 年，拉美地区国内生产总值累计增长 11.7%，人均国内生产总值下降了 8.3%。

---

① 苏振兴主编:《拉丁美洲的经济发展》，经济管理出版社 2000 年版，第 139 页。

② ［美］芭芭拉・斯托斯林、［美］威尔逊・佩雷斯:《经济增长、就业与公正——拉美国家改革开放的影响及其经验教训》，江时学等译，中国社会科学出版社 2002 年版，第 46 页。

③ 苏振兴主编:《拉丁美洲的经济发展》，经济管理出版社 2000 年版，第 397 页。

拉美地区的债务危机是国际金融中的重大事件。在“失去的十年”时间里，拉美各国与债权国展开马拉松式的减债谈判，以及制定债务整理方案。

拉美国家大量外债的供给方都是西方国家的大银行，它们对拉美国家贷款额都非常高。它们担心会出现20世纪30年代的国际金融崩溃，精心设计债务偿还计划。整个20世纪80年代，拉美国家与债权国银行和巴黎俱乐部的成员国都在进行反复的减债谈判，但结果只是将拉美国家到期的债务延期，债务余额不仅没有减少，反而增加了。到1989年，拉美国家的外债余额上升至4 159亿美元。

1989年3月，美国新任财长尼古拉斯·布雷迪提出了新的债务整理计划，即“布雷迪计划”，首次同意削减拉美国家债务，而债务削减的国家应按新自由主义的要求进行经济结构调整，对后来拉美地区各国的经济发展产生了深远的影响。

“布雷迪计划”出台后，墨西哥是第一个与美国达成减债协议的拉美国家，随后拉美一些重债务国分别与美国签订协议。到1992年，债务危机得到化解。

三、“华盛顿共识”与经济改革

拉美债务危机以及该地区经济的日益恶化，为新自由主义的扩大流行创造了条件。1989年，美国国际经济研究所在华盛顿召开了一个讨论80年代后期以来拉美经济调整和改革的研讨会。该研究所前所长约翰·威廉姆森提出了被称为“华盛顿共识”的10个政策工具：加强财政纪律、重新确定政府的公共开支重点、开展税制改革、实施金融自由化、统一汇率、实现贸易自由化、放松对外资的限制、对国有企业实行私有化、放松政府管制、保护私人财产权。

“华盛顿共识”是新自由主义理论的政治纲领、经济模式以及拉美政策“体系化”的标志。在其指导下，20世纪90年代后拉美国家进行了大规模的经济改革，核心是强调“私有化”“自由化”和“非调控化”，目标是建立面向国际市场的自由市场经济。① 改革措施包括：

一是国有企业的私有化改革。如阿根廷的梅内姆上台执政后，对电力、电话、航空和煤气等国有大企业实行激进的私有化改革。墨西哥实行私有化改革后，其国有企业从改革前的1 150家，下降到124家，原国家控制的60家银行也全部私有化。

二是进口自由化。废除原有的保护结构，取消配额，降低关税，限制税收种类，并把提高本国产品在国际市场上的竞争力作为促进经济恢复增长的主要手段。如墨西哥原有16个关税等级，最高关税达100%；20世纪80年代末已降至5级，

---

① 苏振兴：《对拉美国家经济改革的回顾与评估》，《拉丁美洲研究》2008年第4期，第3—11、40页。

平均关税为 10%。1985 年至 1995 年，拉美国家平均关税率从 44.6%降至 13.1%，最高关税率从 83.7%降至 41%；受非关税限制的商品占进口总额的比重由 33.8%降至 11.4%；基本取消多重汇率制。

三是鼓励外国投资。如墨西哥在 1989 年新颁布的外资法规定，1 亿美元以下的投资项目，只要选址在三大城市之外，无须报批；有 56 个行业的外资限额从 49%提高到 100%。如阿根廷，除大众媒体业外，几乎所有部门都对外资开放。外资甚至可对国防工业和核工业部门的企业私有化进行投标和参股。外资企业不仅享有国民同等待遇，还有减免税收优惠。

四是积极发展国际双边或多边合作关系。如墨西哥先后于 1986 年、1993 年和 1994 年加入关贸总协定、亚太经合组织和北美自由贸易协定。巴西在里约集团、南方共同市场、美洲国家组织内一直积极发挥作用。①

五是改革金融体制，实行金融自由化。在银行领域，加强中央银行的独立性，实行银行私有化，取消利率管制，减少强制性的信贷配给项目，以及降低存款准备金要求等。同时，逐步对外开放金融市场。如墨西哥于 1994 年年初颁布法令，不仅取消了对外资银行的种种限制，还规定外资可投资于墨西哥银行系统，其中北美自由贸易区成员国可拥有墨西哥银行系统资金的 8%。

六是改革财税体制和社会保障制度。调整税种结构，实行“财政分权”，降低财政赤字；统一失业和家庭补贴，取消退休和养老金特权，规定享受医疗待遇的统一条件；等等。

新自由主义的经济改革使拉美国家的市场化、私有化和国际化程度不断提高，逐渐改变了过去进口替代的内向型工业化发展模式，制造业的出口商品竞争力有所提高；本国私人资本的大企业集团进一步壮大，填补了由国有企业留下的空间，并与经过更新和重组的跨国公司子公司一起，构成了正处于新经济发展模式的主角。②

“华盛顿共识”及其主导下的经济改革，并没有使拉美地区的经济彻底摆脱困境，只是触及拉美经济问题的表面，如政府的过多干预导致效率低下和竞争力不足，并没有涉及“拉美现象”的核心——两极分化和普遍贫困。拉美国家要真正走上可持续的经济发展轨道，还有不少的路程要走。

---

① 彭森:《拉美三国改革发展及经验教训》,《经济学动态》1996 年第 5 期，第 71—74 页。

② 苏振兴:《拉美国家关于新工业化道路的探索》,《拉丁美洲研究》2003 年第 3 期，第 1—4、37 页。

第四节　中东国家的经济发展

一、工业化和发展道路的选择

第二次世界大战前，中东国家①大多处于西方发达国家殖民地和半殖民地统治和控制之下。战后，各国在取得政治独立后，为谋求经济独立，完成工业化和经济发展任务，进行了长期的不懈努力，对工业化道路和经济发展模式进行了探索和选择，经历了一个曲折的发展历程。

20 世纪 50 年代初期，埃及经济以外国资本和私人资本为主。1952 年至 1956 年间，在自由军官集团执政时期，埃及对经济发展道路进行了初步探索。20 世纪 70 年代，在萨达特执政时期，对国家的经济政策进行调整，实行“开放政策”。埃及发展国家干预的计划经济的措施包括：一是进行土地改革，削弱旧王朝的大地主势力。二是通过国有化和“埃及化”，建立国有经济，以摆脱外国资本的控制。1956 年苏伊士运河战争后，埃及接管了英、法在埃及的资产。1957 年，埃及对外资银行、保险公司和商行实行“埃及化”，并在此基础上实行国有化。1967 年，埃及在“社会主义革命”名义下，又将国有化范围进一步扩大。三是 1957 年成立国家计划委员会，开始实施工业化计划。1961 年至 1965 年，制定并实施了第一个五年计划，重点投资化工、机械、冶金和石油等部门。四是从 1974 年开始实行对外开放，引进外资。

埃及经济发展的成就有：石油成为重要的出口产品；1970 年至 1982 年，制造业年均增长 9.3%，制造业在国内生产总值中的比重达 27%；1974 年至 1981 年，埃及经济增长率达到 8%以上。

第二次世界大战后，土耳其在原有经济发展的基础上，进一步实行进口替代的工业化战略。20 世纪 50 年代初，土耳其曾一度放弃了原有的国家资本主义政策，实行比较自由的经济政策，但导致生产过剩和通货膨胀。从 1963 年开始，土耳其政府制定和实行了 15 年长期经济发展计划，目标是平衡国际收支、解决就业问题、培养和训练经济开发人才、扩大社会福利和实现社会平等。

在此期间，在政府的保护政策下，进口替代工业迅速发展起来。1962 年，土耳其在食品和纺织等基本消费品方面已经基本实现自给，部分中间产品也能实现自给。到 1978 年，部分中间品和资本品的自给程度均有所提高。土耳其的水泥产量在 1963—1978 年增长了 4.7 倍，食糖产量在 1965—1977 年增长了 1 倍左右，有

---

① 中东国家泛指西亚和非洲东北部地区的国家。

些部门的产品已经能够替代外国货。到20世纪70年代末期，虽然土耳其轻纺工业品的进口替代取得了不小的成就，但机电产品的进口替代尚未开始；而土耳其的出口还是以农矿产品等初级品为主，轻纺工业品的出口还缺乏竞争力。1973年石油危机后，土耳其的贸易逆差不断扩大，经济发展也因此陷于停滞。

1980年，土耳其政府先后实施了“稳定经济方案”和“结构性经济调整”，沿着私有化、外向化和自由化道路发展。同时，及时将进口替代转变为出口导向型发展模式。劳动密集型制成品的出口明显增加，改变了以农产品出口为主的局面。同时大力发展旅游业，鼓励劳务输出，国际经常项目收入状况有所改善。

1925年12月，伊朗的礼萨·汗取得王位，建立了巴列维王朝。在礼萨·汗的领导下，伊朗实行民族独立和社会发展改革，大力促进现代经济发展。1934年，伊朗实现了海关业务管理人员的伊朗化，宣布实行关税自主，实行新的关税法，以此保护伊朗的民族工业和经济独立。为了发展民族经济，伊朗实行了一系列有利于经济发展的政策。同时，启动了具有国家计划性质的工业化进程，大力加强交通和城市基础设施建设。到1947年，伊朗铁路网全长2 800千米，同年能通汽车的公路总长约2万千米。① 20世纪50年代，伊朗的石油国有化运动宣告失败，此后经济发展一直较为缓慢，国内政局不稳。

从1962年起，巴列维就着手进行了一场堪称“不流血的革命”或“白色革命”的社会改革，包括：实行土地改革；对森林、牧场、水力、石油和矿产资源进行国有化；1973年7月宣布从西方石油财团手中收回石油资源主权和阿巴丹炼油厂的管理权，实现了石油国有化，并开始大力开采石油和天然气，积极发展石油化工、冶金和机械等多种工业；出售国有企业股票，劳资分享企业利润；修改选举法，实行普选，妇女享有选举权；兴办教育，建立农村扫盲队和医疗队，提高全民文化水平；等等。

这场大规模的社会改革，推动了伊朗经济的发展。1959—1960年度，伊朗石油工业产值约3.7亿美元，1968—1969年度达到11亿美元，1972年是24亿美元，1974年达174亿美元，1975年达约200亿美元。

与此同时，伊朗实施了政府主导的进口替代工业化战略。从20世纪60年代起政府大量投资于炼油、石油化工和钢铁等重工业部门，加紧进行港口、道路和电力等基础建设，使化工、钢铁、机械和机动车等部门的比重显著上升，而纺织、食品和建筑三个行业在工业中的比重从1962年的73.6%降到1973年的64.9%。

到1975年，伊朗已建立了比较全面的工业体系，包括电力、采矿、冶金、炼

① 蔺焕萍:《论现代伊朗之父礼萨·汗的改革》,《洛阳师范学院学报》2001年第3期，第67—71页。

油、汽车、水泥、造纸、化工、机械、纺织和食品加工等部门，并开始向电子和原子能发电方面发展。1968—1978 年度，国民经济年均增长速度为 16%～17%，工业年均增长 20%。1960—1961 年度，人均国民生产总值为 160 美元，1972—1973 年度增至 510 美元，1977—1978 年度增至 2 250 美元。到 20 世纪 70 年代末和 80 年代初期，伊朗已成为世界上的富国之一。

在石油大规模开采以前，沙特阿拉伯的经济主要依靠落后的农牧业，以及到麦加朝圣的信徒所带来的资金，政府财政入不敷出。尽管沙特阿拉伯拥有极为丰富的石油和天然气资源，但主要掌握在美国财团控制的阿美石油公司手中。20 世纪 50 年代至 60 年代，阿美石油公司及其他公司在沙特阿拉伯大规模开采石油。到 1973 年，沙特阿拉伯的石油产量已达日产 760 万桶，其中 96% 为阿美石油公司所产。1955 年至 1974 年，沙特阿拉伯的石油产量虽增长了 8 倍多，但是外国石油公司通过不平等条约和经济特权攫取了大部分石油利益，而且把沙特阿拉伯的石油开采完全置于为出口服务的方向，使沙特阿拉伯出现畸形经济结构。

20 世纪 70 年代，当沙特阿拉伯逐步从外国石油公司手中收回石油资源的开采权后，开始制定和实施民族经济发展计划，发展可自立的现代经济。

1970 年至 1980 年，沙特阿拉伯先后实行了两个五年计划。以石油为中心大力发展工矿业，从单纯的石油开采向石油加工延伸。20 世纪 70 年代末期，沙特阿拉伯的石油发展战略从单纯增加原油产量，转变为控制原油产量，着重发展石油、天然气加工工业和石油化学工业。到 80 年代，沙特阿拉伯已从一个单纯的原油输出国，发展成为一个包括原油、石油和天然气制品，以及石化产品的综合出口国。

与此同时，沙特阿拉伯努力使经济多样化，政府投资兴建了钢铁、海水淡化、发电、建筑材料工业，以及各种轻工业。在第二个和第三个五年计划（1975—1979 年、1980—1984 年）中，大力发展农业，兴建水库和排灌工程，到 1985 年粮食已实现自给有余。

二、“石油繁荣”与经济发展

有相当一部分中东国家拥有丰富的石油资源，如埃及、沙特阿拉伯、阿联酋、伊拉克、伊朗、叙利亚、科威特和也门等。石油资源的发现与开采对中东国家的经济发展具有极为重要的作用。“本（20）世纪中东地区的最重大改变之一，是石油的发现、开采和利用。”① 自从 1927 年伊拉克打出第一口日产 9 万桶的高产油井以后，巴林、科威特、沙特阿拉伯、卡塔尔等产油地相继出现。第二次世界大战

---

① ［英］伯纳德·路易斯：《激荡在辉煌的历史中：中东》，郑之书译，中国友谊出版公司 2000 年版，第 468 页。

后，中东地区探明的石油储量和开采量不断增加，成为世界上最大的石油生产和输出地。1960 年，中东地区石油储量被确定为 228.64 亿吨，1970 年上升为 469 亿吨，到 1977 年进一步上升为 505.07 亿吨，占世界石油总储量的 58.99%。1955 年，中东的原油产量只有 1.6 亿多吨，占世界原油总产量的 20%；到 1965 年跃升为 4.18 亿吨，占世界总产量的 28.3%；到 1977 年猛增到 11.47 亿吨，占世界总产量的 39.4%。

中东石油国家多是伊斯兰国家，穆斯林把石油和天然气称为安拉的恩赐。然而在 20 世纪 70 年代前，这些国家的石油资源被西方的垄断公司独占。为收回石油资源的主权，这些国家开展了各种努力和斗争。

1960 年 9 月 14 日，伊拉克、伊朗、科威特、沙特阿拉伯和委内瑞拉在巴格达宣告成立石油输出国组织（简称“欧佩克”）。其成立意味着自 19 世纪末以来被西方称为“七姐妹”的七大石油公司①垄断世界石油产业和石油贸易的局面开始被打破。之后，欧佩克的石油减产、提价政策，左右着世界石油的供应情况。

1968 年 1 月 9 日，利比亚、沙特阿拉伯和科威特在贝鲁特发起创立阿拉伯石油输出国组织，成员国包括中东国家的埃及、伊拉克、科威特、巴林、沙特阿拉伯、卡塔尔、叙利亚和阿联酋，以及北非的阿尔及利亚、利比亚和突尼斯，共 11 个阿拉伯产油国。该组织在维护成员国个体和整体权益，协调各成员国的行动，以公平和合理的份额向消费市场供油方面发挥了重要作用。

国际石油价格的大幅度提高，为中东国家石油经济的发展创造了有利条件，并使它们从落后、贫穷的游牧业国家一跃而成为现代化的富国。到 1980 年，阿拉伯石油输出国组织成员国的石油收入达 2 090 亿美元，比 1970 年增加 52%。

石油收入的提高，也为这些国家的经济建设和人民生活水平的提高准备了条件。它们用石油收入对经济和文化事业进行大规模的投资，迅速实现国家工业化和经济现代化。

20 世纪 70 年代以后，中东产油国的大批现代化项目纷纷上马。1975 年至 1980 年，中东产油国的经济发展总支出达 2 200 亿美元，相当于前 5 年投资总和的 12 倍。这些投资都被用于：大力发展石油加工业，兴建了一批大型的面向出口的石化企业；大力兴建基础设施和发展基础工业；对农业进行巨额投资；大力发展社会福利事业，一些富裕的石油生产国都实行免费教育、免费医疗、免纳所得税、

① 又称为“石油七姐妹”，源于 1975 年英国作家和记者安东尼·桑普森关于石油行业的一本著作《石油七姐妹》，后被作为对国际七大石油卡特尔的称呼。包括：新泽西标准石油公司、美孚石油公司、雪佛龙石油公司、德士古石油公司、海湾石油公司、英国波斯石油公司、壳牌石油公司。这七大石油公司在后来发展中，不断进行重新分化组合，成为一个动态的结构。

无息贷款建房、养老和劳保制度。

依靠“石油繁荣”的推动，20 世纪 80 年代以后，中东国家的经济获得高速发展。现代化工业从无到有，社会基础设施日益完备，居民生活水平不断提高。许多石油生产国成为世界上最富有的国家，人均收入水平超过了许多西方发达国家。

科威特的石油蕴藏量仅次于沙特阿拉伯。1975 年，科威特收回外国石油公司的所有租借地和股权，发展独立自主的石油工业。1981 年，石油产量增至 40.8 亿桶；石油收入 1961 年只有 4.67 亿美元，1971 年为 9.64 亿美元，1980 年猛增至 190 亿美元。1977 年，科威特累计的国外资产为 210 亿美元，1981 年增至 760 亿美元，成为金融大国，在海外证券市场上也是一支基础雄厚的力量。

其他中东国家如卡塔尔、阿联酋、巴林和阿曼等，也都是通过“石油繁荣”，使国民经济获得惊人发展的。

1980 年，阿联酋的人均收入达 26 000 美元，创造了世界最高纪录；1981 年，卡塔尔的人均国内生产总值为 27 720 美元，居世界首位；巴林独立后，实行外汇管制、免征银行税收、鼓励外资开办银行、利用石油收入发展航运和通信事业等政策，从而迅速成为中东和海湾地区的金融中心之一。

阿曼的变化更为惊人。20 世纪 70 年代前，它还处于中世纪状态。1970 年 7 月 23 日，卡布斯废黜父王就任苏丹，实行社会经济改革以及以出口石油带动国民经济发展的战略。仅仅经过了两个五年计划，阿曼的国民生产总值就由 3 亿美元，猛增至 33 亿美元，建设了数千千米长的现代化公路、国际机场、港口及电视台。数百座工厂和学校拔地而起。1982 年，阿曼人均国民收入达 6 090 美元，成为最富有的发展中国家。

但石油收入和财富对中东石油输出国的进一步发展也产生了负面影响，如大量财富集中在少数王公贵族和垄断商人手中，社会和阶级两极分化明显；巨大的财富使国家在建设中盲目引进技术设备和商品，脱离本国实际，造成资金的巨大浪费，出现消化不良的症状；巨大的财富使国家盲目发展大城市，加剧了社会矛盾。

石油资源是中东国家经济发展的重要因素，同时是经济波动的原因，“石油经济”的“资源诅咒”对中东国家也产生了诸多消极影响。① 1983 年后，国际石油价格下跌，尤其是 1986 年的石油大跌价结束了中东国家的“石油繁荣”景象，石油输出国的经济发展受到严重影响。如沙特阿拉伯，1983 年以来，财政和经常收支一直是双赤字，石油出口收入锐减，但享受几乎免费的水电、电话、医疗、教育等公共设施的人口却在不断增加。

---

① 田文林：《“资源诅咒”：论石油因素对中东的消极影响》，《阿拉伯世界研究》2019 年第 6 期，第 75—87 页。

石油是重要的战略资源。为控制石油产地和保证能源安全，主要发达国家在中东地区展开了激烈的争夺。中东地区特殊的历史和宗教原因，使这一地区的政治、经济局势异常复杂，战争和冲突不断，导致各国的军事支出过高，加剧了财政状况的恶化。

三、“伊斯兰经济发展模式”

中东地区以伊斯兰教为国教的国家，通称伊斯兰国家，包括阿拉伯国家和非阿拉伯国家。因此，这些国家的经济发展不可避免地受到伊斯兰教的深刻影响，呈现出鲜明的宗教特色。中东国家现代化的启动和经济发展，都有伊斯兰教紧密相随，相伴而行，既体现了与现代化的矛盾和冲突，也表现出与现代化的适应性和相容性。

战后时期，中东地区的不少伊斯兰国家都自觉或不自觉地卷入了西方现代化的浪潮中。其中土耳其、埃及和伊朗首先进行工业化和发展经济，而沙特阿拉伯和科威特的现代化则要晚一些，但发展速度却很快。尽管这些国家的工业化和现代化过程各有特点，形成不同的发展模式，但或多或少地带上了伊斯兰教的色彩。

伊朗是“伊斯兰经济发展模式”的典型。战后，伊朗的现代化过程经历了重大转折。1962 年，巴列维发动“白色革命”以后，伊朗的现代化迅猛发展，取得惊人的成就。然而这种“疯狂的现代化”也带来许多问题，如国民经济比例失调，重工轻农，偏重石油工业，而农业投资却很少。1960 年至 1970 年间，贫富差距拉大，通货膨胀严重，失业人数日增，无数在“白色革命”中未能得到实惠的农民也被迫流入城市，以打工度日。以国王为首的 2 000 家豪门巨富，拥有全国 80% 的财富。他们巧取豪夺，贪污腐化，挥金如土，激起人民的极大不满。

1979 年，伊朗爆发了“伊斯兰革命”，推翻了巴列维王朝，宗教领袖霍梅尼领导创建了“伊斯兰共和国”。新政权规定《古兰经》和《圣训》是指导人们思想和行为的准则，要求全面恢复伊斯兰传统。伊斯兰共和国实行三权分立制，同时规定教长是国家至高无上的领袖。霍梅尼宣称，“伊斯兰革命”是穷人反对富人、弱者反对强者的革命，同时是世界的革命。

“伊斯兰革命”后，伊朗确立了以乌里玛为领导的伊斯兰政府。新政权既拒绝西方的经济模式，也拒绝东方的经济模式，力图建立“伊斯兰经济发展模式”。

一是在制定和推行经济政策时，注重伊斯兰的精神价值，遵循“社会正义第一”原则；崇尚节俭，禁止在消费、投资、生产、分配和社会服务等经济领域产生浪费；收回在巴列维王朝时代被分配的寺属土地，宗教界直接经营这些资产，形成与世俗经济并行的教产经济；在保护私有制的前提下，奉行抑富济贫的政策；取消利息，并对红利作出明确规定，实行低利制，限制银行信贷，实行五一税及天课税。

二是重点发展国营部门，同时保护合法私营企业的合法活动。在革命后对原私营银行和工矿企业实行国有化，建立强大的国有经济，形成国家对外贸的垄断。

三是实施由政府对经济严加控制的体制，资源的配置主要通过政府行政系统的调节，而不是通过市场的调节来实现。政府控制价格，对生产者与消费者提供补贴，对基本的必需消费品实行配给制度，建立任何新工业企业都要事先得到政府许可，对外汇的使用和进口都有严格的分配限额。

四是重视农村发展，实行重农政策，将贫苦农民抢占外逃地主土地后“暂时耕种”的农用地所有权，由原土地所有者转入该土地实际耕种者手中。政府在农村修筑公路、桥梁、灌溉设施、公共澡堂、学校和保健中心，分配化肥、农药、水泵和拖拉机，向小农提供贷款。政府对化肥、农药、种子、农业机械等投入物均给予补贴，由高级经济委员会确定小麦、大米、土豆、肉、甜菜、棉花、油籽的保障价格，政府对农民交售农产品还给予实物奖励。

“伊斯兰革命”后，伊朗建立“伊斯兰经济发展模式”的许多措施是在战争环境下实行的。有些做法不能完全适应正常情况下的经济与社会发展。20 世纪 80 年代至 90 年代，伊朗对这一模式的某些方面进行了调整。①

对于伊斯兰国家来说，伊斯兰教的基本教义是国家经济生活中的基本原则，只是各个国家会根据具体国情和当代的条件，对传统经济主张和经济制度予以新的解释和应用，而不是将它们原封不动地移植过来。要实现传统的宗教制度有利于现代经济发展的演变，并非易事，需要伊斯兰国家付出更大的努力和才智。

土耳其是中东地区最早实行世俗化改革的国家。从凯末尔革命以来，世俗主义一直占主导地位，但是伊斯兰宗教势力不时抬头。20 世纪 70 年代至 80 年代，世俗主义和伊斯兰教势力反复较量，影响了土耳其的发展方向。但总的来看，土耳其还是朝着世俗化的现代化方向发展。

第二次世界大战后，中东伊斯兰国家广泛兴起了工业化和现代化，取得了重大的社会进步和经济发展。部分石油输出国已成为世界名列前茅的富国，但经济社会发展中仍有许多矛盾，严重地影响着这些国家的工业化和经济现代化进程。如畸形的经济结构，严重依赖石油，石油价格决定着这些国家的兴衰；农业落后，两极分化严重；传统伊斯兰教义与经济现代化目标形成矛盾。特别是伊斯兰教规中的“里巴”（即“利息”“重利”）、“天课制度”和“济贫制度”等因素对现代经济的发展有着重要影响②；巴以冲突和两伊矛盾，以及因石油而起的大国争夺，

① 安维华：《论中东发展模式》，《西亚非洲》1999 年第 4 期，第 8—14 页。

② 马力克：《伊斯兰教的天课制度》，《中国穆斯林》1958 年第 5 期，第 16—19 页。

使这一地区冲突不断，严重影响经济发展。

总的来看，战后中东地区国家的现代化进程突飞猛进，政治民主化、社会世俗化的倾向普遍发展，经济现代化的目标正逐步实现。

思考题

1. 发展中国家经济的基本特点是什么？
2. 如何理解进口替代工业化和出口替代工业化？
3. 韩国和新加坡工业化的特点是什么？
4. 什么是“尼赫鲁模式”？
5. “拉美模式”和“拉美现象”有什么联系？
6. 发展中国家债务危机的原因是什么？
7. 如何评价“华盛顿共识”？
8. 新自由主义经济改革的内容是什么？
9. “伊斯兰经济发展模式”是怎样产生的？

▶ 自测习题及参考答案

请扫描二维码

第十四章　战后国际经济格局的演变

战后国际经济关系呈现出一种板块式结构，即以西方发达国家为主体的三极关系、社会主义计划经济国家和资本主义市场经济国家之间的东西方关系、发达国家和发展中国家的南北关系，以及发展中国家之间的南南关系。东欧剧变和苏联解体使东西方关系基本淡化，而经济一体化的发展导致区域性经济集团的建立，并形成了欧洲、北美和亚太三大经济圈，国际经济格局得以重塑。

第一节　国际经济体制的演变

一、国际货币金融体系的变革

在第二次世界大战即将结束之际，西方国家即在忙着策划如何构建战后的国际经济秩序。1943 年 4 月 7 日，英国财政部顾问凯恩斯和美国财政部助理怀特分别提出两个有关战后国际货币金融体系的设计计划，即“凯恩斯计划”和“怀特计划”，体现了英国“清算同盟”与美国“平准基金”的差别，以及各自不同的利益诉求。英、美两国政府代表团在国际货币计划问题上展开了激烈争论，1944 年 4 月，以英国让步为条件，达成了反映怀特计划主旨的《关于设立国际货币基金的专家共同声明》。

1944 年 7 月，在美国新罕布什尔州的布雷顿森林镇召开了有 44 个国家参加的联合国家货币金融会议。最后通过了《联合国家货币金融会议最后决议书》，以及《国际货币基金组织协定》和《国际复兴开发银行协定》两个附件，总称为《布雷顿森林协定》。该协定成为战后国际经济体制建立的重要国际性文件。

根据《布雷顿森林协定》，国际社会建立了以美元为中心的国际货币金融体系，即美元与黄金挂钩（1 盎司黄金 = 35 美元，1 美元含金量 = 0. 888 671 克），其他国家货币与美元挂钩，实行固定汇率制度，外汇与黄金都是国际储备资产。同时，成立国际货币基金组织（IMF）和国际复兴开发银行（即世界银行）两大国际性经济组织。

布雷顿森林体系的建立，促进了战后资本主义世界经济的恢复和发展，扩大了各国间的经济交往。但随着国际经济活动的扩大，美元储备短缺，世界银根吃紧，该体系出现了“特里芬难题”（Triffin Dilemma）①，即特里芬在其著作中所阐

---

① ［美］罗伯特·特里芬：《黄金与美元危机——自由兑换的未来》，陈尚霖、雷达译，商务印书馆 1997 年版，第 64—65 页。

述的，由于美元与黄金挂钩，而其他国家的货币与美元挂钩，美元虽然因此取得了国际核心货币的地位，但是各国为了发展国际贸易，必须用美元作为结算和储备货币，这样就会导致流出美国的美元在海外不断沉淀，对美国来说就会发生长期贸易逆差；而美元作为国际核心货币的前提是必须保持美元币值稳定与坚挺，这又要求美国必须是一个长期贸易顺差国。这两个要求互相矛盾，因此是一个悖论，这一内在矛盾在国际经济学界称为“特里芬难题”，正是这个“难题”决定了布雷顿森林体系的不稳定性和瓦解的必然性。为维持和稳定这一体系，国际社会进行了多方努力，但都未能从根本上解决这一难题，美元危机最终还是发生了。1971 年 8 月 15 日，美国总统尼克松宣布停止美元兑换黄金，终止了美元与黄金的平价兑换，历时 28 年的布雷顿森林固定汇率制度崩溃了。1973 年，美国宣布实行自由浮动汇率制，由此开始了动荡的浮动汇率制时代。

继美国之后，欧共体 6 国、挪威、瑞典、加拿大、瑞士、英国和日本等国都先后实行浮动汇率——蛇形浮动，布雷顿森林固定汇率制度彻底瓦解，国际货币制度开始了变革历程。

1976 年 1 月 8 日，IMF 理事会组织的国际货币体系临时委员会在牙买加举行了有关国际货币体制改革的讨论会，达成了《牙买加协定》，确认了浮动汇率制度的合法化，允许各成员自行调整其汇率。建立在《牙买加协定》基础上的国际货币体系被称为“牙买加体系”“后布雷顿森林体系”，又称为“美元体系”。

该体系由不能与黄金兑换的美元发挥关键货币功能，即美元在国际贸易、投资和计价结算中居主导地位，在全球官方储备和金融资产中居领先地位，在全球信用周转体系中居核心地位，其特点为：美国在继承既有权力并获得新的货币权力的同时，却“合法”放弃了在布雷顿森林体系下应有的责任和义务，形成对全球资本的控制，影响全球货币政策的走向，导致全球多边主义不再具有包容性；随着布雷顿森林体系崩溃的，不仅有传统的特里芬难题，还有对美国政府行为的制约；金融资本扩张的内在不稳定性影响全球经济和金融的稳定和可持续发展。

布雷顿森林体系的崩溃，本质上是美国政府不愿再遵守规则而作出的一种政治选择，即美国将“债权人逻辑”转变为“债务人逻辑”。严格意义上的布雷顿森林体系在 1971 年后就已经停止了，但布雷顿森林体系时代建立的国际机构仍在继续运行并在更大范围内发挥作用，美元在国际货币体系的重要地位依然如故。从某种程度上来看，布雷顿森林体系并没有真正崩溃，其对国际关系和世界秩序的影响是深远和巨大的。

二、从关贸总协定到世界贸易组织

在构建布雷顿森林体系的同时，以英、美为首的西方国家，提出建立一个将国际贸易包含在国际组织中的建议。1945 年 11 月，美国建议缔结一个制约和减少国际贸易限制的多边公约，以弥补布雷顿森林会议决议的不足。

1946 年 10 月，在伦敦召开了由美、英、苏、中、法等 19 国参加的国际贸易组织第一次筹委会。此后至 1947 年 2 月，筹委会先后召开了两次会议，讨论和审议由美国提出的《国际贸易组织宪章草案》，决定将此作为未来国际贸易组织议案的雏形。

1947 年 4 月至 10 月，筹委会召开了由美、英、中、法等 23 个国家参加的多次会议。各国进行了关税减让的谈判，达成了 120 多项多边和双边谈判协议。这些协议文件与《国际贸易组织宪章草案》中有关商业政策的部分加以合并并进行修改后，被命名为《关税与贸易总协定》(即 GATT，简称《关贸总协定》)。1947 年 10 月 30 日，23 个缔约国签订了这份重要文件并建立了关贸总协定。

《关贸总协定》原只是作为《国际贸易组织宪章》实施之前的临时性条约，但由于正式宪章所涉及的问题较为广泛，使缔结国际贸易新秩序协议更为困难，准备作为国际贸易组织正式成立文件的 1947 年《哈瓦那宪章》，因为美国的反对于 1949 年胎死腹中，正式的国际贸易组织最终没能建立起来。

作为临时性条约的《关贸总协定》，就提供了一套调整国际贸易关系的原则、机制和程序，并在后来长期的实施过程中几经修订和充实，演变成为事实上的国际贸易组织协定。

1947 年至 1994 年，关贸总协定各成员方进行了 8 轮多边贸易谈判，其中“狄龙回合”“肯尼迪回合”和“东京回合”较为重要。最后一轮“乌拉圭回合”谈判，从 1986 年开始到 1994 年 4 月最终协议（即《马拉喀什建立世界贸易组织协定》）的签署，历时 8 年，参加的国家和地区从最初的 103 个，增加到 128 个，最终于 1995 年 1 月 1 日建立了世界贸易组织（World Trade Organization，WTO），并取代了关贸总协定，这标志着各国在世界经济与国际贸易的发展上最终选择了合作与开放。世界贸易组织的成立标志着第二次世界大战结束以来国际贸易机制的最大改革。关贸总协定主要处理货物贸易，而世界贸易组织及其协议还涉及服务贸易和知识产权贸易，同时还创造了贸易争端解决的新机制。在世界贸易组织的严格贸易纪律约束下，“乌拉圭回合”谈判的各项协议得以顺利实施，有助于抑制贸易保护主义，为世界经济的复苏和发展注入新的活力，对跨世纪的世界经贸发展产生了重大的影响。截至 2024 年 2 月，世界贸易组织成员已增至 166 个，占世界贸易总量的 98%以上。

三、发达国家之间的贸易战

第二次世界大战后，世界各国都在利用一切可能的条件和机会，恢复和发展国民经济。在战后经济发展的黄金时代，西方发达国家的经济发展水平和国力都发生了巨大变化。

美国引领了第三次科技革命的浪潮，但其霸权地位在20世纪70年代的美元和石油危机中大受损害。布雷顿森林体系瓦解标志着以美元为中心的国际货币体系的最终瓦解，美国经济霸权急剧衰落，随之出现了将近10年的经济滞胀。进入80年代后，美国的经济指标全面恶化，预算赤字和贸易赤字急剧增加，逐步由债权国沦为世界上最大的债务国。1994年，美国的外债总额达到12 114亿美元。①

战后，西欧国家和日本迅速崛起，成为可以与美国抗衡的西方发达经济体。特别是联邦德国和日本，在制造业、对外贸易和投资等领域直接挑战美国的经济霸主地位，打破了美国独家垄断的局面，形成资本主义世界中美国、欧洲和日本三足鼎立的局面。三大经济体之间，既有利益一致的地方，也有矛盾和冲突之处，尤其是在贸易领域。

从战后至20世纪80年代，由于“旧金山体制”的影响，日、美之间的贸易关系是不对等的。美国国内市场是向日本开放的，但日本国内市场对美国是封闭的。单方面的市场开放，导致日本对美国不断扩大贸易顺差。到20世纪70年代末，日、美之间的商品性对抗愈演愈烈，日、美经济摩擦不断加剧，如彩电战、钢铁战、汽车战和半导体芯片战不断上演。每次贸易战基本上都以日本让步、采取数量限制而结束。

为了减少贸易逆差，1985年，美国在纽约召开西方五国财长会议，与日本签订《广场协议》，强行要求日元对美元大幅升值。此举对日本经济的发展产生了长期的消极影响，日本进入了慢性经济萧条之中，但美国对日本的贸易逆差并没有减少。1989年后，日、美双方的攻防焦点转移到结构调整上来，美国强烈要求日本扩大市场的开放度。1994年，有关汽车及其配件的争斗使美日贸易战达到白热化的程度，美国扬言要动用“超级301条款”制裁日本，后来日本虽作了让步，但是美日贸易不平衡问题并没有得到彻底解决。

美国与西欧经济体贸易争端最突出的是农产品问题。1962年开始，西欧国家与美国就农产品的关税和非关税壁垒问题，进行了多次谈判。20世纪80年代初，美国借口西欧国家违反出口补贴法，又向关贸总协定提出起诉。80年代后，双方的贸易战转移到钢铁领域。西欧国家对钢铁工业实行30%的价格补贴，而美国钢铁业界则要求对西欧出口至美国的钢材征收反倾销税和反补贴税，迫使西欧国家实行了数量限制措施。

---

① 郑伟民主编:《衰落还是复兴：全球经济中的美国》，社会科学文献出版社1998年版，第270页。

日本与西欧国家的贸易摩擦始于1964年。1976年，日本与西欧国家间爆发了第一次贸易战，主要涉及钢铁产品。1980年爆发了第二次贸易战，涉及汽车、彩电、机械和电子产品等，其中以汽车战为主。此外，日本在不少西欧传统出口商品领域也冲击了西欧市场，日、欧之间的贸易争端不断，多次爆发不同产品的贸易战。

为了更好地应对发达国家之间的贸易战，1976年，法国、联邦德国、美国、日本、英国、意大利和加拿大组成“七国集团”，形成协调发达国家经贸关系的重要合作和协调机制。

第二节　冷战与东西方经济关系

一、冷战与冷战经济的形成

1945年2月在雅尔塔举行的会议，以及会后签订的《雅尔塔协议》，导致美、苏两极的雅尔塔体系形成，这奠定了战后以美国为代表的资本主义阵营和以苏联为代表的社会主义阵营两大对抗阵营的形成。

1946年3月5日，英国前首相丘吉尔发表了著名的“铁幕演说”，拉开了冷战的序幕。1947年3月12日，美国总统杜鲁门提出了全面遏制苏联、由美国领导世界的杜鲁门主义，随即开始实施援助西欧的“马歇尔计划”，从此开始了美、苏之间乃至整个东西方之间长达40余年的冷战时代。

战后世界政治和经济体系明显分为东、西两大阵营，即以苏联为首的社会主义阵营和以美国为首的资本主义阵营。而冷战格局的出现进一步强化了两大阵营的对抗性，但东、西两大阵营之间形成了错综复杂的竞争经济关系，东西方关系也并非铁板一块，贸易往来、缓和对话也是不同的选择。

在冷战思维下，美国政府国际经济政策的指导思想就是对付所谓的苏联威胁。美国实施“马歇尔计划”的目的就是帮助欧洲恢复经济，以阻止苏联势力在欧洲内部的“革命”。对那些具有战略意义的第三世界国家，如韩国、菲律宾、印度尼西亚、伊朗、希腊和土耳其等，给予以经济援助为主的各种支持，其主要目的也仍然是防止苏联势力在这些地区的渗透。西方国家一直鼓励社会主义阵营中的南斯拉夫、匈牙利和罗马尼亚等进行突破中央计划经济模式的改革，如支持其先后加入关贸总协定等。

斯大林执政时期的苏联对西方采取了强硬态度，决不允许西方染指东欧地区，且在国际经济问题上推行与西方不同的政策。斯大林就曾拒绝批准《布雷顿森林协定》，不允许东欧各社会主义国家加入IMF和世界银行，称“马歇尔计划”为帝国主义阴谋，采取不与西方国家合作的政策。为了遏制美国在东欧地区扩张的野心，1949 年 1 月，苏联组建了以其为中心的经济互助委员会（简称“经互会”）。与此同时，苏联通过经济援助等方式，与美国争夺第三世界国家。

在冷战时期，美国制定和实施了一系列针对以苏联为首的社会主义国家的经济遏制政策，形成政治色彩浓厚的冷战经济。这些政策包括：限制和禁运出口物资；制定了对社会主义阵营的贸易管制政策；成立了专门针对共产党国家的出口管制统筹委员会（简称“巴统”）；开展大规模的军备竞赛；等等。

苏联的经济发展战略也受到冷战思维的影响。在第二次世界大战前，斯大林认为，苏联处在帝国主义的包围之中，要保证第一个社会主义国家的安全，就必须大力发展军事工业，实施优先发展重工业的经济战略。战后，斯大林认为，苏联承担着保证社会主义阵营安全的国际义务，必须保持一支强大的国防力量，苏联要集中财力、物力大力发展军事工业。20 世纪 50 年代以后，基于与美国争夺世界霸权的出发点，苏联一直大力发展军事技术和军事工业，结果造成国民经济畸形发展，形成以军事工业为核心的工业结构，而民用工业非常落后，农业问题严重，苏联人民生活水平难以进一步提高。

二、两个平行市场的竞争

以美国为首的西方国家在建立资本主义阵营和推行冷战的同时，通过对国际货币体系和国际贸易体制等进行规划和重构，力图恢复和重建国际经济秩序。至 20 世纪 50 年代，一个以美国为主导的、包括发展中资本主义国家的西方国际市场体系逐渐形成，它通过巨额经济援助帮助西欧和日本进行经济重建，并容忍其他国家在经济贸易中实施保护主义等措施。

在西方国际市场体系下，区域性经济一体化也得到迅速发展。如战后初期的欧洲煤钢联合体，逐步发展为欧洲经济共同体，以及后来的欧洲联盟。在这种国际经济体制下，西方国家之间建立了极为紧密和相互依存的经济关系。但西方发达国家的国际市场却大力排斥战后新出现的社会主义国家。这种排斥性在“马歇尔计划”中得到充分展示，美国开展的金融、技术、设备等援助，在欧洲无一例外地流入资本主义阵营国家。

为了打破西方国家对社会主义国家实行的封锁禁运政策，加强社会主义国家之间的合作，1947 年 7 月到 8 月，苏联先后与保加利亚、捷克斯洛伐克、匈牙利、波兰、罗马尼亚、南斯拉夫等国签订了一系列贸易协定，从而形成了苏联和东欧各国之间的经济网络，使其对外贸易大多在苏联和东欧国家内部进行，以此减少对西方国家市场的依赖，西方国家称此为“莫洛托夫计划”。1949 年 1 月，苏联又领导组织了“经互会”，以建立一个以苏联为首的社会主义国际市场。

为了应对资本主义阵营的遏制与挑战，构建以苏联为中心的社会主义国际经济体系和国际市场，斯大林在 1952 年出版的《苏联社会主义经济问题》一书阐明了其必要性和必然性，以及两个平行市场的理论。从此，社会主义阵营的市场体系也逐步形成，并与美国主导的西方发达国家形成东西方两个平行市场体系和格局。在具体的运行中，两个平行的市场体系相互排斥和隔空竞争，在资本流动、贸易往来、技术转移、设备流动和信息互动等方面呈现人为的隔绝状态。

以苏联为首的社会主义阵营在直接经济援助、项目援建、共同投资、联合开发、技术设备转移等方面进行的合作，在一定程度上帮助这些国家渡过了经济难关，增强了社会主义阵营的实力，并在成员国中形成共同市场，对抗西方市场和经济合作体系。然而，苏联大国沙文主义式的“经济一体化”、社会主义阵营内各国的内部差别、违背经济法则的运行模式等产生的矛盾和冲突，都使得社会主义阵营的市场体系运行效率大打折扣。

20 世纪 60 年代以后，苏联和东欧国家相继出现经济“停滞”现象，社会矛盾日益扩大。某些东欧国家试图摆脱“经互会”体系的束缚，寻找各种途径进入资本主义的世界市场。1966 年，南斯拉夫加入了关贸总协定。随后，波兰、罗马尼亚和匈牙利也相继加入。80 年代中期，随着苏联和东欧国家的经济改革和体制转轨，“经互会”体系也在不断地调整、改革和开放，社会主义阵营的经济体系日渐瓦解。

总体来看，苏联与西方进行了长期的经济和军事对抗之后，除了在军事和宇航等少数领域有所建树外，整个国民经济已远远地落后于西方资本主义国家。在 1987 年“经互会”第 43 次（非常）政府首脑会议之后，欧洲成员国（除民主德国、罗马尼亚外）的货币在继续使用转账卢布的同时，可以相互自由兑换。冷战时代背景下形成的社会主义国际市场和资本主义国际市场两大平行的市场体系，在形式上不再那么鲜明和对立。

三、东西方经济关系的缓和

第二次世界大战后的冷战期间，虽然两大阵营的关系经常处于剑拔弩张的态势，但是也有关系缓和之时。从 20 世纪 50 年代后期起，东西方经贸关系开始慢慢好转。1954 年至 1958 年，西方国家两次缩减战略物资禁运单，社会主义国家与资本主义国家的经济联系呈现上升趋势。东欧许多国家与资本主义国家贸易额的增长速度已超过了其与社会主义国家贸易额的增长速度。1963 年，“经互会”成员国与西方工业国的贸易占 19%，与发展中国家贸易占 12%，绝大部分是内部贸易；到了 20 世纪 80 年代，与西方工业国的贸易占 27%~33%，与发展中国家贸易占 14%~17%，内部贸易下降到 48%~52%。

从 20 世纪 60 年代初起，东西方之间建立了多边支付体系，东欧国家可以利用对一个西方国家的顺差，来弥补自己对另一个西方国家的逆差。社会主义国家对西方国家高技术产品的需求不断上升，而社会主义国家需要出口自己的优势产品来换取外汇。许多东方国家与西方国家缔结了长期贸易协定，代替了原来以一年为期限的短期协议，所有这些因素都促进了东西方经济关系的缓和和进一步发展。

20 世纪 60 年代中后期以后，东西方经济之间的隔绝状态被逐步打破，经济和贸易往来增多。就西方国家来看，出于对传统市场和地理因素的考虑，西欧和日本主张扩大对苏东国家和中国的贸易。西欧和日本经济的恢复和发展，也加剧了它们与美国的竞争。因此，美国工商界和劳工界也要求政府改变政策，扩大对苏贸易。美国在改善与苏东国家关系的同时，扩大了东西方贸易范围，如苏美之间的小麦贸易在当时占有重要地位。

东方的社会主义国家也意识到与西方国家在经济和技术进步方面的巨大差距，而且工业化造成的资金和技术缺乏，也迫使东方国家纷纷改变对外政策。如从 20 世纪五六十年代开始，苏联经济出现停滞和衰退迹象，国内出现消费品短缺、农业供给不足和技术发展停滞等较严重的问题，因此不得不考虑发展与西方国家的贸易，以引进西方国家的先进技术。特别是中国，在中苏分裂之后，也希望独立发展与西方的经济贸易关系。中国首先从日本和西欧国家打开缺口，发展与这些国家的贸易往来，并谋求与美国恢复经济贸易关系。

20 世纪 90 年代初以来，随着冷战时代的结束，经济全球化成为不可阻挡的发展之势。冷战对峙中人们熟悉的各种形式和规模的军事、意识形态和经济冲突等，突然间改变了原则，但各国对市场、信息、资源和技术的争夺依然是矛盾和冲突的中心。与此同时，经济全球化的过程，也是苏东国家逐渐融入西方主导的国际经济体系的过程。在经济转轨和改革开放中，原来的社会主义国家都要改革国内体制，逐步与国际规则接轨。这种战略选择不仅是因为这些国家出现了认同市场经济的主导思潮，而且是国际竞争日趋激烈的结果。在全球化浪潮下，东西方关系出现缓和与发展，以及经济融合的趋势，但国与国之间的竞争还是存在的，必然会以其他新形式表现出来。

第三节 苏东剧变与社会主义阵营的瓦解

一、东欧国家的改革困局

东欧国家采用苏联社会主义计划经济体制，但在具体实践中也并不是百分之百地照搬，并从 20 世纪 50 年代以后，不断进行改革和调整。但直到 80 年代初，所有改革都没有大的突破，没有完全脱离苏联体制。

改革的结果不是那么尽如人意，经济结构和产业发展的比例严重失调，通货膨胀，经济陷入困境。财政补贴和外债问题曾一度引发政治和社会危机。不少东欧国家，在经济不断衰落的情况下，为安抚群众和显示社会主义制度的优越性，明知不可为而为之，长期实行财政补贴政策，并通过大量举借外债的办法来稳定物价。这种饮鸩止渴的办法，最终使改革倒退，引发经济危机。

1985 年，戈尔巴乔夫当选为苏共中央总书记，决心在“新思维”指导下，在苏联进行“全方位的改革”。他的改革理念从内部打开了东欧国家所面对的改革困局，使它们看到改革的可能，也缓和了人们的恐惧心理。思想理论界的松动和开放，给改革派和反对派以各种思想启发。许多人开始行动起来，不久反对派和改革派也都获得了合法地位。如波兰的团结工会、捷克斯洛伐克的“七七宪章派”，以及匈牙利的许多社团都十分活跃，社会影响力不断扩大。1989 年，这股社会潮流不断汇集起来，大到可以与政府当局直接对抗的地步，挣脱苏联社会主义体制成为一种共同呼声。东欧各国纷纷把全面加强政治体制改革当作应急之举，结果发生了方向性和政治原则的重大逆转。

波兰通过谈判以解决政治危机。1989 年 6 月，波兰举行议会选举，受到西方支持的团结工会主席瓦文萨大获全胜，团结工会和平获得政权，建立了新政府，决定从 1990 年起对波兰经济进行彻底改造。这是第一个从计划体制直接转向市场经济体制的东欧国家。

匈牙利于 1989 年 10 月实现“和平演变”，社会主义工人党改名为“社会党”，提出要在匈牙利建立“民主社会主义”。接着国会通过决议，将“匈牙利人民共和国”改名为“匈牙利共和国”，改变了国家的政治和经济体制。

1989 年 11 月 29 日，捷克斯洛伐克联邦议会通过宪法修正案，取消了关于捷共在社会和国家中的领导作用等条款。1990 年 3 月 29 日，捷联邦议会决定将国名由“捷克斯洛伐克社会主义共和国”改为“捷克和斯洛伐克联邦共和国”。1992 年 11 月 25 日，通过了《捷克和斯洛伐克联邦共和国终止法》，1993 年 1 月 1 日，捷克和斯洛伐克联邦共和国正式分为捷克共和国和斯洛伐克共和国两个独立的主权国家。

1989 年 11 月 9 日，民主德国宣布开放柏林墙和两德边界。12 月，德国统一社会党决定将党的名称改为“德国统一社会党—民主社会主义党”。1990 年 2 月又改为“民主社会主义党”。3 月，民主德国议会进行了首次多党制的自由选举，组成了以基督教民主联盟主席德梅齐埃为总理的新联合政府，并同意尽快按联邦德国基本法实现两德统一。10 月 3 日，根据两德政府签订的双边“统一条约”，民主德国加入联邦德国，德国结束分裂状态，重新统一为一个国家。

保加利亚和罗马尼亚则是通过“自上而下”的方式，改变了政治和经济体制。1989 年 11 月，保加利亚反对派把原领导人日夫科夫和平赶下台，建立由反对派掌权的新政权，接着保共改名为“社会党”，实行多党制和市场经济。1989 年 12 月，罗马尼亚领导人齐奥塞斯库被赶下台，并被处死。以前罗共中央书记扬·伊利埃斯库为首的“救国阵线委员会”成立，宣布接管政府一切权力，并将“罗马尼亚社会主义共和国”改名为“罗马尼亚”，实行多党制和经济改革。

1990 年以后，阿尔巴尼亚和南斯拉夫也发生了类似的政治变革。民主派和反对派的势力日益强大，各国执政的共产党纷纷修改宪法，放弃自己的执政党地位，在政治上作出了重大的原则性让步。反对派顺利上台执政，大规模推行私有化，急速向市场经济体制过渡，东欧各国似乎在一夜之间全部“变天”了，东欧社会主义阵营彻底瓦解。东欧国家的改革困局普遍是以共产党的政治让步而得以突破的。

二、戈尔巴乔夫改革与苏联解体

从 20 世纪 50 年代起，苏联不同时期的领导人都对斯大林时期的经济体制进行了多次改革。到 80 年代，这种体制内的改革仍在进行，但效果不大。当时资本主义市场经济体制和中国以市场为取向的改革，对苏联产生了巨大的竞争和示范效应。1985 年上台执政的戈尔巴乔夫决心另辟蹊径，寻找改革新路。由于长期实行僵化的计划经济体制，积累了大量矛盾，不可能找到一揽子的改革方案一下子解决。但苏共领导人却脱离实际，急于求成，改革方案频繁出台，却缺乏操作性和实效性。在经济改革难以推动的情况下，戈尔巴乔夫又将改革重点转向政治领域。

1986 年，戈尔巴乔夫提出了“全面改革”的概念，以后不断阐述其全面改革的思想，开始推行以“加速社会经济发展战略”，实现“民主化”“公开性”为主要内容的“改革与新思维”。1988 年 6—7 月，苏共召开第十九次代表会议，提出要根本改革政治体制，把政治体制改革放在首位；要把“多元化”引入政治体制，把“公开性、民主化、多元化”并列为三个“革命性倡议”；正式提出要建立“人道的、民主的社会主义”。这标志着苏联的基本理论和社会发展方向发生了根本改变，重点转向政治改革。① 这成为苏联改革走向失败的转折点。

尽管“公开性”“民主化”和“多元化”迅速打破了原有的经济机制，但新的市场经济机制却没有建立起来。1990 年 7 月，苏共召开二十八大，通过了“走向人道的、民主的社会主义”的纲领性声明，以及苏联共产党新章程等决议，宣

① 张建华:《激荡百年的俄罗斯——20 世纪俄国史读本》，人民出版社 2010 年版，第 308—309 页。

称按“人道的、民主的”社会主义路线和纲领，改造苏联共产党和苏联社会；苏共不再是国家的“领导力量”和“核心”，实行意识形态多元化；取消苏共法定的领导地位；实行“非国有化和私有化”，向以私有制为基础的市场经济过渡；对外政策方面坚持“全人类利益高于一切”，排除两大体系的对抗，实现国际关系的“非意识形态化”和“人道主义化”。从此，苏联加快了向资本主义“和平演变”的步伐。① 改革的目标不再是完善社会主义，而是要摧毁原来的社会制度。

1990 年 3 月 11 日，苏联加盟共和国立陶宛率先宣布脱离联盟，成为主权国家，由此拉开了苏联解体的序幕。1991 年 4 月，苏联总统戈尔巴乔夫同俄罗斯等 9 个加盟共和国领导人举行会议，发表了“9+1”联合声明，规定尽快签订新的主权共和国联盟条约，从国名中删去“社会主义”字样，把“加盟共和国联盟”改为“主权共和国联盟”。面对戈尔巴乔夫的政治改革，苏联副总统亚纳耶夫等 8 人组成“国家紧急状态委员会”，于 1991 年 8 月 19 日至 21 日发动了“八一九”事件，旨在挽救苏联瓦解和分裂的命运，但以失败告终。1991 年 12 月 8 日，在白俄罗斯靠近别洛韦日树林的“维斯库利”小村庄，苏联三大加盟共和国——俄罗斯、乌克兰和白俄罗斯的领导人叶利钦、克拉夫丘克和舒什科维奇签订了所谓的“别洛韦日协议”，正式宣告苏联的灭亡。② 1991 年 12 月 21 日，11 个原苏联加盟共和国以创始国的身份签署《阿拉木图宣言》等文件，正式宣告这 11 个原加盟共和国结成独立国家联合体，苏联停止存在。同年 12 月 25 日，戈尔巴乔夫发表全国电视讲话，辞去苏联总统职务。与此同时，红色的苏联国旗从克里姆林宫上空降下，俄罗斯历史上的三色国旗升起，一个世界超级大国且具有 69 年历史的第一个社会主义国家彻底解体。

三、苏联解体的原因

苏联迅速解体的过程是令人震惊的，因为历史上从没有任何一个大国的衰落，是像苏联那样在根本没有什么外部入侵和内部暴乱的情况下，其强大的军事和经济实体就突然倒塌了。这些年来，东西方政要和学者纷纷探讨苏联迅速解体的原因，并提出了各种各样的解释。事实上，苏联解体的根本原因，在于苏共对马列主义和科学社会主义的背离。从赫鲁晓夫以来，特别是戈尔巴乔夫时期，苏联逐渐形成了一套背离马列主义基本原理和科学社会主义道路的路线、方针、政策，从而导致苏共亡党、苏联解体的历史悲剧。

首先，苏共高层放弃了马克思主义的指导思想，背离了社会主义与共产主义的理想信念。戈尔巴乔夫上台后，鼓吹指导思想上的多元化，并大刀阔斧地推行

① 蔡林慧：《综述苏联东欧改革失败的历程》，《学术月刊》2003 年第 11 期，第 105—108 页。

② 该协议中认定苏联作为国际法主体停止存在，宣告成立拥有各自主权的独立国家联合体（简称“独联体”），同时宣布废除 1922 年签署的联盟条约，终止其国家机构的一切活动。

所谓“新思维”，大搞“人道的民主的社会主义”，彻底否定社会主义制度，从而造成全国上下思想混乱、人心涣散的局面，致使苏共领导层完全丧失了制度自信。事实上，以戈尔巴乔夫为首的苏共高层推行的全方位改革，完全偏离了社会主义道路，实质是走向了资本主义。

其次，苏联高度集中的政治体制导致党政不分，以党代政，为个人专断、破坏社会主义法制提供了可能。在这种情况下，所谓苏维埃民主或苏联社会主义民主，只能是一种形式上的东西，根本谈不上人民真正成为社会的主人。苏共利益集团保守僵化，昏庸无能，营私舞弊，腐化堕落，扼杀了苏联人民的创造力，耗尽了苏联人民的多年积蓄。人民离权力越来越远，而脱离群众的党和国家政权逐渐失去合法性依据，最终使国家失去了稳定的根基。

再次，苏联僵化的经济体制、结构和战略不能适应时代的发展变化。多年来的经济体制改革受到苏共利益集团的阻碍而止步不前，苏联人民生活水平和质量没有得到应有的改善和提高。尽管经济增长率一直保持着较高水平，但总体上还是呈递减趋势，相应的问题是卢布严重贬值，老百姓购买力下降，国内物资供应紧张，生活用品极度匮乏。这种持续的经济矛盾，导致人们对社会主义制度优越性的怀疑，并削弱了社会抵御经济危机的信心，从而使国内经济陷于崩溃，结果是苏共丧失政权和苏联解体。

最后，民族问题长期得不到妥善解决，也是导致苏联解体的重要原因。苏联宪法规定，苏联是联邦制国家，承认各民族有权建立自主管理本民族事务的机构，各加盟共和国有权脱离苏联。从斯大林时代开始，大俄罗斯主义盛行，强力推行一体化，伤害了一些民族的感情。但长期以来，苏共对这些问题视而不见，听而不闻，致使民族矛盾越积越多。而在经济危机和政治危机的推动下，长期存在和积累的民族矛盾就转变为分裂主义，最终导致苏联解体。

第四节 南北关系和南南合作

一、南北问题的起源与本质

南北问题起源于西方国家建立的殖民体系及其发展和演变。随着战后殖民体系的瓦解，亚、非、拉的殖民地和半殖民地国家脱离了宗主国的殖民统治，成为主权独立国家，但它们都属于发展中国家，且多半位于南半球。战后发达国家与发展中国家形成了特殊的政治和经济关系，即南北关系。

战后初期，西方国家不甘于其殖民体系的瓦解，仍然把这些在政治上已经赢得独立地位的国家作为其原料产地、商品市场和投资场所，使其成为剥削的对象。不少发达国家仍然坚持殖民时代形成的国际经济秩序，对发展中国家推行损人利己的经济政策。在这种新殖民主义思想和政策下，大多数前殖民地国家在资本主义国际分工体系中处于不平等地位，沦为单一的初级产品供应地，这使这些国家的经济发展进程受到了严重遏制，经济状况恶化，有的负债累累，有的难以可持续发展。

在政治上取得独立的发展中国家，如果不能在资本主义世界经济体系内实现经济发展，独立也只不过是个形式，实质上将仍是殖民地状态的延续。南北问题是一个历史问题，但更是一个现实问题，其本质就是发展不均衡问题。

20 世纪 80 年代以后，南北之间的经济差距和贫富差距日益扩大。在 80 年代至 90 年代，全球对外直接投资增加了 6 倍，其中 70%是在发达国家之间进行的，20%为 8 个发展中国家所获得，另外 100 多个国家仅获得 10%。1995 年，流入发达国家的外资占全部外资的比例为 63. 4%，发展中国家的这一比例为 32. 3%，差距为 31. 1%；到 1998 年，发达国家的这一比例为 71. 5%，发展中国家的这一比例为 25. 8%，差距扩大为 45. 7%。① 在 20 世纪和 21 世纪之交，南北之间的信息化差距，甚至要大于南北经济总量的差距。只有少数发展中国家跟上了信息化的步伐，大多数穷国则被远远地甩在了后面。

南北差距最终体现在发达国家和发展中国家人均收入上。1999 年至 2000 年，占世界人口 17%的 24 个发达国家占了全球 GDP 的 80%；最富国的人均 GDP（美国 30 600 美元）与最穷国人均 GDP（埃塞俄比亚 100 美元）之比超过了 300∶1；世界上最不发达国家，从 1970 年的 25 个增加到 2000 年的 49 个，这些国家有 6. 3 亿人口，占世界人口的 1/10，但其收入和贸易量只占百分之零点几，几乎可以忽略不计。当发达国家步入了信息社会和数字化时代时，这些地方仍十分落后。世界最富的 20%人口的收入 30 年前是最穷的 20%人口的 30 倍，目前这一数据差不多是 60 倍。

关于南北发展不均衡问题，传统社会理论认为是由发展中国家本身的问题导致的。普雷维什的中心—外围理论认为，现存的不合理的国际经济秩序是不发达国家落后的根源。美国经济学家弗兰克指出，正是资本主义，不论是世界资本主义还是一个国家的资本主义，在过去造成了某些国家的不发达，而今天仍在制造这样的局面。

正如邓小平所说的，和平与发展是当今世界的两大问题。和平问题是东西问题，发展问题则是南北问题。在西方发达资本主义国家主导的全球化浪潮中，又出现了许多新的不平衡和国家之间的分化。南北之间的贫富差距并没有缩小，反而进一步扩大了。

---

① 李静霞：《论全球化经济的不平等性》，《国际经贸探索》2001 年第 5 期，第 17—20 页。

二、南北矛盾与南北合作

南北关系不仅是经济问题，也是国际政治问题。由于复杂的历史原因，发达国家与发展中国家形成了一种独特的经济关系，即南北经济关系。其矛盾主要集中在南北贸易、国际资本流动、债务、发展援助，以及国际经济秩序的调整和改革等方面。

关于南北贸易问题，绝大部分国际贸易的增长都集中在发达国家，南方市场对北方市场的依赖程度，要大于北方市场对南方市场的依赖程度，导致南北方贸易条件不同，从而使南方国家处于不利地位。北方国家主要出口附加价值高的工业制成品，而南方国家主要出口附加价值低的初级产品，导致南北贸易结构的不平衡。20 世纪 70 年代，发达国家的贸易保护主义抬头，也严重影响了南北之间的贸易发展。

围绕南北贸易问题，发展中国家在联合国贸易和发展会议、经济与社会理事会、关贸总协定及后来的世界贸易组织等各种有关国际机构，与北方发达国家展开了激烈的斗争。

关于国际资本流动问题，南北之间的资本流动表现出双重的不对称性，即北方发达国家是资本输出国，国际资本总是首先从北方流向南方，而南方向北方的资本流动比例很小；北方向南方的资本流动，主要采取资本输出的方式，而南方向北方的资本流动主要采取偿还债务和支付利息的方式。

20 世纪 70 年代以后，南方发展中国家和北方发达国家之间的矛盾就集中在债务问题上。南方发展中国家负债日益扩大，最终酿成严重的债务危机。1980 年，发展中国家对外负债总额达到 6 500 亿美元。1982 年，拉美地区背负了巨额债务，最终爆发了债务危机。南北双方进行了旷日持久的对话，最终北方发达国家不得不实行“债务的重新安排”和“债务部分减免”政策。90 年代，南方发展中国家频频发生债务危机，使南北矛盾加剧。

为解决这两者间的经济关系问题，发展中国家和发达国家间就经济合作和发展问题举行国际性经济会议进行谈判，以此开展南北会谈和南北合作。

南北会谈可追溯到 20 世纪 50 年代，酝酿于 60 年代初。1964 年，联合国贸易和发展会议的举行揭开南北会谈的序幕。1979 年，发展中国家在联合国大会提出了举行全球谈判的建议，联大为此通过了决议，但南北分歧仍难以解决。在 1981 年召开的坎昆会议上，美国等少数国家坚持顽固立场，导致南北谈判破裂，南北关系陷入僵局。

20 世纪 90 年代，南北关系出现了新的趋向，即发达国家和发展中国家以区域经济一体化的形式开展合作。如 1992 年《北美自由贸易协定》的签订，1993 年成立的欧洲联盟等。但在南北合作过程中，必然出现发展中国家与发达国家获取的利益不均等的情况，以及发展中国家对发达国家的经济依附现象。

三、南南合作及其进程

发展中国家为了促进自身经济的发展，增强团结斗争的力量，提高在南北谈判中的地位，在开展争取建立国际经济新秩序斗争的同时，越来越认识到加强彼此间合作——南南合作的重要性和紧迫性。它们要求改变现存国际经济关系中的不合理状况，改变其在生产、贸易和货币金融领域中受到的不公正和不平等待遇，建立新型的国际经济秩序，在国际经济事务中取得应有的发言权和决策权。

1955 年的万隆会议开创了发展中国家独立自主和团结合作的新纪元。60 年代兴起的不结盟运动，以及在 1964 年形成的“七十七国集团”，为发展中国家的团结合作奠定了基础。

在“七十七国集团”的框架下，发展中国家召开了一系列会议，制定了许多纲领和措施。如 1967 年 10 月，“七十七国集团”的阿尔及尔会议，通过了《阿尔及尔宪章》；1979 年 2 月，在坦桑尼亚阿鲁沙举行“七十七国集团”部长会议，通过了《阿鲁沙集体自力更生纲领和谈判纲要》；1981 年 5 月，“七十七国集团”高级会议通过了《发展中国家经济合作的行动纲领》(《加拉加斯纲领》)；1986 年 6 月的开罗会议，通过了《开罗宣言》等。这些纲领和宣言，都一致强调要促进南南合作，推动南北谈判，实现建立国际经济新秩序的目标。

“七十七国集团”的联合行动，动摇了超级大国主宰的国际经济秩序，加强了第三世界国家间的经济合作。到 20 世纪 80 年代，南南合作成为一股强大的历史潮流。目前，南南合作已经成为发展中国家之间的重要合作形式，涵盖了经济、社会、文化、环境和技术等领域，扩大了南南贸易规模，有助于发展中国家的相互援助和直接投资，推动了区域经济合作和一体化进程。

南南合作虽然有着广阔的发展前景，并已显示出勃勃生机，但在南南合作的道路上，还有许多困难和阻力。如许多发展中国家经济、技术力量薄弱，又与原宗主国和其他发达国家有着千丝万缕的联系，很难摆脱依附状态；一些国家参加南南合作，不免从民族利己主义立场出发，想从中得到更多的利益，却又恐怕主权受损；政治、历史、民族、宗教等方面的差异或纠纷，都在影响着南南合作的进展。

20 世纪 60 年代以来，发展中国家先后成立了十几个地区性经济合作组织，如东南亚国家联盟（ASEAN，简称东盟）、西非国家经济共同体、加勒比共同体和国家联盟及拉丁美洲一体化协会等。其中，东盟是东南亚地区的政府间组织，成立于 1967 年 8 月 8 日，旨在促进成员国之间的经济、政治、安全、社会和文化合作，目前已经有10个成员国，包括印度尼西亚、马来西亚、菲律宾、新加坡、泰国、文莱、越南、老挝、缅甸、柬埔寨，建立了东盟自由贸易区（AFTA），以推动区域经济一体化。自20世纪90年代开始，东盟与中国也建立了密切的经贸合作关系，目前，已互为第一贸易伙伴。

四、建立国际经济新秩序

为了改变在国际经济关系中所处的不平等和依附地位，战后取得独立的发展中国家开始了建立平等的国际经济新秩序的斗争。

1960年以后，在发展中国家的努力争取下，联合国大会通过了一系列有关建立国际经济新秩序的决议。如1960年的《关于给予殖民地国家和人民独立的宣言》，1970年的《关于各国依联合国宪章建立友好关系及合作之国际法原则之宣言》，1974年的《建立新的国际经济秩序宣言》《建立新的国际经济秩序行动纲领》和《各国经济权利和义务宪章》，以及1975年的《关于发展和国际经济合作的决议》等，有力推动了国际经济立法朝有利于发展中国家的方向发展。

在上述纲领和原则的指导下，发展中国家建立国际经济新秩序的斗争，取得了一系列成果。如资源主权方面，石油生产国通过联合斗争，从西方石油垄断公司手中收回了石油主权；在维护海洋权方面，经过9年艰苦谈判，第三次联合国海洋法会议于1982年通过了《联合国海洋法公约》草案，使拉美国家带头掀起的200海里海洋权的斗争取得胜利；在国际贸易方面，发展中国家为了稳定原料出口价格，1976年5月正式提出“商品综合方案”，由消费国和生产国提供共同基金，用于发展中国家大宗出口的18项初级产品的缓冲储存。

特别是1975年非洲、加勒比和太平洋地区的46个发展中国家同欧洲经济共同体签署了1975年至1979年为期5年经济贸易协定，即第一个《洛美协定》；1979年和1984年又分别签署了为期5年的第二个和第三个《洛美协定》。这表明发展中国家在争取公平贸易、改变南北不合理的国际经济关系方面迈出了重要一步。

发展中国家争取建立国际经济新秩序的努力，还集中体现在《关贸总协定》谈判以及《关贸总协定》相关条款的修改上。如《关贸总协定》第18条的修订，在1955年的谈判中，增加了给予发展中国家更大灵活性，以方便其参与多边贸易体制的内容，包括幼稚工业条款。这些条款允许发展中国家在一定条件下，为建立某一特定行业背离其关税承诺及采取一些非关税措施；允许发展中国家在发生国际收支困难时实施数量限制。

20世纪90年代，经济全球化对原有的国际经济秩序构成新的挑战，同时使发展中国家进一步处于不利地位。因而，建立国际经济新秩序，是发展中国家求得未来发展权的重要条件。

第五节 经济一体化和区域经济集团化

经济一体化是指世界一个地区，或跨地区的若干个国家之间达成协定或条约，进而建立经济合作组织，并逐步取消相互之间的差别待遇，使生产要素更合理地流动。而区域经济集团化一般是指在区域上相邻或相近，具有相似的社会经济制度、相近的生产力和经济社会发展水平，以一定共同利益和互补经济条件为基础，通过签订共同协定或条约组建起来的区域内跨国经济联合组织。第二次世界大战后，经济一体化和区域经济集团化成为两个各有特色的发展趋势。20 世纪 80 年代以来，基本形成了以西欧、北美和亚太地区三大区域经济为中心，向全球辐射的世界经济发展格局。

一、欧洲联盟的产生与发展

欧洲联盟源于 1949 年法国经济学家让·莫内的主张。他认为欧洲国家可通过对煤炭和钢铁实行联营共管，而走向经济联合。这一主张得到法国外长舒曼的支持。舒曼于 1950 年 5 月正式提出建立欧洲煤钢共同体计划，建议法国和联邦德国的煤炭和钢铁工业合并，并邀请其他国家参加。这就是著名的“舒曼计划”。

1951 年 4 月 18 日，法国、联邦德国、意大利、荷兰、比利时和卢森堡 6 国政府签订了《欧洲煤钢共同体条约》，建立了一个管理煤钢事务的超国家组织机构。该机构有权决定 6 国的煤钢生产、投资、价格和原料分配，以至于发展或停闭某些企业。

在煤钢共同体取得一定成绩的情况下，1957 年 3 月 25 日，参与“舒曼计划”的 6 国在罗马签订了《欧洲经济共同体条约》和《欧洲原子能共同体条约》，统称《罗马条约》，1958 年正式生效。该条约规定了欧洲经济共同体和原子能共同体活动的内容、方式和争取的目标，成为欧洲联盟建立过程中非常重要的国际性条约。

1967 年，欧洲煤钢共同体、欧洲经济共同体和欧洲原子能共同体三个组织的机构完全合并，统称为欧洲共同体（欧共体），又称西欧共同市场。1968 年 7 月 1 日，正式成立关税同盟，规定成员国之间所有的关税全部取消，拉平了 6 个成员国之间的对外税率。

1973 年欧共体发展到 9 个国家，人口 2.56 亿，出口贸易额 2 100 亿美元，黄金外汇储备 606.2 亿美元，均已超过了美国和苏联，国民生产总值 10 650 亿美元。1986 年，欧洲共同体扩大为 12 国，面积由 152.6 万平方千米增加到 225.3 万平方千米，人口由 2.6 亿增加到 3.2 亿，国民生产总值占全世界的 1/4，对外贸易占全世界的 2/5，成为世界上实力最强、影响最大的区域经济集团。

欧洲国家从煤钢联营开始，一直发展到共同市场，逐步实现了以共同市场为载体的欧洲经济一体化。欧洲经济一体化体现在：建立了关税同盟，这是欧洲经济共同体的重要基础；制定了共同农业政策；1979 年起建立欧洲货币体系，为统一欧洲货币，建立全面的经济货币同盟迈出了重要一步；在政治领域和对外政策中进行协调，强调西欧国家联合起来“用一个声音说话”。

1991 年 12 月，欧共体 12 国在马斯特里赫特首脑会议上，通过了关于建立欧洲一体化的《欧洲联盟条约》（即《马斯特里赫特条约》），该条约是欧洲联盟最终建立的重要法律文件。根据该条约，欧盟既是国际组织，又是一个超国家的经济组织，它要求成员国至少放弃一部分主权，并可以使用托管权来强制服从。①

2002 年年初，欧元正式成为欧元区 12 国的法定货币，各国货币完全停止在市场上流通，为实现欧洲的货币统一的梦想迈出了关键的一步。②

二、北美自由贸易区的建立

在国际贸易保护主义日益抬头的情况下，美国和加拿大为了共同利益，全面推进双边贸易关系。1980 年，美国总统里根提出了建立北美自由贸易区的设想。1986 年，开始谈判和签订自由贸易协定，作为建立北美自由贸易区的第一步。

经过两年的谈判，1988 年 1 月 2 日，美国与加拿大签署了《美加自由贸易协定》（1989 年 1 月 1 日生效）。该协定确定两国在未来 10 年内，逐步取消两国间一切进出口产品关税，并有步骤地减少制造业、能源和农业等产品的贸易壁垒，扩大两国的贸易合作，实现商品、劳务、资本和人员的自由流动。

1990 年，美国和墨西哥之间启动了有关自由贸易的谈判，两国签署了《自由贸易协议大纲》，并就贸易自由化的细节问题进行谈判。1991 年 6 月 12 日，美、加、墨三国高级贸易官员正式谈判。1992 年 8 月 12 日，三国就《北美自由贸易协定》达成一致意见，宣布成立北美自由贸易区。同年 12 月 17 日，三国领导人布什、马尔罗尼和萨利纳斯分别代表本国政府，在各国首都签署了《北美自由贸易协定》（简称 NAFTA），该协定于 1994 年 1 月 1 日开始生效。

由美、加、墨组成的北美自由贸易区，是在美、加自由贸易区基础上的扩大和延伸，有利于形成一个包括贸易、投资、金融和劳动力流动的一体化共同市场，从而把北美地区的经济合作推向一个新的发展阶段。NAFTA 生效后，美、加、墨

---

① 2016 年英国“脱欧”，截至 2023 年 7 月，加入欧盟的国家有 27 个。

② 截至 2023 年 7 月，欧元区共有 20 个成员国。

三国分别在贸易、投资和就业等方面受益匪浅。①

北美自由贸易区是世界第一个由最富有的发达国家和发展中国家组成的区域经济贸易集团，是发达国家和发展中国家在区域内实行国际产业垂直分工的第一次尝试。这不仅对美洲经济的发展，乃至对世界经济的发展和世界经济格局的形成都将产生深远的影响。

与欧盟相比较，北美自由贸易区仅处在一体化的初级阶段，距完成统一大市场，实现商品、人员、资金和劳务的自由流动，取消关税等尚需较长时间。但北美自由贸易区拥有世界上最富有、经济与科技最发达的国家，无论是综合经济实力、科技实力还是市场规模都超过欧盟。

由于三国经济实力悬殊，美国始终居于绝对的领导地位，而加、墨处于弱势地位，因此北美三国间的贸易摩擦仍时有发生。如美国政府在 1996 年 11 月把从墨西哥进口的草编扫帚的关税从 0 提高到 20%。出于报复，墨西哥提高了一系列从美国进口产品的关税。

1994 年 12 月，在美国迈阿密举行了 34 个美洲国家首脑会议，美国想扩大 NAFTA 的范围，建立美洲自由贸易区。但是后来由于墨西哥金融危机的影响，扩张计划受阻。1998 年 4 月，美洲（除古巴外）34 国元首和政府首脑在智利首都圣地亚哥举行第二届美洲国家首脑会议，签署了《圣地亚哥宣言》和《行动计划》，宣布正式启动建立美洲自由贸易区的谈判，以加强美洲国家的经济一体化和自由贸易。

三、亚太经合组织的演变

亚太经济一体化设想始于 1963 年，当时日本政府提出《太平洋经济合作方向》的报告。1965 年，日本学者小岛清首先提出“太平洋共同市场”和“环太平洋自由贸易区”的设想，目的在于对抗西欧共同体，但响应者寥寥。一直到 1980 年，太平洋经济合作会议（PECC）以半官方论坛的形式出现，太平洋地区的经济合作才开始得到亚太各国的重视。

1989 年 11 月，美国、加拿大、澳大利亚、新西兰、日本、韩国和当时的东盟 6 国共 12 国的 27 位外交、经济（贸易）部长集聚堪培拉，召开了首届部长级会议，亚太经济合作组织（简称亚太经合组织或 APEC）正式成立。这标志着亚太区域经济合作进入了官方性的政策推进阶段。

1991 年，在韩国汉城召开的第三届部长级会议，确定了 APEC 的宗旨、活动范围和合作方式，APEC 开始朝具体的经济合作方向迈进。1992 年，在泰国曼谷召

① 2018 年 11 月 30 日，美国、墨西哥、加拿大三国领导人签署《美国—墨西哥—加拿大协定》，取代了《北美自由贸易协定》，原协定被终止。

开的第四届部长级会议成立了 APEC 秘书处，标志着 APEC 开始走向了组织化。1993 年，在美国西雅图召开的第五次部长级会议和随后召开的第一次 APEC 领导人非正式会议，通过了“贸易和投资框架宣言”，明确指出 APEC 的目标是实现贸易自由化，同时指出世界贸易自由化应首先在亚太地区展开，推动亚太地区以市场为导向的经济合作，促进该地区贸易、投资自由化的发展，消除 APEC 成员间的贸易和投资障碍。

1994 年 11 月，第二次 APEC 领导人非正式会议及部长级会议在印度尼西亚的茂物召开。最终达成的《茂物宣言》首次明确了 APEC 关于贸易与投资自由化的目标及其开放性特点，标志着亚太地区经济合作的正式开始。后来组织规模快速扩大，到 2022 年共有 21 个正式成员和 3 个观察员，共举行了 29 次 APEC 领导人非正式会议。

亚太经合组织是国家和地区经济合作的基础。该地区包括了发达的工业化国家、新兴工业化国家和地区及发展中国家，具有较大的差异和资源互补性。同时成员之间的经济冲突难以避免，1997 年亚洲金融危机使原来发展势头强劲的 APEC 进程慢了下来，但是其内部的次区域自由贸易协定（SRFTAs）越来越多。

思考题

1. 第二次世界大战后国际经济秩序重建包括哪些内容？
2. 如何理解战后东西方经济关系的变化？
3. 南北经济关系变化的过程和趋势是什么？
4. 欧洲、北美和亚太三大经济圈是如何形成的？

▶ 自测习题及参考答案

请扫描二维码

第四篇 当代世界经济的重构

20 世纪 90 年代以后，由于东欧剧变、苏联解体，各个国家和地区普遍实行市场导向的改革，世界经济出现全球化浪潮。西方资本主义国家实行新自由主义的经济政策，导致 2008 年国际金融危机。中国通过 40 多年的改革开放，实现了经济腾飞，发展成为世界第二大经济体，成功推进了中国式现代化进程。中国提出“一带一路”倡议和构建人类命运共同体，为解决人类问题贡献了中国智慧和中国方案。

第十五章　中国的改革开放和中国式现代化建设

1978 年党的十一届三中全会开启了中国改革开放的伟大历史进程。2013 年党的十八届三中全会开启了新时代全面深化改革、系统整体设计推进改革新征程，开创了中国改革开放全新局面。改革开放推动中国实现了由计划经济体制向社会主义市场经济体制、由封闭半封闭到全方位开放的伟大历史转型，使生产力得到极大解放，综合国力显著增强，人民的物质和文化生活得到明显改善，国际影响力大幅提升；改革开放推动我国迈上以中国式现代化全面推进强国建设、民族复兴伟业的新征程，探索出一条在一个十几亿人口的发展中大国如何摆脱贫困、迈向富强的崭新发展道路；改革开放使中国成为全球第二大经济体、最大贸易国及主要外资流入国，既是“世界工厂”也是“全球市场”，与世界深度融合，持续引领全球的稳定和繁荣发展，成为拉动全球经济增长的重要引擎。改革开放不仅深刻改变了中国，也深刻影响了世界，中国经济将在世界经济中继续扮演重要角色。

正在进行的中国式现代化是人口规模巨大、全体人民共同富裕、物质文明和精神文明相协调、人与自然和谐共生、走和平发展道路的现代化，将创造人类文明新形态，持续为世界发展提供新机遇、增添新动力。

第一节　经济改革与社会主义市场经济体制的建立

一、家庭联产承包责任制

党的十一届三中全会以后，中国的经济体制改革首先在农村取得突破性进展，从农村家庭联产承包责任制改革开始。

1978 年 12 月，党的十一届三中全会深入讨论了《中共中央关于加快农业发展若干问题的决定（草案）》和《农村人民公社工作条例（试行草案）》，同意将这两个文件发到省、自治区、直辖市讨论和试行。全会认为：为把农业搞上去，必须首先在农村实行改革，推行联产计酬责任制。[①] 1978 年，安徽出现百年一遇的特大旱灾，安徽省委果断作出了“借地度荒”的大胆决策，规定集体无法耕种的土地可以借给农民种麦种菜，调动了农民生产自救的积极性。部分地区为克服严重困难，进行了包产到组、包产到户等责任制形式的尝试。1978 年 12 月，安徽省凤

---

① 姜华宣、张蔚萍、肖甡主编：《中国共产党重要会议纪事（1921—2006）》（增订本），中央文献出版社 2006 年版，第 423 页。

阳县梨园公社小岗村的20位农民自发地实行了包产到户，实现了农业大丰收。小岗村的成功在周围村落产生了强烈的示范效应，许多地方把田地、耕牛划分到户，搞起了以包干到户为主的联产承包责任制。农民把包干到户形象地概括为“保证国家的，留够集体的，剩下都是自己的”①。这就是家庭联产承包责任制，即农民以家庭为单位，向集体经济组织（村、组）承包土地等生产资料和生产任务的农业生产责任制形式。

农村的改革对当时已经实行20多年的农村人民公社体制形成了强大的冲击，引起了激烈的争论。邓小平十分关注这场农村改革及其争论。1980年5月，邓小平就农村改革发表重要谈话，对安徽凤阳的大包干给予了肯定和支持。

1980年9月14日至22日，中共中央召开了各省、市、自治区党委第一书记会议，讨论加强和完善农业生产责任制的问题。1980年9月27日，中央给各地下发了这次会议的纪要——《关于进一步加强和完善农业生产责任制的几个问题》(即中共中央1980年第75号文件)。该文件改变了过去不准搞包产到户的提法，明确可以包产到户，也可以包干到户，并在一个较长的时间内保持稳定。家庭联产承包责任制开始从初步推行阶段进入快速推进阶段。到1980年年底，全国有50%的生产队实行了包产到户、包干到户责任制。② 由于75号文件没有完全正面肯定包产到户的社会主义性质，所以争论仍在继续。

为进一步统一全党思想，深化农村改革，中共中央于1981年12月召开农村工作座谈会讨论了农业生产责任制问题，形成了《全国农村工作会议纪要》(简称《纪要》)。1982年1月，中共中央以当年一号文件的形式批转了这个《纪要》。《纪要》明确指出，“包产到户、到组，包干到户、到组，等等，都是社会主义集体经济的生产责任制”。1982年一号文件对包产到户、包干到户的充分肯定，推动了“双包”（包产到户、包干到户）的改革以更快的速度在全国范围实施。到1982年年底，全国农村实行“双包”责任制的生产队已达到78.8%。③ 1982年9月召开的党的十二大对党的十一届三中全会以来实施的多种形式的农业生产责任制给予了充分肯定，强调必须长期坚持下去并在总结群众实践经验的基础上逐步加以完善。1983年1月，中共中央印发《当前农村经济政策的若干问题》(即中共中央1983年一号文件)，进一步肯定了以家庭联产承包责任制为主要形式的农业

---

① 当代中国研究所:《中华人民共和国史稿（1976—1984)》第四卷，人民出版社2012年版，第129页。

② 当代中国研究所:《中华人民共和国史稿（1976—1984)》第四卷，人民出版社2012年版，第134页。

③ 当代中国研究所:《中华人民共和国史稿（1976—1984)》第四卷，人民出版社2012年版，第135页。

生产责任制。1983 年中央一号文件下发后，家庭联产承包责任制迅速在许多原以为不适合推行的地方推行开了。截至 1983 年年底，实行“大包干”的农户达到农户总数的 94.4%。[①] 1984 年、1985 年和 1986 年中共中央发布的三个一号文件，对家庭联产承包责任制给予充分肯定，并在政策上积极引导，如针对延长土地承包期、增加农业投资、稳定农业生产资料价格等问题制定了新的政策。

从 1982 年至 1986 年，中央连续五年发出的一号文件都凸显了党中央对农村改革的高度重视。这五个一号文件作为指导中国农村改革取得成功的一套重要历史文献，以促进农村不断深化改革、促进农业生产力不断发展为总的指导思想，将家庭联产承包责任制推行到了全国农村，推动了农业和农村经济的发展。

家庭联产承包责任制在全国范围内的推行，使广大农民获得充分的经营自主权，极大调动了农民的生产积极性，解放和发展了农村生产力，但同时也冲击了人民公社“政社合一”的体制。1983 年 10 月，中共中央、国务院发出了《关于实行政社分开建立乡政府的通知》，规定建立乡（镇）政府作为基层政权，同时成立村民委员会作为群众性自治组织。农村基层组织的这项重大改革在 1985 年全部完成，全国各地共建立了 9.2 万多个乡（镇）政府，建立了 82 万多个村民委员会。[②]至此，农村人民公社制度退出了历史舞台。

家庭联产承包责任制是自下而上的改革，改革的基本方式是下边探索、上边认可的渐进方式。家庭联产承包责任制采取了统一经营与分散经营相结合的原则，使集体优越性和个人积极性同时得到发挥，最终成为我国当代农村的一项基本经济制度。

自从 20 世纪 80 年代我国正式确立家庭联产承包责任制之后，党中央不断加以完善。如 1991 年 11 月召开的党的十三届八中全会明确提出，要把以家庭联产承包为主的责任制、统分结合的双层经营体制作为我国乡村集体经济组织的一项基本制度，长期稳定下来并不断充实完善。这一提法在 1993 年被正式写入《中华人民共和国宪法》。1997 年中共中央和国务院颁发的《关于进一步稳定和完善农村土地承包关系的通知》提出，在第一轮土地承包到期后，土地承包期再延长 30 年（指的是家庭土地承包经营的期限），集体土地实行家庭联产承包制度，是一项长期不变的政策；同时提出土地流转的概念，允许农民自愿将部分责任田的使用权有偿转让或交给集体实行适度规模经营。1998 年的党的十五届三中全会提出，要把以家庭联产承包的责任制，改成“以家庭承包经营为基础、统分结合的经营制度”。

---

① 当代中国研究所:《中华人民共和国史稿（1976—1984)》第四卷，人民出版社 2012 年版，第 136 页。

② 当代中国研究所:《中华人民共和国史稿（1976—1984）》第四卷，人民出版社 2012 年版，第 138 页。

党的十八大以后我国对农村家庭联产承包责任制的改革逐步聚焦到所有权和承包经营权的两权分离上来。在 2013 年年底召开的中央农村工作会议上，习近平提出顺应农民保留土地承包权、流转土地经营权的意愿，把农民土地承包经营权分为承包权和经营权。由此便形成农村土地的所有权、承包权和经营权的“三权分置”格局。2017 年党的十九大决定要“保持土地承包关系稳定并长久不变，第二轮土地承包到期后再延长三十年”。这一决定意味着，从农村改革之初的第一轮土地承包计算起，我国的农村土地承包关系将保持长达 75 年。当前，家庭联产承包责任制仍是中国农村土地制度的核心。随着农业现代化和新型城镇化的推进，改革也在不断深化。党的二十届三中全会提出，要“巩固和完善农村基本经营制度。有序推进第二轮土地承包到期后再延长三十年试点，深化承包地所有权、承包权、经营权分置改革，发展农业适度规模经营”。这样做既体现了我国关于农村家庭联产承包责任制长久不变的政策要求，同时又在时间节点上与实现我国第二个百年奋斗目标相结合，即到 21 世纪中叶，我国要建成社会主义现代化强国。家庭联产承包责任制是在党的领导下我国农民的伟大创造，是马克思主义农业合作化理论在我国实践中的新发展。

二、国有企业改革的进程

党的十一届三中全会揭开了经济体制改革的序幕。会议指出，现在我国经济管理体制的一个严重缺点是权力过于集中，应该有领导地大胆下放，让地方和工农业企业在国家统一计划的指导下有更多的经营管理自主权；应该着手大力精简各级经济行政机构，把它们的大部分职权转交给企业性的专业公司或联合公司；应该坚决实行按经济规律办事，重视价值规律的作用；应该在党的领导之下，认真解决党政企不分、以党代政、以政代企的现象。上述论断的提出，为经济体制改革和国有企业改革指明了方向。

农村经济体制改革的突破为城市和企业经济体制改革创造了条件。在农村经济体制改革取得突破性成就之后，中国经济体制改革的重心就从农村转向城市，而国有企业改革在城市改革中处于核心地位。国有企业改革主要经过了以下六个阶段的历程。

第一，扩大企业经营管理自主权。针对原有体制下国家对企业管得过多过死、企业缺乏活力的问题，国企改革选择从扩大企业经营管理自主权着手。1978 年 10 月，四川省率先在重庆钢铁公司、成都无缝钢管厂等 6 家国有企业中进行扩权让利试点。1979 年试点企业扩大到 100 家。1979 年 7 月，国务院颁布了《关于扩大国营工业企业经营管理自主权的若干规定》《关于国营企业实行利润留成的规定》等 5 个文件，要求各地区、各部门选择少数企业进行试点。1984 年 5 月，国务院颁布了《关于进一步扩大国营工业企业自主权的暂行规定》，在生产经营计划、产品销售、产品价格、物资选购、资金使用等 10 个方面进一步扩大了企业的自主权。企业经营管理自主权的扩大在一定程度上调动了企业和职工的积极性，初步增强了企业的活力，促进了生产的发展。但同时部分企业出现了盲目生产、经济效益逐年下滑等问题，这些新问题有待在日后的改革中得到解决。

第二，全面推行经济责任制。经济责任制是指以提高企业经济效益为目的，在国家计划指导下将企业的责、权、利密切结合起来的生产经营管理制度。1981 年 10 月，国务院批转了国家经委、国务院体改办制定的《关于实行工业生产经济责任制若干问题的意见》，并发出通知指出，工业生产经济责任制不仅要和利润挂钩，而且要和产量、质量、品种、成本等挂起钩来。① 1981 年 11 月，国务院批转了国家经委、国务院体改办、国家计委等部门联合制定的《关于实行工业生产经济责任制若干问题的暂行规定》。1982 年 11 月，国务院批转了国家体改委、国家经委、财政部拟定的《关于当前完善工业经济责任制的几个问题的报告》。这些文件推动了经济责任制在国有企业的实施和完善。建立经营、管理、生产、技术、岗位责任制，使企业和职工明确了在生产经营过程中各自承担的经济责任、享有的经济权力和经济利益，改善了企业的经营管理，调动了企业和职工的积极性，一定程度上解决了企业吃国家大锅饭、职工吃企业大锅饭的问题。经济责任制的实施取得了积极效果，但依然没有解决国有企业经济效益不高、产品质量不高等问题。

第三，实行两步“利改税”。“利改税”指的是国营企业将上缴国家利润改为缴纳税金。1983 年 3 月召开的全国工业交通工作会议，强调要对国营企业推行以税代利的改革。1983 年 4 月，国务院发布《国营企业利改税试行办法》，实施第一步利改税。该办法规定：“凡有盈利的国营大中型企业（包括金融保险组织），均根据实现的利润，按 55% 的税率缴纳所得税。企业缴纳所得税后的利润，一部分上缴国家，一部分按照国家核定的留利水平留给企业。”“凡有盈利的国营小型企业，应当根据实现的利润，按八级超额累进税率缴纳所得税。缴税以后，由企业自负盈亏，国家不再拨款。”② 1984 年 9 月，国务院颁发《国营企业第二步利改税试行办法》，规定自 1984 年 10 月 1 日起实行第二步利改税。其基本内容是：将国营企业应当上交国家财政的利润按 11 个税种向国家交税，税后利润归企业自己安排使用。实行利改税，通过设置和完善税种和税制，在保证国家财政收入稳定增

① 中共中央党史研究室：《中华人民共和国大事记（1949—2009）》，人民出版社 2009 年版，第 326 页。

② 中共中央党史研究室：《中华人民共和国大事记（1949—2009）》，人民出版社 2009 年版，第 346 页。

长的同时，完善了国家与企业之间的分配关系。

第四，建立和完善中国特色现代企业制度。1984 年党的十二届三中全会通过《中共中央关于经济体制改革的决定》，明确提出“要使企业真正成为相对独立的经济实体，成为自主经营、自负盈亏的社会主义商品生产者和经营者，具有自我改造和自我发展的能力，成为具有一定权利和义务的法人”①。1993 年 11 月，党的十四届三中全会通过了《中共中央关于建立社会主义市场经济体制若干问题的决定》，明确指出“以公有制为主体的现代企业制度是社会主义市场经济体制的基础”，并把现代企业制度概括为适应市场经济和社会化大生产要求的“产权清晰、权责明确、政企分开、管理科学”的企业制度。1994 年起，国务院决定组织一批国有大中型企业，按照《中华人民共和国公司法》进行建立现代企业制度的试点，到 1996 年 11 月，正式确定了 100 家试点企业名单。1999 年 9 月，党的十五届四中全会通过的《中共中央关于国有企业改革和发展若干重大问题的决定》指出，建立现代企业制度，是国有企业改革的方向，是公有制与市场经济相结合的有效途径。对国有大中型企业实行规范的公司制改革，建立健全法人治理结构，面向市场着力转换经营机制。② 2024 年 6 月，习近平在其主持召开的二十届中央全面深化改革委员会第五次会议上强调，完善中国特色现代企业制度，必须着眼于发挥中国特色社会主义制度优势，加强党的领导，完善公司治理，推动企业建立健全产权清晰、权责明确、政企分开、管理科学的现代企业制度，培育更多世界一流企业。会议审议通过了《关于完善中国特色现代企业制度的意见》，同时指出，完善中国特色现代企业制度，要尊重企业经营主体地位，坚持问题导向，根据企业规模、发展阶段、所有制性质等，分类施策、加强引导。要加强党对国有企业的全面领导，完善党领导国有企业的制度机制，推动国有企业严格落实责任，完善国有企业现代公司治理，加强对国有资本监督管理。要鼓励有条件的民营企业建立现代企业制度，完善法人治理结构、规范股东行为、强化内部监督、健全风险防范机制，注重发挥党建引领作用，提升内部管理水平。

第五，国有经济布局的战略性调整。从 20 世纪 90 年代中期开始，国有企业改革的重心转向国有经济布局的战略性调整。1997 年党的十五大提出：“要着眼于搞好整个国有经济，抓好大的，放活小的，对国有企业实施战略性改组。以资本为纽带，通过市场形成具有较强竞争力的跨地区、跨行业、跨所有制和跨国经营的大企业集团。”③ 党的十五届四中全会通过的《中共中央关于国有企业改革和发展若干重大问题的决定》指出，从战略上调整国有经济布局，坚持有进有退，有所

① 《中共中央关于经济体制改革的决定》，人民出版社 1984 年版，第 13 页。
② 《中共中央关于国有企业改革和发展若干重大问题的决定》，人民出版社 1999 年版，第29 页。
③ 《江泽民文选》第二卷，人民出版社 2006 年版，第 21 页。

为有所不为，提高国有经济的控制力，国有经济要在关系国民经济命脉的重要行业和关键领域占支配地位；推进国有企业战略性改组，着力培育实力雄厚、竞争力强的大型企业和企业集团，放开搞活国有中小企业。① 按照党的十五届四中全会精神要求，国务院组建了上海宝钢集团、中国石油天然气集团和中国石油化工集团等大企业集团，许多国有中小企业通过多种形式放开搞活，得到新的发展。党的十八大以来，习近平亲自谋划、亲自部署、亲自推动新时代国资国企改革，国有经济布局优化和结构调整取得重要进展，国资国企改革取得重大成就。产业布局不断完善，进一步向重要行业和关键领域集中；区域布局不断优化，更好服务区域重大战略实施；战略性重组、专业化整合取得重要进展，国有资本配置和运行效率不断提高。党的二十届三中全会通过的《中共中央关于进一步全面深化改革　推进中国式现代化的决定》提出，推进国有经济布局优化和结构调整。这是党中央进一步深化国资国企改革，推动国有经济更好服务国家战略目标、有力支持中国式现代化建设的重大部署。

第六，国有大中型企业继续实行规范的公司制改革。2002 年党的十六大明确提出："除极少数必须由国家独资经营的企业外，积极推行股份制，发展混合所有制经济。实行投资主体多元化，重要的企业由国家控股。按照现代企业制度的要求，国有大中型企业继续实行规范的公司制改革，完善法人治理结构。"② 2003 年党的十六届三中全会通过的《中共中央关于完善社会主义市场经济体制若干问题的决定》，提出要大力发展国有资本、集体资本和非公有资本等参股的混合所有制经济，实现投资主体多元化，使股份制成为公有制的主要实现形式。党的十六届三中全会还首次提出建立归属清晰、权责明确、保护严格、流转顺畅的现代产权制度，并提出建立健全现代产权制度是构建现代企业制度的重要基础。2007 年，党的十七大提出，深化国有企业公司制股份制改革，健全现代企业制度，优化国有经济布局和结构，增强国有经济活力、控制力、影响力。深化垄断行业改革，引入竞争机制，加强政府监管和社会监督。2012 年，党的十八大进一步提出，深化国有企业改革，完善各类国有资产管理体制，推动国有资本更多投向关系国家安全和国民经济命脉的重要行业和关键领域。

党的十八大以来，中央高度重视国有企业改革工作，2015 年印发的《中共中央、国务院关于深化国有企业改革的指导意见》明确提出了深化国有企业改革的指导思想、基本原则、主要目标和重点任务，为深化国有企业改革进一步指明了方向。2017 年党的十九大提出，加快国有经济布局优化、结构调整、战略性重组，

---

① 《中共中央关于国有企业改革和发展若干重大问题的决定》，人民出版社 1999 年版，第 9—10、28—29 页。

② 《江泽民文选》第三卷，人民出版社 2006 年版，第 549 页。

促进国有资产保值增值，推动国有资本做强做优做大，有效防止国有资产流失。深化国有企业改革，发展混合所有制经济，培育具有全球竞争力的世界一流企业。2022 年党的二十大提出，深化国资国企改革，加快国有经济布局优化和结构调整，推动国有资本和国有企业做强做优做大，提升企业核心竞争力。

改革开放以来，特别是党的十八大以来，随着国有企业改革的渐进式深入推进，国有企业改革发展不断取得重大进展，国有经济不断发展壮大，国有企业在市场竞争中不断成长、壮大，为推动经济社会发展、开拓国际市场、增强我国综合实力作出了重大贡献。但也要看到，国有企业仍然存在一些亟待解决的问题，一些企业市场主体地位尚未真正确立，现代企业制度还不健全，国有资产监管体制有待完善，国有资本运行效率有待进一步提高，国有企业面临日益激烈的国际竞争和转型升级的巨大挑战。下一步要贯彻落实党的二十大的部署，加快国有经济布局优化和结构调整，聚焦战略安全、产业引领、国计民生、公共服务等功能，推动国有资本和国有企业做强做优做大，切实提升服务构建新发展格局、推动高质量发展的能力水平，为我国经济实现质量更高、效益更好、结构更优的发展贡献更大力量。

三、公有制为主体、多种所有制经济共同发展

1956 年社会主义改造基本完成后，非公有制经济在我国工商业经济中所占比重几近于零。党的十一届三中全会后，党认真总结了所有制问题上的经验、教训，全面纠正了“左”的错误，采取了一系列措施来调整所有制结构。

党对非公有制经济及其地位的正确认识是从个体经济开始的。1979 年 9 月 29 日，叶剑英在庆祝中华人民共和国成立三十周年大会上的讲话中提出：“目前在有限范围内继续存在的城乡劳动者的个体经济，是社会主义公有制经济的附属和补充。”① 这是党和国家在“文化大革命”后首次公开认可个体经济。1980 年 8 月，中共中央召开了全国劳动就业工作会议，提出了“在国家统筹规划和指导下，实行劳动部门介绍就业、自愿组织起来和自谋职业相结合的方针……搞活个体劳动制，拓宽就业门路”②。个体经济逐渐成为解决待业人员就业问题的重要渠道。

1981 年 6 月，党的十一届六中全会通过的《关于建国以来党的若干历史问题的决议》（简称《决议》）明确提出：“国营经济和集体经济是我国基本的经济形式，一定范围的劳动者个体经济是公有制经济的必要补充。”该《决议》正式提出

---

① 中共中央文献研究室编：《三中全会以来重要文献选编》（上），人民出版社 1982 年版，第 211 页。

② 姜华宣、张蔚萍、肖甡主编：《中国共产党重要会议纪事（1921—2006）》（增订本），中央文献出版社 2006 年版，第 436 页。

了个体经济是公有制经济必要补充的论点，成为我党在所有制问题上的第一个突破。1981 年 10 月，《中共中央、国务院关于广开门路，搞活经济，解决城镇就业问题的若干决定》（简称《决定》）指出，“在社会主义公有制经济占优势的根本前提下，实行多种经济形式和多种经营方式长期并存，是我党的一项战略决策”①。这是国家在公开文件中首次提出多种经济形式并存。《决定》强调：“按照国民经济的需要适当发展城镇劳动者个体经济，增加自谋职业的渠道。”此外，《决定》还指出：“个体劳动者，是我国社会主义的劳动者。他们的劳动，同国营、集体企业职工一样，都是建设社会主义所必需的，都是光荣的。对于他们的社会和政治地位，应与国营、集体企业职工一视同仁。其中的先进分子，符合党员、团员条件的，同样可以按照党章、团章规定，吸收入党入团。”在各项政策法规的支持下，同时为适应当时大批知识青年返城后就业的迫切需要，我国城乡个体经济逐步产生和壮大，出现了大批个体工商业者，缓解了劳动就业压力。

1982 年 9 月，党的十二大提出了坚持国营经济占主导地位和发展多种经济形式的方针，指出：“在农村和城市，都要鼓励劳动者个体经济在国家规定的范围内和工商行政管理下适当发展，作为公有制经济的必要的、有益的补充。”1982 年 12 月，五届全国人大五次会议通过的《中华人民共和国宪法》明确规定：“在法律规定范围内的城乡劳动者个体经济，是社会主义公有制经济的补充。国家保护个体经济的合法的权利和利益。国家通过行政管理，指导、帮助和监督个体经济。”至此，个体经济的地位和作用得到了宪法的认可。

1984 年 10 月，党的十二届三中全会通过的《中共中央关于经济体制改革的决定》指出：“我国现在的个体经济是和社会主义公有制相联系的，不同于和资本主义私有制相联系的个体经济，它对于发展社会生产、方便人民生活、扩大劳动就业具有不可代替的作用，是社会主义经济必要的有益的补充，是从属于社会主义经济的。”该决定还进一步提出：“利用外资，吸引外商来我国举办合资经营企业、合作经营企业和独资企业，也是对我国社会主义经济必要的有益的补充。”至此，以公有制为主体、多种经济成分并存的经济体制已初步形成。

个体经济在各项政策的推动下发展迅速。截至 1984 年年底，全国注册的个体工商户增加到 933 万户，比上年增长 58.1%。② 在个体经济迅速发展的过程中，一些个体工商户随着经营规模的不断扩大，出现了雇工经营现象。对此，党和国家作出了允许私营企业存在、鼓励它们发展、国家给予保护等一系列重大决策，从

---

① 中共中央党史研究室：《中华人民共和国大事记（1949—2009）》，人民出版社 2009 年版，第 326 页。

② 全国工商联研究室编著：《中国改革开放 30 年民营经济发展数据》，中华工商联合出版社 2010 年版，第 5 页。

而推动了私营经济的迅速兴起。

1987 年 10 月，党的十三大第一次明确使用“私营经济”这个概念，并在理论上概括了其性质和作用。1988 年 4 月，七届全国人大一次会议通过了宪法修正案，首次把私营经济写进了宪法，从宪法上明确了私营经济的法律地位。在这些方针和政策的指导下，我国私营经济得到了快速发展。

1989 年，理论界对非公有制经济政策认识的分歧开始公开化，围绕姓“社”姓“资”问题展开了激烈争论，党中央为了统一党内外的认识，多次重申了社会主义初级阶段所有制结构不变的方针。

1992 年 10 月，党的十四大确立了邓小平建设有中国特色社会主义理论的指导地位和社会主义市场经济体制改革目标，提出：“在所有制结构上，以公有制包括全民所有制和集体所有制经济为主体，个体经济、私营经济、外资经济为补充，多种经济成分长期共同发展，不同经济成分还可以自愿实行多种形式的联合经营。”至此，基本形成了“公有制为主体，多种经济成分共同发展”的多种经济成分论。1993 年 3 月，八届全国人大一次会议通过的宪法修正案，确定“国家实行社会主义市场经济”，为多种经济成分长期共同发展从法律上、体制上提供了保障。1993 年 11 月，党的十四届三中全会通过了《中共中央关于建立社会主义市场经济体制若干问题的决定》，第一次提出了鼓励非公有制经济发展的政策。随着社会主义市场经济的发展，私营经济等非公有制经济快速发展，并在国民经济中发挥着日益重要的作用。

1997 年 9 月，党的十五大在所有制观念方面实现了新的突破，指出：“公有制为主体、多种所有制经济共同发展，是我国社会主义初级阶段的一项基本经济制度。”“非公有制经济是我国社会主义市场经济的重要组成部分。”党的十五大提出的这一新论断标志着党对非公有制经济地位认识的深化。

2002 年 11 月召开的党的十六大提出了“必须毫不动摇地鼓励、支持和引导非公有制经济发展”，“坚持公有制为主体，促进非公有制经济发展，统一于社会主义现代化建设的进程中，不能把这两者对立起来”，“充分发挥个体、私营等非公有制经济在促进经济增长、扩大就业和活跃市场等方面的重要作用”。2003 年 10 月，党的十六届三中全会通过的《中共中央关于完善社会主义市场经济体制若干问题的决定》明确“个体、私营等非公有制经济是促进我国社会生产力发展的重要力量”。2005 年 2 月，《国务院关于鼓励支持和引导个体私营等非公有制经济发展的若干意见》首次将非公有制经济与公有制经济一视同仁，要求各级政府放宽非公有制经济市场准入的标准、加大对非公有制经济的财税金融支持、完善对非公有制经济的社会服务。这份文件被简称为“非公经济 36 条”，是我国第一部促进非公有制经济发展的系统性政策文件。

2007年10月召开的党的十七大提出“毫不动摇地鼓励、支持、引导非公有制经济发展，坚持平等保护物权，形成各种所有制经济平等竞争、相互促进新格局”。2010年5月，《国务院关于鼓励和引导民间投资健康发展的若干意见》发布，该文件有36条内容，为了与2005年颁布的“非公经济36条”相区别，被简称为“新36条”。“新36条”明确提出，进一步拓宽民间投资的领域和范围，鼓励和引导民间资本进入法律法规未明确禁止准入的行业和领域。

2012年11月，党的十八大提出，毫不动摇鼓励、支持、引导非公有制经济发展，保证各种所有制经济依法平等使用生产要素、公平参与市场竞争、同等受到法律保护。2013年11月，党的十八届三中全会通过的《中共中央关于全面深化改革若干重大问题的决定》提出，公有制为主体、多种所有制经济共同发展的基本经济制度，是中国特色社会主义制度的重要支柱，也是社会主义市场经济体制的根基。公有制经济和非公有制经济都是社会主义市场经济的重要组成部分，都是我国经济社会发展的重要基础。该决定指出，坚持权利平等、机会平等、规则平等，废除对非公有制经济各种形式的不合理规定。该决定强调，完善产权保护制度，公有制经济财产权不可侵犯，非公有制经济财产权同样不可侵犯。

2017年10月，党的十九大提出，加快完善社会主义市场经济体制。要完善各类国有资产管理体制，深化国有企业改革，发展混合所有制经济，培育具有全球竞争力的世界一流企业。全面实施市场准入负面清单制度，清理废除妨碍统一市场和公平竞争的各种规定和做法，支持民营企业发展，激发各类市场主体活力。

2022年10月，党的二十大提出，优化民营企业发展环境，依法保护民营企业产权和企业家权益，促进民营经济发展壮大。完善中国特色现代企业制度，弘扬企业家精神，加快建设世界一流企业。党的二十届三中全会提出“促进各种所有制经济优势互补、共同发展”，对坚持和落实“两个毫不动摇”作出了重要部署，这是坚持和完善社会主义基本经济制度、促进各种所有制经济发展壮大的重大战略部署。在2025年2月召开的民营企业座谈会上，习近平对民营经济在国家发展中的作用给予充分肯定，强调民营经济在稳定增长、促进创新、增加就业、改善民生等方面发挥了重要作用，鼓励民营企业坚定信心、加强自主创新。

四、按劳分配为主体、多种分配方式并存的分配制度

与上述公有制为主体、多种所有制经济共同发展的经济制度相适应，我国实行按劳分配为主体、多种分配方式并存的分配制度，这是中国特色社会主义的基本经济制度，是新中国成立以来，特别是改革开放以来我国对分配制度进行改革探索而逐步形成，并在实践中不断加以完善的。改革开放以来，我国对收入分配

制度进行了全方位改革，从计划分配体制全面转向初次分配以市场为基础，按劳分配为主体、多种分配方式并存的分配制度，同时，也基本形成了以税收、社会保障、转移支付等为主要手段的再分配调节机制。①

改革开放初期（1978—1991 年），我国突破了计划经济时期单一形式的按劳分配，实行按劳分配为主的分配制度。在农村开始推行家庭联产承包责任制，明确划分国家、集体和个人的责权利关系，农村的收入分配不再以生产队为基础，而是以农户为分配主体，农民所得收入直接取决于其生产成果的多少。在城市建立以承包为主的多种形式的经济责任制，把国家、集体、个人利益相统一，责权利相结合，职工劳动所得与劳动成果相联系。后来随着经济体制改革的不断推进，出现不少公有制以外的经济成分，如个体经济、私营经济和股份制经济等，收入分配制度也相应发生重大变化。1987 年党的十三大提出，在以按劳分配为主体的前提下实行多种分配方式。此时我国的分配方式是强调效率并兼顾公平，以打破平均主义为突破口，逐步确立按劳分配为主体、其他分配方式为补充的分配制度。同时开始探讨建立再分配调节机制，如个人收入所得税的税收制度、社会保障制度改革和企业职工养老保险制度改革等。

在社会主义市场经济建立和完善过程中（1992—2011 年），1992 年党的十四大提出，在分配制度上，以按劳分配为主体，其他分配方式为补充，兼顾效率与公平。运用包括市场在内的各种调节手段，既鼓励先进，促进效率，合理拉开收入差距，又防止两极分化，逐步实现共同富裕。统筹兼顾国家、集体、个人三者利益，理顺国家与企业、中央与地方的分配关系，逐步实行利税分流和分税制。1994 年，我国开始实行分税制改革，并不断完善个人所得税、消费税和财产税等再分配调节机制和社会保障制度。1997 年党的十五大强调，坚持按劳分配为主体、多种分配方式并存的制度。把按劳分配和按生产要素分配结合起来，坚持效率优先、兼顾公平，有利于优化资源配置，促进经济发展，保持社会稳定。依法保护合法收入，允许和鼓励一部分人通过诚实劳动和合法经营先富起来，允许和鼓励资本、技术等生产要素参与收益分配。坚持和完善按劳分配为主体的多种分配方式，允许一部分地区一部分人先富起来，带动和帮助后富，逐步走向共同富裕。

这一时期，我国不断完善按劳分配与按生产要素分配相结合的分配制度，进一步明确生产要素参与分配的原则，更加重视收入分配差距问题，强调公平。如党的十六大确立了劳动、资本、技术和管理等生产要素按贡献参与分配的原则，

---

① 张亮：《改革开放 40 年中国收入分配制度改革回顾及展望》，《中国发展观察》2019 年第 1 期，第 23—29 页。

强调非劳动生产要素参与分配的合法性，肯定劳动和非劳动生产要素在财富创造过程中所发挥的不同作用，应按各自的贡献大小来参与收入分配。随着经济改革的深入推进和收入分配差距的逐步扩大，我国开始强调分配公平的问题。党的十六届五中全会要求注重社会公平，特别要关注就业机会和分配过程的公平。党的十七大首次提出要在初次分配过程中处理好效率与公平的关系。与此同时，政府也在重视和不断完善再分配机制，采取诸多可以缩小收入分配差距的政策。如彻底取消农业税、大幅增加涉农补贴、建立农村新型合作医疗制度和最低生活保障制度，以及颁布最低工资标准、出台《中华人民共和国劳动合同法》和《中华人民共和国就业促进法》等法律法规。

党的十八大以来，我国进入中国特色社会主义新时代，不断调整和完善收入分配制度，把公平放在更加突出的位置，目的是让人民共享发展成果，真正实现共同富裕。党的十八大提出，实现发展成果由人民共享，必须深化收入分配制度改革，努力实现居民收入增长和经济发展同步、劳动报酬增长和劳动生产率提高同步，提高居民收入在国民收入分配中的比重，提高劳动报酬在初次分配中的比重。党的十八大把公平放在更加突出的位置，要求“初次分配和再分配都要兼顾效率和公平，再分配更加注重公平。完善劳动、资本、技术、管理等要素按贡献参与分配的初次分配机制，加快健全以税收、社会保障、转移支付为主要手段的再分配调节机制。深化企业和机关事业单位工资制度改革，推行企业工资集体协商制度，保护劳动所得。多渠道增加居民财产性收入。规范收入分配秩序，保护合法收入，增加低收入者收入，调节过高收入，取缔非法收入”。

党的十八大强调，必须坚持走共同富裕道路。共同富裕是中国特色社会主义的根本原则。要坚持社会主义基本经济制度和分配制度，调整国民收入分配格局，加大再分配调节力度，着力解决收入分配差距较大问题，使发展成果更多更公平惠及全体人民，朝着共同富裕方向稳步前进。党的十八大还提出，逐步建立以权利公平、机会公平、规则公平为主要内容的社会公平保障体系。党的十八届三中全会明确提出要“健全资本、知识、技术、管理等由要素市场决定的报酬机制”，“清理规范隐性收入，取缔非法收入，增加低收入者收入，扩大中等收入者比重，努力缩小城乡、区域、行业收入分配差距，逐步形成橄榄型分配格局”。

党的十九大明确提出，“坚持按劳分配原则，完善按要素分配的体制机制，促进收入分配更合理、更有序”，并要求“履行好政府再分配调节职能，加快推进基本公共服务均等化，缩小收入分配差距”。党的十九届四中全会把“坚持按劳分配为主体、多种分配方式并存”上升为社会主义基本经济制度的组成部分。

党的二十大提出，“坚持按劳分配为主体、多种分配方式并存”，“坚持多劳多得，鼓励勤劳致富，促进机会公平，增加低收入者收入，扩大中等收入群体”，

“规范收入分配秩序”，并首次提出“完善分配制度”“规范财富积累机制”。同时指出，“中国式现代化是全体人民共同富裕的现代化”，“分配制度是促进共同富裕的基础性制度”。党的二十大既重申了党关于收入分配的基本方针、政策，又回应了民生期盼，为进一步完善收入分配体制机制指明方向。党的二十届三中全会提出，“构建初次分配、再分配、第三次分配协调配套的制度体系，提高居民收入在国民收入分配中的比重，提高劳动报酬在初次分配中的比重。完善劳动者工资决定、合理增长、支付保障机制，健全按要素分配政策制度。完善税收、社会保障、转移支付等再分配调节机制”，“规范收入分配秩序，规范财富积累机制，多渠道增加城乡居民财产性收入，形成有效增加低收入群体收入、稳步扩大中等收入群体规模、合理调节过高收入的制度体系。深化国有企业工资决定机制改革，合理确定并严格规范国有企业各级负责人薪酬、津贴补贴等”。

至此，我国已经完全建立起按劳分配为主体、多种分配方式并存的分配制度，这是由社会主义初级阶段，坚持公有制为主体、多种所有制经济共同发展的基本经济制度决定的。我国对该制度进行长期改革和不断完善，构建了一个由初次分配、再分配和第三次分配组成的协调配套的分配制度体系，旨在兼顾效率与公平，适应市场经济的发展要求。

初次分配的重点是构建机会公平的要素分配机制，要实现两个目标，一是要提高居民收入在国民收入分配中的比重，以及劳动报酬在初次分配领域的比重；二是要完善按要素分配的政策和制度体系，增加弱势群体的要素收入和城乡居民的财产性收入。但个体在初次分配中获取的收入取决于拥有哪些要素以及各类要素的边际贡献能力。初次分配会出现个体差异与合理的收入差异，但必须在此基础上促进机会公平，要打破一切不合理的限制和障碍，例如，保持劳动力市场的充分竞争，消除户籍、性别、身份等就业歧视；取消资本市场中的行政垄断，让各类市场主体都能获得公平竞争的机会；推动土地要素的市场化改革，充分发挥市场机制对城乡土地的配置作用；鼓励知识、技术与数据等创新要素参与分配等。

再分配由政府主导，主要形式有税收、社会保障、财政转移支付。通过这些形式，规范收入分配秩序和财富积累机制，目标是保护合法收入，调节过高收入，提高我国基本公共服务体系的均等化程度。

第三次分配是在初次分配、再分配以后人们的可支配资源再次进行转移和流出的过程，主要是通过自愿公益捐赠而对分配进行进一步的调节。相对于市场根据要素贡献进行的初次分配和政府体现国家意志进行的再分配而言，第三次分配是社会主体自主自愿参与的财富流动，聚焦于人的慈善事业，是实现促进机会公平的有效补充，其优势在于通过慈善捐赠与志愿服务，使分配形式更加多样化。

因此在第三次分配领域，要引导和支持有能力、有意愿的企业、个人和社会组织，积极参与公益慈善事业。

我国实行按劳分配为主体、多种分配方式并存的分配制度，这主要是由我国基本经济制度、生产力发展水平、市场经济需求和社会结构现实等因素共同决定的。在中国特色社会主义制度下，劳动者共同占有生产资料，共同参与生产活动，谁都不能凭借对生产资料的个人占有分配个人消费品，只能根据付出的劳动数量和质量分配个人消费品，这样的分配关系体现劳动者之间根本利益的一致性，消灭了剥削，消除了两极分化。在实现按劳分配的情况下，由于劳动者个人的劳动能力有差别，劳动者赡养的家庭人口多少不等，劳动者实际分配到的个人消费品在量上是不相同的，不同劳动者家庭的生活水平存在一定的差别，这种差别是客观的、有限的，是劳动者根本利益一致基础上的差异，与资本主义条件下劳动者遭受资本的剥削、劳资之间在财富占有上贫富悬殊有根本的不同。①

在社会主义市场经济条件下，按劳分配的实现过程和实现形式有其特点，即个别劳动不能直接转化为社会劳动，按劳分配不能通过社会直接计算劳动者的劳动时间来分配个人消费品，只能通过市场机制和价值形式以迂回的方式来间接地实现。按生产要素分配指的是生产要素的所有者凭借对生产要素的所有权参与收入分配，获得相应的报酬。按土地要素和其他自然资源分配指的是稀缺土地和其他自然资源的所有者凭借其对土地和其他自然资源的垄断性占有参与收入分配。按资本生产要素分配指的是资本所有者凭借其投入的资本来获得利润、利息、股息、租金和分红等，这些收入被称为经营性资本收入。按知识、技术、信息、数据等要素分配指的是要素所有者凭借其所有权参与分配，获得诸如专利收益、技术入股的利润分红等收入。按管理要素分配指的是企业管理者凭借其在生产经营中发挥的组织协调和指挥等管理职能而参与经营收入的分配。

按生产要素贡献分配与按劳动的数量和质量分配，既有相同点又有区别，相同的是生产要素同劳动一起参与物质财富的生产过程，它们都是生产过程得以进行的不可或缺的要素，区别在于劳动在生产过程中转移旧价值，创造新价值，是价值的源泉，生产要素只是价值创造的条件，并不直接创造价值，劳动者根据劳动的付出进行个人消费品的分配，生产要素所有者根据生产要素所有权与贡献参与分配，各种收入的价值源泉归根结底都是劳动者的抽象劳动所创造的价值。

按劳分配是我国基本的经济制度，对于调动劳动者的生产积极性、提高经济效益、促进经济发展，以及实现共同富裕都具有重要的意义。我国经济改革发展的实践也证明了这种分配制度有利于调动各方面的积极性，有利于实现效率和公

① 何自力：《社会主义基本经济制度》，《经济研究》2022 年第 9 期，第 4—12 页。

平的有机统一。

五、建立和完善社会主义市场经济体制

社会主义市场经济体制从提出到建立经历了一个发展过程。长期以来，“社会主义实行计划经济，资本主义实行的是市场经济”，被认为是马克思主义的基本理论，是不可动摇的理念和不可讨论的禁区。邓小平最早突破这一禁区。1979 年 11 月 26 日，邓小平指出：“说市场经济只存在于资本主义社会，只有资本主义的市场经济，这肯定是不正确的。社会主义为什么不可以搞市场经济，这个不能说是资本主义。我们是计划经济为主，也结合市场经济，但这是社会主义的市场经济。”①

1981 年 6 月，党的十一届六中全会通过的《关于建国以来党的若干历史问题的决议》明确提出：“社会主义生产关系的变革和完善必须适应于生产力的状况，有利于生产的发展。”“必须在公有制基础上实行计划经济，同时发挥市场调节的辅助作用。要大力发展社会主义的商品生产和商品交换。”1982 年 9 月，党的十二大进一步提出：“正确贯彻计划经济为主、市场调节为辅的原则，是经济体制改革中的一个根本性问题。”1984 年 10 月，党的十二届三中全会通过的《中共中央关于经济体制改革的决定》明确提出，商品经济的充分发展，是社会经济发展的不可逾越的阶段，我国社会主义计划经济是在公有制基础上的有计划的商品经济。这是社会主义经济理论的重大突破，突破了计划经济同商品经济对立起来的传统观念。

1987 年 10 月，党的十三大指出，“社会主义有计划商品经济的体制，应该是计划与市场内在统一的体制”，还提出了“国家调节市场，市场引导企业”的经济运行机制。党的十三大虽然没有明确建立市场经济体制，但已经肯定了许多属于市场经济体制内容的东西。

在改革深入发展的过程中面临着不少复杂的矛盾和经济社会问题，特别是 20 世纪八九十年代开始的东欧剧变，引起了理论界的不同思考和看法，引发了关于市场经济的激烈争论，直接影响了我国改革和发展的进程，改革进程一度出现波折。针对国内出现的思想混乱，邓小平在 1990 年 12 月指出：“我们必须从理论上搞懂，资本主义与社会主义的区分不在于是计划还是市场这样的问题。社会主义也有市场经济，资本主义也有计划控制。资本主义就没有控制，就那么自由？最惠国待遇也是控制嘛！不要以为搞点市场经济就是资本主义道路，没有那么回事。计划和市场都得要。不搞市场，连世界上的信息都不知道，是自甘落后。”②

---

① 《邓小平文选》第二卷，人民出版社 1994 年版，第 236 页。

② 《邓小平文选》第三卷，人民出版社 1993 年版，第 364 页。

1992年1月，邓小平在南方谈话中进一步指出："计划多一点还是市场多一点，不是社会主义与资本主义的本质区别。计划经济不等于社会主义，资本主义也有计划；市场经济不等于资本主义，社会主义也有市场。计划和市场都是经济手段。社会主义的本质，是解放生产力，发展生产力，消灭剥削，消除两极分化，最终达到共同富裕。"① 这一精辟论断从理论上摆脱了把计划经济和市场经济看作属于社会基本制度范畴的思想束缚，为社会主义市场经济理论的形成奠定了扎实的基础，也反映了中国共产党人在计划与市场关系问题上的认识实现了新的突破。

在邓小平南方谈话的指导下，中央开始筹备召开党的十四大。1992年6月9日，江泽民在中央党校省部级干部进修班上作了《深刻领会和全面落实邓小平同志的重要谈话精神，把经济建设和改革开放搞得更快更好》的讲话，第一次提出使用"社会主义市场经济体制"作为新经济体制的建议，指出："加快经济体制改革的根本任务，就是要尽快建立社会主义的新经济体制。而建立新经济体制的一个关键问题，是要正确认识计划和市场问题及其相互关系，就是要在国家宏观调控下，更加重视和发挥市场在资源配置中的作用。"②

1992年10月，党的十四大明确提出我国经济体制改革的目标是建立社会主义市场经济体制，指出："社会主义市场经济体制是同社会主义基本制度结合在一起的。在所有制结构上，以公有制包括全民所有制和集体所有制经济为主体，个体经济、私营经济、外资经济为补充，多种经济成分长期共同发展，不同经济成分还可以自愿实行多种形式的联合经营。"③

党的十四大确立的建立社会主义市场经济体制改革目标，从根本上解决了人们争论已久的姓"社"姓"资"问题，彻底解决了计划与市场的关系问题。1993年3月，八届全国人大一次会议通过的宪法修正案，将社会主义市场经济写进宪法，社会主义市场经济体制得到了宪法的确认。

1993年11月，党的十四届三中全会通过的《中共中央关于建立社会主义市场经济体制若干问题的决定》指出，"社会主义市场经济体制是同社会主义基本制度结合在一起的。建立社会主义市场经济体制，就是要使市场在国家宏观调控下对资源配置起基础性作用"。该决定明确了我国建立社会主义市场经济体制的具体任务，明确了建立社会主义市场经济体制的基本框架。

经过20世纪90年代改革的深入推进，中国在20世纪末已经初步建立了社会主义市场经济体制。2002年11月，党的十六大明确提出了到2020年"建成完善的社会主义市场经济体制"的改革目标。2003年10月召开的党的十六届三中全会

---

① 《邓小平文选》第三卷，人民出版社1993年版，第373页。
② 《江泽民文选》第一卷，人民出版社2006年版，第198页。
③ 《江泽民文选》第一卷，人民出版社2006年版，第227页。

通过的《中共中央关于完善社会主义市场经济体制若干问题的决定》，明确提出了完善社会主义市场经济体制的目标和任务，对完善社会主义市场经济体制作出全面部署。2007 年 10 月，党的十七大明确把完善社会主义市场经济体制作为实现未来经济发展目标的关键。2012 年 11 月，党的十八大提出要加快完善社会主义市场经济体制、全面深化经济体制改革。

党的十八大以来，党和国家通过不断深化改革开放来推进社会主义市场经济体制的不断完善。2013 年 11 月，党的十八届三中全会通过的《中共中央关于全面深化改革若干重大问题的决定》明确提出，经济体制改革是全面深化改革的重点，核心问题是处理好政府和市场的关系，使市场在资源配置中起决定性作用和更好发挥政府作用。党的十八届三中全会把市场在资源配置中的作用从“基础性作用”提升到“决定性作用”，是党在新的历史条件下对社会主义市场经济理论的重大突破。2021 年 3 月，十三届全国人大四次会议通过的《中华人民共和国国民经济和社会发展第十四个五年规划和 2035 年远景目标纲要》进一步提出，充分发挥市场在资源配置中的决定性作用，更好发挥政府作用，推动有效市场和有为政府更好结合。

2022 年 10 月，党的二十大提出，构建高水平社会主义市场经济体制。构建全国统一大市场，深化要素市场化改革，建设高标准市场体系。完善产权保护、市场准入、公平竞争、社会信用等市场经济基础制度，优化营商环境。健全宏观经济治理体系，发挥国家发展规划的战略导向作用，加强财政政策和货币政策协调配合，着力扩大内需，增强消费对经济发展的基础性作用和投资对优化供给结构的关键作用。健全现代预算制度，深化金融体制改革，健全资本市场功能，依法规范和引导资本健康发展。党的二十大为进一步完善社会主义市场经济体制和下一阶段的全面深化改革指明了方向。党的二十届三中全会通过的《中共中央关于进一步全面深化改革　推进中国式现代化的决定》提出并细化了“构建高水平社会主义市场经济体制”的战略任务，强调“高水平社会主义市场经济体制是中国式现代化的重要保障”。

第二节　经济发展和发展方式转变

一、基于巨大人口规模的持续快速经济增长与共同富裕

党的二十大指出，中国式现代化是全体人民共同富裕的现代化。共同富裕是中国特色社会主义的本质要求，也是一个长期的历史过程。中国式现代化的显著特征是人口规模巨大的现代化。1949 年以来，经过 1949—1957 年、1962—1970

年、1981—1990 年三个人口高增长阶段，我国人口从 1949 年的 5.42 亿增长到 1990 年的 11.43 亿。之后，人口自然增长率下降，但总人口仍然不断增长。2008 年年末中国总人口为 13.28 亿，约占世界人口的 20%、亚洲人口的 33%。2020 年年末，全国人口达到 14.12 亿，约占全球总人口的 18%，规模超过现有发达国家人口的总和，我国仍然是世界第一人口大国。同时，我国人口老龄化问题突出。人口数量和结构的基本情况既是经济发展的前提和约束，也是可利用的条件。

我国基于巨大人口规模实现持续快速经济增长，主要依靠以下三个关键策略和制度优势。首先是市场化改革和对外开放。党的十一届三中全会以来，伴随着改革开放逐步向纵深发展，中国的经济建设成就显著，综合国力和人民生活水平大幅提升，国民经济保持了持续、快速增长。中国的国内生产总值从 1978 年的 3 679 亿元增加到 2022 年的 121.02 万亿元，经济总量呈现快速扩张的趋势。2010 年，我国经济总量跃居世界第二位。伴随着国民经济的快速增长，我国人均国内生产总值呈现出稳步增加的态势。1978 年，我国人均国内生产总值为 381 元，1987 年上升到 1 112 元，1992 年达到2 311元，2003 年突破万元大关，达到 10 542 元，2007 年攀升至 18 934 元，2022 年进一步增至 85 698 元。

其次是人口红利与劳动优势，吸引全球制造业来华投资，形成完整产业链。农村人口向城市转移，加速城镇化，扩大消费和基建需求。

最后是政府的大规模基础设施投资和实施有效的产业政策，且成效显著。全球领先的高铁、高速公路、港口和电网等，降低了物流成本，提高了经济效率。5G、移动支付和电子商务等数字化基础设施建设成为新的经济增长点。正确的产业政策推动了制造业转型升级以及科技的自主创新。

在上述三方面策略和制度优势驱动下，经过 40 多年的改革开放，中国经济实现了从封闭半封闭到蓬勃发展、成为世界经济发动机的巨变。根据国家统计局发布的报告，1979 年至 2012 年，中国经济年均增长率达到 9.9%，远高于同期世界经济年均 3.0%的增长速度。同一时期的印度经济年均增速为 5.6%。从高速增长期的比较上看，日本经济在 1956 年至 1973 年的 18 年高速增长期年均增长 9.0%，韩国经济在 1966 年至 1979 年的 14 年高速增长期年均增长 11.0%。中国经济高速增长期持续的时间和增长速度都超过了经济起飞时期的日本和韩国，创造了人类经济发展史上的新奇迹，对世界经济发展起到重要的推动作用。

党的十八大以来，中国经济保持了中高速增长。根据国家统计局数据，2013—2021 年，我国国内生产总值年均增长 6.6%，高于同期世界 2.6%和发展中经济体 3.7%的平均增长水平。2014 年、2016 年、2017 年、2018 年、2020 年，国内生产总值相继跨越 60 万亿、70 万亿、80 万亿、90 万亿、100 万亿元大关，2021 年突破 110 万亿元，按不变价计算为 2012 年的 1.8 倍。我国经济占全球份额稳步提升，国际影响力与日俱增。按年平均汇率折算，2021 年我国经济总量占世界经济的比重达 18.5%，比 2012 年提高 7.2 个百分点，稳居世界第二位。2013—2021 年，我国对世界经济增长的平均贡献率超过 30%，居世界第一。

基于巨大人口规模的经济增长，实现共同富裕的艰巨性和复杂性前所未有。但在中国共产党领导下，我国实施了精准扶贫、乡村振兴、区域协调发展、基本公共服务均等化和收入分配制度改革等战略或政策，终于在 2020 年实现了小康这个中华民族的千年梦想，经济发展站在了更高历史起点上。全国近 1 亿农村贫困人口全部脱贫，832 个贫困县全部摘帽，12.8 万个贫困村全部出列，历史性地解决了绝对贫困问题，为全球减贫事业作出了重大贡献。

二、制造业大国地位逐步确立

改革开放 40 多年来，在中国国民经济高速发展的同时，中国的工业化进程加速推进，工业制造业规模迅速扩大，世界制造业中心出现向中国转移的趋势。自 20 世纪 90 年代以来，在北起大连，向南经上海、福建至广东的中国沿海地带以及内地一些地区，通信与交通运输条件迅速改善，吸引了大批外商来华投资建厂，中国的制造业大国地位逐步确立。

20 世纪 90 年代以来，随着经济全球化与信息化浪潮席卷整个世界，全球新一轮产业结构调整和国际产业转移迅速展开。一方面，发达国家将制造业特别是生产基地向国外大规模转移；另一方面，中国大力推进工业化进程，高度重视制造业的发展。这样就出现了世界制造业中心向中国转移的趋向。在制造业中心向中国转移的浪潮中，跨国公司发挥了重要作用，中国迅速成为跨国公司的世界性生产基地。

改革开放 40 多年来，随着中国工业化进程的深入推进，我国制造业规模跃居世界第一位，建立起门类齐全、独立完整的制造体系，中国的制造业大国地位已经形成。虽然中国制造业的整体竞争力得到大幅提升，被称为“世界工厂”，但也要清醒地认识到，与世界先进国家相比，我国制造业仍然大而不强，在自主创新能力、信息化程度、质量效益等方面差距明显，制造业创新体系不完善，关键核心技术与高端装备对外依存度高，产品缺乏世界知名品牌，在全球制造业价值链中的地位不高。针对这些不足，为推进制造强国建设，实施制造强国战略，国务院于 2015 年 5 月印发的《中国制造 2025》提出坚持“创新驱动、质量为先、绿色发展、结构优化、人才为本”的基本方针，通过三个十年的努力，通过“三步走”实现制造强国的战略目标：第一步，到 2025 年迈入制造强国行列；第二步，到 2035 年中国制造业整体达到世界制造强国阵营中等水平；第三步，到中华人民共和国成立一百年时，综合实力进入世界制造强国前列。

《中国制造 2025》的深入实施，将引领中国逐步实现从“中国制造”到“中国创造”“中国智造”的升级，逐步实现“中国产品”向“中国品牌”的转变，逐步实现从制造业大国到制造业强国的跨越。

三、经济结构优化升级

经济高速增长的同时，中国加快了经济结构优化升级特别是产业结构调整的步伐，在优先发展农业和轻工业，加强基础产业、基础设施建设的同时，大力发展第三产业，产业结构逐渐趋于合理。三次产业结构显现出农业比重趋于下降、第二产业比重稳中有降、第三产业比重逐渐提升的演进趋势，如表 15-1 所示。

表 15-1　1978—2021 年中国国内生产总值（GDP）构成

年份	总值	第一产业	第二产业	第三产业
1978	100.0	27.7	47.7	24.6
1979	100.0	30.7	47.0	22.3
1980	100.0	29.6	48.1	22.3
1981	100.0	31.3	46.0	22.7
1982	100.0	32.8	44.6	22.6
1983	100.0	32.6	44.2	23.2
1984	100.0	31.5	42.9	25.5
1985	100.0	27.9	42.7	29.4
1986	100.0	26.6	43.5	29.8
1987	100.0	26.3	43.3	30.4
1988	100.0	25.2	43.5	31.2
1989	100.0	24.6	42.5	32.9
1990	100.0	26.6	41.0	32.4
1991	100.0	24.0	41.5	34.5
1992	100.0	21.3	43.1	35.6
1993	100.0	19.3	46.2	34.5
1994	100.0	19.5	46.2	34.4
1995	100.0	19.6	46.8	33.7
1996	100.0	19.3	47.1	33.6
1997	100.0	17.9	47.1	35.0
1998	100.0	17.2	45.8	37.0
1999	100.0	16.1	45.4	38.6
2000	100.0	14.7	45.5	39.8
2001	100.0	14.0	44.8	41.2

续表

年份	总值	第一产业	第二产业	第三产业
2002	100.0	13.3	44.5	42.2
2003	100.0	12.3	45.6	42.0
2004	100.0	12.9	45.9	41.2
2005	100.0	11.6	47.0	41.3
2006	100.0	10.6	47.6	41.8
2007	100.0	10.2	46.9	42.9
2008	100.0	10.2	47.0	42.9
2009	100.0	9.6	46.0	44.4
2010	100.0	9.3	46.5	44.2
2011	100.0	9.2	46.5	44.3
2012	100.0	9.1	45.4	45.5
2013	100.0	8.9	44.2	46.9
2014	100.0	8.6	43.1	48.3
2015	100.0	8.4	40.8	50.8
2016	100.0	8.1	39.6	52.4
2017	100.0	7.5	39.9	52.7
2018	100.0	7.0	39.7	53.3
2019	100.0	7.1	38.6	54.3
2020	100.0	7.7	37.8	54.5
2021	100.0	7.3	39.4	53.3

资料来源：中华人民共和国国家统计局：《中国统计年鉴 2022》。

如表 15-1 所示，2012 年，第一、第二、第三产业增加值占我国国内生产总值的比重分别为 9.1%、45.4%和 45.5%。与 1978 年相比，第一产业增加值占国内生产总值的比重下降了 18.6 个百分点，第二产业增加值占国内生产总值的比重下降 2.3 个百分点，第三产业增加值占国内生产总值的比重上升 20.9 个百分点。2012 年的三次产业结构相比 1978 年明显得到了优化。

党的十八大以来，我国经济结构加快调整，转型升级势头良好。从产业结构看，服务业比重持续提升，三次产业结构实现了进一步优化。如表 15-1 所示，第三产业增加值占国内生产总值的比重在 2012 年首次超过第二产业，2019 年这一比重提升至 54.3%，2020 年最高，为 54.5%。从需求结构看，消费成为经济增长的主要推动力，2019 年最终消费支出对经济增长的年均贡献率为 57.8%。从城乡结构看，新型城镇化扎实推进。2019 年年末，常住人口城镇化率为 60.6%，比 2012 年年末提高 8.03 个百分点，年均提高 1.15 个百分点。国家统计局的统计资料显示，2022 年我国第三产业增加值占国内生产总值的比重为 52.8%，全年最终消费支出拉动国内生产总值增长 1.0 个百分点，资本形成总额拉动国内生产总值增长 1.5 个百分点，货物和服务净出口拉动国内生产总值增长 0.5 个百分点；2022 年年末我国常住人口城镇化率为 65.22%，比 2012 年提高 12.65%。从空间格局看，伴随着“一带一路”建设、京津冀协同发展、长江经济带发展等战略的深入实施，西部大开发、东北振兴、中部崛起、东部率先的区域发展总体战略统筹推进，新的增长极、增长带正在逐步形成，区域发展新动能新亮点不断涌现。

综上所述，党的十八大以来，各地区各部门大力优化产业结构，不断改善需求结构，积极推进城镇化，着力促进区域协调发展，经济结构不断优化，经济发展迈向更高水平。

四、新发展理念与中国式现代化

党的十八届五中全会提出了“创新、协调、绿色、开放、共享”的新发展理念。这是确保我国经济社会持续健康发展的科学理念。其中，创新解决的是发展动力问题，协调解决的是发展不平衡问题，绿色解决的是人与自然的和谐问题，开放解决的是发展的内外联动问题，共享解决的是社会公平正义问题。新发展理念是关系我国发展全局的一场深刻变革，同时也是习近平新时代中国特色社会主义思想的重要内容，回答了关于经济发展的目的、动力、方式和路径等一系列理论和实践问题，阐明了党关于发展的政治立场、价值导向、发展模式和发展道路等重大政治问题。之后，在党的领导下，政府部门进行了贯彻新发展理念的建设现代化经济体系和推进绿色发展的重大决策部署，绿色发展取得重大成就，人民有了更多的获得感、幸福感、安全感。中国是全球能耗强度降低最快的国家之一，为全球可持续发展贡献中国智慧和中国力量。

产业结构调整取得明显成效。传统制造业在加快调整优化，“十三五”期间累计退出钢铁过剩产能达 1.5 亿吨以上，水泥过剩产能 3 亿吨；先进制造业不断发展壮大，2021 年，我国高技术制造业、装备制造业增加值占规模以上工业增加值比重分别达到了 15.1% 和 32.4%，较 2012 年分别提高了 5.7 和 4.2 个百分点。

能源资源利用效率持续提升。2021 年，我国的钢铁、电解铝、水泥熟料、平板玻璃等单位产品综合能耗较 2012 年降低了 9% 以上，全国火电机组每千瓦时煤耗降到了 302.5 克标准煤，均处于世界领先地位。

绿色供给能力显著增强。百万千瓦水轮发电机组顺利投产发电，多晶硅、硅片、电池、组件产量全球占比均超过 70%，新能源汽车产销量 2015 年起连续 8 年居全球第一，2022 年产量超过 700 万辆，液化天然气、甲醇等绿色动力船舶的国际市场份额接近50%。截至2022年年底，全国风电光伏发电装机突破了7亿千瓦，风电、光伏发电装机均处于世界第一；2022年风电、光伏新增装机占全国新增装机的78%，新增风电、光伏发电量占全国当年新增发电量的55%以上，我国风电、光伏发电设备生产规模以及2021年清洁能源投资总额均居世界第一。

数字化、绿色化融合水平不断提高。数字技术与制造业快速融合发展，重点领域关键工序数控化率由2012年的24.6%提升到了2021年的55.3%。目前5G基站的单站能耗比商用初期降低了20%以上，新型基础设施能效持续优化。

强化绿色技术创新，推动绿色技术产业化。我国持续加大科技创新力度，截至2021年年底，中国节能环保产业有效发明专利4.9万件，新能源产业有效发明专利6万件，分别是2017年年底的1.6倍和1.7倍。形成了覆盖节能、节水、环保、可再生能源等领域的绿色技术装备制造体系，新能源、污染治理、环境监测等多个领域的技术达到了国际先进水平，技术引领产业发展越来越快。

大力发展绿色金融，为绿色产业提供资金支持。完善绿色金融政策，推动形成多层次的绿色金融产品和市场体系。截至2021年年底，中国本外币绿色信贷余额15.9万亿元，绿色债券存量余额超过1.1万亿元，规模均居全球前列。

十余年来，生态环境保护的措施之实、力度之大、成效之显著前所未有。深入推进蓝天、碧水、净土保卫战，显著改善生态环境质量。2022年，全国地级及以上城市细颗粒物（PM2.5）年均浓度从2015年的46微克/立方米降到了29微克/立方米，中国成为全球空气质量改善最快的国家；全国地表水水质优良断面比例达到84.9%；实现了固体废物“零进口”的目标。21世纪以来，全球新增绿化面积约1/4来自中国；我国在世界范围内率先实现土地退化“零增长”，荒漠化和沙化土地面积“双减少”；森林覆盖率和森林蓄积量保持“双增长”，为世界贡献了更多的“中国绿”。人民群众生态环境的获得感、幸福感、安全感显著增强。

积极开展美丽中国建设。加强区域生态环境联建联防联治，打造绿色发展高地和美丽中国先行区，建设首批18个美丽河湖、8个美丽海湾，在113个地级及以上城市和8个特殊地区开展“无废城市”建设。截至2022年年底，全国已经建设468个国家生态文明建设示范区、187个“绿水青山就是金山银山”实践创新基地，美丽中国的多彩画卷生动展现。

促进形成绿色空间格局。划定生态保护红线，其中陆域生态保护红线面积占整个陆域国土面积的比例超过30%；优化国土空间发展格局，推进山水林田湖草沙一体化保护和系统治理。2012年以来，我国累计完成造林9.6亿亩，防沙治沙2.78亿亩，种草改良6亿亩，新增和修复湿地1 200多万亩，土地荒漠化趋势得到了有效扭转。

有力推进全球减碳，为维护全球可持续发展作出积极贡献。中国作出二氧化碳排放力争于2030年前达到峰值、努力争取2060年前实现碳中和的庄严承诺，将完成全球最大的碳排放强度降幅，这个承诺也是要用历史上最短的时间实现从碳达峰到碳中和，这些都将有力地推进全球减碳的进程。2012年以来，中国积极调整产业结构、能源结构、交通运输结构，推行绿色低碳生产生活方式，超额完成到2020年碳排放强度比2005年下降40%~45%的目标。

党的十八大以来，我国全面贯彻新发展理念，不断深化对经济发展阶段性特征和规律的认识，更加强调发展的高质量。党的十九大宣告“我国经济已由高速增长阶段转向高质量发展阶段”。党的二十大强调“高质量发展是全面建设社会主义现代化国家的首要任务”。进入新时代以来，党中央作出一系列重大决策部署，推动高质量发展成为全党全社会的共识和自觉行动，高质量发展成为主旋律。①

高质量发展是我国“十四五”乃至更长时期经济社会发展的主题，是全面建设社会主义现代化国家的首要任务。高质量发展就是能够很好满足人民日益增长的美好生活需要的发展，是体现新发展理念的发展，是创新成为第一动力、协调成为内生特点、绿色成为普遍形态、开放成为必由之路、共享成为根本目的的发展。加快实现高水平科技自立自强，是推动高质量发展的必由之路；加快构建新发展格局，是推动高质量发展的战略基点；发展新质生产力是推动高质量发展的内在要求和重要着力点；高质量发展是新时代的硬道理，是完整、准确、全面贯彻新发展理念的关键。

近年来，我国科技创新成果丰硕，创新驱动发展成效日益显现；城乡区域发展协调性、平衡性明显增强；改革开放全面深化，发展动力活力竞相迸发；绿色低碳转型成效显著，发展方式转变步伐加快，高质量发展取得明显成效。

党的二十大提出并深入阐述了中国式现代化的发展之路，开启我国经济发展的新征程。中国式现代化，是中国共产党领导的社会主义现代化，既有各国现代化的共同特征，更有基于自己国情的中国特色。中国式现代化的本质要求是：坚持中国共产党领导，坚持中国特色社会主义，实现高质量发展，发展全过程人民民主，丰富人民精神世界，实现全体人民共同富裕，促进人与自然和谐共生，推动构建人类命运共同体，创造人类文明新形态。在全面建设社会主义现代化国家的征程中，我们必须坚持和加强党的全面领导，坚持中国特色社会主义道路，坚持以人民为中心的发展思想，坚持深化改革开放，坚持发扬斗争精神，以便从2020年到2035年基本实现社会主义现代化，从2035年到21世纪中叶把我国建成

---

① 习近平：《发展新质生产力是推动高质量发展的内在要求和重要着力点》，《求是》2024年第11期，第4—8页。

富强民主文明和谐美丽的社会主义现代化强国，并以中国式现代化全面推进中华民族伟大复兴。

2023 年 2 月习近平在新进中央委员会的委员、候补委员和省部级主要领导干部学习贯彻习近平新时代中国特色社会主义思想和党的二十大精神研讨班上指出，新中国成立特别是改革开放以来，我们用几十年时间走完西方发达国家几百年走过的工业化历程，创造了经济快速发展和社会长期稳定的奇迹，为中华民族伟大复兴开辟了广阔前景。实践证明，中国式现代化走得通、行得稳，是强国建设、民族复兴的唯一正确道路。

中国式现代化既基于自身国情、又借鉴各国经验，既传承历史文化、又融合现代文明，既造福中国人民、又促进世界共同发展，是我们强国建设、民族复兴的康庄大道，也是中国谋求人类进步、世界大同的必由之路。

在中国特色社会主义新时代新征程中，我们要牢牢把握中国式现代化的科学内涵和本质要求，以及高质量发展这个首要任务，把贯彻新发展理念、构建新发展格局、促进共同富裕贯穿于经济社会发展的各方面和全过程，深入推进经济发展方式、发展动力、发展领域、发展质量的变革，开创我国高质量发展的新局面。

第三节 对外开放与全球化

一、对外开放格局的形成

20 世纪 70 年代末期以来，国际环境发生了重大而深刻的变化，这种变化体现在：和平与发展的趋势孕育和发展起来，同时，以信息化为基础的新技术革命及其成果的广泛应用，缩短了各国之间的时空距离，各国之间的经济联系更加紧密，国际分工不断深化、国际贸易规模不断扩大、资本跨国流动速度加快、跨国公司发展迅速。20 世纪 90 年代初以来，冷战时代的结束加速了经济全球化进程，经济全球化进一步广化和深化，同时世界多极化趋势加强，国际形势总体趋向缓和，各国谋发展、求合作的潮流显现，和平、发展、合作成为时代的主旋律，为中国的改革开放提供了总体缓和与稳定的国际环境。

中国在 1978 年启动对内进行经济体制改革的同时，开始有计划、有步骤地实行对外开放政策。20 世纪 70 年代末 80 年代初，在邓小平的倡导和支持下，深圳、珠海、汕头、厦门四个经济特区先后创办并迅速发展起来，1988 年又创建了海南经济特区。

1980 年 8 月，五届全国人大常委会第十五次会议正式批准国务院提出的在深圳、珠海、汕头、厦门四市设立经济特区的建议，同时批准《广东省经济特区条例》，完成了设立经济特区的立法程序。这标志着中国经济特区的正式诞生。

1980 年 6 月 30 日至 7 月 11 日，国务院在北京召开海南岛问题座谈会，决定加快海南岛的建设。1988 年 4 月 13 日，七届全国人大一次会议正式批准设立海南省，建立海南经济特区。

1984 年 1 月 24 日至 2 月 17 日，邓小平在视察南方的过程中，特地视察了深圳、珠海、厦门三个特区。邓小平分别给三个经济特区题词：给深圳的题词是“深圳的发展和经验证明，我们建立经济特区的政策是正确的”；给珠海的题词是“珠海经济特区好”；给厦门的题词是“把经济特区办得更快些更好些”。邓小平回到北京后，就办好经济特区和增加对外开放城市的问题同中央负责同志谈了话，邓小平说：“我们建立经济特区，实行开放政策，有个指导思想要明确，就是不是收，而是放。”“特区是个窗口，是技术的窗口，管理的窗口，知识的窗口，也是对外政策的窗口。从特区可以引进技术，获得知识，学到管理，管理也是知识。特区成为开放的基地，不仅在经济方面、培养人才方面使我们得到好处，而且会扩大我国的对外影响。”①

根据邓小平的上述谈话精神，1984 年 3 月 26 日至 4 月 6 日，中共中央书记处和国务院召开沿海部分城市工作座谈会，决定开放由北至南 14 个沿海港口城市，即大连、秦皇岛、天津、烟台、青岛、连云港、南通、上海、宁波、温州、福州、广州、湛江和北海。1985 年 2 月，中共中央、国务院决定将珠江三角洲、长江三角洲和闽南厦漳泉三角地区开辟为沿海经济开放区。1988 年年初，又将山东半岛、辽东半岛列入沿海经济开放区，从而形成了沿海经济开放带。1990 年，中国决定开发、开放上海浦东新区，并开放一批长江沿岸城市，形成了以浦东为龙头的长江开放带。

1992 年以来，国家决定对外开放一批边疆城市和开放内陆所有的省会、自治区首府城市，还在一些大中城市建立了保税区、国家级经济技术开发区和高新技术产业开发区。这些对外开放地区，在发展外向型经济、出口创汇、引进先进技术等方面起到了窗口和辐射作用。

2001 年 12 月，中国加入世界贸易组织，中国的对外开放进入了全新发展阶段，由分区域推进的对外开放转变为全方位的对外开放。至此，一个从沿海到内地、由南向北、自东向西、全方位对外开放的区域格局基本形成。加入世界贸易组织以来，中国开放型经济水平不断提升，对内改革与对外开放实现了相互促进，中国经济与世界经济实现了深刻互动。

2013 年 9 月和 10 月，习近平在出访中亚和东南亚国家期间，先后提出共建“丝绸之路经济带”和“21 世纪海上丝绸之路”（简称“一带一路”）的重大倡议，

① 《邓小平文选》第三卷，人民出版社 1993 年版，第 51—52 页。

受到国际社会热烈的响应。“一带一路”倡议是顺应区域经济一体化趋势而提出的，旨在分享中国发展机遇，实现共同繁荣。在“一带一路”倡议下，各领域不断签署推进重大项目，一批重大互联互通、经贸合作项目落地，建设成果丰硕。“一带一路”合作从亚欧大陆延伸到非洲和拉美，150 多个国家、30 多个国际组织签署共建“一带一路”合作文件，举办 3 届“一带一路”国际合作高峰论坛，成立了 20 多个专业领域多边合作平台。在全球层面，“一带一路”倡议同联合国 2030 年可持续发展议程有效对接，形成了促进全球共同发展的政策合力。在区域层面，“一带一路”倡议与《东盟互联互通总体规划》、非盟《2063 年议程》、欧盟“欧亚互联互通战略”等区域发展规划或合作倡议有效对接，达成促进互联互通、支持区域经济一体化进程的共识。

推进“一带一路”建设是党中央、国务院统筹国内国际两个大局作出的重大决策，对于开创我国全方位对外开放新格局、促进地区及世界经济稳定发展具有深远意义。党的二十届三中全会指出，要“完善推进高质量共建‘一带一路’机制。继续实施‘一带一路’科技创新行动计划，加强绿色发展、数字经济、人工智能、能源、税收、金融、减灾等领域的多边合作平台建设。完善陆海天网一体化布局，构建‘一带一路’立体互联互通网络。统筹推进重大标志性工程和‘小而美’民生项目”。

二、对外经济关系的发展

对外开放是中国的基本国策。党的十一届三中全会决定把工作重点转到经济建设上来，同时确定了对外开放的方针。对外开放方针的确定为中国发展对外经济关系提供了正确的指导，对外经济关系取得了一系列成就。具体说来，这些成就主要包括以下三个方面。

一是对外贸易的快速发展。1978 年后通过不断扩大对外开放的范围和领域，不断提升对外开放水平，中国的进出口贸易额持续增长。1978 年，中国货物进出口总额为 206. 4 亿美元，其中出口 97. 5 亿美元，进口 108. 9 亿美元，占世界同期货物贸易的比重不足 1%，排名世界第 32 位。此后，由于中国经济体制改革的深化和对外开放步伐的加快，进出口总额在 20 世纪 80 年代以年均 26. 0% 的速度增长，1988 年的进出口贸易总额达到 1 027. 9 亿美元，到 1999 年增加到 3 606. 3 亿美元。经过 20 世纪 90 年代中国经济的高速发展，到世纪之交，中国已经逐步成为世界贸易大国。中国加入世界贸易组织以后，对外贸易额出现了加速增长的态势。2001 年中国货物进出口总额达到 5 096. 5 亿美元。2004 年突破 1 万亿美元，比 2001 年增长了 1 倍，2007 年突破 2 万亿美元，2010 年达到近 3 万亿美元。

2013 年，中国货物进出口总额为 4. 16 万亿美元，其中出口额 2. 21 万亿美元，进口额 1. 95 万亿美元，贸易顺差 2 590. 2 亿美元，中国超过美国，首次成为全球第一货物贸易大国。作为发展中国家的中国在 2013 年一跃成为世界第一货物贸易大国，这是中国对外贸易发展道路上新的里程碑。2014 年，中国货物进出口总额进一步增长到 4. 3 万亿美元，其中出口额为 2. 34 万亿美元，进口额为 1. 96 万亿美元，贸易顺差为 3 830. 6 亿美元。2015 年，中国货物进出口总额虽然比 2014 年有所下降，但仍达到 3. 95 万亿美元，其中出口额为 2. 27 万亿美元，进口额为 1. 68 万亿美元，出口占全球市场份额稳中有升，我国继续保持世界第一货物贸易大国地位。2016 年，中国货物贸易进出口总额为 3. 69 万亿美元，美国以 204 亿美元的微弱优势，超过中国成为世界第一货物贸易大国。但中国 2017 年货物贸易进出口总额为 4. 11 万亿美元，再次成为世界第一货物贸易大国。2017 年至 2021 年，中国连续五年保持全球第一货物贸易大国的地位。2013—2021 年，我国累计货物进出口总额为 262. 3 万亿元，年均增长 5. 4%。其中出口 144. 7 万亿元，年均增长 5. 9%；进口 117. 6 万亿元，年均增长 4. 7%。我国货物进出口占国际市场份额从 2012 年的 10. 4%提升到 2021 年的 13. 5%。

改革开放 40 多年来，特别是 2001 年加入世界贸易组织以来，中国进出口贸易实现跨越式发展，有力推动了中国经济发展，也为世界经济作出了重要贡献。在贸易规模迅速扩大的同时，中国的贸易结构不断优化。科技含量和附加值较高的机电产品成为中国第一大类出口商品，高新技术产品出口比重呈上升趋势，劳动密集型产品出口比重呈下降趋势，服务出口增长较快。

二是利用外资的持续发展。随着改革开放政策的实施，中国主动打开国门，吸引和利用外资，开启了中国利用外资的新时期。1979 年 7 月，五届全国人大二次会议通过了第一个利用外资的法律——《中华人民共和国中外合资经营企业法》。同年 8 月，国务院设立外国投资管理委员会。从 1980 年创建中国第一家中外合资企业——北京航空食品有限公司开始，中国利用外资经历了三个阶段。

1979 年至 1991 年是中国利用外资的初步发展阶段。从 1979 年到 1991 年，中国合同利用外资金额累计达到 1 225. 61 亿美元，外商直接投资金额累计达到 532. 35 亿美元。这一阶段，外商对华投资增长较为缓慢。中国利用外资仍旧以间接投资为主，其中对外借款是间接投资的主要方式之一。

1992 年至 2001 年是中国利用外资的快速发展阶段。1992 年邓小平南方谈话推动了中国改革开放的深入发展，也推动了中国利用外资、引进外资的快速发展。中国利用外资的项目的数量和金额在这一阶段有了大幅度的上升，1993 年的合同利用外资项目数量约为 1991 年的 6. 4 倍。1992 年，外商直接投资金额占比由 1991 年的 37. 80%上升到 57. 32%，占比首次超过间接投资。此后，外商直接投资成为中国利用外资的主要形式。

2002 年以后，中国利用外资进入发展的新阶段。2001 年中国加入世界贸易组织，为中国利用外资、引进外资提供了有利的条件。中国吸收外资的规模不断扩大，2002 年中国实际利用外资金额为 550.11 亿美元，到 2013 年，增至 1 187.21 亿美元。2013—2021 年，我国非金融领域累计利用外商直接投资金额 1.2 万亿美元，2021 年利用外资金额比 2012 年增长 55.3%，年均增长 5%。利用外资规模连续多年居发展中国家首位。外商投资企业数量快速增加，市场主体活力不断增强。

总的来看，改革开放以来，中国利用外资取得了巨大的成就，利用外资水平有了显著提高。从党的十八大提出"提高利用外资综合优势和总体效益，推动引资、引技、引智有机结合"，到党的十九大提出"实行高水平的贸易和投资自由化便利化政策，全面实行准入前国民待遇加负面清单管理制度，大幅度放宽市场准入，扩大服务业对外开放，保护外商投资合法权益"，再到党的二十大提出"合理缩减外资准入负面清单，依法保护外商投资权益，营造市场化、法治化、国际化一流营商环境"，我国利用外资愈加注重结构升级和协调发展，对接国际高标准经贸规则的制度型开放成为吸引外资的重要优势。

三是对外投资的稳步发展。改革开放之前，中国基本上没有对外投资。改革开放初期，只有很少的国有企业到国外设立分公司或者代表处。随着对外开放的深入，中国企业对外投资开始发展起来。总的来看，中国对外投资经历了三个发展阶段：1979 年至 1991 年是中国对外投资的起步探索阶段。在这一阶段，中国对外投资的特点是投资的总额少、规模小。截至 1991 年，中国对外投资总额仅为 53.68 亿美元。1992 年至 2001 年是中国对外投资的初步发展阶段。这一时期的中国对外投资水平不断提高，规模也在逐步扩大。2002 年以后是中国对外投资的快速发展阶段，2013 年对外直接投资额突破千亿美元大关，达到 1 078.44 亿美元。2013—2021 年，我国对外投资流量稳居全球前列，对外直接投资流量累计达 1.4 万亿美元，年均增长 8.2%。2021 年，我国对外直接投资流量为 1 788.2 亿美元，同比增长 16.3%，占当期全球对外直接投资流量的 10.5%，排名世界第 2 位。截至 2021 年年末，我国对外直接投资存量 27 851.5 亿美元，占当期全球存量的 6.7%，比 2012 年提高 4.4 个百分点。我国对外投资范围遍及全球 190 个国家（地区），设立对外直接投资企业 4.6 万家。同时，我国对外投资领域日趋广泛，结构不断优化。我国对外直接投资涵盖国民经济的 18 个行业大类。2021 年流向租赁和商务服务业、制造业、批发和零售业等 6 个行业大类的投资均超百亿美元，租赁和商务服务业保持第一位，制造业位列第二。国家外汇管理局的统计数据显示，2024 年我国全行业对外直接投资 11 592.7 亿元人民币（折合 1 627.8 亿美元）。其中，我国境内投资者共对全球 151 个国家和地区的 9 400 家境外企业进行了非金融类直接投资，累计投资 10 244.5 亿元人民币（折合 1 438.5 亿美元）。

三、开放型经济体系的建设

中国经济的发展离不开世界，世界经济的稳定增长同样离不开中国，改革开放以来，中国经济与世界经济形成了一种良性的互动关系。在此背景下，党的十六届五中全会明确提出了“实施互利共赢的开放战略”，党的十七大和十七届五中全会进一步强调中国将大力实施互利共赢的开放战略。

2012 年，党的十八大对新时期的对外开放提出了新要求：“适应经济全球化新形势，必须实行更加积极主动的开放战略，完善互利共赢、多元平衡、安全高效的开放型经济体系。”这是基于对外开放新形势提出的新论断，进一步明确了我国开放型经济的发展方向和指导原则。适应经济全球化新形势，必须推动对内对外开放相互促进、引进来和走出去更好结合，促进国际国内要素有序自由流动、资源高效配置，加快培育参与和引领国际经济合作竞争新优势。党的十八届五中全会提出，坚持开放发展，必须顺应我国经济深度融入世界经济的趋势，奉行互利共赢的开放战略，发展更高层次的开放型经济，积极参与全球经济治理和公共产品供给，提高我国在全球经济治理中的制度性话语权，构建广泛的利益共同体。

2017 年 10 月，党的十九大明确提出推动形成全面开放新格局要以“一带一路”建设为重点，坚持引进来和走出去并重，遵循共商共建共享原则，加强创新能力开放合作，形成陆海内外联动、东西双向互济的开放格局。2022 年 10 月，党的二十大明确提出推进高水平对外开放。依托我国超大规模市场优势，以国内大循环吸引全球资源要素，增强国内国际两个市场两种资源联动效应，提升贸易投资合作质量和水平。稳步扩大规则、规制、管理、标准等制度型开放。推动货物贸易优化升级，创新服务贸易发展机制，发展数字贸易，加快建设贸易强国。合理缩减外资准入负面清单，依法保护外商投资权益，营造市场化、法治化、国际化一流营商环境。推动共建“一带一路”高质量发展。优化区域开放布局，巩固东部沿海地区开放先导地位，提高中西部和东北地区开放水平。加快建设西部陆海新通道。加快建设海南自由贸易港，实施自由贸易试验区提升战略，扩大面向全球的高标准自由贸易区网络。有序推进人民币国际化。深度参与全球产业分工和合作，维护多元稳定的国际经济格局和经贸关系。党的二十届三中全会指出，要“完善高水平对外开放体制机制”，强调“开放是中国式现代化的鲜明标识。必须坚持对外开放基本国策，坚持以开放促改革，依托我国超大规模市场优势，在扩大国际合作中提升开放能力，建设更高水平开放型经济新体制”。

总之，改革开放 40 多年来，中国一直以开放的姿态积极参与经济全球化进程，有力地促进了中国经济的快速发展、综合国力的迅速提升和国际经济地位的显著提高，同时中国经济也成为推动世界经济发展的重要驱动力。在经济全球化的新形势下，中国将始终不渝地坚持对外开放方针，在更大范围、更广领域、更高水平上推进对外开放，进一步完善开放型经济体系。

思考题

1. 谈谈对中国经济体制改革复杂性的认识。
2. 简述社会主义市场经济体制应该如何进一步完善。
3. 简述中国国有企业改革的发展历程。
4. 试分析改革开放以来中国经济持续、快速增长的原因。
5. 简述中国现阶段经济发展所面临的挑战。
6. 简述中国对外开放格局是如何形成的。
7. 试分析中国式现代化进程与世界经济发展的互动关系。
8. 如何看待中国改革开放前后两个时期的关系？

► 自测习题及参考答案

请扫描二维码

第十六章　资本主义国家的经济改革和增长

20 世纪 70 年代，由于凯恩斯主义无法解决西方发达国家面临的滞胀困境，新自由主义思潮开始流行起来。在新自由主义思潮的影响下，英国首相撒切尔夫人和美国总统里根在上台执政后进行了大刀阔斧的经济改革。信息技术在战后科技革命中处于核心地位，以信息高速公路、互联网为代表的信息产业革命席卷全球，以信息产业为核心的“新经济”助推了美国 20 世纪末长达近十年的经济持续增长态势。由美国次贷危机引发的 2008 年国际金融危机的爆发宣告了新自由主义经济理论的破产。

第一节　新自由主义与经济改革

一、新自由主义思潮兴起

新自由主义是 20 世纪 30 年代凯恩斯政府干预思想提出后出现的一种经济和政治思潮。新自由主义的核心观点是复兴 19 世纪的传统自由主义，由于其保守的立场及不切实际的政策主张，长期被西方学术界边缘化，也没有获得西方市场经济国家政府的青睐。但自 20 世纪 60 年代以来，新自由主义范畴的各个学派影响力逐渐增强。现代货币学派是新自由主义思潮中的代表性学派之一，该学派认为货币是经济中最重要的因素，主张实行“单一规则”的货币政策，反对国家过度干预。理性预期学派是新自由主义思潮中又一代表性学派，该学派强调预期的作用，认为政府预定的政策效果会被理性预期所抵消，因此任何形式的国家干预经济政策，归根到底都没有实际作用。供给学派是新自由主义思潮中的另一个代表性学派，该学派强调萨伊定律，强调要通过降低税率来刺激供给，主张经济学应着重分析经济的供给侧，从供给侧出发提出稳定经济的政策。供给学派全面否定凯恩斯主义理论和政策，认为正是凯恩斯主义过于强调需求、忽视供给的经济政策导致了美国经济的滞胀，要解决经济滞胀问题必须强调供给，刺激供给增加的政策就是解决经济滞胀问题的政策。

在滞胀的严峻形势面前，英国的撒切尔夫人和美国的里根宣称摒弃凯恩斯主义，以现代货币学派和供给学派的理论为指导，以抑制通货膨胀为主要目标，实行紧缩货币、削减政府开支、放松政府管制、通过减税刺激私人投资以及国有企业私有化等一系列自由化导向的改革政策。这些做法取得了一定效果，特别是扭转了长期以来的通货膨胀局面，并使经济增长率有了较明显的提高。因此，新自由主义一度成为市场经济国家的新宠，而凯恩斯主义则逐渐衰落下去。

撒切尔夫人和里根的自由化改革在西方资本主义世界掀起了一股浪潮。此后，随着“华盛顿共识”的出现，以自由化、私有化、市场化为核心内容的新自由主义理论体系和政策体系逐渐形成。在美国等发达资本主义国家的极力推销、鼓动和诱惑下，新自由主义以很快的速度在拉丁美洲、俄罗斯、东欧以及亚洲、非洲等国家和地区蔓延开来。

二、英国的经济改革

1979 年以前，无论是工党还是保守党执政，英国都遵循凯恩斯理论和需求管理的政策，但是高失业率和高通货膨胀率的双重折磨，使英国经济走走停停，经济发展相对缓慢。1979 年年初，英国通货膨胀率直线上升。保守党领袖撒切尔夫人在 1979 年 5 月的全国大选中战胜工党，成为英国历史上第一位女首相，由此英国开始了长达十余年的撒切尔主义时代。撒切尔夫人就任首相，被视为英国经济发展历程中的重要转折点，标志着以凯恩斯主义、社会福利以及工会权力为主要内容的旧体制的终结。

撒切尔夫人 1979 年执政后摒弃失灵的凯恩斯主义，拒绝以低生产率、低效率、高通货膨胀率为代价维持充分就业，拒绝以资源的巨大浪费为代价维持福利国家。在现代货币学派理论思想的指导下，撒切尔夫人实施了一系列旨在重振英国经济的政策：严格控制政府的财政支出；改革社会福利制度，削减福利开支；紧缩银根，提高利率；大规模推行国有企业的私有化。具体来说，撒切尔夫人主导的经济改革包括以下四方面内容。

第一，国有企业私有化改革。私有化政策是撒切尔夫人改革的核心措施。由于战后英国的国有企业经济效率持续低下，撒切尔政府逐步推行出售国有企业的政策，将国家雇用的工作人员转移到民营部门，并以股票形式，将国有企业资产转向民营企业。起先，私有化的范围固定在石油、宇航、电信等行业。1988 年，撒切尔政府第一次向民众明确表示，私有化无禁区，几乎所有部门都开始了私有化进程。经过 20 世纪 80 年代的大规模私有化，到 1991 年时，英国已有超过一半的公共部门转制为私营部门，国有经济部门产值占全国总产值的比重则从 9% 下降到不足 5%。在私有化改革的同时，撒切尔夫人主导的经济改革精简了部分政府机构的职能，减少了政府对经济的干预，减少了政府对国有企业的资助。

第二，宏观经济政策改革。撒切尔夫人反对把充分就业作为宏观经济政策的目标，而把应对通货膨胀、改善宏观经济环境作为宏观经济政策的核心目标，把控制货币供应量作为对付通货膨胀的有效工具。1979 年，撒切尔政府大幅度削减公共开支，把公共开支的削减作为抑制货币供应大量增长的关键。1980 年 3 月，撤切尔政府提出了“中期财政战略”，明确规定了任期内货币供应量增长指标和公共部门借款需求占国内生产总值的比重。紧缩政策使通货膨胀率由 1979 年的 13.6%下降到 1983 年的 5.1%。1979 年，英国废除外汇管制；1986 年，英国取消了对证券交易所的管制，废除了对专业银行经营业务的严格限制。到 20 世纪 90 年代，英国的经济体制中，市场发挥作用的范围越来越大，政府干预的范围越来越小。

第三，社会福利制度改革。福利国家制度自第二次世界大战后一直起着有利于资本主义社会稳定的安全阀、调节器、缓冲带的作用。撒切尔政府在维护福利国家制度的前提下，稳步消除了福利支出过度而经济收效不大的弊端。按照撒切尔夫人的设想，社会福利制度的改革原则是将政府包揽社会保险支出改为政府、企业和个人分摊，并最终过渡到以企业和个人承担为主。1986 年的《社会保险法》体现了这个思想。根据这个法案，由政府支付的退休金将减少一半，与此同时，引入个人退休金计划和就业退休金计划，前者完全由个人支付，后者完全由企业负担。在医疗方面，最终的努力方向是逐步取消公费医疗，实行私人医疗保险。通过这些改革，政府削减了社会福利在公共开支中的比重，1986—1987 年度比 1979—1980 年度下降了 10 个百分点。

第四，劳工制度改革。为了增加劳动市场的竞争性和激发劳工的工作热情，撒切尔政府还改革了劳工制度，具体办法是限制工会的权力，通过立法加强工会内部的民主。1986 年，撒切尔政府把固定工资制改为分享工资制，在新的工资制下，雇员 1/3 的工资直接与企业经营状况挂钩。同时，采取严厉的控制措施，防止“不积极寻找工作”的失业者申请补助，对拒绝参加培训计划和自己离开工作岗位的人加重惩罚。

在新自由主义思潮的影响之下，撒切尔夫人实施了全面、深刻的经济体制改革，大力减少政府对经济的干预，使英国的经济发展出现了积极的变化。英国经济增长率在撒切尔夫人执政期间稳步提高：英国国内生产总值在 1981—1989 年的年平均增长率为 3.2%，高于同时期欧共体国家的平均水平。英国的劳动生产率也有所提高，1979—1989 年，英国的劳动生产率年增长率达到 4.5%，高于同期其他大多数西方发达国家。长期困扰英国经济的顽症——通货膨胀，在撒切尔夫人执政期间被有效解决，通货膨胀率从连续多年的两位数降到了较低水平。1980 年 5 月，英国的通货膨胀率为 21.9%，但 20 世纪 80 年代中期已降至平均 5%的水平。①

三、美国的经济改革

1980 年，共和党人罗纳德·里根当选美国第 40 任总统，里根在就职演说中宣

---

① 国际货币基金组织编：《世界经济展望（1990 年 10 月）》，中国金融出版社 1991 年版，第 119 页。

布要对外重振国威、对内振兴经济。面对连续三年两位数的通货膨胀率和经济的严重衰退，里根政府把抑制通货膨胀作为宏观经济的重点目标，强调促进生产，提高有效供应，并抑制过旺的需求，控制货币供应量的增加，使经济在走向复苏中保持稳定和持续的增长，同时把通货膨胀率控制在5%以下的低水平。在里根八年总统任期里，他一反传统的现代凯恩斯主流经济学经济政策，采用供给学派和现代货币学派的经济政策，使美国经济出现了恢复和振兴的新局面。概括起来，里根政府的经济改革包括以下五方面的政策措施。

第一，实行历史上最大的减税计划。1981 年 2 月 18 日，里根在向国会提交的经济复兴计划中提出了大规模减税的建议。根据这个建议，美国个人所得税的最高税率从 1971 年的 71%下降为 1982 年的 50%①，最低税率则相应降至 11%左右。里根总统的减税计划既使中产阶层得到实惠，又促进了私人投资的增加。减税的直接结果是美国各级政府收入在国民生产总值中的比重有所下降，这意味着凯恩斯财政政策地位的下降。

第二，放松政府管制。以供给学派为理论依据的里根政府强烈反对联邦政府对企业的过多干预。在凯恩斯主义盛行时期，美国普遍存在政府对企业的行政干预。20 世纪 70 年代，美国政府制定的工商管理条例的篇幅增加了两倍。1980 年美国的法令规章多达 7 万多项。过度的行政干预不仅增加了国家的预算支出和居民的相关费用，而且往往导致市场运行机制的扭曲，削弱了企业的经营积极性。为此，里根专门成立了以布什为首的放松管制工作小组，减少了近 1/4 的联邦条例和法典文件。1981 年，美国各级政府收入占国民生产总值的比重为 32%，1985 年下降为 31. 6%，1987 年又降至 29. 7%。经过里根政府的改革，政府对经济的干预程度逐渐下降。

第三，坚持紧缩的货币政策。为更有效地控制通货膨胀率的上升，美联储在 1979 年实行紧缩信贷、稳定货币、控制货币供应量的紧缩货币政策，在调控宏观经济方面发挥了至关重要的作用。20 世纪 80 年代以后，美联储坚持对通货膨胀采取预防为主的方针，宁可放慢经济增长速度，也要防止通货膨胀失控。1980 年，美国的通货膨胀率为 18%，到 1987 年降到 3%。

第四，削减政府开支。里根政府上台后，曾多次削减政府支出，并在 1985—1986 年度财政预算草案中提出将社会福利开支水平冻结一年，规定国防支出的增长率不超过年度通货膨胀率。但是里根政府未能实现预算平衡的预期目标，不得不大量发行国债，导致 20 世纪 80 年代美国国债占 GDP 的比例大幅上升。

---

① ［美］乔纳森·休斯、［美］路易斯·凯恩：《美国经济史》（第八版），杨宇光、吴元中、杨炯等译，格致出版社、上海人民出版社 2013 年版，第 704 页。

第五，改革社会保障制度。1983 年 4 月，里根签署了一揽子社会福利改革计划，削减一些社会保障项目以减轻当时联邦政府承担的过重的社会福利负担。他还强调把联邦政府在社会福利方面应该承担的某些责任转移给州和地方政府。

里根主导的经济改革以减税、放松管制、紧缩货币政策、削减政府开支、改革社会保障制度为鲜明特征和主要内容，在资本主义市场经济的框架内，对政府与市场、政府与企业、公共财政与国民福利之间关系的优化调整进行了探索，其改革逻辑是最大程度减少政府干预、充分发挥市场机制的自发调节作用，经济改革在抑制通货膨胀、调动微观经济主体积极性、恢复经济增长方面取得了明显效果，但里根在大规模减税的同时又大幅增加军费、重整军备，导致预算赤字急剧攀升，里根八年总统任期的前六年累计的政府债务高达 10 326 亿美元。① 紧缩的货币政策在降低美国国内通货膨胀率的同时，也引起了美国国内的利率上升，高利率诱使日本和西欧的金融资本流入美国，引起美元升值，美元升值减少了美国出口、增加了美国进口，导致美国贸易逆差规模不断扩大，美国贸易逆差在 1981 年是 279 亿美元，1982 年增加到 364 亿美元，1983 年进一步增至 672 亿美元，1984 年更是超过了 1 000 亿美元，达到1 141亿美元。② 针对上述问题，里根政府自 1985 年起从干预美元汇率、减少贸易赤字、缩小财政赤字等方面进行了政策调整。

虽然里根政府的经济改革造成了政府高财政赤字、高利率、高汇率、高贸易逆差等问题，但总体上来看，里根主导的经济改革使美国逐渐摆脱了 20 世纪 70 年代以来的经济滞胀，走上了较稳定的增长道路，为美国经济在 90 年代的繁荣奠定了基础。

第二节 信息产业革命和新经济

一、信息产业革命的兴起

信息产业形成于第二次世界大战后的第三次科技革命浪潮。信息技术在战后科技革命中处于核心地位，信息产业是依靠新的信息技术和信息处理的创新手段，制造和提供信息产品、信息服务的生产活动的组合。

19 世纪中期电报和电话的发明和应用缩短了各大洲、各国之间的时空距离，使信息传播手段发生了根本性变革，传播信息的载体、方式和方法都发生了质的飞跃。

---

① 陈宝森:《美国经济与政府政策：从罗斯福到里根》，社会科学文献出版社 2014 年版，第 49 页。

② 陈宝森:《美国经济与政府政策：从罗斯福到里根》，社会科学文献出版社 2014 年版，第 52 页。

20世纪五六十年代以后，微电子技术与现代通信技术开始了广泛应用和发展。到七八十年代，光电子学和电子计算机应用科学的迅猛发展，特别是通信卫星的商业应用，使得跨国界的全球性远距离信息传输成为现实，各种通信新业务应运而生，信息化在社会生产、生活的各个领域都取得了突破性的进展。美国在20世纪90年代率先实施了“信息高速公路”计划。信息高速公路是指在多媒体技术基础上开发的更加智能化的电子计算机网络系统，是多种学科、多种技术综合运用的产物，是人类有史以来最先进的生产、生活、社会活动的工具，是正在蓬勃发展的生产力。

美国“信息高速公路”计划提出后，迅速在世界各国引起强烈反响。日本、欧盟、加拿大、俄罗斯等经济体纷纷效仿，相继提出各自的“信息高速公路”计划，投巨资进行国家信息基础设施建设，在全世界范围内掀起了建设信息高速公路的浪潮，中国和印度等发展中国家也采取战略措施迎接信息革命的挑战。

20世纪90年代之后席卷全球的信息高速公路建设热潮推动了以信息技术高速发展为特征的信息产业革命的兴起。信息产业逐渐成为衡量一国综合国力强弱的重要指标之一，成为国际竞争制高点之一，各国纷纷将信息产业作为战略性产业来加快发展。伴随着信息产业发展，数据库、计算机网络、有线电视及多媒体的应用日益普及，数据通信、图像传输等业务量快速增加，计算机技术与通信技术相结合，使发展信息高速公路的技术日趋成熟。

在信息产业革命深入发展过程中，以微电子、计算机、通信和网络技术为代表的信息技术获得了突飞猛进的发展。信息产业革命的最重要内容之一就是互联网技术的飞速发展。20世纪末，互联网已经迅速渗透到经济、社会生活的各个领域，深刻地改变和影响了人类日常生活和经济活动。随着信息产业革命特别是互联网的迅猛发展，信息高速公路已由最初的梦想、计划变成了现实。各国之间的沟通可以跨越时间和空间的阻隔，包括真实世界和虚拟世界在内的任何不同空间可以实时分享各种信息，真实世界和虚拟世界开始真正融通起来。信息产业革命不断缩小着国家之间、企业之间、个人之间的时间、空间距离，世界变成“地球村”的预言在逐步实现。信息高速公路的建成标志着世界信息社会的到来，信息网络将把各个国家、地区、单位和家庭联结成一个整体，信息化成为当今世界经济发展的重要特征。信息产业革命的深入发展以及互联网在各领域的扩张，推动了以网络信息为核心资源的信息社会的形成。

信息产业革命已经引起生产工具、劳动对象等方面质的飞跃和新的突破，推动了社会生产力的迅猛发展。信息产业革命所创造的新的强大生产力，已经催生了一次社会生产的大变革。信息产业革命所推动的网络技术、通信技术日新月异的创新发展，有力支持了全球生产服务网络的形成，便利了资本跨国流动，有效推动了全球统一的金融和资本市场的形成，加速了全球经济的融合，推动了经济全球化的深入发展。

进入 21 世纪以来，新一轮科技革命孕育兴起，信息产业在全球的发展依然方兴未艾。近年来，在知识经济和互联网的大趋势下，信息产业仍处于快速发展阶段，移动互联网、云计算、大数据、智能终端、高端芯片等新一代信息技术的迅速发展推动了传统产业的变革和创新。2014 年 6 月，习近平在出席国际工程科技大会时发表的演讲中指出：“信息技术成为率先渗透到经济社会生活各领域的先导技术，将促进以物质生产、物质服务为主的经济发展模式向以信息生产、信息服务为主的经济发展模式转变，世界正在进入以信息产业为主导的新经济发展时期。”① 信息产业革命在改变各国产业结构和经济结构的同时，也改变着世界经济的发展模式，信息产业的发展越来越成为决定一国经济竞争力、经济发达程度和生产力发展速度的关键。

二、美国信息产业和新经济的发展

美国信息产业经历了一个循序渐进的发展演进过程。在第二次世界大战后，其发展可以划分为三个阶段。

第二次世界大战后至 20 世纪 70 年代初是美国信息产业发展的第一阶段。这一阶段是美国信息技术及产品的诞生和应用初期，大型计算机技术的研发和应用是这一阶段的主要特点。美国在第二次世界大战期间为了分析、处理大量军用数据，而开始研制电子计算机，后来由于美苏争霸的需要，美国加快了研发和应用大型计算机的步伐。美国这一时期的信息技术还处于初创阶段，完整的信息产业链尚未形成，信息产品的消费群体较小。

20 世纪 70 年代初至 80 年代末是美国信息产业发展的第二阶段，信息技术和产品进入快速发展和推广时期。这一时期，信息技术及产品开始进入实际应用领域，个人计算机大范围普及，信息技术企业大批出现。在此期间，美国出现了以硅谷为代表的信息技术企业集群，企业间的竞争与合作关系密切，信息产业链逐渐形成，市场对信息技术的终端产品的需求扩大，其产品的消费群体逐步增多，信息产业已成为美国经济发展的新增长点。

第三阶段是 20 世纪 90 年代初至 21 世纪初，美国信息产业进入快速发展时期。此前只限于军队、政府部门、学校和研究机构使用的互联网开始转为民用和商业应用，互联网时代开启。这一阶段，信息技术在各行各业开始得到广泛的应用和渗透，各种商业机构、金融机构、产业部门不仅利用网络传递信息、获取信息，

---

① 中共中央文献研究室编：《习近平关于科技创新论述摘编》，中央文献出版社 2016 年版，第 97 页。

而且开创了互联网时代的全新经营方式，开展了以网络为基础的、遍及全球的电子商务活动。信息产业逐渐发展成为推动美国经济增长的主要支柱产业，同时美国始终保持着全球信息技术市场最主要参与方的地位。信息产业的创新与发展推动了许多新兴的高新技术制造业的产生，同时美国利用信息技术改造传统制造业，推动了传统制造业的信息化和转型升级。进入 21 世纪的 20 多年来，信息产业始终是美国经济的主导产业之一。

美国政府在信息产业的发展过程中始终重视信息产业基础创新能力的培育，鼓励企业加大对原创性信息技术的研发投入。拥有原创性信息技术是在世界信息产业领域形成持续竞争力的前提条件，作为世界信息技术革命领军国的美国致力于加大信息技术的基础研究投入，对代表信息技术产业未来发展趋势的关键技术始终给予重点资金支持和政策倾斜，以此来推动基础技术的科研创新，强化信息产业领域的基础创新能力。此外，美国政府采取多项政策鼓励信息技术企业增加研发投入，推动企业对原创性信息技术进行研发和应用。作为世界上信息产业最发达的国家，美国在信息技术领域的研发创新引领着世界信息产业发展的潮流，形成了全面发展、整体推进的产业发展态势。美国除了拥有操作系统领域的领军企业——微软外，还有苹果、谷歌、英特尔、惠普和 IBM 等众多具有世界影响力的跨国公司。凭借这一大批引领世界信息产业趋势的跨国公司，美国一直主导着全球信息产业和互联网领域的创新与发展。美国不仅是信息技术研发的开拓者，还是信息技术应用的领跑者。在整个信息产业的发展过程中，美国大力推广信息技术的应用，积极地把信息技术运用于国民经济各行业的改造升级。

20 世纪的最后十年，世界经济领域最引人注目的焦点是美国经济的持续较快增长，与同一时期欧洲经济的低速增长、日本经济的持续衰退形成了鲜明对照。“新经济”的概念就是在这样的背景下提出来的。

美国自 1991 年 3 月走出经济衰退的谷底，到 2000 年 12 月为止，共持续增长了 117 个月，创下美国历史上最长繁荣时期的纪录。在这近 10 年的持续增长态势中，美国的国内生产总值增长了 3.95 万亿美元，年平均增长率为 3.42%。失业率大幅下降，从 20 世纪 90 年代初的 7%以上，下降到 2000 年的 4.1%。① 美国经济在平稳较快增长的同时，通货膨胀率、失业率和财政赤字都控制在较低水平，呈现出几十年少有的“一高三低”（高增长、低失业、低通胀和低财政赤字）状态。这种前所未有的新状态被经济学家称为“新经济”，受到世界各国的广泛关注。

2001 年的《美国总统经济报告》用经济运行的“非凡业绩”来定义 20 世纪

① 国际货币基金组织编：《世界经济展望：2000 年 10 月》，中国金融出版社 2001 年版，第 167、171 页。

90 年代的“新经济”。“非凡业绩”是指劳动生产率迅速提高、收入上升、失业率降低和通货膨胀率保持在较低水平。① 该报告将“新经济”繁荣期的驱动力概括为技术创新、经营创新与正确的经济政策，这三大因素相互促进、良性循环，形成 20 世纪 90 年代美国经济运行的“非凡业绩”。美国总统经济顾问委员会认为以信息技术为主体，同时包括材料技术和生物医药技术等其他技术在内的高新技术产业技术创新是 20 世纪 90 年代经济扩张的动力源泉，其中信息技术领域的革命是各类技术进步中最引人注目的。信息技术领域在 20 世纪 90 年代初出现了计算机硬件、软件及电信技术等一系列创新，使得各类高新技术的创新能以各种方式重新组合起来，显著提升了各类技术创新的潜在价值。20 世纪 90 年代的经济繁荣时期，正是美国信息产业经历从个人计算机到互联网，再到电子商务三个发展阶段的时候，这表明美国“新经济”的核心内容就是信息经济。

美国“新经济”的发展降低了失业率。由于信息产业与其他产业的关联度高，因而扩大了就业范围，除直接创造新的工作岗位外，还间接创造了许多新的工作岗位。自 1992 年以来美国失业率一直递减，如图 16-1 所示，1992—1996 年的失业率分别为 7.5%、6.9%、6.1%、5.6%、5.4%，1997 年的失业率降至 4.9%②，2000 年进一步降低到 4.1%③，基本上实现了充分就业。从图 16-1 可以清晰地看

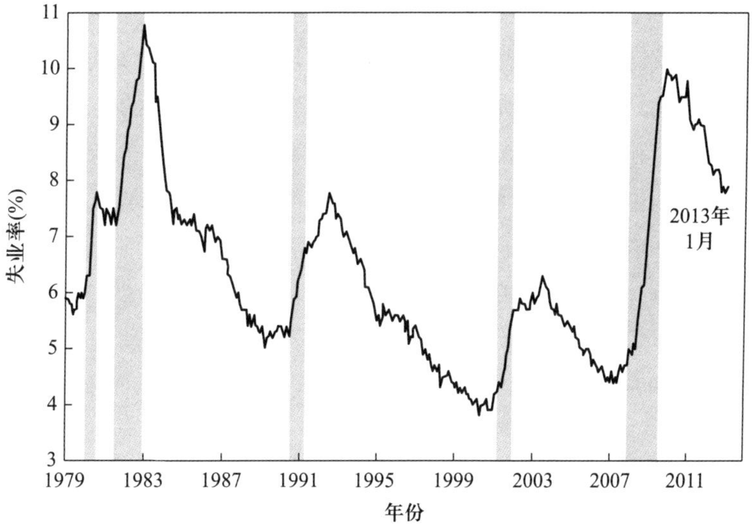

图 16-1 美国 1979—2013 年失业率

资料来源：美国总统经济顾问委员会：《2013 年美国总统经济报告》（英文版），第 54 页。

① 《美国总统经济报告：2001 年》，萧琛主译，中国财政经济出版社 2003 年版，第 21 页。

② 国际货币基金组织编：《世界经济展望：1998 年 10 月》，中国金融出版社 1999 年版，第 173 页。

③ 国际货币基金组织编：《世界经济展望：2000 年 10 月》，中国金融出版社 2001 年版，第 171 页。

出，克林顿执政时期（1993 年 1 月至 2001 年 1 月）的失业率处于较低水平，特别是克林顿执政后期的失业率处于 30 多年来美国失业率的最低水平。从就业结构的角度看，随着美国信息产业的迅速发展以及国民经济信息化的发展，美国社会就业结构进一步“软化”，表现为从事农业、制造业的就业人数占劳动人数的比重越来越小，而从事管理、研究、技术开发、咨询、服务等工作的就业人数的比重不断提高，其结果是蓝领工人越来越少，白领工人越来越多。信息产业特别是信息服务业的发展，为第三产业创造了更多的就业机会。

较低的通货膨胀率是美国“新经济”的另一个明显特征。信息产业在推动美国经济增长和扩大美国就业的同时，还产生了抑制通货膨胀的宏观经济效应。随着信息技术的发展，美国企业纷纷利用计算机和网络技术进行技术改造，使得美国的劳动生产率提高、生产成本降低，产品价格也自然下降，进而拉低了物价，产生了抑制通货膨胀的效果。

此外，美国“新经济”推动了美国企业利润大幅度增长，为美国政府的宏观经济政策调整提供了有利条件。1993 年克林顿政府一改过去财政赤字的宏观政策，采取增税政策，尤其是强调向大企业增税，同时还有减少政府雇员、减少军费等紧缩财政开支的配套措施。经过克林顿政府几年的努力，美国终于在 1998 年实现了财政盈余。

综上所述，以信息产业为核心的美国“新经济”，有力推动了 20 世纪末美国的经济高涨。从世界经济史发展角度看，这次持续十年之久的经济高涨意味着经济增长方式的变化和生产方式的根本变革。同传统经济相比，“新经济”是一种以信息技术为基础、由知识要素驱动的经济，其增长的动力更加强劲。美国“新经济”虽然维持了 20 世纪 90 年代的经济繁荣，但经济周期波动是资本主义国家的规律，美国当然不例外，如自 1991 年开始持续 117 个月的美国经济高涨到 2000 年达到顶峰，从 2001 年一季度起美国经济开始回落。因此，美国“新经济”也有自己的周期，经济周期与“新经济”同在。

三、西欧和日本的信息产业发展

首先看西欧的信息产业发展情况。欧洲是工业革命的摇篮，在传统产业发展方面一直处于世界前列，但是在信息产业发展方面却落后于美国。鉴于信息产业在未来新经济发展中的重要地位，欧盟和欧洲各国都把发展信息技术作为发展经济的战略任务。基于这样的背景，欧洲采取了一系列加快信息产业发展的措施。1997 年 4 月 15 日，欧盟委员会提出了“欧盟电子商务行动方案”（A European Initiative in Electronic Commence）。方案强调，欧盟必须在电子商务的基础设施、技术和服务方面做好充分准备，迎接来自竞争者的挑战；政府需要带头采用电子商务形式和电子商务技术，采取“电子政府”的方式以适应电子商务的发展趋势。

1999 年 12 月，欧盟赫尔辛基理事会通过了欧盟委员会发起的“电子欧洲——全民参与信息社会”计划，意图在信息技术领域全面追赶美国。2000 年 3 月在里斯本召开的欧盟首脑会议进一步明确将发展信息社会作为欧盟未来 10 年的战略之一。除了专门发展信息技术政策之外，欧盟的其他科技计划也对信息技术的发展采取了倾斜政策。“尤里卡计划”中就专门列出了信息技术的四大重点领域，即微系统的工业应用、软件开发、微电子技术在欧洲的应用以及封装和连接技术在欧洲的应用。鉴于欧洲在移动通信领域的优势，欧洲各国寄希望于以移动通信技术的开发和升级换代为突破口，在信息技术领域迎头赶上。

1997 年 8 月，法国宣布把建立信息社会定为政府的优先行动之一，将之列为“重大工程”。1998 年 1 月又提出了一项信息社会政府行动计划，确定了法国官方行动的大政方针，旨在弥补法国在信息技术方面与其他国家、特别是与美国之间的差距，使之成为促进经济增长和扩大就业的新动力。英国于 1998 年 10 月发布了文件《网络的利益：英国电子商务议程》，公布了英国电子商务的发展前景与规划，强调了电子商务在英国向知识经济转型过程中的关键作用。英国政府计划在培养需求、建立完善服务体系以及制定相关法律和规章制度框架等方面发挥积极作用。德国为了大力促进信息技术产业的发展，于 1999 年制定了“迈向 21 世纪信息行动计划”。该计划包括大幅度提高国际互联网的使用比例，到 2000 年建成具有世界领先水平的计算机网，推进教学领域多媒体应用。

其次是日本的信息产业发展情况。20 世纪 70 年代以来，日本政府把信息产业作为现代知识密集型产业结构中具有代表性的战略产业加以扶植。虽然日本在 20 世纪 80 年代初期的总体科技水平已超过了欧洲，接近于美国，但是 20 世纪 90 年代日本信息产业的发展明显落后于美国，差距逐渐拉大。日本在信息产业发展方面落后的重要原因是日本政府对网络经济的意义认识不足，没有及时推动日本经济向信息经济转型。

为促进信息产业发展，日本政府在 1994 年 8 月设立高度信息通信社会推进本部，本部长为内阁总理大臣，副职为邮政大臣、通产大臣，成员包括全体内阁大臣。1998 年邮政省出台了日本“信息通信大纲”，描述了面向 21 世纪的日本信息产业发展战略。为加快日本信息化建设进程，日本国会参议院在 2000 年 11 月通过了《IT 基本法》(高度信息通信网络社会形成基本法)。2001 年 1 月，成立了由首相任部长的 IT 战略本部（高度信息通信网络社会推进战略本部），并宣布了以“在 5 年之内把日本建设成为世界最先进的 IT 国家”为目标的“E-Japan 战略”；3 月制定了作为具体行动计划的“E-Japan 重点计划”，使日本政府在推进 IT 革命的道路上有了明确的实施方案。

在政府的积极推动下，日本企业加大了对 IT 产业的设备投资力度。2001 年民间 IT 投资达 25 万亿日元，5 年期间增加了 1.7 倍，约占整个设备投资的 30%。① 在设备投资总体低迷的情况下，IT 投资的增加起到了支撑经济复苏的作用。在政府和企业的共同努力下，日本已于 2003 年提前两年实现"E-Japan 战略"目标，在信息产业方面与美国的差距有所缩小，社会信息化进程加速，信息技术革命正在向社会经济生活各领域渗透。

第三节 金融危机与新自由主义困境

一、日本泡沫经济破灭与长期萧条

20 世纪 80 年代，日本国民经济仍保持了稳定的增长。日本经济的增长率，1987 年为 4.9%，1988 年为 5.9%，1989 年为 4.8%。1988 年日本人均收入已增至 1.946 万美元，超过美国，仅次于瑞士，居世界第二位。日本已成为世界头号贸易顺差国，巨额贸易顺差导致日本外汇储备大幅度增加。1988 年日本外汇储备增至 838 亿美元，居世界之首。1987 年日本的资产净额达 2 500 亿美元，1990 年增至 4 000亿美元。此外，日本对外直接投资大幅度增加，截至 1987 年年底的累计金额已达 1 393.3 亿美元。全世界直接投资的外流资金中，日本所占比重达 12.5%，仅次于美国（17.3%）。1989 年日本对外援助额已超过美国，达 100 亿美元，居世界之首。日本"经济大国"的地位在 20 世纪 80 年代进一步得到巩固与提高。

随着 1985 年秋《广场协议》的签订，日元开始迅速升值。日元汇率开始由 1971 年固定汇率制下 1 美元兑换 360 日元升值至 1988 年的 1 美元兑换 120 日元，升值了 2 倍。日本政府由于担心日元升值可能带来经济下行，实施了金融缓和政策。从 1986 年 1 月起，日本银行不断降息。到 1987 年 2 月，日本银行已降息 5 次，利率也由 1985 年的 5%下调到 1987 年的 2.5%，这是战后以来的最低水平。② 与此同时，日本加快了金融自由化进程，大规模撤销了金融管制。这就使在低利率政策持续的 20 世纪 80 年代后半期，日本货币供应量（M2+CD）的增长超过 10%，远远超过 GDP 名义增长率，由此导致经济中的流动性过剩，资本市场上资金供应量空前扩大。大量过剩资金开始流入房地产市场和股票市场，推动了地价、股价等资产价格的大幅上升。

---

① 张季风：《挣脱萧条：1990—2006 年的日本经济》，社会科学文献出版社 2006 年版，第 239—240 页。

② 王洛林主编：《日本经济与中日经贸关系发展报告（2009）》，社会科学文献出版社 2009 年版，第 307 页。

如表16-1所示，东证股价指数在1986年创下约48%的升幅后，直到1989年一直保持了较高的涨幅。1989年年末的东证股价指数增长到2 881.37，比1985年的1 049.40增长了近两倍，增速惊人。与此同时，城市中心市街地价指数从20世纪80年代后半期开始不断上升。

表16-1　1985—1989年日本股价、地价指数

年份	东证股价指数	市街地价指数	
		2010年=100	年增长率（%）
1985	1 049.40	91.5	2.8
1986	1 556.37	94.1	2.8
1987	1 725.83	99.2	5.4
1988	2 357.03	109.1	10.0
1989	2 881.37	117.4	7.6

资料来源：日本内阁府：《平成25年度年次经济时政报告》，2013年7月。

从1990年2月开始，日本股票价格急剧下跌。在随后的一年里下降了40%。与此同时，1990年10月起日本的房地产交易突然减少，土地价格开始下降。

由于泡沫经济破灭，在1990年以后的5年间，日本全国资产损失达800万亿日元，接近日本1990年国内生产总值的2倍，由此可见泡沫经济破灭所带来的损失之大。房地产价格的急剧下跌，使房地产投机者无力偿还银行的贷款，银行的大部分房地产贷款都变成了不良资产。巨额的不良资产、金融坏账对日本的金融业和日本经济产生了严重的影响。经济的复苏需要金融业的强大支持，而日本金融体系的稳定性因沉重的坏账负担而大打折扣，难以向企业提供充足的资金，这对日本经济复苏无疑是雪上加霜。进入20世纪90年代以后，日本经济经历了战后最严重的衰退。1990年至1999年，日本经济年均增长率只有1.5%。1997年，在东南亚金融风暴中，日本经济又一次遭受打击。1998年日本经济出现负增长，实际增长率为-1.8%，1999年仍为负增长，实际增长率为-0.2%。①

虽然日本经济进入21世纪以来开始呈现温和复苏，但经济形势并不稳定，经济长期萧条趋势明显。根据国际货币基金组织的数据，日本2000年到2005年的实际GDP增长率分别为2.9%、0.4%、0.1%、1.8%、2.3%、2.7%。② 然而2008年国际金融危机，导致日本经济在2008年出现自20世纪70年代以来最大幅度的负

① 国际货币基金组织编：《世界经济展望：2006年4月》，中国金融出版社2006年版，第169页。

② 国际货币基金组织编：《世界经济展望：2006年4月》，中国金融出版社2006年版，第170页。

增长。

2000 年以来日本经济发展长期萧条，总体经济发展出现倒退趋势。日本国内生产总值（名义）从 2000 年的 535.42 万亿日元下降到 2012 年的 500.47 万亿日元。日本国内失业率从 2000 年的 4.8%上升到 2002 年的 5.4%，然后小幅下降，2008 年国际金融危机后失业率再次上升，2009 年的失业率为 5.1%，2010 年的失业率依然保持在 5.1%的高位，直到 2011 年才降至 4.5%。① 之后几年日本的失业率虽然有所下降，2014、2015、2016 年的失业率分别为 3.6%、3.4%、3.1%，但日本经济增长缓慢，国内生产总值仍为低增长，2014、2015、2016 年的国内生产总值增长率分别为 0.3%、1.6%、0.8%。

二、美国次贷危机与国际金融危机

美国次贷危机是 21 世纪初美国发生的经济衰退的深化与发展。20 世纪 80 年代开始，美国进行大规模的产业结构调整，把大量实体制造业转移到拉美和东南亚，而把美国本土打造成金融、贸易等服务业中心。同时，在里根及其继任者的极力推动下，以新自由主义为基础，以私有化、市场化和自由化为目标的“华盛顿共识”在西方国家和拉美广泛推行。1999 年，美国政府正式废除 1933 年颁布的金融管制法《格拉斯-斯蒂格尔法》，取而代之的是《金融服务现代化法案》，从而开启了美国金融业混业经营的局面，结束了银行、证券、保险分业经营与分业监管的局面。随着信息技术的迅速进步、金融自由化程度的提高，以及经济全球化的发展，虚拟资本的流动速度越来越快。20 世纪 90 年代后期，信息高速公路概念迅速转化为纳斯达克网络泡沫的推动力量，网络概念股均被爆炒至上百美元甚至数百美元的离奇价格。2000 年纳斯达克网络泡沫破灭，总计将近 10 万亿美元的资本从纳斯达克股票市场逃出，美国陷入经济衰退困境。

为了应对网络泡沫破灭后的经济衰退，2001 年 1 月至 2003 年 6 月，美联储连续 13 次下调联邦基金利率，使该利率从 6.5%降至 1%的历史最低水平。低利率促使美国民众将储蓄拿去投资，银行过多发放贷款，这直接促成了美国房地产泡沫的持续膨胀。逃离股票市场的网络资本利用廉价信贷，在金融杠杆作用下不断投机，制造了房地产泡沫。

为了维持房地产业繁荣，抵押贷款公司和商业银行将大量贷款贷给那些收入偏低、收入不固定甚至是没有收入的人，从而产生大规模次级贷款（简称次贷）。而抵押贷款公司和商业银行又把各自放出去的次贷，打包卖给“两房”（房利美和

① 王洛林、张季凤主编：《日本经济与中日经贸关系研究报告（2013）》，社会科学文献出版社 2013 年版，第 361 页。

房地美，是美国最大的两家具有政府性质的住宅贷款抵押融资机构），从而又获得重新放贷的资金。“两房”凭借其背后的国家信用担保，低息借债买下次贷，然后通过资产证券化的方法，将其转换成债券，以次债的形式在市场上发售。华尔街的投资银行等金融机构买了次债以后，利用“精湛”的金融创新手法，创造出更大规模的次债信用衍生品并出售。通过这种方式，最初一美元的贷款可以被放大为几美元，甚至十几美元的金融衍生产品，从而形成了巨大的金融泡沫。

泡沫终究难逃破灭的结局，美联储迫于通货膨胀压力自2004年6月起重新开启加息周期，美国房地产价格自2006年6月起开始下跌，次贷市场繁荣的基础已不存在，风险正在临近。2007年4月，美国第二大次级抵押贷款企业新世纪金融公司申请破产保护，美国次贷危机爆发，风险迅速传播到其他金融领域。2008年3月，美国第五大投资银行贝尔斯登倒闭。9月15日，美国第四大投资银行雷曼兄弟公司出现巨额亏损，宣布破产保护，这标志着美国金融危机的全面爆发。同日，道·琼斯指数重挫逾500点，标准普尔500指数下跌近5%，创“9·11”恐怖袭击以来的最大单日跌幅。与此同时，美林证券也陷入破产危机，最终被美国银行收购。其他著名金融机构如高盛、摩根士丹利、华盛顿互惠银行和国际保险集团等也都摇摇欲坠。9月21日晚，美联储宣布，批准幸存的最后两大投资银行高盛和摩根士丹利提出的转为银行控股公司的请求。9月22日，美联储通过短期贷款拍卖方式向商业银行提供了750亿美元资金，以缓解信贷紧缩形势。美国次贷危机进入了全面、深层次的大爆发。在次贷危机的影响下，如图16-2所示，自2008年第一季度开始，美国的实际GDP为负增长，经济衰退一直持续到2009年第二季度。

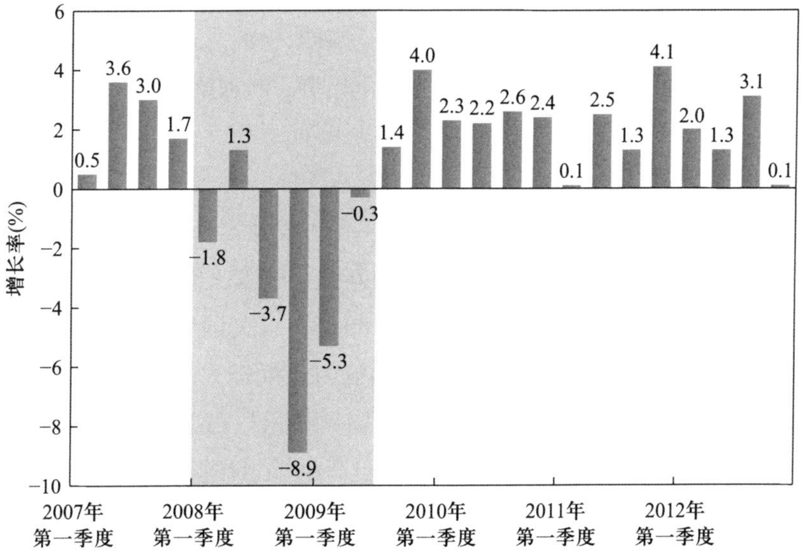

图16-2　美国2007—2012年实际GDP增长率

资料来源：美国总统经济顾问委员会：《2013年美国总统经济报告》（英文版），第43页。

美国次贷危机引发的金融危机在重挫美国金融体系的同时，也导致世界其他经济体的金融动荡和经济衰退，美国次贷危机逐渐演变为国际金融危机。在此次国际金融危机的影响下，如图 16-3 所示，欧元区和英国自 2008 年第一季度开始，实际 GDP 为负增长，经济衰退一直持续到 2009 年第二季度。

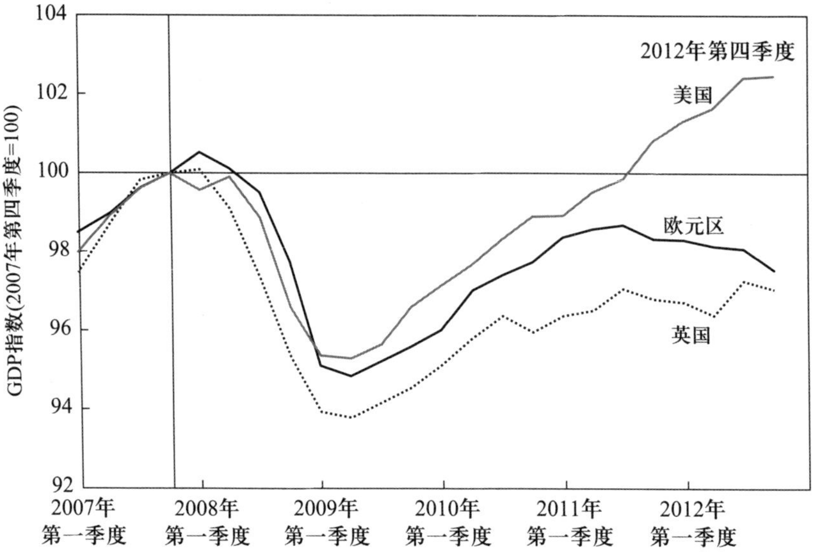

图 16-3 2007—2012 年美国、欧元区、英国实际 GDP 走势比较图

2008 年的国际金融危机导致了全球性经济危机，此次经济危机是第二次世界大战之后资本主义世界最严重的一次。经济危机的根本原因在于资本主义的基本矛盾，但其直接诱因则是 2007 年的美国次贷危机及其引发的空前严重的国际金融危机。经过十几年的调整，世界经济并没有迎来理想的复苏，相反陷入持续的结构性低迷，贸易保护主义不断升级，逆全球化趋势不断加剧。

三、新自由主义的困境

自 20 世纪 70 年代凯恩斯主义因无法解决西方发达国家的经济滞胀问题而陷入衰落以后，以减少干预和放松管制为特征的新自由主义逐渐在西方发达国家流行起来，成为西方发达国家经济改革的指导思想。在以美国为首的西方发达国家的极力推动下，新自由主义在世界范围内的影响力逐渐扩大。特别是以新自由主义理论为指导、针对拉美国家经济改革的“华盛顿共识”在 1989 年提出后，新自由主义加速向拉美发展中国家蔓延。拉美国家自 20 世纪 80 年代开始了以新自由主义为基础的经济改革。拉美国家的新自由主义经济改革虽然在短期经济指标方面取得了一些成效，但从改革的长期绩效来看，使拉美国家出现了经济发展停滞、失业率居高不下、过度依赖国际垄断资本、贫富差距拉大、外债负担沉重等各种问题。因此从整体来看，拉美国家的新自由主义经济改革是失败的。

20 世纪 90 年代初，按照美国经济学家萨克斯教授提出的、以新自由主义理论为指导思想的“休克疗法”改革方案，俄罗斯进行了激进式改革，改革致使俄罗斯经济崩溃、两极分化严重、社会混乱、各种经济社会指标大倒退。俄罗斯的“休克疗法”改革最终以彻底失败告终。

新自由主义近几十年的实践，最终以国际金融危机和全球性经济危机的形式结局，充分说明新自由主义理论本身存在严重缺陷。新自由主义所主张的纯粹的自由放任和自由竞争不能实现持续的经济繁荣，因此需要通过自由竞争和国家干预相结合、市场机制和政府调节相结合、私有部门和国有部门协调发展的制度安排，才能保证经济的持续稳定增长。另外，新自由主义主张消除国家之间在贸易、金融等领域的壁垒，实现商品和资本在国际市场的自由流通。此逻辑的结果就是：发达国家依靠垄断先进技术在生产全球化中始终处于上游地位、获得高额垄断利润，而发展中国家始终处于全球价值链的底端，只能以低廉的土地和劳动力价格参与生产全球化，获得微薄的收益，导致发展中国家有限的有效需求与发达国家垄断资本无限的生产之间形成供过于求的矛盾，为生产过剩的危机埋下伏笔。

在应对 2008 年国际金融危机的过程中，以美国为首的西方发达国家对新自由主义政策进行了部分调整。金融危机爆发后，各国在应对危机的过程中普遍推出了包括金融救助、扩大财政支出、宽松货币政策等的强劲“救市计划”，以刺激经济实现复苏。西方国家采取的反危机措施具有明显的凯恩斯主义干预政策的特征，意味着凯恩斯主义及其政策实践的回归，更意味着新自由主义的终结。这里特别值得一提的是，时任英国首相的戈登·布朗在 2009 年 4 月举行的二十国集团伦敦峰会闭幕新闻发布会上宣称“旧有的华盛顿共识已经终结”。

思考题

1. 谈谈对 20 世纪 80 年代以来新自由主义思潮的认识。
2. 试比较分析英美两国进行新自由主义改革的异同。
3. 简述信息产业革命对世界经济和数字经济发展的影响。
4. 简述美国“新经济”在 20 世纪 90 年代出现的原因。
5. 20 世纪 90 年代以来日本经济为何陷入长期萧条之中？如何理解“日本经济失去的 30 年”这一说法？
6. 简述 2008 年爆发国际金融危机的原因。
7. 2008 年国际金融危机之后世界正经历百年未有之大变局，你是如何理解的？

▶ 自测习题及参考答案

请扫描二维码

第十七章　经济全球化与世界经济新格局

经济全球化是20世纪90年代以来世界经济的主要特征和基本趋势。在经济全球化过程中，新兴经济体通过与发达国家的竞争与合作，实力得到明显增强。而经济全球化的迅猛发展和技术进步的日新月异，在为世界经济发展带来机遇的同时，也挑战着既有的发展模式和国际经济秩序。

第一节　经济全球化及其影响

一、经济全球化的发展进程

经济全球化是指经济活动跨越国界和区域，世界各国经济相互依赖程度不断加深的过程，它是第二次世界大战以来，特别是20世纪90年代以来，世界经济发展的重要趋势，是社会生产力发展的客观要求和科技进步的必然结果，是不可逆转的时代潮流。经济全球化的过程早已开始，“不是某种条件或某种现象，而是一种已经持续了很长时间的进程”①。具体而言，经济全球化起源于19世纪末20世纪初的技术革命，以及相应的国际经济发展状态。

第二次世界大战结束后，以布雷顿森林体系为核心的国际金融体制和以关贸总协定为核心的国际贸易体制，在促进西方国家经济复兴的同时，也带动了进出口贸易尤其是制成品贸易的增长，以及外国直接投资（FDI）的扩大。20世纪50—80年代，随着国际分工的不断深化、国际贸易的快速增长、跨国公司的巨大发展和一体化组织的出现，全球经济联系进一步密切。20世纪90年代以来，随着科技革命和信息技术的发展，各个国家的生产、贸易、金融和投资进一步加强，经济全球化得到了迅速的发展。

20世纪90年代中期以后，经济全球化与世界贸易组织更为密切地联系起来。1994年成立并替代关贸总协定的世界贸易组织，是当代最重要的国际经济组织之一，它是一个包括货物、服务、与贸易有关的投资及知识产权等内容的多边贸易体系，对于推动经济全球化起到了无可替代的作用。

导致经济全球化迅猛发展的因素主要包括以下几个方面。

第一，西方国家实行经济政策调整。经过第二次世界大战后的增长后，西方国家经济普遍陷入滞胀。为走出滞胀，西方国家相继实行了新自由主义经济政策，

---

① Paul M. Sweezy, “More (or Less) on Globalization,” *Monthly Review*, vol. 49, no. 4, 1997, pp. 3-4.

包括逐步放松对经济活动的管制，尤其是对金融、交通运输和信息通信等服务业采取了自由化措施。这些措施刺激了金融创新和信息革命，增强了企业间的竞争和经济体制的活力。

第二，西方国家技术创新开始加速。发展势头最迅猛的是由微电子技术带动的信息和通信技术，结果导致一场铺天盖地的信息革命。而信息技术的发展，使大量信息数据在全球范围内快速、经济地传递，使跨国公司的生产者和经理们可以把生产的各个阶段广泛地分布在世界各地，通过信息传递，把这些生产统一组织起来而不至于出现管理失控。同时，管理者可以在瞬息之间了解世界各地的市场情况，并进行必要的计算，找出对各地市场进行最有效的资源配置的盈利机会。

第三，企业经营活动的国际化。第二次世界大战之后，跨国公司的影响力日益扩大，充当了经济全球化的主要动力和先锋。据统计，在 1993 年，全球跨国公司 3.7 万家，海外附属公司 17 万家，海外销售额超过 5.5 万亿美元。但到 2005 年，全球约有 7.7 万家跨国公司，至少 77 万家外国分支机构。① 2012 年，仅跨国公司的子公司贡献的附加值就达 6.6 万亿美元，雇员达到 7 200 万。② 而在 2017 年，仅中国 100 大跨国公司的海外资产就达 80 783 亿元，海外员工多达 1 166 176 人。并且，跨国公司的全球性生产经营方式几乎涵盖了许可证、技术转让、合作经营、管理合同和在海外建立子公司等所有方式，大大促进了企业经营活动国际化。

第四，发展中国家进一步开放市场。战后初期，发展中国家大多采取进口导向、依靠国有企业、以重工业为目标、以计划体制和保护主义为手段的发展战略。20 世纪 70 年代，一批采取了出口导向发展战略，更多依靠私营部门和市场机制的东亚国家和地区成功地实现了经济的持续增长，其经济一跃而成为新兴工业化经济。在这些榜样的带动下，发展中国家普遍采取了出口导向发展战略。与此同时，中国在 1979 年之后重返国际经济舞台，印度在 20 世纪 80 年代中期之后也走向开放。这就使世界市场进一步开放，全球化的范围进一步扩大。

第五，计划经济国家转向市场经济体制。冷战结束后，占世界市场 1/3 的社会主义阵营发生了变化，宣告了“两个平行市场”时代的结束。以独联体国家为首的计划经济国家，重新选择了市场经济道路，通过经济转轨开始融入全球统一的市场经济体系，世界市场得到空前统一。市场经济体制已成为不同制度和不同层次国家的共同体制，真正形成了世界性的、无所不包的、统一的世界市场，从而为经济全球化奠定了制度性基础。

总之，经济全球化是由生产力发展和生产关系变革共同推动的客观历史进程，

---

① UNCTAD, *World Investment Report*, 2006.

② UNCTAD, *World Investment Report*, 2013.

不以人的意志为转移。世界各国要素禀赋的不平衡和国际分工深化是经济全球化的重要动力；各国都不同程度地存在自然资源、资本、劳动力、技术、市场等不足的矛盾和面临“分工受市场规模限制”的难题这一现实推动了全球分工、市场和产业链的形成；三次科技革命和产业革命为经济全球化提供了深厚的物质技术基础；国际经济治理体系和冷战后市场化改革，为经济全球化提供了经济制度保障；第二次世界大战结束后布雷顿森林体系及关贸总协定、国际货币基金组织和世界银行这三大支柱的出现为国际经济治理提供了制度架构，加之冷战结束后新兴经济体的市场化改革，极大推动了经济全球化的发展。

经济全球化是当代世界经济的重要特征之一，也是世界经济发展的重要趋势。总体而言，经济全球化符合经济规律，符合各方利益。目前新一轮科技和产业革命正孕育兴起，国际分工体系加速演变，全球价值链深度重塑，这些都给经济全球化赋予了新的内涵。尽管经济全球化经历了一些曲折，但这一趋势仍在进一步强化。

二、经济全球化的主要特点

20 世纪 90 年代以来的经济全球化，涉及了经济领域的方方面面。其中，贸易全球化、生产全球化、企业全球化、金融全球化、信息全球化、区域经济一体化和市场经济体制的全球化，既是经济全球化的核心内容，也是其主要特征。

第一，贸易全球化。贸易全球化是经济全球化的重要基础。第二次世界大战之后，随着社会生产力的不断发展，主动与被动卷入世界市场、进行国际贸易的国家与地区越来越多，国际贸易的规模、结构及流向等均发生了较大变化。根据联合国的统计，1970 年世界各国出口额占全球国内生产总值的 12.8%，这一数字在 2000 年增长了 1 倍左右。2021 年，全球贸易总额达到 28.5 万亿美元。2023 年，全球贸易总额虽比 2022 年有所下降，但仍有 30.7 万亿美元。

第二，生产全球化。生产全球化是经济全球化的主要特征，也是推动经济全球化的主要动力。20 世纪 90 年代以来，国际分工进一步向广度和深度发展。参与国际分工的国家和地区已遍及全球，国际分工越来越细，已由过去单一的垂直型分工发展为垂直型、水平型和混合型多种分工形式并存的新格局。生产全球化主要表现在外国直接投资的迅速发展。在 1960 年，FDI 总额仅 680 亿美元左右，到 1996 年这一数字增加到 3 500 亿美元，2000 年达到 1.27 万亿美元，2021 年上升到 1.65 万亿美元。且发展中国家吸引的 FDI 在 2013 年首次超过发达国家，占全球 FDI 流量的 52%。① 2022 年，发展中国家的 FDI 达到 9 160 亿美元。② 而 FDI 的持

① UNCTAD, *World Investment Report*, 2013.

② UNCTAD, *World Investment Report*, 2023.

续增长，大大推动了生产的全球化进程。

第三，企业全球化。跨国公司是推动全球化最主要的因素。20世纪五六十年代，跨国公司就有了一定的发展，奠定了企业全球化的基础。90年代，世界出现跨国兼并的浪潮，大大促进了企业全球化进程。从1990年到2010年，跨国公司海外子公司的销售额从51 050亿美元增长到329 600亿美元，其出口约占全球商品及服务出口总量的1/3。全球范围内，2010年跨国公司总产值已达到16万亿美元，约占全球经济总产出的1/4。① 跨国公司大大促进了各种生产要素，特别是商品和资本在全球的流通，进一步促进了生产在国家间的水平分工和垂直分工。

第四，金融全球化。20世纪八九十年代，以国际外汇交易、证券、股权及借贷为基础的国际金融市场交易发展迅速。20世纪90年代以来，随着现代电子技术和通信手段的飞速发展，尤其是随着各国对资本流动管制的解除和“电子货币”（信用卡）的流行，货币的国际交换和流动的规模日益扩大，使经济信息资源在全球迅速、准确地传递，这大大推动了金融市场的发展。1973年，外汇市场上每天的交易额仅为150亿美元，但在2022年，全球外汇日均交易额已达到7.5万亿美元，远高于同时期世界各国银行外汇储备的总额。

第五，信息全球化。20世纪90年代以来，随着现代科技的加速发展，信息化已成为经济全球化的一个显著特征，信息产业在一些发达国家已取代传统产业而成为支柱产业。仅以电子商务为例，2012年，全球电子商务销售额首次超过了1万亿美元，而2021年全球电子商务市场规模为4.89万亿美元。2013年全球网购人数超过了10亿，2021年突破20亿。信息产业的飞速发展也改变了传统制造业、商业、金融业的生产组织方式和经营方式。这一切使全球经济活动的速度越来越快、规模越来越大。

第六，区域经济一体化。区域经济一体化是经济全球化发展过程中的一个必经阶段。从产业角度来看，一体化组织成员国的产业结构调整使跨区域的产业转移加快；从贸易角度来看，区域内贸易自由化在一定范围内对贸易保护主义有所抑制，有利于削弱不公平贸易；从金融角度来看，区域内贸易自由化能进一步推动金融市场的自由化，从而有利于全球金融市场的一体化。在区域经济一体化蓬勃发展的同时，国际货币基金组织、世界银行和世界贸易组织等作为协调和监督世界经济运行的国际性组织，其权威性和作用越来越明显，在世界经济活动中扮演着越来越重要的角色，正日益成为经济全球化必不可少的一部分。

第七，市场经济体制的全球化。20世纪90年代以来，不论西方发达国家还是发展中国家，不论是资本主义国家还是社会主义国家，都实行了市场经济体制。

---

① UNCTAD, *World Investment Report*, 2011.

在市场经济体制条件下，各国的主要经济法规和经济政策必须向国际标准靠拢，实现国内市场与国际市场的接轨。各国的市场管理政策都要遵守国际市场通用的管理方式和市场经济的基本原则，即对国内市场的宏观管理要简单化、微观管理要法律化。各国对市场的宏观调控主要是利用利率、税率和汇率等经济杠杆进行间接调节。各国对市场的微观经营行为实行法律管理，健全市场活动的法律体系。

三、经济全球化的影响

经济全球化是当今世界经济和科技发展的产物，它在很多方面都产生了积极效应。其一，经济全球化有利于实现以最有利的条件来进行生产，以最有利的市场来进行销售，达到世界经济发展的最优状态，提高经济运行效率，使商品更符合消费者的需要。其二，经济全球化促进了世界市场的不断扩大和区域统一，使国际分工更加深化，各国可以充分发挥自身比较优势，扩大生产规模，实现规模效益。其三，经济全球化极大地推动了产业的转移和资本、技术等生产要素的加速流动。各个国家，尤其是发展中国家，可以借助后发优势，充分利用外部的资本、技术等生产要素以及先进的制度和管理经验，积极参与国际市场竞争，促进本国的科技进步、经济结构优化和经济发展。其四，经济全球化是一个制度变迁的过程，同时是全球性经济规则的产生过程。在经济全球化过程中，各国之间的利益得到明显的融合，必然会导致一系列全球性经济规则的产生，有利于国际协调和合作机制、利益维护机制等的创新。其五，经济全球化是生产、资源、人员、贸易、投资和金融等生产要素全球优化配置的过程，发展模式必然会得到创新。

除经济领域之外，经济全球化还在政治、社会、军事、国际关系、文化及日常生活等方面产生了深远影响。其一，恐怖主义、环境恶化、经济危机、气候变暖、移民难民、毒品走私、传染病流行、武器扩散等非传统安全问题，逐渐取代传统的军事安全和政治安全问题，成为威胁人类安全的共同议题。而非传统安全问题实质上是人类发展不科学、不协调引发的，它迫切要求增强国际安全合作，共同维护人类安全。其二，尽管国家仍是国际社会的主要行为主体，但经济全球化促进了国际组织的发展，国家主权越来越多地转移到国际组织，为一国的国内规则与国际规则协调一致提供了契机。其三，经济全球化在推动国家间利益融合的过程中，大大降低了彼此发生尖锐对抗和全面战争的危险性，对推动国际关系民主化、约束霸权国家和“问题国家”的极端行为、实现国际治理多样化等，具有积极意义。其四，随着经济全球化的纵深发展，人类有可能形成新的共同价值观念和文明体系，实现人类文明的新跨越。习近平提出的“推动构建人类命运共同体”，已经在全球范围内产生了强烈的共鸣。

然而，经济全球化目前具有独特的内在运行特征。一方面，西方发达国家在经济全球化过程中起着主导作用。主要表现在：经济全球化赖以发展的信息技术掌握在发达国家手中；发达国家的跨国公司基本掌握了全球经济网络；世界金融中心仍集中在发达国家，全球金融网络仍在很大程度上受控于发达国家；发达国家是经济全球化的主要推动者和规则制定者。另一方面，发展中国家在资本有机构成、产业结构和经济发展水平等方面，仍与发达国家有巨大差距，它们在信息技术、经济金融网络和经济规则制定等方面几乎没有优势可言。

经济全球化的独特运行特征，决定了其在带来机遇的同时，蕴藏极大的风险。

其一，经济全球化会使全球经济陷入不稳定的常态之中。在经济全球化过程中，各国经济的相互依赖空前加强，不少国家的外贸依存度超过了 50%。并且，在全球经济和贸易发展迅速一体化的过程中，国际游资必定持续增多，它们会通过各种途径降低金融管制的有效性；虚拟经济的快速发展和金融工具的过度创新会在冲击实体经济的同时，给全球经济带来动荡隐患。而一旦一个国家或地区出现经济波动或发生经济危机，不可避免地会传导到其他国家和地区，造成全球经济动荡。事实上，1997 年泰国的汇率危机造成的东南亚经济危机，以及 2007 年夏季全面爆发的美国次贷危机，都引发了全球经济动荡。

其二，发达国家倚仗资本、技术和设备优势，不仅掠夺性地占有和开发发展中国家的生产资料、人力资源，而且以昂贵的价格出售技术和知识产品。与此同时，发达国家凭借其雄厚的实力，不断争夺市场，实施双重标准，并以经济手段威胁和干涉别国的内政。在此过程中，发展中国家的经济安全甚至国家主权都会遭受巨大的挑战。

其三，经济全球化的利益分配是极不均衡的。经济全球化本质上是一个全球范围内的市场化过程。在这个过程中，竞争创造效率，同时使财富越来越向少数国家或利益集团集中，导致贫富差距扩大。① 而为了引进和利用发达国家的资本、技术等生产要素，发展中国家又不得不接受发达国家提出的不平等的条件。但在利益分配的过程中，只能处于被动的地位。并且，一些最不发达国家将被排除在经济全球化之外，越来越被边缘化，甚至成为发达国家和跨国公司的“新技术殖民地”。从这个意义而言，经济全球化给发达国家和发展中国家带来的竞争机会是不均等、不公正的。

其四，在经济全球化过程中，经贸关系的发展具有明显的政治化倾向。西方国家在向发展中国家输出资本、技术的同时，往往兜售其价值观和政治、经济体制，甚至用带有苛刻政治条件的经济援助胁迫发展中国家就范。然而，一国的政治、经济体制是由该国的特殊国情决定的，西方的价值观和政治、经济体制未必

① 张礼卿：《经济全球化的成因、利益和代价》，《世界经济》1999 年第 8 期，第 51—57 页。

能符合发展中国家的国情。而一旦被迫接受了西方国家的价值观和体制，极有可能使本国的政治、经济陷入动荡。2001 年战争后的阿富汗和 2003 年战争后的伊拉克，分别按照西方列强意图建立了总统共和制和议会共和体制。而在经济上，也接受了西方国家的大量援助。然而，截至目前，动荡的政治、经济和社会形势依然是两国挥之不去的噩梦，为经济全球化的风险提供了一个很好的注脚。

其五，经济全球化在带来国际货物、资本和人员频繁和大规模流动的同时，为金融投机、毒品走私、非法移民、跨国恐怖活动等提供了可乘之机。与此同时，全球化对一国政治、经济和文化的全面渗透，为国家治理带来了新课题和新难题。近年来，中国国家领导人积极倡导更加包容的全球治理、更加有效的多边机制和更加积极的区域合作，推动构建人类命运共同体，为解决经济全球化进程中出现的矛盾提供了中国方案。

总之，经济全球化是一把双刃剑，它不仅为各国经济发展提供了机遇，也给各国的政治、经济、文化等方面的安全带来了巨大挑战，甚至威胁着全球的稳定。目前，全球经济复苏仍然乏力，增长动力不足，经济全球化遇到波折，贸易和投资低迷，“逆全球化”思潮暗流涌动，同时全球性挑战正加剧世界经济的不确定性，因此既要充分估计世界经济调整的曲折性，更要看到经济全球化进程不会改变，未来更需要加强全球治理，致力于打造人类命运共同体。中国将继续深入参与经济全球化进程，支持多边贸易体制，强调以规则制度来协调国际关系。习近平指出，在经济全球化时代，各国发展环环相扣，一荣俱荣，一损俱损。没有哪一个国家可以独善其身，协调合作是必然选择，在处理国际关系时必须摒弃过时的零和思维，积极引导和推动经济全球化朝着普惠共赢的方向发展，努力让经济全球化更具包容性。

第二节　新兴经济体的形成

经济全球化为一些国家和地区的经济发展提供了机遇。其中，拉美、印度、俄罗斯、南非等国家和地区通过改革，经济增长明显，逐渐成为新兴经济体，在世界经济中的地位日渐突出。

一、拉美地区的经济增长与矛盾

拉美国家在强调民族主义的基础上，加强政府干预，通过企业国有化、增加基础设施、进口替代工业化等手段，实现经济高速增长。但这种发展模式使拉美国家在 20 世纪 80 年代遭受了全面的债务危机。20 世纪 90 年代，拉美国家接受了

“华盛顿共识”，新自由主义成为拉美经济改革的主流指导思想，自由化、市场化、私有化和一体化的市场经济改革随之拉开，拉美国家的经济逐步走上了曲折的恢复和发展之路。

20世纪90年代是拉美国家的经济恢复期。1991—1998年，拉美经济年均增长率为3.5%，人均产值年均增长1.7%，但都低于1950年和1980年的水平。按人均产值，阿根廷1994年才恢复到1974年的水平，巴西1997年才恢复到1987年的水平，墨西哥1998年才恢复到1981年的水平。① 在实现经济缓慢增长的同时，拉美国家的债务危机得到了一定程度的缓解，外资流入量与80年代相比有所增加，出口能力增强。其中，90年代拉美地区平均每年的外资流入量约为480亿美元，1992—1994年的外贸出口增速达到了8%，1995年更是达到23%。与此同时，通货膨胀率从80年代的3位数降至1995年的25%。②

1997年的经济危机极大地冲击了拉美经济，1998—2003年成了拉美地区“失去的6年”。在1998—1999年，拉美地区经济连续下滑。1999年GDP增长率仅为0.4%（其中9个国家为负增长），人均GDP增长率为-1.1%。2001年，除厄瓜多尔和巴拉圭之外，其余18个拉美国家的经济增长率均不同程度地有所下降。其中，墨西哥由2000年的7%降至负增长，巴西由2000年的4.5%降为1.8%，秘鲁由2000年的3.0%降为负增长。③

自2003年起，拉美地区经济摆脱了长期低迷状态，进入一个新增长期，主要表现在经济持续增长、出口增加、进口上涨、区域内合作升级等。在2003—2008年，拉美国家的GDP年均增长率达到了4.8%，人均GDP年均增长3.4%。另外，商品贸易顺差在2006年达到近1 000亿美元，2008年仍高达483亿美元；资本项目余额从2003年的6.97亿美元增长到2007年的1 126.17亿美元；外汇储备从2003年的1 741.75亿美元增长到2008年的4 531.72亿美元。④

但2009年之后，拉美经济呈现高开低走态势。其中，GDP增幅从2010年的5.9%持续下滑到2014年的1.5%（见图17-1）；经常项目余额从2009年的-230亿美元下滑到2012年的-886亿美元；财政盈余进一步恶化。2014年后，拉美经济发展更加低迷，2015年和2016年GDP出现负增长，2019年GDP增幅仅为0.1%。地区贫困率和赤贫率由2014年的27.8%和7.8%上升至2019年的30.8%和11.5%。

① 苏振兴：《90年代的拉美经济：增长与动荡》，《拉丁美洲研究》2000年第1期，第3—10页。

② 王新禄：《拉美经济发展模式的调整和问题》，《现代国际关系》1996年第9期，第28—32页。

③ 苏振兴：《拉美经济在八年之中三次衰退》，《拉丁美洲研究》2002年第1期，第1—4页。

④ 苏振兴：《拉丁美洲经济：从衰退到繁荣》，《拉丁美洲研究》2013年第6期，第7—18页。

拉美国家的 GDP 占世界总量的比重由 1980 年的 12.14%下降至 2019 年的 7.25%。社会矛盾也随之激化，厄瓜多尔、智利和哥伦比亚等国爆发大规模社会运动，秘鲁和玻利维亚等国出现了较为严重的政治危机。

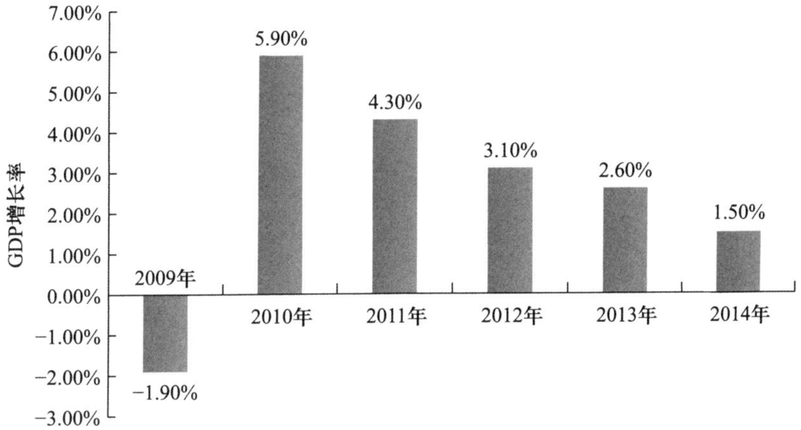

图 17-1　2009—2014 年拉美 GDP 增长走势

资料来源：根据 2009—2015 年 OECD 发布的《拉美经济展望》报告整理制作。

总体而言，自 20 世纪 90 年代实行改革以来，拉美国家虽然在总体上实现了增长，但也为日后经济发展埋下了深深的隐患，其经济运行的结构性矛盾日益凸显，大致可以从以下几个方面进行概括。①

第一，经济内生增长动力缺失，投资不足，基础设施建设滞后。2003—2012 年，拉美国家的投资率基本停留在 20%左右的水平，基础设施实际投入水平不足 GDP 的 1%，明显低于其他新兴经济体。而 2000—2018 年，拉美成为全球全要素生产率（TFP）上升最缓慢的地区。2014 年后，拉美地区的固定资本形成率均值始终低于 20%，资本积累不足与生产率上升缓慢已成为拉美经济增长乏力的关键问题。此外，投资不足带来的基础设施投入滞后也严重影响了传统产业的升级改造、新兴产业的发展和技术创新等。

第二，经济脆弱性强，对外依存度高。自 20 世纪 80 年代实施“去工业化”之后，拉美国家的制造业整体规模相对萎缩，加上经济改革过分偏重自由化、市场化，致使产业结构的调整、升级严重滞后，出口也以低端产品为主。据联合国拉丁美洲和加勒比经济委员会统计数据计算，2018 年拉美贸易依存度高达 45.5%，初级产品在拉美出口占比高达 48.2%。此外，拉美国家在资金、市场、技术上对西方特别是美国的依赖加重，经济更加“美元化”，国内金融市场在很大程度上受

① 以下部分主要参考：袁东振主编：《拉丁美洲和加勒比发展报告（2019—2020）》，社会科学文献出版社 2020 年版，第 352—384 页。

控于外国经济体或世界银行等国际经济组织。因此，拉美各国的经济发展越来越依赖于全球经济尤其是西方经济的变化，而这也使得拉美各国的发展在全球经济发展乏力的情况下困难重重。

第三，贫富分化加剧，社会矛盾尖锐。在新自由主义的指导下，拉美国家对国有企业进行了私有化改造，但由于贪污腐败、裙带关系和滥用职权的普遍存在，国家财富在短期内聚集在少数人之手，致使国家经济结构出现新的不平衡，大公司、大财团对经济的垄断程度提高，而农业、基础工业发展滞后。私有化过程不仅造成大规模失业，也导致经济利益分配的扭曲，以及日益严重的贫富分化和社会动荡。据统计，拉美地区失业率由 2012 年的 6.4%上升至 2019 年的 8.1%。

第四，债务负担严重，通货膨胀压力仍然存在。2011 年拉美地区外债总额为 12 440.93 亿美元，而 2019 年则升至 20 159.7 亿美元，高达 2019 年度拉美地区 GDP 的 37%。通货膨胀率长期居高不下。严重的债务负担也导致拉美国家财政面临着较大的压力，无力推进长期目标，也很难使用教育、基础设施建设等投资和财政转移支付手段解决经济运行中的结构性问题。

二、印度经济的改革与快速增长

为摆脱经济发展的困境，印度在 20 世纪 80 年代曾尝试进行经济改革，但未根本触及原有的经济发展思想和模式，不仅没有扭转经济局势，反而使经济局势日益恶化，政局陷入动荡。与此同时，愈演愈烈的民族矛盾、教派冲突、种姓问题使投资者对印度的经济信心下降，抽逃资金普遍爆发。在严重的经济危机和一系列事件的冲击下，印度终于走上了经济改革的道路。

1991 年，印度的拉奥政府制定了一项长期经济改革方案，推出了一系列大胆的改革措施，声称其基本方向和目标是实现印度经济的自由化和全球化。这次经济体制改革的内容主要有以下几个方面：第一，产业政策改革。1991 年 7 月，印度政府公布了“新产业政策”，其核心目标是改变传统的保护体制，引入自由竞争的市场机制。具体政策包括：取消投资审批制度，全面向私人投资和外资开放；积极改善投资环境，大力吸引外资；逐步推行国有企业私有化，制定分阶段进行国有企业改革的计划；等等。第二，财政金融改革。主要措施为：精简政府机构，实行自愿退休计划，减少财政开支；改革财政体制，主要是降低税率，拓宽税收范围，降低财政赤字，加强预算能力，强化政府宏观调控能力；允许成立包括同外国合资的私人银行，减少政府对银行系统的干预，促进合理竞争。第三，外贸体制改革。推行自由化和国际化的外贸战略，包括：开放市场，逐步降低进口商品的关税，取消非关税贸易壁垒；制定一系列优惠政策，鼓励出口，包括建立以出口加工为主的经济特区，并提供税收、关税和通关方面的各种优惠和便利；对出口企业和商品提供出口信贷并给予税收减免，给出口商提供更大的自主权；实施卢比贬值和放松外汇管制，宣布卢比在贸易账户下实现部分可兑换以及在经常项目下的自由兑换；继续加强对国内工业的必要保护。

经过上述改革，印度取得了显著的经济改革成果。

其一，财政恶化状况得到控制。在1990—1991年度，印度中央政府财政赤字占GDP的8.4%。但随后的10年，这一数字降为年均5.7%，财政状况明显好转。

其二，经济下滑趋势得到迅速遏止，国民经济实现较快增长。在独立后的30多年里，印度国内生产总值年平均增长率总是在3.5%左右徘徊。但在1994—1995年度至1996—1997年度，平均增长率提高到7.5%，创造了独立以来的新纪录。

其三，产业结构得到优化。同改革前相比，1990—1991年度至2001—2002年度，农业、工业和服务业三个产业占GDP的比重已分别从30.9%、25.4%和43.7%转变为24.3%、21.5%和54.1%。2017—2018年度，印度服务业占GDP比重为54.2%，工业为31%，农林渔业为18.3%。

其四，对外收支状况明显好转。自1991年实行改革以来，印度进出口都取得了较大的增长。1992—1998年印度出口年平均增长率为10.7%，比改革前的20世纪80年代增长了3.2个百分点。1994年4月，印度加入了世界贸易组织，使印度同世界的经济联系进一步加强。与此同时，每年吸收外国直接投资也从1985—1991年的2亿美元上升到1997年的36亿美元，使印度债务占GDP的比重从1991年的28.7%下降到1998年的24.3%，债务偿还率从35.3%下降到18.8%。截至2021年年底，印度外汇储备已达5 698.9亿美元。

其五，高科技产业迅速成长。根据印度国家软件与服务企业联合会的数据，2021财年印度IT行业的收入同比增长2.3%至1 940亿美元，占GDP的8%，成为FDI流入第一大产业，占印度817.2亿美元外资流入的44%。2019—2020年，印度IT服务占全球出口市场的55%。印度IT行业的一个重要组成部分是全球能力中心（GCC），到2021财年，印度共有1 430余个全球能力中心，为企业提供运营支持和移动服务，市场规模高达359亿美元。①

自1991年以来，印度改革的红利依然在持续。其中，经济增长率基本上保持在5%以上，经济总量从1991年的4 701.60亿美元提高到2019年的2.85万亿美元，人均GDP从528.90美元增长到2 100美元。

三、俄罗斯经济的转轨与增长

1992年1月，俄罗斯以全面放开价格为起点，开始推行以“私有化、自由化、

① 王振、惠志斌主编:《全球数字经济竞争力发展报告（2021)》，社会科学文献出版社2022年版，第125—130页。

稳定化”为主要内容的激进转轨方案。该方案也被称为“休克疗法”。

俄罗斯的激进转轨是在国际货币基金组织、世界银行和“华盛顿共识”的指导下开展的。一方面，国际货币基金组织通过许诺提供贷款“援助”，诱使俄罗斯实施“休克疗法”，而该组织分阶段提供贷款的方式确保了俄罗斯经济转轨朝着“华盛顿共识”规定的方向不断前进。另一方面，出于摧毁社会主义制度的需要，俄政府选择了推行“华盛顿共识”，开展了激进转轨。①

俄罗斯经济转轨经历了三个阶段。第一阶段从 1992 年 1 月至 1994 年 3 月，也被称为“市场浪漫主义时期”。这一时期改革的主要内容包括一次性全面放开价格、实行紧缩财政政策和货币政策、实行对外贸易自由化和卢布可兑换，以及以无偿的方式和行政手段推行大规模私有化。到 1994 年，有 12 万多家小企业实现了私有化，但国有企业占企业总数比重仍高达 60%以上。② 为此，俄罗斯又采取发放私有化证券来无偿转让国有资产，以达到改革目标。然而，从实际效果看，“休克疗法”改革非但没有实现当初预想的目标，反而使原本严峻的经济形势更加恶化。其中，GDP 骤然减少了一半，下降到美国的 1/10，通货膨胀率居高不下，甚至达到 2 500%。与此同时，经济结构进一步失衡，生产经营无人过问，企业效益每况愈下，经济领域出现了严重的营私舞弊，经济秩序紊乱不堪。

1994 年 3 月，俄罗斯宣布放弃“休克疗法”，对经济自由主义指导思想进行修正，重视凯恩斯主义的国家干预政策，加大了政府宏观调控的力度。俄罗斯的经济转轨随之进入了第二阶段，也被称为“经济调整震荡时期”。

在第二阶段，私有化进程继续推进，从上一期的“大私有化”推进到货币私有化。在此过程中，俄政府用现金形式向私人、外资出售国有资产和股权，其中心任务是转让私有化企业中仍保留的国有股份，增加国家财政收入。由于缺乏原始资本，1995 年起还采取了国有股份抵押贷款的办法，既可通过私人贷款来购买企业，也可根据贷款换股份协议，以政府企业股份作为抵押向银行申请贷款。经过这一阶段后，俄私有企业的产值已占国内生产总值的 70%以上。1997 年 7 月，俄政府又调整了私有化的做法，进入“个案私有化”阶段。政府停止了大规模的私有化，改为有选择地、个别地进行国有企业的股份制改造；其重心也从注重数量转为注重质量；强调私有化的中心是增加投资和提高企业效率；采取在资产原值、账面价格和市场价格综合基础上评估国有资产价值的办法，防止国有资产流

① 马莉莉：《“华盛顿共识”与俄罗斯经济转轨》，《中共济南市委党校学报》2003 年第 4 期，第 46—51 页。

② 郭连成：《俄罗斯经济转轨成效与问题分析》，《东欧中亚研究》2000 年第 5 期，第 12—17 页。

失；加强国家对私有化的监督。①

第二阶段的调整和震荡止住了第一阶段的经济下滑和恶性通货膨胀，但是经济仍然处于萧条状态。1998 年，俄罗斯国内生产总值仅居世界第 14 位；1999 年，俄罗斯国内生产总值仅占世界国内生产总值的 1.5%。以 2006 年不变价格计算，俄罗斯的实际 GDP 从 1992 年的 224 431 亿卢布降为 1998 年的 158 801 亿卢布。② 俄罗斯在经济上已沦为二流国家。

2000 年，普京就任俄总统后，将经济转轨的重心从所有制变革转换到强调国家对重要资源的控制上，扶持民族工业和高新技术产业，注重社会福利建设，领导俄罗斯走强国富民之路。俄罗斯的经济转轨进入“经济恢复振兴”阶段。第一，采用行政加市场的手段，把一些战略性、资源性企业从寡头们手里夺回到政府手里。第二，政府注重保证经济增长和社会领域的平衡发展，启动实施“现代化医疗、高质量教育、买得起的住房和高效益农业”四大国家优先发展项目，改善广大人民生活。第三，设立联邦预算稳定基金，赋予其保证国内经济的稳定发展、消除流动过剩、降低通货膨胀压力、降低国内经济对原材料出口收入的依赖等功能，将经济增长的成果转化为持续发展的保障。第四，提出国家创新战略，注重发展国民教育、发展基础应用科学、解决民生问题及提高生产效率，保障经济发展后劲。第五，深化行政改革，转变政府职能。

通过实施上述措施，俄罗斯经济逐步恢复发展。其一，GDP 保持较快增长，在 1999—2007 年的 9 年间，俄罗斯 GDP 累计增长了 74.0%，年均增长 8.2%，超过这一时期世界经济平均 3.7%的增长速度。其二，国际收支状况明显好转，外汇储备增长迅速，经常账户余额从 1992 年的-3.42 亿美元增长到 2007 年的 721.9 亿美元。其三，生产状况有所改善，经济结构明显优化。其四，社会指标明显好转，居民收入逐年增加。在 2000—2007 年，居民实际收入增长了 150%，失业率和贫困水平均下降了 50%。③

但是在经济转轨和增长的过程中，俄罗斯经济发展仍面临很多困境。一方面，国内经济仍存在结构性问题，寡头垄断在很大程度上控制着经济运行，政府未能提供适合经济创新的制度保障，资源配置机制低效，产业结构仍然严重依赖能源和原材料部门。另一方面，随着经济全球化的深化，能源和原材料受国际市场的

---

① 黄敏：《俄罗斯经济转轨历程、绩效及其风险防范的启示》，《毛泽东邓小平理论研究》2008 年第 10 期，第 62—67 页。

② 黄敏：《俄罗斯经济转轨历程、绩效及其风险防范的启示》，《毛泽东邓小平理论研究》2008 年第 10 期，第 62—67 页。

③ 朱兴龙、刘文革：《普京时代俄罗斯经济转轨方向的调整：从宪政治理到威权治理》，《东北亚论坛》2010 年第 4 期，第 105—111 页。

冲击日益明显，且美欧等西方国家对俄罗斯制裁力度依旧很大，周边地缘动荡影响经济稳定，卢布贬值压力巨大。仅以 GDP 为例，2008 年后，俄罗斯 GDP 增速出现动荡，2009 年增速为-7.8%，2015 年增速为-2%，2020 年增速为-2.7%，虽然其余年份 GDP 增速为正，但是均基本未超过 5%，经济增长预期乏力。

四、南非经济的增长与发展

1994 年，南非举行首次不分种族的大选，曼德拉出任南非首任黑人总统。新政府在废除种族隔离制度、推进民主改革的同时，明确了“创造一个强大的、有活力的和平衡的向前发展的经济”纲领。

新南非政府制定了“重建和发展规划”，提出了经济改革的方向。第一，改变过去坚持的计划经济、大企业国有化措施，放弃单纯推行自由化的私有经济制度主张，实行“混合经济体制”，允许私营经济、国有经济、合作社经济和家庭小经济等多种经济成分并存。第二，大力调整工业布局和工业结构。措施包括：采取优惠政策，提倡和激励国内资本家和外国投资者到黑人集中的地方投资建厂；鼓励重点发展中小企业，制定反托拉斯法和反垄断法，推动和促进黑人集中地区的经济发展；加速轻纺工业发展，满足社会日常需求；加快建立和发展电子高科技产品，为南非工农业现代化赶上发达国家奠定基础。第三，以“出口主导战略”取代过去的“进口替代战略”，即由内向发展战略向外向发展战略转变，以提高和优先发展出口产品生产带动各经济部门的发展。① 第四，在不实行国有化和不剥夺个人所有者土地的情况下，进行土地调整，满足黑人农民对土地的渴求。第五，采取财政紧缩政策，减少财政赤字，扩充税源。

在明确重建和发展规划之后，南非在经济发展方面又作出了一系列努力。1996 年，南非政府推出“增长、就业和再分配计划”，以提升经济增长速度，降低高居不下的失业率，实现经济成果的平均分配。2003 年，南非议会通过了为黑人经济振兴制定量化目标，制定倾斜性的国有企业重组政策，实行政府优先采购政策，支持黑人经济组织的发展，以及通过公私合作推行黑人振兴项目。2006 年，又推出“南非加速和共享增长倡议”，加大政府干预经济力度，通过加强基础设施建设、实行行业优先发展战略、加强教育和人力资源培训等措施，促进就业和减贫。2010 年和 2011 年，南非政府决定实施“新工业政策执行计划”和“包容性增长战略”，以解决南非经济中长期存在的产业结构不合理和失业率高等结构性问题，以及社会经济的协调、可持续发展问题。具体而言包括：加大财政对教育投入，实施以增加就业为重心的政策，实施积极的社会再分配政策，推动绿色经济的发展，

---

① 汪勤梅：《新南非经济政策的走向》，《国际展望》1994 年第 14 期，第 11—13 页。

等等。

新南非成立30多年来，经济实现比较稳定的增长，2018年GDP为3 766.8亿美元，全球排名33位，是非洲第二大经济体，具有显著的地区影响力。21世纪以来的南非经济发展可以分为两个阶段。第一阶段是进入21世纪后到2008年，经济增长迅速，年均GDP增长率为4.2%，2006年GDP增长率为5.6%。2003年至2008年大宗商品的价格增长带来的核心制造业投资使得南非固定资本总额也强劲增长，复合年增长率高达12%以上。第二阶段是2008年国际金融危机至今，南非经济增长疲软，2009年至2022年GDP年均增长率仅为1.2%，并且2009年和2020年还出现了GDP负增长的情况。2009年至2014年固定资本总额的复合年增长率仅为2%，而2017年至2022年这一数据降至-3%。2022年失业率高达28.8%，为2004年以来的最高水平。虽然南非在危机过后采取了基础设施建设计划、供给侧支持措施等一系列干预措施，但是收效并不显著，而这也与南非经济内部的深层次结构性制约密切相关。主要表现为：产业结构不平衡，农业和矿业增长缓慢，轻纺工业落后；劳动力市场供求结构和总量失衡，失业率仍居高不下；严重依赖出口和外资，外资结构仍很脆弱；收入悬殊，贫富分化严重。此外，与其他新兴经济体一样，南非经济在日益融入经济全球化的过程中，也受到贸易自由化、金融市场开放、西方国家经济控制等风险威胁。①

第三节　世界经济格局的新变化

一、新兴经济体与发达国家的竞争与合作

在发展经济的过程中，新兴经济体不可避免地要与发达国家展开合作，以吸引发达国家的投资、引进发达国家的先进科技、学习发达国家的经济管理经验。与此同时，发达国家需要开拓新兴经济体的市场，充分利用自身的技术优势和资本优势，推动技术密集型产品的出口和资本输出，赚取高额利润。

20世纪80至90年代，伴随着科技革命的迅速发展和经济全球化进程的加快，世界上不同国家和地区之间的联系变得越来越紧密和快捷，各国、各地区之间的经济联系也越来越密切。在此过程中，发达国家逐渐调整了对外经济合作政策，重点推动以信息技术为核心的高技术产业，积极推动知识密集型产业的发展，将重化工业和应用型技术产业大量向发展中国家转移。而随着合作进程的推进，新

① 王鸿凯、刘霞、柳岸敏等主编：《南非经济、产业及教育概览》，社会科学文献出版社2022年版，第1—104页。

兴经济体与发达国家的合作逐渐改变了单一的贸易和资本合作，开始全面向贸易、投资、并购、金融、人才培养、科教合作等领域渗透。

国际经济组织和大量跨国公司的不断涌现，不仅使新兴经济体与发达国家的经济合作日益增强，而且促使双方之间的经济依赖度和经济融合度空前提高。

新兴经济体与发达国家的经济合作，主要体现在双方贸易发展方面。其中，中美贸易额在2003年仅有1 263亿美元，而这一数字在2021年增长到7 556亿美元。中日双边贸易额从2003年的1 324.3亿美元增长到2008年的2 686.3亿美元，尽管2012年以来这一数字整体呈下滑趋势，但2017年仍重返至3 000亿美元，2021年达到3 714亿美元。中欧贸易额在2003年时为1 252亿美元，而2021年中国与欧盟货物贸易总额为8 281亿美元，中国成为欧盟第一大贸易伙伴。此外，美印贸易额在2004年仅为220亿美元，随后的十年内增长了约2倍。2019—2020财年，美印双边贸易额升至887.5亿美元。印度和日本的贸易额2013年超过了180亿美元，这一数字在五年内增长了80%。2000—2017年，日本对印度累计投资额达256.7亿美元，占印度外来投资总额的8%。与此同时，为了推动双方经济合作，新兴经济体与发达国家开展了多边或双边对话协调。

在经济合作的过程中，新兴经济体与发达国家的竞争也如影随形。一方面，在新的全球分工格局下，发达国家主要发展知识密集型的高新技术产业和服务业，而把劳动和资源密集型的产业向新兴经济体转移。为了参与国际竞争，新兴经济体不得不以消耗稀缺自然资源和污染环境为代价。为了改变这种状况，新兴经济体试图改变工业发展模式，大力推进高新技术产业和服务业的发展，这必然与发达国家产生竞争。另一方面，目前的自由贸易协定或优惠贸易安排是在发达国家主导下制定出来的，它们往往要求新兴经济体大幅度降低工业品关税。这显然会使新兴经济体国内生产者遭遇激烈的外来竞争，阻碍新兴经济体工业部门的发展，削弱其对外国直接投资的控制权。

经过几十年的合作、学习与发展，新兴经济体的产品、服务等已经具有较大的国际竞争力，在开拓全球市场的过程中，必然与发达国家展开竞争。以中国为例，2022年，中国货物进出口总额为42.07万亿元，比上年增长7.7%。但在进出口增长的同时，中国自1995年至2022年共受到1 571起反倾销调查，其中美国和欧盟合计发起调查337起，占全部调查数的21.45%。① 这一数据从侧面反映了新兴经济体与发达国家经济竞争的激烈程度。

通过与发达国家进行经济合作，新兴经济体的经济得到快速增长、国际竞争力显著提升，这是一个不争的事实。根据世界经济论坛公布的历年《全球竞争力

① 数据来源：中国贸易救济信息网。

报告》，在 2013 年，美国的全球竞争力从之前的第 1 位下降到第 5 位，尽管在 2019 年又攀升至第 2 位，但已不复榜首之位。日本的全球竞争力在 2010 年排名第 6 位，2017 年下滑至第 9 位。与之相比，中国则从 2001 年的第 39 位逐渐上升到 2019 年的第 28 位，领跑金砖国家。印度和南非从 2013 年的第 60 位和第 53 位下滑至 2019 年的第 68 位和第 60 位。墨西哥的排名则从 2013 年的第 55 位上升到 2019 年的第 48 位。整体来看，主要发达国家的全球竞争力有所下滑，而部分新兴经济体则有所上升。而全球国际竞争力的变化，在一定程度上反映出经济活力正从发达经济体转至新兴经济体，新兴经济体与发达经济体的差距正在缩小。

二、自由贸易区与区域经济合作

20 世纪后半期以来，区域经济一体化和区域经济集团化是世界经济发展的主流趋势。冷战结束后，不同地区的经济主体为了谋求利益，开展了不同层面的区域经济合作，进一步推动了经济全球化和区域经济一体化的迅猛发展。

自由贸易区（free trade area）在区域经济合作中扮演着关键作用。自由贸易区通常指由两个以上的国家或地区组成的，通过签订自由贸易协定，相互取消绝大部分货物的关税和非关税壁垒，取消绝大多数服务部门的市场准入限制，开放投资，从而促进商品、服务和资本、技术、人员等生产要素的自由流动，以实现优势互补和共同发展的经济组织。① 截至 2013 年，全球已建立了 1 200 个不同类型的自由贸易区，其中 15 个发达国家设立了 425 个，占 35. 4%，67 个发展中国家设立了 775 个，占 64. 6%；而向世界贸易组织报告的区域贸易协议共有 546 个，其中 354 个已经实施。除朝鲜等极少数国家外，全球绝大部分国家和地区都加入了不同形式的经济合作组织。

目前，自由贸易区以北美自由贸易区、欧盟为典型代表。其中，欧盟正式诞生于 1993 年。2019 年，欧盟成员达到 27 个，人口为 4. 47 亿，名义 GDP 达到 18. 41 万亿美元。北美自由贸易区建立于 1994 年，成员包括美国、加拿大和墨西哥，2019 年人口约 4. 93 亿，名义 GDP 接近 24. 39 万亿美元，区内贸易额在 2011 年就已达到 1. 37 万亿美元。而 2005 年启动的大阿拉伯自由贸易区，包括了阿拉伯 18 国，人口超过 3 亿，2012 年的区内贸易额达到了 2. 1 万亿美元。

进入 21 世纪之后，以自由贸易区为主导的区域经济合作进一步深化。尤其是随着经济持续高速发展，中国逐渐成为全球第二大经济体以及世界经济发展的引擎，在推动自由贸易区建设和区域经济合作中发挥着越来越重要的作用。截止到

---

① 自由贸易区现在也用来形容一国国内，一个或多个消除了关税和贸易配额，并且对经济的行政干预较小的区域。如上海自由贸易试验区、德国汉堡自由贸易区等。

2022年10月，我国已同26个国家和地区签署了19个自贸协定，与自贸伙伴的贸易额占我国贸易总额的比重由2012年的17%提升至2021年的35%。其中，2010年正式启动的中国-东盟自由贸易区，包括中国和东盟10国，人口超过19亿，2021年货物贸易额达到8 782亿美元。此外，2013年，我国在上海设立了第一个自由贸易试验区，截止到2022年10月我国自由贸易试验区已扩容至21个。2022年1月1日，《区域全面经济伙伴关系协定》（RCEP）正式生效实施，全球人口最多、经贸规模最大的自贸区正式落地。我国还积极参与数字经济、环境保护等新议题自贸谈判，推进加入《全面与进步跨太平洋伙伴关系协定》（CPTPP）和《数字经济伙伴关系协定》（DEPA），向高标准自贸协定的目标迈出了新步伐。

除自由贸易区之外，区域经济合作还包括部门一体化、优惠贸易安排、关税同盟、共同市场、经济同盟和完全经济一体化等。其中，完全经济一体化是区域经济合作的高级形态。而纵观区域经济合作的发展历程，加速发展、跨区域合作、超差异性合作、多边合作、次区域合作等，是当前的显著特征。

区域经济合作在加速生产要素、商品和服务自由流动，推动区域经济社会发展，加速世界经济格局演变的同时，因缺乏有效的合作机制、利益协调机制和分歧防控机制，出现了明显的“马太效应”，穷国越来越穷、富国越来越富和国家间差距拉大。与此同时，区域经济集团之间的竞争规模和层次空前提高，经济集团和组织之间的经济竞争更加激烈和尖锐，在一定程度上阻碍了经济全球化的发展。而要推动区域经济合作的发展，不仅需要在区域经济组织内部建立制度化的合作、协调和风险管控机制，而且要在各个区域经济组织之间建立协调机制。

三、21世纪初新工业革命及其影响

20世纪80年代，以化石能源为基础的工业发展达到顶峰，但化石能源驱动下的工业经济模式造成的能源枯竭和为其付出的惨重的生态代价，迫使人类采用新的手段推动经济发展。进入21世纪以来，新能源技术、生物技术、计算机技术、纳米技术等新技术的飞跃发展，推动了新一轮科技革命的爆发。在这轮科技革命的冲击下，科学、技术和生产进一步融合，不仅推动着社会生产方式向新的阶段迈进，而且加速了经济结构和社会生活结构的变化。于是，越来越多的人认为人类开始了新的工业革命。

早在20世纪80年代初，一些学者就对人类社会的新时代进行了描绘和预测。其中，阿尔文·托夫勒指出，人类社会在经历农业文明浪潮和工业文明浪潮之后，会进入以电子工业、宇航工业、海洋工业、遗传工程组成的工业群为产业主导，以丰富多彩的文化来衡量社会进步的第三次文明浪潮。随后，约翰·奈斯比特也指出，从工业社会向信息社会的转变不可避免，信息知识必成为生产力、竞争力

和经济成就的关键。

近年来，一些学者则用“第三次工业革命”或“第三次科技革命”概括人类社会所处的新时代。其中，杰里米·里夫金认为，第三次工业革命是新兴的可再生能源技术和互联网技术的有机结合，它将给人类生产和生活方式再次带来巨大改变，重塑制造业格局，促进人类发展的绿色化和低碳化。保罗·麦基里则从制造业的数字化革命层面，指出以“智能制造”为核心的第三次工业革命，将使全球技术要素与市场要素的配置方式发生革命性变化。概而言之，这一次新的工业革命以信息技术的纵深拓展为核心，以新一代信息技术、新能源技术、智能制造技术、新型材料技术、生物技术为标志性的新技术群，不断向经济社会全面渗透、扩散，推动人类社会生产方式、生活方式和社会发展方式的变革与转型，最终使人类进入生态和谐、绿色低碳、可持续发展的社会。因此，新工业革命必将对全球经济发展、人类社会的生产和生活等产生深远的影响。

在经济领域，新工业革命的影响主要体现在以下几个方面：第一，大规模、高能耗、高污染的传统工业发展模式已不再适应经济发展的要求，可再生能源革命或绿色技术革命将成为今后工业发展的必然选择。与此同时，制造业需要进一步朝网络化、智能化、人性化、绿色化和服务化方向迈进。第二，信息化、智能化是新工业革命的核心，无论是计算机、各种软件、互联网、廉价微电子产品，还是高速铁路、机器人、智能装备制造业，只有电能才能驱动。而“电能密集型”智能工业体系必将取代“石油密集型”重化工业体系。因此，工业体系的调整不可避免，而美国的“再工业化”战略已经印证了这一点。第三，新工业革命使得产业竞争更趋广泛化、分散化和个性化，工厂化生产向社会化生产转变，工业文明中的大规模生产方式地位弱化，个性化和定制化生产方式日渐重要，金字塔式生产组织方式日益扁平化。第四，数字化制造将使劳动力成本对产业竞争力的影响下降，发达国家更具有大量采用高效、智能数字化技术与装备的能力。同时，数字化制造将使得生产、生活资料等行业的规模经济变得不明显，个性化定制、分散生产将愈益重要，企业会更多选择在消费地进行本地化制造。其结果必然导致传统的国际产业分工体系发生改变，发达国家会在价值链高端环节集中，而价值链中劳动密集型、附加值低的环节大规模转向发展中国家。第五，在数字化、智能化制造推动制造环节劳动力减少的同时，将推动现代服务业的进一步成长，服务在整个价值链分配和全球产业结构中将占据更大的份额。在此背景下，国际产业结构体系必然会进行深刻的调整。同时，随着全球产业结构的调整，国际贸易结构和贸易方式将发生重大变化，发达国家与新兴经济体在新能源、互联网等新兴产业的竞争更加激烈。

新工业革命也将对人类社会的价值观念、生活方式、消费方式和社会组织模式产生深刻的影响。其一，能源和互联网革命将改善人与自然的关系，尊重自然、保护环境、实现人与社会的和谐共处等将成为主流价值观念之一。其二，人类文明在从农业文明过渡到工业文明之后，将进一步向生态文明迈进，知识社会和知识经济将成为人类文明的主旋律，知识性生产要素的价值将进一步凸显。其三，数字化制造将带来工作方式的改变，人的自由将有可能获得更大的解放。其四，3D 打印等新技术的推广将带来消费方式的改变，消费者会越来越多地通过互联网在品种极其丰富的产品之间进行选择，并且可以及时和厂家进行沟通来彰显个人的意志和选择，用户的需求相应地就更为个性化、定制化和多元化。传统的消费方式、消费理念和消费渠道将得到极大的改变。其五，社会组织将由金字塔式转向扁平化，垂直和中央集权式的管理体系将走向扁平化和分散化，社会之间的协作将发挥越来越重要的作用；社会组织机构和社会功能的重心将发生转移，从原来政府、市场领域向公民、社会领域转移。

21 世纪初新工业革命给各国的经济发展带来了诸多挑战，而发展中国家如果在这一过程中被边缘化，极有可能进一步拉大与发达国家的差距。而调整工业体系和实施新型工业化发展模式，推行高新科技创新体制，优化科技创新条件和环境，加快信息基础设施和信息技术产业体系建设，是变挑战为机遇的必要措施。

四、世界经济的协调机制与新秩序

20 世纪 90 年代之后，经济全球化为建立世界经济的协调机制和新秩序创造了条件。一方面，经济全球化在不断促进全球生产效率提高、减少贫穷人口的同时，由于发达国家本身具有的资本和技术优势，以及各类代表它们自身利益的国际政治、金融等组织和国际法则的建立和运行，加剧了穷国参与全球化后的不平等。它们进一步迫切要求加强与发达国家的合作，创建平等、互利、共赢的世界经济新秩序。另一方面，在经济全球化过程中，各国之间的经济融合水平空前提升，国际经济的传导效应逐步显著，通货膨胀、失业、金融危机和经济周期等经济发展的不稳定因素，经常通过信贷关系、利率、国际收支、货币政策和汇率等进行跨国转移，造成全球范围内的经济失衡。而在两方面的共同作用下，各国之间加大了经济政策的协调，国际经济组织、区域经济集团也加快了经济协调步伐。

进入 21 世纪之后，经济全球化程度进一步提高。但世界经济非均衡发展仍客观存在，不合理和不公正的国际经济秩序仍没有得到根本改变，国家间的不平等贸易、附加政治条件的援助、国际产业结构的失衡等仍大行其道。在此背景下，2008 年国际金融危机最终爆发。这次金融危机不仅使新兴经济体的经济受到冲击，而且使美、欧等发达国家的经济遭受严重损失。随后，发达国家进一步认识到，当今世界经济是全球化的，贸易是全球化的，金融活动是全球化的，金融危机也是全球化的，要摆脱经济周期和金融危机的困扰，仅凭一己之力是难以为继的，进行广泛而深入的国际经济协调在所难免。同时，经济实力进一步提升的新兴经济体要求建立世界经济新秩序和广泛建立经济协调机制的呼声更为高涨。各国开始在建立和健全国际经济和金融体系、遏制贸易投资保护主义、强化国际金融监管、改革国际货币体系、加强区域经济合作与协调等方面，开展广泛的对话和协商。

在国际经济协调中，世界贸易组织扮演着举足轻重的角色。它不仅以互惠、透明度、市场准入、促进公平竞争、经济发展和非歧视性作为运行的基本原则，而且设有总理事会，负责磋商、裁决、执行和监督成员之间发生的贸易争端。除世界贸易组织之外，目前国际经济的协调机制还包括其他多种类型：其一是国际经济组织的协调，主要是通过全球性国际组织、区域性国际组织、综合性和专门性组织进行。其二是区域经济集团协调，主要包括特惠关税、自由贸易区、共同市场、关税同盟、货币联盟的协调。其三是国际条约的协定协调，分为全球性及地区性多边条约和双边条约。其四是国际会议协调。而在2008年国际金融危机之后，国际经济协调体系越来越灵活和多元。其中，在八国集团基础上发展起来的二十国集团，是属于布雷顿森林体系框架内非正式对话的一种机制。除欧、美、日等发达国家和地区，中国、俄罗斯、巴西、印度、南非等新兴市场国家均是其成员。而为了应对新一轮经济危机，二十国集团从2008年起召开领导人峰会，旨在推动已完成工业化的发达国家和新兴市场国家之间就实质性问题进行开放及有建设性的讨论和研究，以寻求合作并促进国际金融稳定和经济的持续增长。二十国集团领导人峰会的频繁召开，代表了国际经济协调和国际经济新秩序的方向。

尽管国际经济新秩序已可预期，但欧美等西方大国依然处于国际经济的主导地位，霸权主义仍在全球经济中处处显露，各国之间的摩擦和矛盾短期内难以消除，平等互助、相互尊重、互利互惠和合作共赢的国际经济协调机制和新秩序的全面建立，仍需时日。

五、中国对世界经济的新贡献

自2008年国际金融危机爆发以来，尽管世界各国为经济恢复与发展付出了巨大努力，但全球经济仍未从危机的阴影中走出来。

在世界经济高度脆弱的复苏中，中国作出了卓越而独特的贡献。其一，近年来，在全球经济增长持续乏力的过程中，中国经济保持了持续的高增长率，2013—2021年对世界经济增长的贡献率为38.6%，超过了美国、加拿大、法国、英国、德国、日本六个国家之和，是拉动全球经济增长的最主要因素，极大地推动了世界经济复苏和世界和平事业发展。

其二，中国式现代化为人类实现现代化提供了新的选择。中国式现代化是人口规模巨大的现代化，是全体人民共同富裕的现代化，是物质文明和精神文明相协调的现代化，是人与自然和谐共生的现代化，是走和平发展道路的现代化。中国式现代化，是中国共产党领导下新中国成立特别是改革开放以来长期探索和实践的总结，既有各国现代化的共同特征，更有基于自己国情的中国特色，极大丰富了现代化的理论和实践。

其三，中国在实现自身发展的过程中，一直强调发展权应为各国人民共有共享，也需要国际社会的共同努力。为了促进不发达国家和地区的共同发展，中国在过去 70 多年间共向 166 个国家和国际组织提供了近 4 000 亿元的发展援助。2015 年，中国宣布设立南南合作援助基金，截至 2018 年，已在亚洲、非洲、美洲等地区 30 多个国家实施了 200 余个有关救灾、卫生、妇幼、难民、环保等领域的发展合作项目。近年来对非洲投资的持续扩增，更直观地体现了中国为与不发达国家共同分享发展权作出的努力。2000 年，中国对非洲 54 个国家的贸易总额仅为 106 亿美元，这一数字在 2021 年上升到 2 542 亿美元。

其四，近年来，中国经济已由高速增长阶段转向高质量发展阶段。贯彻新发展理念，建设现代化经济体系，已经成为中国经济发展的新方向。今后，中国将坚持质量第一、效益优先，以供给侧结构性改革为主线，推动经济发展质量变革、效率变革、动力变革，提高全要素生产率，着力加快建设实体经济、科技创新、现代金融、人力资源协同发展的产业体系，着力构建市场机制有效、微观主体有活力、宏观调控有度的经济体制，不断增强我国经济创新力和竞争力。这些变化，将对全球经济作出新的贡献。

其五，为了积极发展经济合作伙伴关系，共同打造政治互信、经济融合、文化包容的利益共同体、命运共同体和责任共同体，2015 年 3 月 28 日，中国国家发展和改革委员会、外交部、商务部联合发布了《推动共建丝绸之路经济带和 21 世纪海上丝绸之路的愿景与行动》，以政策沟通、设施联通、贸易畅通、资金融通、民心相通为主要内容，将“一带一路”建设推向了新高度。在当今世界正发生复杂深刻变化之际，中国提出“一带一路”倡议的初衷是为世界经济增长注入新动能，本着“共商、共建、共享”的基本原则为全球发展开辟新空间，为国际经济合作打造新平台。中国与 150 多个国家高质量共建“一带一路”，顺应了世界多极化、经济全球化、文化多样化和社会信息化的发展潮流，是对未来全球经济发展，即人类命运共同体建设的一种探索，从而为经济全球化和世界经济的下一步发展提供“中国智慧和方案”。中国积极推动共建“一带一路”高质量发展，加快全球发展倡议落地，培育全球发展新动能，构建全球发展共同体，“一带一路”国际合作从无到有，蓬勃发展，成就斐然。截至 2023 年 6 月底，中国已与 150 多个国家、

30多个国际组织签署200余份共建“一带一路”合作文件，涵盖投资、贸易、金融、科技、社会、人文、民生等领域。截至2023年10月，中国成功举办3届“一带一路”国际合作高峰论坛，成立了20多个专业领域多边合作平台。同时，中国积极履行国际责任，在共建“一带一路”框架下，深化同各方发展规划和政策的对接。通过共建“一带一路”，中国对外开放的大门越开越大，内陆地区从“后卫”变成“前锋”，沿海地区开放发展更上一层楼，中国市场同世界市场的联系更加紧密。中国已经是140多个国家和地区的主要贸易伙伴，是越来越多国家的主要投资来源国。

其六，随着国际地位、综合国力和对全球经济贡献的日益提升，中国越来越多地参与到全球经济治理之中，为世界经济的协调发展作出了重大贡献。中国积极参与全球治理体系改革和建设，践行共商共建共享的全球治理观，坚持真正的多边主义，推进国际关系民主化，推动全球治理朝着更加公正合理的方向发展。坚定维护以联合国为核心的国际体系、以国际法为基础的国际秩序、以《联合国宪章》宗旨和原则为基础的国际关系基本准则，反对一切形式的单边主义，反对搞针对特定国家的阵营化和排他性小圈子。推动世界贸易组织、亚太经合组织等多边机制更好发挥作用，扩大金砖国家、上海合作组织等合作机制影响力，增强新兴市场国家和发展中国家在全球事务中的代表性和发言权。中国坚持积极参与全球安全规则制定，加强国际安全合作，积极参与联合国维和行动，为维护世界和平和地区稳定发挥建设性作用。上述举措符合当今世界经济发展的趋势和要求，也彰显了中国对世界经济增长和协调发展贡献的独特智慧。

其七，人类文明新形态作为中华文明在当今时代的发展成果和存在样态，使中华民族伟大复兴具有丰厚的文明底色和世界性的文明意义。内生于中国式现代化道路的人类文明新形态是坚持走独立自主发展道路所创造的人类新文明。人类文明新形态的世界意义，并不在于它提供了人类文明发展的唯一正确的“世界标准”，而在于各国都要基于本国民族历史文化传统、坚持从本国实际出发，独立探索适合自己的发展道路和文明形态，同时以世界眼光和开放包容心态积极吸收借鉴人类一切优秀文明成果和经验。

思考题

1. 如何理解经济全球化是一把双刃剑？
2. 新兴经济体发展的历程、经验与启示是什么？
3. 第三次工业革命的影响是什么？
4. 经济全球化与构建国际经济新秩序的内在关系是什么？

5. 世界经济协调机制和新秩序的困境与出路是什么？
6. 如何理解中国对世界经济的贡献？
7. 从世界经济史的角度看，中国式现代化道路的特点是什么？

▶ 自测习题及参考答案

请扫描二维码

阅读文献

■ 马克思:《1844 年经济学哲学手稿》,《马克思恩格斯文集》第一卷,人民出版社 2009 年版。

■ 马克思、恩格斯:《德意志意识形态》,《马克思恩格斯文集》第一卷,人民出版社 2009 年版。

■ 马克思、恩格斯:《共产党宣言》,《马克思恩格斯文集》第二卷,人民出版社 2009 年版。

■ 马克思:《〈政治经济学批判〉序言》,《马克思恩格斯文集》第二卷,人民出版社 2009 年版。

■ 马克思:《资本论》,《马克思恩格斯文集》第五、六、七卷,人民出版社 2009 年版。

■ 恩格斯:《英国工人阶级状况》,《马克思恩格斯文集》第一卷,人民出版社 2009 年版。

■ 恩格斯:《家庭、私有制和国家的起源》,《马克思恩格斯文集》第四卷,人民出版社 2009 年版。

■ 列宁:《帝国主义是资本主义的最高阶段》,《列宁选集》第二卷,人民出版社 2012 年版。

■ 毛泽东:《论十大关系》,《毛泽东文集》第七卷,人民出版社 1999 年版。

■ 邓小平:《社会主义首先要发展生产力》,《邓小平文选》第二卷,人民出版社 1994 年版。

■ 江泽民:《正确处理社会主义现代化建设中的若干重大关系》,《江泽民文选》第一卷,人民出版社 2006 年版。

■ 胡锦涛:《高举中国特色社会主义伟大旗帜　为夺取全面建设小康社会新胜利而奋斗——在中国共产党第十七次全国代表大会上的报告》,人民出版社 2007 年版。

■ 习近平:《决胜全面建成小康社会　夺取新时代中国特色社会主义伟大胜

利——在中国共产党第十九次全国代表大会上的报告》，人民出版社 2017 年版。

■ 习近平：《在庆祝改革开放 40 周年大会上的讲话》，人民出版社 2018 年版。

■ 习近平：《高举中国特色社会主义伟大旗帜　为全面建设社会主义现代化国家而团结奋斗——在中国共产党第二十次全国代表大会上的报告》，人民出版社 2022 年版。

■ 中共中央文献研究室编：《习近平关于全面建成小康社会论述摘编》，中央文献出版社 2016 年版。

■《中共中央关于党的百年奋斗重大成就和历史经验的决议》，人民出版社 2021 年版。

■ 中国社会科学院历史研究所经济史研究组编：《中国古代社会经济史诸问题》，福建人民出版社 1990 年版。

■ 宋则行、樊亢主编：《世界经济史》上、中、下卷，经济科学出版社 1993、1994 年版。

■ 方豪：《中西交通史》（上），上海人民出版社 2008 年版。

■ 武力主编：《中华人民共和国经济史》（增订版）上、下卷，中国时代经济出版社 2010 年版。

■［美］汤普逊：《中世纪经济社会史（300—1300 年）》上、下册，耿淡如译，商务印书馆 1961、1963 年版。

■［英］莱斯利·贝瑟尔主编：《剑桥拉丁美洲史》第四卷，涂光楠等译，社会科学文献出版社 1991 年版。

■［法］费尔南·布罗代尔：《15 至 18 世纪的物质文明、经济与资本主义》第二卷，顾良译，生活·读书·新知三联书店 1993 年版。

■［美］伊曼纽尔·沃勒斯坦：《现代世界体系》第二卷，庞卓恒等译，高等教育出版社 1998 年版。

■［英］H. J. 哈巴库克、［英］M. M. 波斯坦主编：《剑桥欧洲经济史》第六卷，王春法、张伟、赵海波译，经济科学出版社 2002 年版。

■［美］斯坦利·L. 恩格尔曼、［美］罗伯特·E. 高尔曼主编：《剑桥美国经济史》第二卷，王珏、李淑清译，中国人民大学出版社 2008 年版。

人名译名对照表

[英]	阿克莱特，理查德	Richard Arkwright
[英]	艾德礼	Attlee
[德]	艾哈德，路德维希·威廉	Ludwig Wilhelm Erhard
[英]	奥尼恩斯，彼得	Peter Onions
[德]	奥托	Otto
[伊朗]	巴列维	Pahlavi
[德]	本茨，卡尔	Karl Benz
[德]	伯恩斯坦	Bernstein
[德]	勃兰特，维利	Willy Brandt
[英]	博尔顿，马修	Matthew Boulton
[英]	布莱尔	Blair
[英]	布莱特，约翰	John Bright
[美]	布雷迪，尼古拉斯	Nicholas Brady
[英]	布鲁内尔，桑巴德·金德姆	Isambard Kingdom Brunel
[英]	达比，亚伯拉罕	Abraham Darby
[意]	达莱马	D'Alema
[法]	戴高乐，夏尔	Charles de Gaulle
[德]	戴姆勒	Daimler
[德]	德梅齐埃，洛塔尔	Lothar de Maizière
[英]	迪斯累利	Disraeli
[美]	杜鲁门	Truman
[英]	菲尔贝恩	Fairbairn
[美]	弗里德曼	Friedman
[印度]	甘地，拉	Rajiv Gandhi
[印度]	甘地，英迪拉	Indira Gandhi
[俄]	戈尔巴乔夫	Gorbachev
[英]	戈尔迪，乔治	George Goldie
[意]	哥伦布	Columbus
[英]	格拉德斯通	Gladstone
[古罗马]	格拉古，盖约	Guerra Gracchus

[古罗马]	格拉古，提比略	Tiberius Gracchus
[英]	格莱斯顿	Gladstone
[美]	哈丁，沃伦·加梅利尔	Warren Gamaliel Harding
[英]	哈格里夫斯，詹姆斯	James Hargreaves
[英]	哈斯基森	Huskisson
[伊朗]	汗，礼萨	Reza Khan
[德]	黑格尔	Hegel
[英]	亨茨曼，本杰明	Benjamin Huntsman
[德]	亨利一世	Henry Ⅰ
[美]	胡佛，赫伯特·克拉克	Herbert Clark Hoover
[美]	怀特	White
[英]	怀特，约翰	John Wyatt
[伊朗]	霍梅尼	Khomeini
[德]	基辛格，库尔特·格奥尔格	Kurt Georg Kiesinger
[英]	加伯特，塞缪尔	Samuel Garbett
[美]	卡特，詹姆斯·厄尔	James Earl Carter
[英]	凯恩斯，约翰·梅纳德	John Maynard Keynes
[英]	凯伊，约翰	John Kay
[美]	柯立芝，约翰·卡尔文	John Calvin Coolidge
[英]	科布登，理查德	Richard Cobden
[德]	科尔，赫尔穆特	Helmut Kohl
[英]	科特，亨利	Henry Cort
[英]	克利福德，托马斯	Thomas Clifford
[美]	克林顿	Clinton
[英]	李嘉图，大卫	David Ricardo
[美]	里根，罗纳德·威尔逊	Ronald Wilson Reagan
[英]	卢格德，费里德里克	Frederick Lugard
[英]	罗巴克	Roebuck
[英]	罗德斯	Rhodes
[英]	罗斯伯利	Rosebery
[德]	罗斯柴尔德	Rothschild
[美]	罗斯福，富兰克林·德拉诺	Franklin D. Roosevelt
[英]	洛克，约翰	John Locke

[英]	马尔萨斯，托马斯·罗伯特	Thomas Robert Malthus
[美]	马歇尔	Marshall
[南非]	曼德拉	Mandela
[法]	莫内，让	Jean Monnet
[英]	莫兹利，亨利	Henry Maudslay
[法]	拿破仑	Napoleon
[英]	纳斯密兹	Nasmyth
[印度]	尼赫鲁	Nehru
[美]	尼克松	Nixon
[英]	牛顿，艾萨克	Isaac Newton
[美]	诺斯	North
[英]	皮尔，罗伯特	Robert Peel
[俄]	普京	Putin
[阿根廷]	普雷维什，劳尔	Roal Prebish
[罗马尼亚]	齐奥塞斯库	Ceausescu
[意]	奇波拉	Cipolla
[英]	丘吉尔	Churchill
[保加利亚]	日夫科夫	Zhivkov
[英]	撒切尔，玛格丽特·希尔达（撒切尔夫人）	Margaret Hilda Thatcher
[法]	舍瓦利埃，米舍尔	Mischel Chevalier
[德]	施罗德	Schröder
[法]	舒曼	Schumann
[英]	斯蒂芬森，乔治	George Stephenson
[英]	斯密，亚当	Adam Smith
[英]	索尔兹伯里	Salisbury
[印度]	塔塔	Tata
[美]	汤普逊	Thompson
[英]	托马斯	Thomas
[英]	瓦特	Watt
[英]	威尔金森，约翰	John Wilkinson
[美]	威廉姆森，约翰	John Williamson
[美]	沃勒斯坦，伊曼纽尔	Immanuel Wallerstein

[法]	希拉克，雅克·勒内	Jacques René Chirac
[德]	席勒，卡尔	Karl Schiller
[法]	香槟伯爵	earl of Champagne
[美]	约翰逊，林登·贝恩斯	Lyndon Baines Johnson

后 记

《世界经济史》是马克思主义理论研究和建设工程重点教材，由教育部组织编写，经国家教材委员会审核通过。

在教材编写过程中，得到了国家教材委员会高校哲学社会科学（马工程）专家委员会、思想政治审议专家委员会以及教育部原马工程重点教材审议委员会的指导。同时，广泛听取了高校教师和学生的意见建议。

本教材由高德步主持编写，王珏任副主编。绪论、第一章至第四章，高德步撰写；第五章至第九章，王珏撰写；第十章、第十二章至十四章，巫云仙撰写；第十一章、第十七章，杨乙丹撰写；第十五章、第十六章，徐铁撰写。

2018 年 12 月 28 日

第二版后记

按照教材定期修订机制，党的二十大召开后，教育部组织相关高校在第一版基础上进行了修订，形成了本教材第二版。本教材经国家教材委员会高校哲学社会科学（马工程）专家委员会审核通过。

第二版由高德步主持修订工作，王珏、巫云仙参加了具体修订工作。

2025 年 8 月

读者意见反馈

为收集对教材的意见建议，进一步完善教材编写并做好服务工作，读者可将对本教材的意见建议通过如下渠道反馈至我社。

咨询电话　400-810-0598

反馈邮箱　gjdzfwb@pub.hep.cn

通信地址　北京市朝阳区惠新东街4号富盛大厦1座

高等教育出版社总编辑办公室

邮政编码　100029